应用型高等教育财经类专业“十三五”规划教材

国际贸易实务

韩丽姝 张 磊 王英华 主 编
臧泽华 于 丞 刘 俊 副主编

上海财经大学出版社

图书在版编目(CIP)数据

国际贸易实务/韩丽姝,张磊,王英华主编.—上海:上海财经大学出版社,2018.12

(应用型高等教育财经类专业“十三五”规划教材)

ISBN 978-7-5642-3170-5/F·3170

Ⅰ.①国… Ⅱ.①韩…②张…③王… Ⅲ.①国际贸易-贸易实务-高等学校-教材 Ⅳ.①F740.4

中国版本图书馆 CIP 数据核字(2018)第 289322 号

□ 责任编辑 徐 超
□ 联系信箱 1050102606@qq.com
□ 封面设计 张克瑶

国际贸易实务

韩丽姝 张 磊 王英华 主 编
臧泽华 于 丞 刘 俊 副主编

上海财经大学出版社出版发行
(上海市中山北一路 369 号 邮编 200083)
网 址:http://www.sufep.com
电子邮箱:webmaster @ sufep.com
全国新华书店经销
上海叶大印务发展有限公司印刷装订
2018 年 12 月第 1 版 2018 年 12 月第 1 次印刷

787mm×1092mm 1/16 19.5 印张 499 千字
印数:0 001—2 000 定价:49.00 元

前 言

改革开放40年，我国对外贸易取得了举世瞩目的成就，货物进出口总额由1978年的206亿美元，达到2017年的4.1万亿美元，增长了197.9倍，年均增长14.5%；在世界的排名也由当年的第29位跃居现在的第1位。贸易结构不断优化，通过不断加快转变外贸发展方式，逐渐实现从以货物贸易为主向货物和服务贸易协调发展转变，从依靠模仿跟随向依靠创新创造转变，从大进大出向优质优价、优进优出转变。出口主导产业从轻工、纺织等传统优势产业向装备制造业等资本、技术密集型产业转换的势头逐步显现，部分高附加值产品和装备制造产品出口增长较快。出口总额中初级产品比重由1980年的50.3%下降到2017年的5.2%，工业制成品比重由49.7%上升至94.8%。中国的进出口贸易和对外投资对全球贸易的增长产生越来越大的影响，日益成为全球经济再平衡的重要力量。

但自2008年国际金融危机全面爆发以来，世界经济体系广受冲击，全球贸易保护主义重新抬头，贸易摩擦加剧。尤其是美国近期的单边主义行为对世界经济的稳定发展带来重要影响。当前世界经济在经历金融危机的低迷后逐步呈现复苏态势，但复苏也面临一系列挑战，除了金融不稳定、债务水平持续累积等问题外，国际贸易增长速度能否持续和贸易保护主义持续升级，成为影响全球宏观经济稳定的重要不确定性变量。

因此，当前和未来一段时间，我国对外贸易发展面临不少挑战，当然也有许多新机遇。中国外贸发展正处于结构调整步伐加快、新旧动能接续转换的关键阶段，长期向好的基本面没有变。随着党的十九大精神和习近平新时代中国特色社会主义思想全面贯彻落实，新发展理念深入人心，供给侧结构性改革持续推进，现代化经济体系加快建设，创新驱动发展战略深入实施，中国科技实力增强、产业不断升级，以技术、品牌、质量、服务、标准为核心的国际竞争新优势将逐步形成，为外贸发展奠定了坚实基础。与此同时，“一带一路”建设深入推进，中国与世界各国的互利合作进一步深化，将为外贸发展提供新的广阔空间。

正是在这一大背景下，为培养适应新形势下国际贸易发展需要的应用型外贸人才，我们在总结多年教学经验和相关研究成果的基础上，推出了《国际贸易实务》教材。本书既吸收了国际贸易实务最新研究成果和国际贸易领域最新发展变化，又遵循了教材编写的前瞻性、科学性、系统性、实用性的原则。

本书以国际贸易业务操作流程为主线，具体介绍各环节所涉及的国际贸易理论与政策、国际贸易法律与惯例、国际金融、国际运输与国际保险等多门学科的相关知识，并结合进出口业务的真实案例，综合阐述国际贸易实务知识体系。旨在培养兼具理论与实践能力的应用型外贸人才。

本书在结构和内容设计上极具自己的特色，坚持理论紧扣实践的原则，集国际贸易实务的理论与实践于一体，在结构安排上分理论篇和实践篇两部分，更突出实用性；在内容安排方面，理论篇以国际贸易业务所需的理论知识为主，并辅以国际贸易实践中的真实案例，每章皆配有导入案例和教学重点，每章中对于重点、难点内容附有同步案例、计算习题和小资料，章后附有小结和课后练习。对于涉及的重要单证，皆有样例，重点培养学生扎实的理论功底和较强的实际工作能力。实践篇以理论篇的知识为基础，通过具体实务操作，强化学生对理论知识的认知和理解，重点培养学生运用理论知识解决实际问题的应用能力。

本书是吉林化工学院经济管理学院院长、吉林省教学名师韩丽姝教授主持的省级精品课程"国际贸易实务"的建设成果之一，由该精品课程建设组的主要成员编写。韩丽姝教授负责总体框架的设计，并对书稿进行修改和定稿，张磊副教授和王英华副教授协助制订写作大纲并负责组织编写和审稿工作，于丞副教授和宋广文副教授负责英文部分的审稿工作。

参加本书编写的成员有：王英华（第一章）；于丞（第二章）；柏丽（第三章）；张磊（第四、九章，实践一、实践二和实践三）；郭爽（第五章）；臧泽华、曲莉莉（吉林电子信息职业技术学院）（第六、七章，实践四和实践五）；刘俊（第八章和实践六）；张立巍（第十章）。参编人员中除曲莉莉之外，皆为吉林化工学院教师。

在本书编写过程中，我们参阅了大量文献资料，在此对这些文献的作者表示诚挚的谢意。由于编者水平有限，书中难免存在错误与缺憾，我们诚恳地希望广大读者特别是任课教师和使用本教材的同学们提出宝贵意见，以便今后进一步完善。

韩丽姝

2018年12月于吉林

目 录

实践篇

理论篇

第一章　绪　论

【学习目标】

1. 知识目标：了解国际贸易的特点，掌握进出口贸易的基本流程，掌握国际贸易公约的含义与法律效力，掌握国际贸易惯例的性质及其运用，了解主要的国际贸易惯例。

2. 能力目标：具备国际货物买卖中的法律适用能力，在国际贸易业务中能够正确地运用国际贸易惯例。

【重点难点】

1. 重点：进出口贸易的基本流程、国际贸易公约的含义与法律效力、国际贸易惯例的性质及其运用。

2. 难点：国际贸易惯例的性质及运用。

【导入案例】

一家营业地在英国的公司与一家中国公司签署了一份大豆合同。该合同是在新加坡洽谈并签订的，要求中国公司将大豆从中国运往其英国的母公司。后因卖方中国公司延期交货，买方在英国的法院提起诉讼，但双方在合同中没有约定解决纠纷应适用哪个国家的法律。问：对此，英国的法院应如何处理？

【分析】 尽管该合同未规定解决争议的准据法，但是，由于交易双方营业地分处于中英两国，且皆为《联合国国际货物销售合同公约》(The United Nations Convention on Contracts for the International Sale of Goods，简称《公约》)的缔约国，所以该合同纠纷应该优先适用《公约》的相关条款解决争议。

第一节　国际贸易的特点及主要内容

国际贸易(International Trade)是指在国际范围内发生的国家或地区与别国或地区进行

货物和服务交换的活动，有广义和狭义之分。

广义的国际贸易包括货物进出口，技术进出口和服务进出口。狭义的国际贸易也叫国际货物买卖，是指国与国之间有形商品即货物的买卖活动，是国际贸易最基本也是最主要的组成部分。了解和掌握国际货物买卖的基础理论及基本的操作技能，是现代外贸专业人才的必备素质和能力之一。尤其是现代国际贸易越加错综复杂，需要从业人员具有较高的素质、全面的知识和较强的业务能力。同样一笔业务，不同的人来做，结果会有截然的不同。可见，国际贸易发展中，外贸人才很重要。而人才是需要培养的，培养是需要平台的，“国际贸易实务”就是培养外贸人才进出口业务知识和能力的平台，它是一门专门研究国际间商品交换具体过程的学科，是一门具有涉外活动特点的实践性很强的综合性应用科学。该课程的任务就是从实践和法律的角度，分析研究国际商品交换的各种做法，总结国内外实践经验，使学习者学会在进出口业务活动中，既能正确贯彻我国对外贸易的方针政策和经营意图，确保最佳经济效益，又能按国际规范办事，使我们的基本做法能为国际社会普遍接受。

一、国际贸易的特点

尽管国际贸易与国内贸易在本质上都属于商品交换的范畴，但由于各国生产力发展水平不同、社会经济制度不同，从而执行的经济政策和对外贸易政策也不同，所以国际贸易表现出了明显不同于国内贸易的特点。

第一，交易双方处在不同国家和地区，在洽商交易和履约的过程中，涉及各自不同的制度、政策措施、法律、惯例和习惯做法。尤其是法律体系方面可能存在的差异和冲突，以及在宗教、语言文化、社会习俗等方面带来的差异，使得国际贸易中所涉及的问题要比国内贸易复杂得多。

第二，国际贸易中间环节多，涉及面广，除交易双方当事人外，还涉及商检、运输、保险、金融、车站、港口和海关等部门以及各种中间商和代理商。需要运输、保险、银行、商检、海关、仓储等部门的密切合作和配合，任何一个环节出现问题，都会造成损失或引起纠纷，以致影响交易的顺利进行。

第三，由于国际货物贸易的交易数量和金额一般较大，运输距离较远，涉及的环节多，从交易磋商到合同履行完毕，间隔时间较长，交易双方除了会面临信用风险、汇率风险和运输风险外，还要受到交易双方所在国家的政治、经济变动、国际局势变化等条件的影响，因此交易双方承担的风险远比国内贸易要大，通常需要办理各种保险以转嫁可能出现的风险。

第四，与国内贸易相比，国际贸易的空间范围更广阔，这一方面有利于企业在更大的范围内挖掘资源，开辟市场；另一方面也使其遇到的竞争更加激烈。在国际贸易中，交易双方遇到的对手将会更多更强，遇到的竞争手段也更为复杂，不仅凭借个体实力，而且有国家的支持；不仅有价格的竞争，而且有非价格的竞争，各种手段纷繁复杂。在异常激烈的世界市场上，中国的企业应该有必要的思想准备，认真考虑如何扬长避短、提高自己的竞争力。

二、国际贸易实务研究的主要内容

国际贸易实务是专门研究国际间商品交换具体过程的学科，其研究的内容主要包括合同的商订和履行、贸易术语、合同条款及贸易方式四大方面。

（一）合同的商订和履行

在进出口贸易中，每一笔交易因贸易方式和交易条件不同，其业务环节也不尽相同。但无论是进口贸易还是出口贸易，一般都包括交易前的准备阶段、交易磋商和订立合同阶段以及履行合同阶段。国际货物买卖就是通过磋商、订立和履行进出口贸易合同进行的，订立一个内容明确、完备的进出口贸易合同对维护双方当事人的权益极为重要，有利于实现当事人的交易目的，并能够有效防止和减少以及迅速解决合同争议和纠纷。买卖双方通过函电洽商或当面谈判就各项交易条件取得一致协议后，交易即告达成。一般来说，此时合同即告成立。订立合同的过程，可能包括邀请发盘、发盘、还盘和接受等各环节。其中，发盘和接受是合同成立不可缺少的基本环节和必经的法律步骤。合同订立后，买卖双方就应重合同、守信用，各自承担约定的义务并享受合同规定的权利。合同的履行，是实现货物和资金按约定方式转移的过程。在履约过程中，环节很多，程序繁杂情况多变，如稍有不慎，或某些环节出问题，或一方违约，都会影响合同的履行，甚至可能引起争议或法律纠纷。因此，外经贸人员不仅要了解合同成立的法律步骤和履行合同的基本程序，而且还应了解如何处理履约当中产生的争议，并掌握违约的救济方法，以保障合同当事人的合法权益。

（二）贸易术语

在国际贸易中，各方当事人的责任和义务是否划分明确，直接关系到交易能否顺利进行。国际贸易术语正是在长期贸易实践中逐渐形成的，用以说明商品的价格构成、交货地点以及确定买卖双方有关风险、费用和责任划分的专业用语，它用简短的英文缩写规定了国际贸易中买卖双方在各个重要环节中各自承担的责任和义务，包括：卖方交货的地点和方式，货物发生损坏或灭失的风险何时转移，由谁办理货物的运输、保险及通关手续，并承担相关费用，买卖双方需要交接哪些单据，等等。因此，作为外贸业务人员，只有首先准确掌握每一个贸易术语的具体含义、作用，深刻领会《国际贸易术语解释通则》（简称《通则》）对其特点、风险、费用划分及适用的运输方式的界定，才能保证在贸易实践中正确地运用它。

目前，国际贸易实践中共有十多种贸易术语，按《2000 年通则》有 13 种，按《2010 年通则》有 11 种，如：FOB、CIF、CFR、CPT、CIP、FCA 等。

（三）合同条款

合同条款是交易双方当事人在交接货物、收付货款和解决争议等方面的权利与义务的具体体现，也是交易双方履行合同和调整双方经济关系的法律文件。按照各国的法律规定，买卖双方可以根据“契约自主”的原则，在不违反法律的前提下，规定符合双方意愿的条款，这就必然导致合同内容的多样性。因此，研究合同中各项条款的法律含义及其所体现的权利与义务关系，乃是本课程最基本的内容。国际货物买卖合同主要包括品名条款、品质条款、数量条款、包装条款、价格条款、支付条款、运输条款、保险条款、索赔条款等内容。只有了解和掌握这些条款的含义、相关规定及要求，才能使外贸业务人员能够签订一个科学合理的进出口业务合同，从而保障各当事人的利益，确保买卖合同的顺利履行。

（四）贸易方式

随着国际分工的进一步发展和国际经济关系的日益密切，国际贸易方式和渠道也日益多样化和综合化，除单边进口和单边出口的传统贸易方式外，还包括包销、代理、寄售、展卖、商品期货交易、招标投标、拍卖、易货、互购、补偿贸易、转手贸易、来料加工和来件装配业务、许可贸易、技术服务与咨询、特许经营、电子商务等多种贸易方式。这些贸易方式日益活跃于世界经济各领域中，为进出口商带来了较大的便利，进而极大地促进了国际贸易的发展。作为外贸业务人员，需要了解各种贸易方式的基本概念和基本特征，熟悉各种贸易方式的基本做法，明晰各当事人之间的法律关系，掌握在不同贸易方式下双方当事人的权利与义务，以及如何对具体业务中可能出现的问题加以注意和防范。因而，介绍和阐述这些贸易方式的性质、特点、作用、基本做法及其适用的场合，也属于本书内容的一个重要方面。

第二节　国际贸易的基本流程

在国际贸易实际业务中，由于交易客户和交易条件不同，具体的业务环节内容也会有所不同，但就其基本流程来说基本是一样的。作为外贸业务人员，了解国际贸易的基本流程是非常必要的。

一、出口贸易的基本流程

在通常情况下，出口贸易的基本流程可分为出口贸易前的准备工作阶段、贸易磋商和签订出口合同阶段以及出口合同履行阶段。其具体基本流程如图1—1所示。

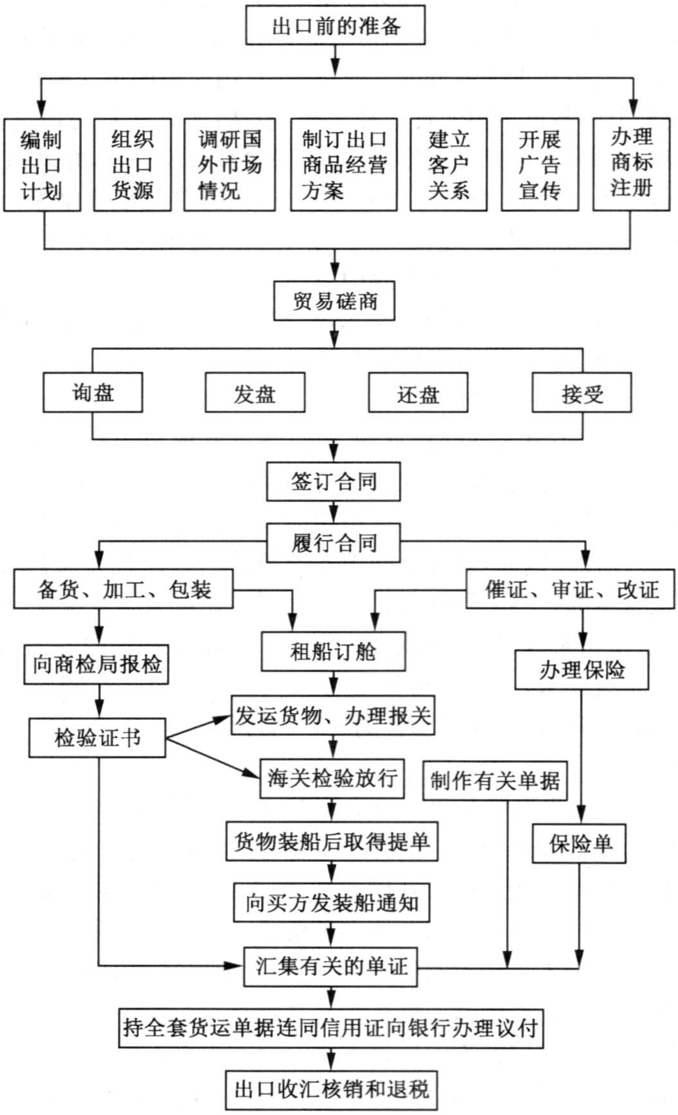

图1—1　出口贸易基本流程

（一）出口贸易前的准备工作阶段

出口贸易是一项艰难复杂而又十分重要的工作，为了做好这项工作必须事先做好充分准备。出口贸易前需要准备的事项很多，主要包括下列环节。

1. 选配参加谈判的人员

在洽商交易过程中，买卖双方在确定价格和各种贸易条件以及拟订合同条款方面，有可能因利害关系不同而出现分歧和争论，甚至还可能出现种种预先没有估计到的变化。因而，为了保证洽商交易的顺利进行，必须事先选配精明能干的谈判团队，这个团队须包括熟悉商务、技术、法律和财务方面的人员，应具有较高的整体素质，要善于应战、善于应变，并善于谋求一致，这是确保谈判成功的关键。

2. 选择目标市场

在出口贸易磋商之前，必须从调查研究入手，通过各种途径广泛收集市场资料，加强对国外市场情况、对方国家的外贸情况、对我国的政治态度、经济发展水平、人口数量、气候条件、居民消费习惯、产品市场供求状况、替代产品竞争情况、外汇管制状况、海关制度、供销状况、价格动态、政策法令措施和贸易习惯等方面情况的调查研究，以便选择适当的目标市场和合理地确定市场布局。

3. 选择贸易对象

在洽商交易之前，必须通过各种途径对客户的政治、文化背景，资信情况，经营范围、经营能力和经营作风等方面的情况进行了解和分析。为了正确地选择和利用客户，需要建立和健全客户档案，以便对各种不同类型的客户进行分类排队，做到心中有数。要正确对待和妥善处理大、小客户和新、老客户的关系，充分利用和调动专营进出口商、中间代理商和实销户推销我方出口商品的积极性。

4. 制定出口商品经营方案

出口商品经营方案是指出口企业在一定时期内对出口商品所作的综合安排，通常包括国内货源情况、国外市场特点、目标市场选择、客户关系建立、广告宣传的开展、价格、支付条件以及出口商品成本和经济效益的核算等内容。

5. 做好出口商品商标的国外注册工作

商标是参与竞争的有力武器和保护自身权益的护身符。随着国际贸易往来的日益频繁，我国的企业想要融入全球经济中，就必须拥有国际商标。所以，面对激烈的国际竞争，我国企业必须提升商标国际保护意识，加快商标在国外的注册进程，以避免培育多年的品牌在国外流失。

（二）贸易磋商和签订出口合同阶段

贸易磋商的目的是买卖双方通过磋商取得一致意见，达成交易。贸易磋商具有高度的政策性、策略性和技术性，只有真正做到知己知彼，使自己尽可能处于主动地位，方能稳操胜券。

贸易磋商在形式上可分为口头和书面两种形式。当然，在特殊情况下，贸易也可以通过买卖双方对已成为习惯的某些行为予以确认来达成。贸易磋商的一般程序应包括邀请发盘、发盘、还盘、接受和签订合同等环节，其中发盘和接受是贸易成立的基本环节，也是合同成立的必要条件。

（三）出口合同履行阶段

在国际贸易中，买卖合同一经生效，有关当事人必须履行合同规定的义务。目前绝大多数出口合同为 CIF 合同，并且一般都采用信用证付款方式。在履行这类合同时，必须切实做好各个环节的工作。这些环节包括以下几个方面。

1. 备货

备货工作是指卖方根据出口合同的规定，按时、按质、按量准备好应交的货物，并做好申请报验和领证工作。

2. 催证、审证和改证

当采用信用证支付方式时，出口商为了维护自己的权益，必须做好对信用证的掌握、管理和使用，主要工作包括催证、审证和改证。在实际业务中，通常是由银行和进出口公司共同承担审证任务。如果在审证过程中发现信用证内容与合同规定不符应区别问题的性质，分别同有关部门研究，做出妥善的处理。

3. 租船订舱与办理保险

在装运货物之前，卖方应及时办理租船订舱工作。如系大宗货物，需要办理租船手续；如系一般杂货，则需洽订舱位。货物装船以后，船长或大副应该签发收货单，托运人凭此收据即可向船公司或其代理人换取正式提单。

在装运货物之前，还需向海关办理报关手续。出口货物办理报关时，必须填写出口货物报关单，并提供有关单据。海关查验有关单据后，即在装货单上盖章放行，凭以装船出口。

凡是按 CIF 价格成交的出口合同，卖方在装船前需及时向保险公司办理投保手续。出口商品的投保手续，一般都是逐笔办理的。保险公司接受投保后，即签发保险单或保险凭证。

4. 制单结汇

出口货物装船之后，进出口公司即应按照信用证的规定，正确缮制各种单据。在信用证规定的交单有效期内，递交银行办理结汇手续。在缮制过程中，必须高度认真和细致，切实做到“单证相符”和“单单相符”，以利于及时、安全收汇。目前，我国出口结汇的办法有三种，即收妥结汇、押汇和定期结汇。

5. 出口收汇核销和退税

根据现行的外贸政策，我国出口企业在办理货物装运出口以及制单结汇后，应及时办理出口收汇核销和出口退税手续。出口收汇核销是以出口货物的价值为标准，核对是否有相应的外汇收回国内的一种事后管理措施，即出口企业在货物报关出口后向外汇管理部门报送银行出具的收汇证明以进行核对的程序。出口退税是指对出口产品退还其在国内生产和流通环节实际缴纳的产品税、增值税、营业税和特别消费税。出口退税制度可使本国产品以不含税成本进入国际市场，与国外产品在同等条件下进行竞争，从而增强竞争能力。出口企业凭出口收汇核销单报关出口，收汇后到外汇局办理核销，再向税务机关申请出口退税。

二、进口贸易的基本流程

进口贸易的基本流程也包括三个阶段，但在具体内容上，与出口贸易又有所不同。进口贸易的基本流程一般分为进口贸易前的准备工作阶段、贸易磋商与签订进口合同阶段、进口合同履行阶段。其具体基本流程如图 1—2 所示。

（一）进口贸易前的准备工作阶段

进口贸易前的准备工作主要包括以下方面：

1. 合理安排商品数量、时间及采购市场

根据国内需要的缓急程度和国际市场的具体情况，适当安排订货数量和时间，既要防止过度集中，又要避免前松后紧，在满足国内需要的情况下争取有利的贸易时机。

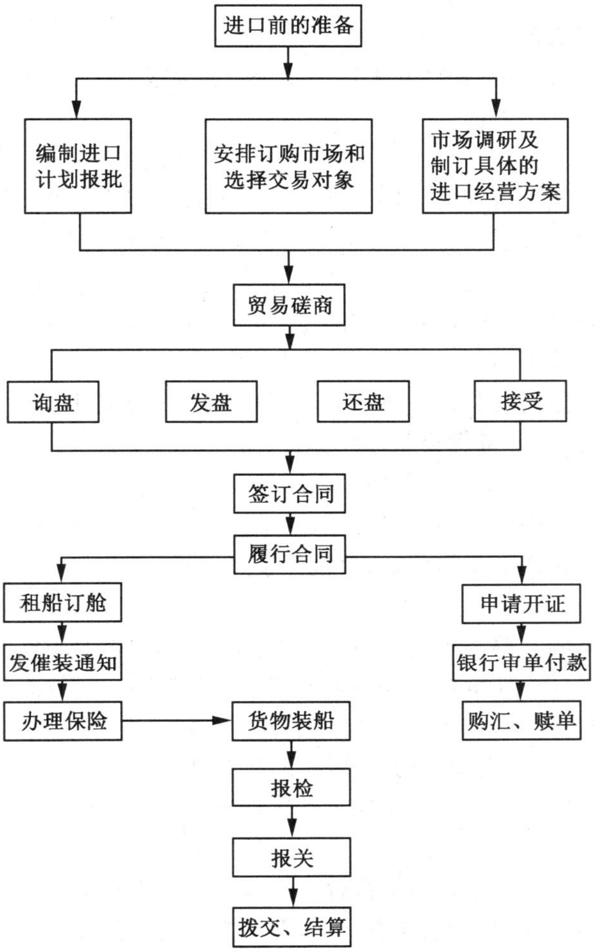

图 1—2　进口贸易基本流程

2. 选择合适的贸易对象

根据不同的经营渠道,如制造厂商、代理商、经销商等,权衡利弊,选择资信好、经营能力强并对我国友好的客户作为重要贸易对象。

3. 严格掌握交易价格

根据国际市场价格水平和进口方自己的经营意图,拟定可以接受的价格区间,作为洽商交易的依据。

4. 灵活选择交易条件与贸易方式

根据商品的品种、进口地区、贸易对象、经营意图、采购的品种和数量及贸易习惯做法等因素灵活掌握。

(二)贸易磋商与签订进口合同阶段

进口贸易磋商与出口贸易磋商的程序基本相同。但在实际业务中,进口贸易磋商还应注意的问题有:不要向同一地区过多询盘,防止国外商人乘机抬价;对不同国家或地区的报价要仔细综合比较,做好货比三家的工作;此外,对合同贸易条件的磋商应尽可能详细、具体,并争取有利的价格及其他贸易条件。进口书面合同的形式和内容基本上与出口合同相似,但合同名称多为购买合同或购货确认书。

（三）进口合同履行阶段

进口货物大多数是按 FOB 条件并采用信用证方式成交，按此条件签订的进口合同，其履行的一般程序包括以下几个方面。

1. 开立信用证

买方开立信用证是履行合同的前提条件，因此，签订进口合同后，应按合同规定办理开证手续。买方向银行办理开证手续时，须按合同内容填写开证申请书，银行则按开证申请书内容开立信用证，因此，信用证内容是以合同为依据开立的，它与合同内容应当一致。卖方收到信用证后，如提出修改信用证的请求，经买方同意后，可向银行办理改证手续。

2. 派船接运货物并办理保险

按 FOB 条件签订进口合同时，应由买方安排船舶。在办妥租船订舱手续后，应及时将船名及船期通知卖方，以便卖方备货装船，避免出现船等货的情况。对于数量大或重要的进口货物，可请我驻外机构就地协助了解和督促卖方履约。

在 FOB 或 CFR 交货条件下的进口合同，保险由买方办理。投保采取预约保险的形式，其中对各种货物应保的险别作了具体规定，故投保手续比较简便。

3. 审单与付汇

银行收到国外寄来的汇票及单据后，对照信用证的规定，核对单据的份数和内容。如内容无误，即由银行对国外付款；如审核国外单据发现单证不符时，应做出适当处理。

4. 报关、验收和拨交

进口货物到货后，如属法定检验的进口商品，须随附商品检验证书。海关对货、证查验无误后予以放行。买方随后就可自行或委托货运代理提取货物并拨交给用户。

5. 进口索赔

进口商品常因品质、数量、包装等不符合合同规定，而需向有关方面提出索赔。根据造成损失原因的不同，进口索赔的对象主要有三个，即卖方、船公司、保险公司。

第三节　国际贸易所适用的法律和惯例

为保证国际贸易能够顺利进行，使国际贸易得到法律的承认与保护，国际贸易业务必须符合法律规范。但由于国际贸易的当事人分属于不同的国家或地区，处于不同的法律和制度的管辖之下，因此，国际贸易所适用的法律法规有较大的不同。概括起来，国际贸易所适用的法律法规主要有国际条约、国际贸易惯例、国内法等。

一、国际条约

（一）国际条约的含义及作用

国际条约(International Treaty)是指两个或两个以上的主权国家为确定彼此在政治、经济、贸易、文化和军事等方面的权利和义务关系而缔结的诸如公约、协定、议定书等各种协议的总称。

国际条约依法缔结生效后，即对当事各方具有拘束力，必须由当事各方善意地履行。对此，国际法上有一项“条约必须遵守”的基本原则，即缔结条约以后，各方必须按照条约规定，行使自己的权利,履行自己的义务,不得违反。因此,国际条约是国际贸易所应遵守的重要法律类别之一。

在国际法中,按照缔约方的数目,国际条约可划分为双边条约和多边条约(又称公约)。但在国际贸易领域,最有影响力的应属国际多边条约,即由多个国家参加的国际公约。一般来说,国际条约只对缔约国有拘束力,而对非缔约国并无拘束力。这是因为国际条约只规定缔约国之间的权利和义务关系。但许多贸易方面的国际条约中所作出的规定,通常能反映出市场经济的一般规律,被认为属于国际贸易业务应予遵守的规范,因而往往也会得到非缔约国的遵守。

(二)国际贸易中的主要国际公约

1. 关于国际货物买卖的公约

(1)《国际货物买卖统一法公约》(海牙,1964 年)。

(2)《联合国国际货物销售合同公约》(维也纳,1980 年)。

(3)《国际货物销售时效期限公约》(纽约,1974 年)。

2. 关于国际货物运输的公约

(1)《统一提单的若干法律规则的国际公约》(简称《海牙规则》,1924 年)。

(2)《有关修改〈统一提单的若干法律规则的国际公约〉的议定书》(简称《维斯比规则》,1968 年)。

(3)《联合国海上货物运输公约》(简称《汉堡规则》,1978 年)。

(4)《统一国际航空运输某些规则的公约》(简称《华沙公约》,1929 年)。

(5)《修改〈华沙公约〉的议定书》(简称《海牙议定书),1955》。

(6)《国际铁路货物联运协定》(简称《国际货协》,1951 年)。

(7)《关于铁路货物运输的国际公约》(简称《国际货约》,1961 年)。

(8)《联合国国际货物多式联运公约》(1980 年)。

3. 关于国际支付的公约

(1)《汇票和本票统一法公约》(日内瓦,1930 年)。

(2)《解决汇票和本票若干法律冲突公约》(日内瓦,1930 年)。

(3)《统一支票法公约》(日内瓦,1931 年)。

(4)《解决支票若干法律冲突公约》(日内瓦,1933 年)。

(5)《联合国国际汇票和国际本票公约》(维也纳,1988 年)。

4. 关于对外贸易管理的公约

《建立世界贸易组织的马拉喀什协议》(马拉喀什,1994)。

5. 关于贸易争端解决的公约

(1)《承认及执行外国仲裁裁决的公约》(纽约,1958 年)。

(2)《关于争端解决规则和程序的谅解》(马拉喀什,1994 年)。

6. 关于国际投资的公约

(1)《解决一国与他国国民之间投资争议的公约》(华盛顿,1971 年)。

(2)《多边投资担保机构公约》(首尔,1985 年)。

7. 关于知识产权的公约

(1)《保护工业产权巴黎公约》(巴黎,1967 年)。

(2)《商标国际注册马德里协定》(马德里,1891 年)。

(3)《商标国际注册马德里协定有关议定书》(马德里,1989 年)。

(4)《保护文学和艺术作品伯尔尼公约》(伯尔尼,1971 年)。

(5)《世界版权公约》(日内瓦,1952 年;1971 年修订于巴黎)。

【案例】 20 世纪 90 年代,营业地均在澳门地区的交易双方在大连签订了买卖 5 万公吨矿砂的合同,合同规定目的港为大连,但未规定处理合同争议的准据法。在合同履行过程中,买卖双方因为交货品质和付款发生争议,彼此协商未果,卖方遂提请中国国际经济贸易仲裁委员会仲裁。申请人认为,本案不适用《公约》,而被申请人则主张本案应优先适用该《公约》。请问本案应适用什么法律?为什么?

【分析】 首先,由于《公约》适用于营业地在不同国家和地区的双方当事人之间所订立的货物买卖合同,案例中的交易双方营业地均在澳门地区,合同也未规定处理合同争议适用于《公约》,所以本案不能优先适用《公约》。其次,由于该合同的签约地、标的物和仲裁地均在中国,根据“合同有最密切联系”的原则,应该按照中国法律解决实体争议。

二、国际贸易惯例

(一)国际贸易惯例的含义

国际贸易惯例(International Trade Practice)是指在长期国际贸易中经过反复实践逐渐形成的,并经过国际组织加以解释和编纂,并为大多数国家所认可遵循的一些习惯做法和解释。《联合国国际货物销售合同公约》第 9 条对国际贸易惯例的解释为:“国际贸易上,已为有关特定贸易所涉同类合同的当事人所广泛知道并为他们所经常遵守。”

从上述定义阐述中可以看出,构成国际贸易惯例一般应具备以下三个条件:

(1)国际贸易惯例应是人们经长期国际贸易反复实践而形成的某种商业做法、通例或行为规范。

(2)国际贸易惯例的内容必须是明确肯定的,并被许多国家和地区所认可。

(3)国际贸易惯例必须是在一定范围内众所周知,从事该行业的人们认为是具有普遍约束力并遵照执行的。

国际贸易惯例一般包括成文惯例与不成文惯例。成文的国际贸易惯例,是经过权威性国际组织,如国际商会、国际法协会等,根据长期反复使用的不成文惯例和已经证明行之有效的规则,加以完善和解释编纂而形成的。一般来说,成文惯例由于有章可循,具有较强的规范性,比不成文惯例更具有约束力。

(二)国际贸易惯例的作用

随着国际经济与贸易的快速发展,国际贸易惯例的作用越来越明显。这主要表现在以下四个方面:

(1)国际贸易惯例有利于买卖合同的顺利磋商和订立。因为国际贸易惯例可以简化进出口交易的相关手续,节省费用开支,缩短商务谈判的时间,从而在国际贸易的发展方面发挥着重要的作用。

(2)通过理解和掌握国际贸易惯例,可以帮助解决合同履行过程中的争议与纠纷。在某些国际贸易合同订立时,因考虑不严谨,法律适用不明确,而使履约过程中的争议与纠纷不能依照合同的规定得到很好的解决。此时,当事人可以援引国际贸易惯例来处理,争取到有利的处理方式和结果,从而将损失降低到最低。

(3)通过国际贸易惯例的运用,有利于国际贸易中各个环节的相互衔接,有效解决银行、船公司、保险公司、海关、商检等机构开展和处理进出口业务时所遇到的各种问题，从而也有利于促进国际贸易正常有序地进行和确保其持续向前发展。

(4)国际贸易惯例是国际贸易法律的重要渊源之一。在国际经济与贸易领域，国际贸易惯例不仅可以弥补国际公约、商业法律以及某些国内贸易法的不足，而且与国际公约在共同推动国际贸易发展的历程中起着相辅相成的作用，从而有效地维护了国际贸易的正常秩序。

(三)国际贸易惯例的适用

国际贸易惯例虽然是在国际贸易长期实践的基础上逐渐形成和发展起来的准则，也是国际贸易法律的重要渊源之一，但应该指出，国际贸易惯例与法律是有本质不同的。尽管目前国际贸易惯例与国际公约在强制力上的区别已经逐渐淡化，采用国际贸易惯例已经成为国际上的一种趋势，但国际贸易惯例本身不是法律，它对国际贸易双方当事人来说不具有强制性的约束力，其适用是以当事人的意思自治为基础的。在我国的一些商业法律中，对国际贸易惯例的适用均作了相应的规定。例如，《民法通则》和《海商法》都规定："中华人民共和国法律或中华人民共和国缔结或参加的国际条约没有规定的，可以适用国际惯例。"

在《联合国国际货物销售合同公约》中也明确规定，当事人若在合同中没有排除适用的惯例，或双方当事人已经知道或理应知道的惯例，以及在国际贸易中被人们广泛采用和经常遵守的惯例，即使当事人未明确同意采用，也可作为当事人默示同意上述惯例，因而对双方当事人具有约束力。

因此，在国际贸易实践中运用国际贸易惯例需要注意以下几个方面：

(1)惯例本身不是法律，对当事人不具有强制性或法律约束力。国际贸易惯例虽具有确定的内容，可以作为行为规范使用，但不是国际法律，也不是某一国的国内法，所以对国际贸易活动中的行为当事人不具有法律的强制性和约束力。

(2)只有当事人双方经过协商选用某国际贸易惯例，并在合同中明确规定时，该国际贸易惯例才具有法定约束力。

(3)惯例的采纳与适用以当事人的意思自治为基础。如果买卖双方在合同中做出与某惯例不符的规定，只要不违反有关法律规定，只要合同有效成立，双方都要遵照合同规定履行义务，一旦发生争议，法院和仲裁机构也要维护合同的有效性。

(四)常用的国际贸易惯例

1. 国际贸易术语方面

(1)《2010年国际贸易术语解释通则》。

(2)《美国对外贸易定义1990修订本》。

(3)《1932年华沙—牛津规则》。

2. 国际货款的收付方面

(1)《跟单信用证统一规则》。

(2)《托收统一规则》。

(3)《见索即付保函统一规则》。

3. 运输与保险方面

(1)《伦敦保险协会货物保险条款》。

(2)《约克—安特卫普规则》。

4. 国际仲裁方面

《联合国国际贸易法委员会仲裁规则》。

三、国内法

虽然国际条约从普遍意义上在国际贸易规范方面发挥着重要作用，但由于国际条约和国际贸易惯例并不能包括国际贸易各个领域中的一切问题，而且个人或企业从事超越国境的国际贸易活动时，也可能选择某一国家的国内法作为准则，因此，国内法在国际贸易活动中仍占有一定的重要地位。

国内法(Domestic Law)是指由某一国家制定或认可，并在本国主权管辖内生效的法律。但由于从事国际贸易的当事人地处不同国度，具有不同的法律制度，一旦发生合同争议，且各自法律对同一问题有不一致的规定时，就涉及适用何国法律作为争议处理依据的问题。为了消除这种法律冲突，一般以在国内法中规定"冲突规范"的办法加以解决。比如《中华人民共和国合同法》第 126 条规定："涉外合同的当事人可以选择处理合同争议所适用的法律，但法律另有规定的除外。涉外合同的当事人没有选择的，适用与合同有最密切联系的国家的法律。在中华人民共和国境内履行的中外合资经营企业合同、中外合作经营企业合同、中外合作勘探开发自然资源合同，适用中华人民共和国法律。"据此，我国企业与国外客户签订的进出口合同，可在合同中选择处理合同争议所适用的法律。例如既可以选择按照我国法律，也可选择按照对方所在国法律，或双方同意的第三国法律或者有关的国际条约来处理本合同的争议。如果当事人未在合同中作出选择，一旦发生争议，则由受理合同争议的法院或仲裁机构依照"与合同有最密切联系的国家的法律"进行处理。

与国际条约相比较而言，国内法所涉及的有关国际贸易的范围较广，包括国际货物买卖、国际货物运输与保险、国际货款的收付、对外贸易管理、国际商事仲裁等内容。

我国国内法所涉及的有关国际贸易的主要法律有以下五个方面：

(一)适用于国际货物买卖的国内立法

在我国，与国际货物买卖相关的国内法主要是《中华人民共和国合同法》(简称《合同法》)。该法自 1999 年 10 月 1 日起正式生效，分为总则、分则和附则部分，共 23 章，428 条。总则包括一般规定、合同的订立、合同的效力、合同的履行、合同的变更和转让、合同的权利义务终止、违约责任、其他规定；分则包括买卖合同，供用电、水、气、热力合同，赠与合同，借款合同，租赁合同，融资租赁合同，承揽合同，建设工程合同，运输合同，技术合同，保管合同，仓储合同，委托合同，行纪合同，居间合同。

(二)适用于国际货物运输与保险的国内立法

适用于国际货物运输与保险的国内立法主要体现在于 1993 年 7 月 1 日起施行的《海商法》。该法是以现行相关的国际公约为基础，参照国际航运惯例而制定的，其中海上货物运输合同、海上保险合同、涉外关系的法律适用等部分适用于国际货物运输与保险。该法分为 15 章，分别为总则、船舶、船员、海上货物运输合同、海上旅客运输合同、船舶租用合同、海上拖航合同、船舶碰撞、海难救助、共同海损、海事赔偿责任限制、海上保险合同、时效、涉外关系的法律适用、附则，共计 278 条。

(三)适用于国际货款收付的国内立法

适用于国际货款收付的国内立法主要体现在 2004 年 8 月 28 日修正并施行的《中华人民共和国票据法》。该法规范了国内外票据行为，保障票据活动中当事人的合法权益，其中涉外票据的法律适用的规定对国际贸易货款的收付起着比较重要的作用。该法分为 7 章，分别为总则、汇票、本票、支票、涉外票据的法律适用、法律责任、附则，共计 110 条。

(四)适用于对外贸易管理的国内立法

适用于对外贸易管理的国内立法涉及面较广,主要体现在《中华人民共和国对外贸易法》《中华人民共和国海关法》《中华人民共和国进出口商品检验法》等法律。其中《中华人民共和国对外贸易法》修订后于 2004 年 7 月 1 日起施行,它适用于对外贸易包括货物进出口、技术进出口和国际服务贸易,以及与对外贸易有关的知识产权保护。该法共分 11 章,分别为总则、对外贸易经营者、货物进出口与技术进出口、国际服务贸易、与对外贸易有关的知识产权保护、对外贸易秩序、对外贸易调查、对外贸易救济、对外贸易促进、法律责任、附则,共计 70 条。

(五)适用于国际商事仲裁的国内立法

适用于国际商事仲裁的国内立法主要体现在自 1995 年 9 月 1 日起施行的《中华人民共和国仲裁法》。该法分为 8 章,分别为总则、仲裁委员会和仲裁协会、仲裁协议、仲裁程序、申请撤销裁决、执行、涉外仲裁的特别规定、附则,共计 80 条。

《中华人民共和国仲裁法》中关于涉外仲裁的特别规定,成为规范国际商事仲裁的重要法律。与此同时,随着中国国内和涉外仲裁体系的变化,中国国际经济贸易仲裁委员会于 2012 年 2 月对仲裁规则进行了修订并获得通过,于 2012 年 5 月 1 日起施行。现行的《中国国际经济贸易仲裁委员会仲裁规则》分为 6 章,分别为总则、仲裁程序、裁决、简易程序、国内仲裁的特别规定、附则,共计 74 条。按现行仲裁规则的规定除非当事人另有约定,凡是案件争议金额不超过人民币 200 万元的,均适用仲裁规则中的简易程序;案件争议金额超过人民币 200 万元的,适用仲裁规则中的普通程序,但一方当事人书面申请适用简易程序并征得另一方当事人书面同意的,也可适用简易程序。

四、国际条约、国际贸易惯例和国内法的关系

对于国际条约、国际贸易惯例和国内法的关系,不同国家的不同法律有不同的规定。一般地,在许多国家,国际条约有自动生效和非自动生效之分。自动生效国际条约,一经该国批准,自动产生效力。当事人可直接援引。对于非自动生效国际条约,即使该国批准,也不对其居民产生直接约束力,只有经该国立法机关制定了有关实施该条约的法律后,才对其居民具有约束力。

国际惯例具有民间的非官方性质,因此不需要国家立法机关的批准。国际惯例多与当事人约定有关,而不与国内法或国际条约相关。在当事人的约定与其采用的国际惯例矛盾时,法院将根据当事人的意图予以解决。

【本章小结】

国际货物买卖是指国与国之间有形商品即货物的买卖活动。与国内贸易相比,国际货物买卖过程更为复杂,风险大,环节多,竞争更为激烈,所以需要对外经贸人员了解进出口贸易的基本环节,掌握进出口贸易合同的基本条款和相关的国际贸易法律和惯例。进出口贸易业务环节不尽相同,总的来讲,无论是进口贸易还是出口贸易,一般都包括交易前的准备、交易磋商和订立合同以及履行合同 3 个阶段。国际货物买卖合同不仅体现了交易双方的经济关系,而且也体现了双方的法律关系。因此,为了保障双方当事人的权利,国际货物买卖合同不仅要遵守所在国国内法,还要遵守有关国际公约和国际贸易惯例。

【课后练习】

一、思考题

1. 简述国际贸易的特点。
2. 进出口贸易一般要经过哪些程序?
3. 贸易惯例和习惯做法有何联系与区别?
4. 如何理解国际贸易惯例对合同当事人的约束力?

二、案例分析题

中国A公司与德国B公司签订进口1 000公吨大麦的合同。事后A公司与其他两家公司分别签订转售500公吨大麦合同。合同履行期内,B公司因故明确表示无法履行合同。A公司多次交涉未果,遂向B公司提出损失赔偿要求,但未果。于是A公司便向中国国际经济贸易仲裁委员会提请仲裁。问:该合同纠纷应该适用什么法律?

第二章　国际货物买卖合同的磋商与签订

【学习目标】

1. 知识目标：了解国际货物买卖合同的特点和内容及其相关的法律要求，了解国际货物买卖合同成立的必要条件，掌握国际货物买卖合同磋商的一般程序。

2. 能力目标：具备进行国际货物买卖合同磋商的能力，能够独立撰写询盘函、发盘函、还盘函及接受函。

【重点难点】

1. 重点：国际货物买卖交易磋商的程序。

2. 难点：发盘和接受的相关法律规定。

【导入案例】

我某外贸公司于3月1日向美商发去电子邮件，发盘供应某农产品1 000公吨并列明“牢固麻袋包装”(Packed in Sound Gunny Bags)。美商收到我方电子邮件后立即复电表示，“接受，装新麻袋装运”(Accepted, Shipment in New Gunny Bags)。我方收到上述复电后，即着手备货，准备于双方约定的6月份装船。数周后，某农产品国际市价猛跌，针对我方的催证电子邮件，美商于3月20日来电称：“由于你方对新麻袋包装的要求未予确认，双方之间无合同(no contract)。”而我外贸公司则坚持合同已有效成立，于是双方对此发生争执。

试问：此案应如何处理？

【分析】 美商没有道理。在本案例两个当事人磋商过程中，美商复电“接受，装新麻袋装运”，尽管复电中对于我方公司发盘中的“牢固麻袋包装”的包装条款做了修改，但根据《公约》的相关规定，“对发盘表示接受但载有添加不同条件的答复，如所载添加或不同条件在实质上并不变更该项发盘的条件，除发盘人在不过分迟延的期间内以口头或书面通知反对其差异外，仍构成有效的接受”。这就表示，如果受盘人对发盘内容所做的变更不属于实质性的，能否构成接受要取决于发盘人是否反对。如果发盘人不表示反对，合同的条件就包含了发盘的内容以及接受通知中所做的这项修改。

此案例的教训是，在收到有条件接受函时，对于发盘条件的变更，不能一律以沉默待之。

谨慎的做法是：首先，可以对其变更的发盘条件进行定性，判断其不同的法律后果，积极选择应对策略。其次，当收到对方有附加条件的接受后，不管其附加条件是不是对原发盘的实质性的修改，均应明确地把自己的意思立即说出来，这样就避免了争议。尤其不能在不确定时沉默。

第一节 国际货物买卖合同磋商的方式和内容

一、交易磋商的含义及重要性

交易磋商(Business Negotiation)是指买卖双方以买卖某种商品为目的而通过一定的程序就交易的各项条件进行洽商并最终达成交易的全过程。交易磋商的目的是买卖双方通过磋商能就合同中所有条款内容取得一致意见，达成交易。因此，交易磋商是签订货物买卖合同的基础，是进出口商品的基础性工作。

交易磋商具有高度的政策性、策略性和技术性，只有真正做到知己知彼，使自己尽可能处于主动地位，才能稳操胜券。要做好这项工作，既要全面准确了解和掌握我国的对外贸易方针政策，通晓国内外市场形势和贸易程序，懂得如何沟通客户和营销商品；又须准确掌握国际条约以及有关国家的贸易法规、习惯做法和商业惯例，并在此基础上能灵活地运用交易磋商的策略与技术。

二、交易磋商的方式

国际货物买卖合同磋商在形式上有口头和书面之分。

口头磋商是指买卖双方在广交会、华交会等国际交易会上或客户来访或出国小组拜访客户等面对面直接磋商，以及交易双方通过电话交谈磋商。口头磋商比较适合于谈判内容复杂、涉及问题较多的业务，如大型成套精密仪器设备的交易谈判等。

书面磋商是指交易双方通过信函、电报、电传、传真、电子邮件(E-mail)和网上洽谈等方式进行磋商交易。随着现代通信技术的发展，书面洽谈越来越简便易行，且成本费用低廉。当前国际贸易中，买卖双方通常采用书面方式进行磋商交易。

三、交易磋商的内容

交易磋商的内容主要包括买卖商品的各项交易条件，一般分为两部分。

(1)带有变动性的主要交易条件，如商品品质、数量、包装、价格运输、保险和货款的支付等内容，是国际货物买卖合同中不可或缺的条款，也是进出口交易磋商的必谈内容。

(2)相对固定的一般交易条件，如商品检验、索赔、不可抗力和仲裁等，涉及的是合同履行过程中可能发生的问题或争议的解决办法，并非合同成立不可或缺的内容，往往被视为一般交易条件，是由进出口商共同拟定的对每笔交易都适用的一套共性的交易条件。外贸业务实践中，一般交易条件通常由买卖双方在初次洽商交易时就进行磋商，经双方当事人确认后，即可作为将来交易的基础，在将来洽商交易时则不必逐条重复这些条件，只洽商主要条件即可，这样可以节省往来函电的费用和交易磋商时间。

进出口公司在同国外客户建立关系时，通常将印有“一般交易条件”的合同格式递交对方，经过双方协商同意后，这些条件就成为今后双方进行交易的共同基础，双方均受此项一般交易条件的约束。这对于缩短谈判时间和节约函电费用都是有利的。

第二节 合同磋商的一般程序

交易磋商是贸易双方签订合同的基础，本质上是交易双方订立合同的程序和过程。双方要对合同的相关内容如品名、品质、数量、价格、支付方式、交货期、运输、保险、不可抗力、仲裁以及索赔等涉及合同各条款的相关问题进行具体洽谈，以期达成一致。在实际进出口业务中，并不是每一次交易磋商都会对所有的问题进行商谈。因为在一般的商品交易中，都有固定格式的合同，对商检、索赔、仲裁、不可抗力等一般交易条件都有具体的规定，如果双方同意就直接采用，而不必再逐一协商。

在外贸业务中，合同磋商的一般程序可概括为"询盘""发盘""还盘"和"接受"四个环节。

一、询盘(Inquiry)

询盘是指交易的一方欲购买或售出某种商品，向对方询问买卖该种商品的各项交易条件(如商品的品质、规格、价格、装运等)。询盘可以分成两种：一种只询问价格，索取商品目录或样品，被称为一般询盘(General Inquiries)；另一种询盘则包括特定商品的各项交易条件，被称为具体询盘(Specific Inquiries)。

(一)询盘的种类

询盘可由买方发出，也可由卖方发出。询价时常用的术语有："interested in..." "please advise..." "please quote..." "please offer..." "please bid..."等。一般情况，由买方询盘多一些。

(1)买方发出的询盘，称为"邀请发盘"(invitation to make an offer)。如：Please Offer China northeast rice CIF Singapore March shipment.(请报中国东北大米 CIF 新加坡价 3 月份装运)。

(2)卖方发出的询盘，称为"邀请递盘"(invitation to make a bid)。如：We can supply Chinese green tea May shipment cable if interested.(可供中国绿茶 5 月装运如有兴趣请电告。)

(二)询盘的法律效力

在国际贸易中，有时一方发出的询盘表达了与对方进行交易的愿望，希望对方接到询盘后能及时发出有效的发盘，以便考虑接受与否。也有的询盘只是想试探对方对交易的诚意或试探国际市场价格，询问的对象也可能不限于 1 人。有时发出询盘的一方希望对方开出估价单(Estimate)，这种估价单同样不具备发盘的条件，所报出的价格也仅供参考。所以询盘对询盘人和被询盘人都没有法律约束力，不是交易的必经步骤。但询盘往往是一笔交易的起点，所以，被询盘人应对接到的询盘给予重视，必须认真对其进行分析，针对不同的询盘目的或背景，及时进行适当的答复。

(三)询盘时应该注意的问题

询盘时当事人应该注意以下问题：

(1)询盘不一定要有"询盘"字样，凡含有询问、探询交易条件或价格方面的意思表示都可作为询盘看待。

(2)询盘虽然对询盘人和被询盘人都没有法律约束力，买方询价后无购买货物的义务，卖方询价后也无出售货物的责任，但在实际业务中，为了确保企业的商业信誉同时也出于相互的尊重，应尽量避免出现只询价不购买或只询价不售货的现象，以免给企业造成不好的影响。

(3)交易条件包含多方面内容，因此当事人询价时，不应只询问商品的价格，也应同时询问其他交易条件，以争取获得比较全面的交易信息或条件。

(4)询盘可以同时向一个或几个交易对象发出，但不应在同一时间集中做出，以免暴露我方销售或购买意图。除因用货单位订购特定的商品，只能向指定的供应商询盘外，一般可根据商品和交易的特点选择确定适当的对象进行询盘。一方面可以货比三家，同时也不会暴露我方的购销意图，更不会影响市场价格。尤其是订购数量大而且又是向中间商发出的询盘，询盘对象更是不宜太多，否则容易招致生产厂商的抬价。

二、发盘(Offer)

发盘又叫发价、报盘或报价，法律上称为要约，是指交易一方欲购买或出售某种商品而向对方提出交易条件，表示愿意按此达成交易的行为。由卖方做出的发盘，称销售发盘(selling offer)；由买方做出的发盘，称为购买发盘(buying offer)，又称"递盘"(bid)。

发盘分为实盘和虚盘两种。实盘是发盘人承诺在一定期限内，受发盘内容约束，非经接盘人同意，不得撤回和变更；如接盘人在有效期限内表示接受，则交易达成，实盘内容即成为买卖合同的组成部分。虚盘是发盘人有保留地表示愿意按一定条件达成交易，不受发盘内容约束，不作任何承诺，通常使用"须经我最后确认方有效"等语以示保留。

例 1-1 可供青岛柞丝绸 450 千克，28.5×49，每千克 8 美元，FOB 青岛，5/6 月装运，不可撤销即期信用证付款。

CAN SUPPLY TSINGTAO PONGEE 28.5×49 PER KG USD 8.00，450KG FOB QING-TAO ，5/6 SHIPMENT IRREVOCABLE SIGHT LC.

例 1-2 订货 5 000 打运动衫，货号 305B，每打 CIF 纽约价 84.5 美元，标准出口包装，5 至 6 月装运，不可撤销信用证支付，20 日复到有效。

ORDER 5 000 DOZEN SPORT SHIRTS ART No. 305B USD84.5 PER DOZEN CIF NEW YORK EXPORT STANDARD PACKING MAY/JUNE SHIPMENT IRREVOCABLE SIGHT L/C REPLY HERE 20TH.

(一)发盘的构成条件

《公约》第 14 条(1)款对发盘作了如下定义："向一个或一个以上的人提出的订立合同的建议，如果十分明确并且表明发价人在得到接受时承受约束的意旨，即构成发价。一个建议如果写明货物并且明示或暗示地规定数量和价格或规定如何确定数量和价格，即为十分确定。"我国《合同法》第 14 条也有类似规定。《公约》第 15 条(1)款和我国《合同法》第 16 条又规定：发价于送达被发价人时生效。据此，构成一项法律上有效的发盘必须具备以下四个条件：

1. 向一个或一个以上的特定的人提出

发盘必须向一个或一个以上特定的人(specific persons)作出。所谓"特定的人"，是指在发盘中指明个人姓名或企业名称的受盘人。这一规定的目的是为了将向特定对象作出的发盘与在报刊上刊登广告、向国外客商寄发商品目录、价目单和其他宣传品的行为区分开来。在后一种情况下，广告的对象是广大社会公众，商品目录、价目单和宣传品是普遍寄发给为数众多的客商的。这些对象都不属特定的人。因此，这类行为一般不能构成发盘，而仅能视为发盘邀请。但是，如果广告内容十分具体、明确和肯定，在一定的事实情况下，也可能成为一项发盘，一旦见到广告的人作出接受的行为，该刊登广告者即须按广告中所提出的条件，履行其诺言。

至于向国外众多客商大量寄发商品目录、价目单等宣传品，谨慎的出口商往往在这些宣传品上注明"所列价格仅供参考"(The prices stated are for reference only)。

2. 表明承受约束的意旨

一项发盘必须明示或默示地表明当受盘人作出接受时发盘人承受约束的意旨。所谓"承受约束"，即承担按发盘的条件与受盘人订立合同的责任。明示地表明，例如，说明是"发盘""发实盘""递盘""递实盘""定货""订货"或规定"有效至××日期"等。但是否使用上述语句，并不是辨别一方当事人是否具有"得到接受时承受约束的意旨"的唯一依据。"承受约束的意旨"也可默示地表明，那就要分析对方所作出的表示的整个内容，并适当地考虑到与事实有关的一切情况：包括谈判情形、当事人之间确立的任何习惯做法、惯例和当事人其后的任何行为。

在实际业务中，如果对另一方当事人所作出的表示存在疑问(即难以确定是否具有"承受约束的意旨")，一方当事人通常可采用快速通讯的方法加以澄清，而不宜任意猜测。

3. 内容必须十分确定

发盘的内容必须十分确定。只有内容确定的发盘，才能经接受而成立合同。所谓发盘内容的确定，是指发盘的条件是完整的、明确的和终局的(complete，clear and final)。

一项条件完整的发盘，按照我国外贸实践，通常应包括有关买卖货物的品质、数量、包装、价格、交货和支付等主要交易条件。但是，在实际业务中，一项发盘往往不是以上述所有主要交易条件完整的形式出现的。其之所以如此，是由于发盘中在表面上所缺少的某些主要交易条件，在一定的情况下可以从其他方面予以确定。

发盘的主要交易条件表面上不完整而实际上是完整的，有以下三种背景情况：

(1)买卖双方事先订有"一般交易条件"的协议。如在业已经对方确认的"一般交易条件"中包含了某些主要交易条件，那么，发盘的内容可予简化，表面上看来缺少了某些主要交易条件，实际上并不影响发盘主要交易条件的完整性。例如，在"一般交易条件"中已订明"支付方式：凭不可撤销即期信用证"，除了拟作改动者外，就可在发盘中不列明上述支付条件。

(2)援引来往函电及先前的合同。在交易磋商中，发盘人在发盘时往往援引双方之间在过去或这一过程中来往的函电，或说明某些条件与先前订立的某一合同相同，借以省略发盘的内容。在这种情况下有关发盘的主要交易条件，在表面上看来是不完整的，而实际上却是完整的。

(3)买卖双方在先前业务交往中已形成的某些习惯做法。买卖双方之间对某些主要交易条件虽未作为"一般交易条件"的内容取得协议在先，但在先前业务交往中已形成了习惯做法，为双方所熟知。这样，在双方具有共同理解的基础上，发盘人在发盘中即使不列明这些条件，也不影响主要交易条件的完整性。

值得注意的是，《公约》第14条(1)款规定，一项订立合同的建议"如果写明货物并且明示或暗示地规定数量和价格或规定如何确定数量和价格，即为十分确定"，据此，一项仅写明货物、规定数量和价格或如何确定数量和价格的发盘，在得到接受而成立合同时，合同的其余条件按惯例或《公约》第三部分关于货物销售的条款来决定。《公约》关于发盘仅需明示或默示地规定货物、数量、价格，以及甚至可不规定价格的做法，虽然在法律上是可行的，但是，在实际业务中则往往是不可取的。

发盘内容的不确定性，还表现在发盘中的交易条件是不明确的。所谓明确，是指交易条件不是含糊的、模棱两可的。如果对价格的规定，注明"参考价"(reference price)或"指示性价格"(price indication)，或对交货期规定为"大约9月份"(about September)等，这些交易条件都是不明确的，从而使发盘成为不确定。

一项确定的发盘，还要求对其所规定的各项交易条件是终局的，即没有任何诸如“以我方确认为准”(subject to our confirmation)、“以未出售为准”(subject to prior sale)、“不受约束”(without engagement)等保留条件或限制性的条件。也就是说，发盘人对发盘条件承担肯定的责任，一经受盘人接受，发盘人即按发盘条件与受盘人建立合同关系。

4. 送达受盘人

发盘必须送达受盘人(An offer must be communicated to the offeree)。《公约》第 15 条规定：“发价于送达被发价人时生效”。据此规定，发盘在未被送达受盘人之前，即使受盘人已由某一途径获悉该发盘，他也不能接受该发盘。所谓“送达”(reach)对方，是指将发盘内容通知对方或送交对方本人，或其营业地或通信地址，如无营业地或通信地址，则送交对方惯常居住地。

我国《合同法》第 16 条规定：“要约到达受要约人时生效。采用数据电文形式订立合同，收件人指定特定系统接收数据电文的，该数据电文进入该特定系统的时间，视为到达时间；未指定特定系统的，该数据电文进入收件人的任何系统的首次时间，视为到达时间。”

(二)发盘的有效期

发盘的有效期是指可供受盘人对发盘作出接受的期限。凡是发盘，都是有有效期限的。发盘人对发盘的有效期可作明确规定，也可不作明确规定。明确规定有效期的发盘，从发盘被送达受盘人时开始生效到规定的有效期届满为止。不明确规定有效期的发盘，在一段合理时间内有效。按《公约》第 18 条(2)款规定，确定具体的合理时间须适当地考虑到交易的情况，包括发价人所使用的通讯方法的迅速程度。

在我国出口业务中，常见的明确规定有效期的方法主要有：

1. 规定最迟接受的期限

发盘人在发盘中明确规定受盘人表示接受的最迟期限。例如：“发盘限 15 日复”(offer subject reply fifteenth)。这种有效期的规定方法，存在一定的问题，即该截止期(15 日)是指受盘人在他的所在地发出接受通知的期限，还是接受通知必须送达发盘人(reach the offeror)的期限，不够明确。如果受盘人用信件或电报表示接受，那么，信件投递(posted)或电报交发(handed in for despatch)与该信件或电报送达发盘人，其间有一段时间间隔。在此情况下，究竟是以受盘人在其所在地将表示接受的信件投邮或将电报交发时，接受即生效，还是以信件或电报送达发盘人时，接受始生效，可能引起疑问。对此问题，将在下文“接受”一节内作进一步阐述。为了明确发盘的截止期，在规定最迟接受的期限时，可同时限定以接受通知送达发盘人或以发盘人所在地的时间为准。例如：“发盘限 15 日复到”(subject reply reaching here fifteenth)；“发盘限我方时间 15 日复”(offer subject reply fifteenth our time)；“发盘有效至我方时间星期五”(offer valid until Friday our time)。

2. 规定一段接受的期间

发盘人也可规定发盘在一段期间(a period of time)内有效。例如：“发盘有效三天”(offer valid three days)；“发盘 7 天内复”(offer reply in seven days)。

采用这种规定有效期的方法，存在一个如何计算“一段接受时间”的起讫问题。根据《公约》第 20 条规定：发盘人在电报或信件中订定的一段接受期间，从电报交发时刻或信上载明的发信日期算起。如信上未载明发信日期，则从信封上所载日期算起。发盘人以电话、传真或其他可立即传达到对方的通信方法订定的一段接受期间，从发盘到达受盘人时起算。在计算一段接受期间时，这段期间内的正式假日或非营业日应计算在内。但是，如果接受通知在接受期间的最后一天未能送达发盘人的地址，因为那天在发盘人的营业所在地是正式假日或非营业日，则这段期间应顺延至下一个营业日。

发盘人对发盘明确规定有效期，其期限究竟应多长，并无定则。一般来说，发盘有效期的长短取决于商品的种类、市场情况和交易额等诸因素。如所买卖的商品属新、小商品，市价稳定且交易额不大，有效期可规定得较长些，例如5～7天，甚至更长一些。假设买卖商品系大宗商品、原料性商品或初级产品，国际市况波动频繁，交易额较大者，则可规定得短些，例如2～3天，有时甚至可短至1天，以至限几小时内答复到达有效。对于大宗、市场敏感性商品的发盘有效期，通常应从短掌握。如果规定过长，或轻率予以延展，将让国外客商坐等时机，势必给我方增加风险，甚至造成损失。

如前所述，发盘如不明确规定有效期，则应理解为在合理时间内有效。但"合理时间"在国际上并无统一明确的解释。因此，在实际业务中，我外贸企业在对外发盘时，如所涉及的交易金额较大，还是以明确规定发盘有效期为妥。

《公约》第18条(2)款还规定："对口头发价必须立即接受，但情况有别者不在此限。"所谓"立即接受"，可理解为：在双方口头磋商时当场有效，受盘人不在磋商当场表示接受，发盘随即失败。对"情况有别者"，则可理解为：发盘人在口头发盘时，明确规定了有效期，例如"有效3天"，则该发盘不在"立即接受"之列。

（三）发盘的撤回

发盘的撤回(withdrawal)是指发盘人将尚未为受盘人收到的发盘予以取消的行为。按《公约》第15条(2)款规定："一项发价，即使是不可撤销的，得予撤回，如果撤回通知于发价送达被发价人之前或同时，送达被发价人。"这一规定是建立在发盘尚未生效的基础上的。对一项尚未被收到的还未生效的发盘，原定的受盘人无权向发盘人提出任何主张，因为根本不存在法律应予以保护的"可期待之物"(expectations)。可见"撤回"的实质是阻止发盘生效。在实际业务中，发盘的撤回只有在使用信件或电报向国外发盘时，方可适用。因为，使用信件或电报发盘，从信件投邮或电报交发到信件或电报送达收件人有一段时间间隔。这样，如发盘信件投递或电报交发后，发盘人发现市场情况有重大变化或发盘内容有误，可采用快速通信方法（如电话、电传、电子邮件），在发盘信件或电报送达前，通知受盘人撤回发盘。如果发盘系使用电话、电传或电子邮件等数据电文作出者，因这些信息随发随到，就不存在撤回发盘的可能性。

（四）发盘的撤销

发盘的撤销(revocation)是指发盘人将已经为受盘人收到的发盘予以取消的行为。

对于一项已送达受盘人的发盘是否得予撤销，各国法律的规定存在较大差异。其关键在于，一项已生效的发盘对发盘人是否具有约束力。

大陆法主张：发盘原则上对发盘人具有约束力。一项发盘已经送达受盘人，即生效后，就不得撤销，除非发盘人在发盘中注明不受约束。

按英美法的传统观点，发盘在被接受之前得予撤销。即使发盘人在发盘中明确规定了可供接受的期间，该发盘对发盘人也不具约束力，除非受盘人为使该发盘保持可供接受(remain open for acceptance)而付出某种"对价"(consideration)，例如，支付一定金额或作出其他行为或给付了一定物品。

《公约》第16条对大陆法和英美法在此问题上的分歧，进行了协调并作出了折中的规定：已为受盘人收到的发盘，如果撤销的通知在受盘人发出接受通知前送达受盘人，可予撤销。但是，在下列情况下不得撤销：(1)发盘以规定有效期或以其他方式表明为不可撤销的；或(2)如受盘人有理由信赖该项发盘是不可撤销的，并已本着对该发盘的信赖采取了行动。

【案例】 我国银海公司于2015年10月5日以电报方式请美国H公司发盘出售一批水泥。银海公司在电报中声明：此发盘是为了计算一项承建一幢大楼的标价和确定是否参加投标之用，并将于10月22日向招标人送交投标书，而开标日期为10月31日。H公司于10月7日用电传就上述水泥向银海公司发盘，发盘条件虽然完整，但既没有规定接受期限，也没有注明是否是不可撤销的。银海获悉后，据此计算标价，并于10月22日向招标人递交了投标书。10月27日国际市场水泥价格上涨，H发来传真通知撤销其10月7日的发盘，银海公司当即复电表示不同意撤盘。于是双方为能否撤销发盘发生争执。到10月31日招标人开标，银海公司中标，随即传真H接受10月7日的发盘。但H公司坚持发盘已于10月27日撤销，认为合同不能成立。

【分析】 在本案中，银海公司在发盘邀请中已经清楚地申明H公司的发盘是用于银海公司参加投标，H理应知道其发盘的重要性。而银海公司已就H公司的发盘参加了投标，因此有理由认为该发盘是不可撤销的，并且已本着对该发盘的依赖采取了某些行动，即向招标人递交了投标书。所以H公司的发盘在10月31日招标人开标之前是不能撤销其发盘的。

《公约》的以上规定，实质上是倾向于大陆法的规则。也就是说，已为受盘人收到的发盘基本上是不得撤销的。因此，在外贸实践中，外贸企业在对外发盘时，必须认真对待，审慎从事，谨防差错，以免造成难以挽回的损失。

（五）发盘的终止

发盘的终止(termination)是指发盘法律效力的消失。它有两方面的意义：一是发盘人不再受发盘的约束；二是受盘人失去了接受该发盘的权利。发盘终止的原因很多，归纳起来，主要有下列几种情况：

(1)在有效期内未被接受而过时。发盘可由于时间的流逝(lapse of time)而失效。明确规定有效期的发盘，在有效期内如未被受盘人接受，即终止有效。未明确规定有效期的发盘，在合理时间内未被接受而失效。如口头发盘，受盘人当场未予接受，离开现场，发盘即失效。

(2)被受盘人拒绝或还盘。发盘一经受盘人拒绝或还盘，发盘立即终止有效。如果受盘人反悔又表示接受，即使在原先发盘的有效期之内，合同也不能成立，除非原发盘人对该“接受”(实际上是原受盘人作出的一项新发盘)予以确认。

(3)发盘人在受盘人作出接受前对发盘进行了有效的撤销。

(4)法律的适用。发盘还可因出现了某些特定情况，按有关法律的适用(application of time)而终止。例如，如发盘人或受盘人为自然人，在发盘被接受前丧失行为能力(如死亡或精神失常)；如发盘人为法人(例如公司)，在发盘被接受前，该法人被依法宣告破产，并将有关破产的书面通知送达受盘人；特定的标的物毁灭，如一件珍贵的独一无二的、不可替代的艺术品，发盘作出后在火灾中焚毁；发盘中的商品被出口国或进口国政府宣布禁止出口或进口。在以上任一情况下，发盘将依据法律而终止有效。

（六）区分发盘和发盘邀请

发盘是一项肯定的订约建议(a definite proposal for concluding a contract)。它具备上述构成发盘的四项条件，特别是“表明订立合同的意旨”和“内容十分明确”这两项条件。而发盘邀请则是一项不肯定的订约建议。它不具备构成发盘所必需的四项条件，特别是它不具备前述两项条件。虽然发盘邀请也可向一个或一个以上的特定人作出，并送达对方，但作出发盘邀请的一方不承担与对方订立合同的确定责任，即使对方立即无条件同意发盘邀请中所提出的全部条件。发盘邀请的内容也不是“十分确定”的。它所含的交易条件可能是不完整的，或者是不明确的，或者即使是完整和明确的，却不是终局的。此外，对发盘邀请不应规定有效期，否则，有可能被视为发盘处理。

三、还盘(Count-offer)

还盘是指接盘人对所接发盘表示接受，但对其内容提出更改的行为。还盘实质上构成对原发盘的某种程度的拒绝，也是接盘人以发盘人地位所提出的新发盘。因此，一经还盘，原发盘即失效，新发盘取代它成为交易谈判的基础。如果另一方对还盘内容不同意，还可以进行反还盘(或称再还盘)。还盘可以在双方之间反复进行，还盘的内容通常仅陈述需变更或增添的条件，对双方同意的交易条件无需重复。在国际贸易中，往往经过多次的还盘、反还盘，才最终达成协议。

例 2—3：10 月 12 日巴基斯坦某进口商来电(还盘)：你 10 日电传价太高还盘 130 美元限 14 日复。

YOURS TENTH PRICE TOO HIGH COUNTEROFFER USD130 REPLY FOURTEENTH.

例 2—4：你方 2 日电还盘 40 美元 CIF 伦敦限 9 日我方时间复到有效。

YC 2TH COUNTER OFFER USD 40 CIF LONDON REPLYHERE 9TH.

四、接受(Acceptance)

接受是指受盘人在发盘的有效期内，无条件地同意发盘中提出的各项交易条件，愿意按这些条件和对方达成交易的一种表示。接受一经送达发盘人，合同即告成立。双方均应履行合同所规定的义务并拥有相应的权利。

例 2—5：“你 10 日电接受”。

也可以详细表示，即将洽商的主要交易条件再重述一下，表示接受。

(一)接受的构成条件

根据《公约》规定，构成一项法律上有效的接受，必须具备以下四个条件：

1. 接受必须由特定的受盘人作出

如上所述，一项有效的发盘必须是向一个或一个以上特定的人作出的。因此，对发盘表示接受，也必须是发盘中所指明的特定的受盘人，而不能是其他人。如果其他人通过某种途径获悉非向他作出的发盘，而向发盘人表示接受，该“接受”只是其他人向原发盘人作出的一项发盘，除非原发盘人表示同意，合同不能成立。

【案例】 中国香港某中间商 A 就陶瓷洁具以电传方式邀请内地某出口企业发盘，我方出口企业于 12 月 10 日向 A 方发盘并限 12 月 17 日复到有效。14 日我方收到美国 B 商人按我方发盘规定的各项交易条件开来的信用证，同时收到中间商 A 的来电称：“你方 10 日发盘已转美国 B 商。”经查该商品的国际市场价格上涨，于是我方出口企业将信用证退回开证银行，并按新价直接向美商 B 发盘，而美商 B 以信用证于发盘有效期内到达为由，拒绝接受新价，并要求我方按原价发货，否则将追究我方的责任。问：对方的要求是否合理？为什么？

【分析】 对方的要求不合理。根据《公约》规定，接受须由特定的受盘人作出才有效力。本案中，我方发盘中特定的受盘人是中国香港某中间商 A，只有他发出的接受通知才具有接受的法定效力。因而，12 日我方收到美国 B 商开来的信用证可视做一项发盘，该发盘必须得到我方的接受，合同才成立。在合同未成立的情况下，B 方就要求我方发货是不合理的。

2. 接受必须表示出来

接受必须由受盘人以某种方式向发盘人表示出来。如果受盘人在思想上愿意接受对方的发盘，但默不作声或不作任何其他行为表示其对发盘的同意，那么，在法律上并不存在接受。

按《公约》规定，受盘人表示接受的方式有两种：

(1) 用“声明”(statement)作出表示。即受盘人用口头或书面形式向发盘人表示同意发盘(indicating assent to an offer)。这是国际贸易中最常用的表示方法，如受盘人用词简明，例如“接受”和“确认”(accept，accepted 或 confirm，confirmed)，则可明确地表达受盘人同意发盘的意思。

(2) 用“做出行为”(performing an act)来表示。所谓用做出某种行为来表示接受，通常是指由卖方发运货物或由买方支付价款来表示，也可以用做其他任何行为来表示，诸如开始生产所买卖的货物、为发盘人采购有关货物等。在用行为表示接受时，必须注意，这种表示接受的方式是根据该发盘的要求或依照当事人之间确立的习惯做法或惯例而行事的，而且该行为必须在发盘明确规定的有效期之内，或在合理时间之内做出方为有效。值得注意的是，我国在批准参加《公约》时对《公约》承认合同可以书面以外形式订立的规定声明保留。因此，在实际业务中，我外贸企业应以书面通知的形式表示对发盘的接受。

3. 接受必须在发盘的有效期内传达到发盘人

根据法律的一般要求，接受必须在发盘的有效期内被传达到发盘人方能生效。在当面口头谈判、通过电话谈判或用电子邮件磋商交易时，由于一方作出的接受可立即被传达到对方，所以，在发盘有效期内作出的接受在发盘有效期内传达到发盘人，是不成问题的。可是，在用信件或电报方式进行磋商以及用行动表示接受时，接受的表示不能立即传达到发盘人，对此，接受应于何时生效，各国法律解释不同。

《公约》采用“到达生效”原则，其在第 18 条(2)款中规定：接受于到达发盘人时生效。如果接受在发盘的有效期内，或者，如发盘未规定有效期，在合理时间内未到达发盘人，接受即为无效。对口头发盘必须立即接受，但情况有别者不在此限。

4. 接受必须与发盘相符

如要达成交易，成立合同，根据传统的法律规则，受盘人必须无条件地全部同意发盘的条件。也就是说，接受必须是绝对的、无保留的，必须与发盘人所作出的发盘的条件完全相符。根据英美法的“镜像规则”，接受必须像照镜子一样照出发盘。大陆法也采取类似的原则，它要求接受必须“纯净”并与发盘“完全相符”。因此，如对发盘表示接受但附有添加、限制或其他更改的答复，即为拒绝该项发盘，并构成还盘。

但是，在国际贸易的实际业务中，受盘人在表示接受时，往往对发盘做出某些添加、限制或其他更改。为了适应现代商业的需要，尽量促进交易的达成，不要因为受盘人在接受时对发盘做出任何添加、限制或更改即影响合同的成立，《公约》将接受中对发盘的条件所做的变更分为两类：实质性变更和非实质性变更。在实质上变更发盘的条件，即实质性变更。凡对货物的价格、付款、质量和数量、交货地点和时间、赔偿责任范围或解决争端等的添加、限制或更改，均视为实质上变更发盘的条件。

表示接受但含有实质性变更，无疑构成还盘。发盘人对此不予确认，合同不能成立。至于非实质性变更，例如，要求提供重量单、装箱单、商检证和产地证等单据，要求增加提供样品或某些单据的份数，要求分两批装运，或要求在包装上刷制指定的标志等，附有这类非实质性变更的接受，除发盘人及时向受盘人表示反对其间的差异外，仍构成接受，合同得以成立，并且合同的条件以该项发盘的条件以及在接受中所载的变更为准。如本章导入案例。

（二）逾期接受

如果接受通知超过发盘规定的有效期限，或发盘未具体规定有效期限而超过合理时间才传达到发盘人，这就成为一项逾期接受，或称迟到的接受。逾期接受在一般情况下无效。但是，按《公约》规定，如果发盘人于收到逾期接受后，毫不迟延地通知受盘人，确认其为有效，则该逾期接受仍有接受的效力。另一种情况是，一项逾期接受，从它使用的信件或其他书面文件表明，在传递正常的情况下，本能及时送达发盘人，由于出现传递不正常的情况而造成了延误，这种逾期接受仍可被认为是有效的，除非发盘人毫不迟延地用口头或书面形式通知受盘人，他认为他的发盘已经失效。

【案例】 我国某公司向外国某客商询售某商品，不久我方接到外商发盘，有效期至 7 月 22 日。我方于 7 月 24 日用电传表示接受对方发盘，对方一直没有音信。因该商品供求关系发生变化，市价上涨，8 月 26 日对方突然来电要求我方必须在 8 月 28 日前将货发出，否则，我方将要承担违约的法律责任。问：按照《联合国国际货物销售合同公约》，买卖合同是否成立？为什么？

【分析】 合同没有成立。因为，按照《公约》规定，对于逾期接受，如果发盘人毫不迟延地用口头或书面方式通知受盘人，确认该项逾期接受有效，合同仍可于接受通知送达发盘人时订立。因为我方 7 月 24 日用电传表示的接受，已超过了发盘规定的有效期，不具有接受的效力，相当于一项新的发盘，对方沉默则表示对逾期接受的拒绝，买卖双方之间无合同关系，所以，我方不应发货。

（三）接受的撤回

接受于表示同意的通知送达发盘人时生效。因此，在接受通知送达发盘人前，受盘人可随时撤回接受，即阻止接受生效，但以撤回通知先于接受或与接受通知同时到达发盘人为限。

接受通知一经到达发盘人即不能撤销。因为，接受一经生效，合同即告成立，如要撤销接受，在实质上已属毁约行为，是另一性质的问题了。

比较《中华人民共和国合同法》第二章与《联合国国际货物销售合同公约》第二部分关于合同订立的规定，两者除了在文字表述上有所不同外，其实质内容是基本一致的。

以上所述是在业务上合同磋商一般需经过的程序。但在实际业务中，询盘并非每笔交易的达成所不可缺少的环节，买方或卖方都可不经对方询盘而直接向对方做出发盘。还盘也非合同磋商的必经环节，如受盘人对发盘立即表示接受，那么也不存在还盘；即使受盘人做出还盘，它实际上是一项新的发盘；被还盘人的再还盘也是对还盘拒绝后所做出的一项新的发盘。因此，在法律上，发盘和接受是合同成立所不可缺少的两个基本环节。

第三节　书面合同的签订

在合同磋商过程中，一方发盘经另一方接受以后，交易即告成立，买卖双方就构成了合同关系。双方在磋商过程中的往返函电，即是合同的书面证明。但根据国际贸易习惯，买卖双方还要签订书面合同，以进一步明确双方的权利和义务。

一、签订书面合同的意义

如前所述，合同的成立取决于一方的发盘和另一方对发盘的接受程序。买卖双方为达成交易所交换的载有发盘和接受内容的函电可以构成有效的书面合同。成交后，另行签署一份合同书或确认书不是合同有效成立的必备条件。各国法律都承认书面合同。有的国家的法律还承认口头合同(patrol contract 或 oral contract)，《公约》第 11 条也规定："销售合同无须以书面订立或书面证明，在形式方面也不受任何其他条件的限制。销售合同可以用包括人证在内的任何方法证明。"但是，在国际贸易实践中，在当事人双方经过磋商一致，达成交易以后，一般均需另行签订一份具有一定格式的书面合同。因为签订书面合同具有以下重要意义。

(一)合同成立的证据

根据法律要求，凡是合同必须得到证明，提供证据，包括人证和物证。在用信件、电报或电传磋商时，书面证明自不成问题。但是，通过口头磋商成立的合同，举证就难以做到。因此，口头磋商成立的合同，如不用一定的书面形式加以确定，就将由于不能被证明而不能得到法律的保障，甚至在法律上视为无效。对此，有的国家还在法律上作出明文规定。例如，美国《统一商法典》2－201 条规定：凡 500 美元以上的货物买卖合同必须有书面文件为证，否则不得由法律强制执行。《中华人民共和国合同法》第 10 条规定，当事人订立合同可采用书面形式、口头形式和其他形式；同时规定："法律、行政法规规定采用书面形式的，应当采用书面形式。当事人约定采用书面形式的，应当采用书面形式。"因此，我国外贸企业在与国外客户订立买卖合同时，可以约定采用书面形式。如果交易时通过口头磋商达成的，双方签署一份书面合同是必不可少的。

(二)合同生效的条件

书面合同虽不拘泥于某种特定的名称和格式，但是，假如在买卖双方磋商时，一方曾声言以签订书面合同为准时，即使双方对交易条件全部协商一致，在书面合同签订之前，合同不能生效。在此情况下，签订书面合同就成为合同生效的条件。按照我国法律，当事人采用合同书包括确认书形式订立合同的，自双方当事人签字或盖章时合同成立。签字或盖章不在同一时间的，最后签字或盖章时合同成立。此外，按规定须经一方或双方所在国政府审核批准的合同，也必须具有一定格式的书面合同。

(三)合同履行的依据

在国际贸易中，货物买卖合同的履行涉及企业内部的众多部门和单位，过程也很复杂。口头合同，如不形成书面，几乎无法履行。即使通过信件、电报、电传、传真或电子邮件达成的交易，虽然双方在磋商过程中交换的信件和上述电文可作为合同成立的证据，但是，如不将分散于多份函电中的双方协商一致的条件，集中归纳到一份有一定格式的书面合同上来，也将难以得到准确的履行。所以，不论通过口头或书面形式磋商达成的交易，均须把协商一致的交易条件综合起来，全面、清楚地列明在一份有一定格式的书面合同上，这对进一步明确双方的权利和义务，以及为合同的准确履行提供更好的依据，具有重要意义。

二、书面合同的形式

在国际上，对货物买卖合同的形式，没有特定的限制。从事进出口贸易的买卖双方，可采用正式的合同书、确认书、协议，也可采用备忘录等形式。此外，还有意向书、订单和委托订购单等。

（一）合同

国际货物买卖合同是营业地在不同国家的当事人（买方和卖方）自愿按照一定条件买卖某种货物达成的协议，它是根据双方接受的国际贸易惯例或有关法律、公约的规定而成立的，对双方有约束力，任何一方不能单方面修改合同内容或不履行自己的义务，否则将承担违反合同的法律责任。

合同根据草拟人的不同，有销货合同和购货合同，前者由卖方草拟，后者由买方草拟，一般由草拟方以固定格式印刷，于成交后，由业务员按双方谈定的交易条件逐项填写并经授权人签字，然后寄交对方审核签字。合同一般一式两份，一份供对方自留，一份经对方签字认可后寄回。

为明确责任，避免争议，合同内容应比较全面详细，使用的文字为第三人称语气，对双方的权利、义务以及发生争议的处理均有详细规定。对大宗商品或成交金额较大的商品交易一般均采用合同形式。

（二）确认书

确认书是合同的简化形式，对于异议索赔、仲裁、不可抗力等一般条款都不会列入，使用的文字为第一人称语气。根据草拟方的不同，分别命名为售货确认书和购货确认书。这种格式的合同，适用成交金额不大、批次较多的轻工日用品、小土特产品，或已有包销、代理等长期协议的交易，往往先签订一个初步协议或原则性协议，或先签订备忘录，把双方已商定的条件确定下来，其余条件容后再行洽商，这时即可采用确认书的方式，将已签协议作为该确认书的一个附件。

（三）协议书

“协议书”或“协议”，在法律上是“合同”的同义词。因为合同本身就是当事人为了设立、变更或取消民事关系而达成的协议。书面合同如冠以“协议”或“协议书”的名称，只要它的内容对买卖双方的权利和义务已作了明确、具体和肯定的规定，它就与合同一样对买卖双方都有约束力。如果买卖双方所洽谈的交易比较复杂，经过谈判后，商定了一部分条件，还有一部分条件有待进一步商洽，在此情况下，双方可先签订一个“初步协议”或“原则性协议”，把双方已商定的条件确定下来，其余条件容后再行洽谈。但在这种协议内应订明：“本协议属初步协议，正式合同有待进一步洽商后签订。”或作出其他类似异议的声明，以明确该协议不属正式有效的合同性质。

（四）备忘录

备忘录虽然在外贸实际工作中较少使用，但也可作为书面合同的形式之一。如果买卖双方商定的交易条件明确、具体地在备忘录中一一作出了规定，并经双方签字，那么，这种备忘录的性质与合同无异。但是，如双方洽谈后，只是对某些事项达成一定程度的理解或谅解，并将这种理解或谅解用“备忘录”的形式记录下来，作为双方今后交易或合作的依据，或作为初步协议供将来进一步洽谈的参考，这种备忘录可冠以“理解备忘录”或“谅解备忘录”的名称，它在法律上不具有约束力。

（五）意向书

在交易磋商尚未达成最后协议前，买卖双方为了达成某项交易，将共同争取实现的目标、设想和意愿，有时还包括初步商定的部分交易条件，记录在一份书面文件上，作为今后进一步谈判的参考和依据。这种书面文件可称之为“意向书”。意向书只是双方当事人为了达成某项协议所作出的一种意愿的表示，它不是法律文件，对有关当事人没有约束力。但根据意向书，有关当事人彼此负有道义上的责任；在进一步洽谈中，一般不应与意向书中所作的规定偏离太远。

（六）订单和委托订购单

订单是指由进口商或实际买户拟制的货物订购单。委托订购单是指由代理商或佣金商拟制的代客购买货物的订购单。在出口业务中，我方出口企业于交易达成后，都主动拟制销售合同或确认书正本一式两份，经签署后寄送国外客户，要求其签署后退回一份，以备存查。但是，国外客户也往往将他们拟制的订单或委托订购单寄来一份，以便我方据以履行交货和交单等合同义务；有的还寄来正本一式两份，要求我方签署后退回一份。这种经磋商成交后寄来的订单或委托订购单，实际上是国外客户的购货合同或购物确认书。有时，事先并未与我方进行过磋商，国外客户径自寄来订单或委托订购单，这类订单或订购单就得按照其具体的内容区别是发盘还是发盘的邀请。我方应在认真研究订单或订购单的内容后，决定是否与之进行交易，并及时给对方以答复。如果国外客户是在与我方达成交易、订立合同后寄来的订单或订购单，我方即使不予签退，也应仔细审阅其内容，若发现其中有些条款与双方磋商协议一致的条件不符或另有添加的，则应分别情况予以处理。不符的情节不严重、性质轻微，我方可以接受的是一种；涉及实质性的条件、出入较大的又是一种。遇到后一种情况，就应及时向对方明白地提出异议，而不能保持沉默，置之不理，否则，就会被对方认为我方默认其订单或委托订购单中所列的条款。所以，遇有订单或订购单中列有为我方所不能接受的添加、修改或其他不符原协议的情形，必须及时提出异议，以维护我方权益。有些国外商人签发的订单或订购单上还列有限期提出异议，逾期不提出异议，作为同意对待的条款。我方如有异议，则更应在期限内提出，以免造成被动。

三、书面合同的内容

进出口合同的内容一般包括三部分，即首部、主体和尾部。

（一）合同首部

包括开头和序言、合同名称、编号、缔约日期、缔约地点、当事人的名称和地址等。其中，当事人双方的全称和法定详细地址往往是合同成立的条件，缔约地点可作为判断合同适用法律的依据。因为合同中如对合同适用的法律未作规定时，根据有些国家的法律规定和贸易习惯的解释，可适用合同缔约地国的法律。

（二）合同主体

这部分规定了双方的权利和义务，包括合同的各项条款，如货物名称、品质规定、数量、包装、单价和总值、交货期、装运港和目的港、支付方式、保险条款、异议索赔条款、仲裁条款、不可抗力条款等。其中，异议索赔条款、仲裁条款、不可抗力条款一经双方谈妥，在以后的交易中则很少变动，往往在合同中以印好的形式固定下来。

（三）合同尾部

包括合同份数、使用文字和效力及双方的签字，必要时可加上附件，作为合同不可分割的一部分。

因此，进出口货物买卖合同的条款主要包括：合同名称、合同编号、合同的序言或首部、品质条款、数量条款、包装条款、装运条款、保险条款、支付条款、索赔条款、仲裁条款、不可抗力条款、税收条款、正文条款。此外，根据不同货物和不同交易的实际情况，有时会加列其他条款，如保值条款、溢短缺条款、品质公差条款以及合同适用的法律等。

合同名称可根据不同的性质定为中外货物买卖合同、进口合同、出口合同、销售合同、购货合同等。合同号不得随意编写，我国涉及经济合同的编号方法由中华人民共和国商务部统一管理，以免引起混乱。合同序言部分应写明签约日期，当事人的名称、地址、电传号，签约地点等。税收条款应写明纳税的税种、税率、纳税主体等内容。正文条款应写明正文合同的份数、使用的语言、法律效力等内容。

【合同样本】

销售合同

SALES CONTRACT

卖方 SELLER	Oriental Trading Company	编号 NO	AC4789
		日期 DATE	Oct. 10th,2012
		地点 SIGNED IN	Hangzhou,China
买方 BUYER	Milan Light Industrial Products Import and Export Company.		
买卖双方同意以下条款达成交易： This contract is made by and agreed between the BUYER and SELLER, in accordance with the terms and conditions stipulated below.			
1. 品名与规格 Commodity &Specification	2. 数量 Quantity	3. 单价及价格条款 Unit Price & Trade Terms	4. 金额 Amount
Forever bike	1000 SET	US $ 780each, CIF Shanghai,China	US$ 780,000
Total	Say USD seven hundred eighty thousand only.		
允许 With	溢短装，由卖方决定。 More or less of shipment allowed at the sellers option.		
5. 总值 Total Value	USD 780,000		
6. 包装	In wooden cases.		
7. 唛头	At the sellers option.		
8. 装运期及运输方式 Time of Shipment & Means of Transportation	Before December 31,2012 from China to Milan, allowing transshipment and partial shipment.		
9. 装运港口及目的地 Port of Loading &Destination		Port of Loading: Shanghai port, China Port of Destination: Genova port, Italy	

续表

10. 保险 Insurance	由卖方根据中国人民保险公司 1981 年 1 月 1 日中国保险条款按发票金额的 110%投保一切险和战争险。 According to the seller by the people's insurance company of China on January 1,1981 the China insurance clause for 110% of the invoice value against all risks and war risk.
11. 支付方式 Terms of Payment	By irrevocable, confirmed, 30 days usance l/c, in one month before the shipment time open to the seller, and with the above shipment within 15 days after the Chinese pay in accordance with the effective.
12. 商品检验 Commodity inspection	买卖双方同意以装运港的公共检验机构出具的品质和重量检验证书作为交货的依据。 Both parties agree that the port of shipment to the public issued by the commodity inspection authority quality and inspection certificate of weight as the basis of delivery.
13. 异议与索赔 Discrepancy and claim	买方对于装运货物的任何索赔,必须于货物到港 30 天内提出,并须提供由卖方同意的公证机构出具的检验报告,属于保险公司或船公司责任范围的索赔,卖方不予受理。 The buyers on the goods against any claim, and goods to the port must be made within 30 days, and shall provide by the seller agrees to the justice of the survey report issued by a mechanism, belong to the insurance company or ship company responsibility range of claim, the seller shall not accept it.
14. 不可抗力 Force majeure	如由于不可抗力的原因致使卖方不能全部或部分装运或延迟装运合同项下的货物,卖方对此不承担责任。但卖方必须用传真或挂号信于 15 天内向买方提交由当地商会出具的此类事故证明书。 Such as owing to force majeure the sellers shall not be all or part of the shipment or late shipment of the goods under the contract, the seller is not liable to. But the seller must use fax or registered letter and 15 days to submit the buyer by the local chamber of commerce attesting such accident certificate.
15. 备注 Remarks	
The Buyer	The Seller
Milan Light Industrial Products Import and Export Company	Oriental Trading Company
(signature)	(signature)

第四节 合同成立的时间和生效要件

一、合同成立的时间

在国际贸易中，买卖合同于何时订立是一个十分重要的问题。

我国《合同法》规定，承诺生效时合同成立。当事人采用合同书形式订立合同的，在双方当事人签字或者盖章时合同成立。当事人采用信件、数据电文等形式订立合同的，可以在合同成立之前要求签订确认书，签订确认书时合同成立。

《联合国国际货物销售合同公约》也规定，接受送达发盘人时合同便生效。接受生效的时间，实际上就是合同成立的时间。合同一经订立，买卖双方即存在合同关系，彼此就应受合同的约束。

在实际业务中，有时双方当事人在洽商交易时约定，合同成立的时间以签约时合同上所写明的日期为准，或以收到对方确认合同的日期为准，在这两种情况下，双方的合同关系即在签订正式书面合同时成立。

此外，根据我国法律和行政法规规定，应当由国家批准的合同在获得批准时，合同成立。

二、合同成立的有效条件

买卖双方就各项交易条件达成协议后，并不意味着此项合同一定有效。根据各国合同法规定，一项合同，除买卖双方就交易条件通过发盘和接受达成协议外，还需具备下列有效条件，才是一项有法律约束力的合同。

（一）当事人必须具有签订合同的行为能力

签订买卖合同的当事人主要有自然人或法人。按各国法律的一般规定，自然人签订合同的行为能力，是指精神正常的成年人才能订立合同，未成年人或精神病人订立合同必须受到限制。关于法人签订合同的行为能力，各国法律一般认为，法人必须通过其代理人，在法人的经营范围内签订合同。也就是说，越权的合同不能发生法律效力。根据我国法律规定，除对未成年人、精神病人签订合同的能力加以限制之外，对某些合同的签订主体还作了一定的限定。例如，规定只有取得对外贸易经营权的企业或其他经济组织，才能签订对外贸易合同；没有取得对外贸易经营权的企业或其他经济组织，如签订对外贸易合同，必须委托有对外贸易经营权的企业代理进行。

（二）合同必须有对价或约因

所谓对价（Consideration），即指当事人为了取得合同利益所付出的代价。这是英美法律的概念。所谓约因（Cause），即指当事人取得合同追求的直接目的。这是法国法律的概念。按照英美法律和法国法律的规定，合同只有在有对价或约因时，才是法律上有效的合同，无对价或约因的合同，是得不到法律保障的。

（三）合同的内容必须合法

许多国家对合同的内容必须合法，往往从广义上解释，其中包括不得违反法律、不得违反公共秩序或公共政策以及不得违反善良风俗或道德等。我国《合同法》规定，一方以欺诈、胁迫的手段订立合同，损害国家的利益；恶意串通，损害国家、集体或者第三人利益，以合法形式掩盖非法目的；损害社会公共利益；违反法律、行政法规的强制性规定等合同无效。

（四）合同必须符合法律规定的形式

世界上大多数国家，只对少数合同才要求必须按法律规定的特定形式订立。我国《合同法》规定，当事人订立合同，有书面形式、口头形式和其他形式。法律、行政法规规定采用书面形式的，应当采用书面形式；当事人约定采用书面形式的，应当采用书面形式。

（五）合同当事人的意思表示必须真实

各国法律都认为，合同当事人的意思必须是真实的意思，才能成为一项有约束力的合同，否则，这种合同无效或可以撤销。

【操作实训】

2013年6月，上海欧杰进出口公司（Oujie Imp & Exp Co.，Ltd，115 Hongqiao Road，Shanghai，TEL 021－27776644）向英国Lordiness公司（33 Bristol Road，London，TEL 0044－121－77658）洽谈出口一批纸质礼品盒（PAPER GIFT BOXES，REF.1013456），双方往来电文如下：

June 4th (Incoming)：

WE ARE INTERESTED IN PAPER GIFT BOXES REF.1013456 PLEASE FAX CURRENT PRICE AVAILABLE QUANTITY FOR AUGUST SHIPMENT

June 6th (Outgoing)：

YOURS FOURTH OFFER SUBJECT REPLAY HERE 10000 CARTONS PAPER GIFT BOXES REF.1013456 PACKED IN CARTONS OF SIX DOZEN EACH USD 6.00 PER DOZEN CIF LONDON AUGUST SHIPMENT INSURANCE TO BE EFFECTED BY THE SELLER FOR 110% OF CIF INVOICE VALUE COVERING ALL RISKS AS PER CIC IRREVOCABLE SIGHT L/C

June 8th (Incoming)：

YOURS 5TH WE ACCEPT 12000 CARTONS USD 5.00 CREDIT 30 DAYS SIGHT L/C REPLY IMMEDIATELY

June 10th (Outgoing)：

YOURS 8TH 11000 CARTONS OUR BEST PRICE USD 5.50 PER CARTON PAYMENT AS USUAL SIGHT CREDIT REPLY HERE 14TH

June 14th (Incoming)：

YOURS 10TH WE ACCEPT BUT YOU MAY SENDING 2 CARTONS OF SHIPPING SAMPLES TO US BEFORE SHIPMENT

June 15th (Outgoing)：

YOUR CONTRACT NO.20110614 AIRMAILED

问：根据《联合国国际货物销售合同公约》，

(1) 这六则电文分别属于交易磋商哪个环节？为什么？

(2) 对方6月14日来电是否构成一项有效的接受？为什么？

(3) 根据该交易磋商的电文，缮制一份售货确认书。

【本章小结】

在国际货物买卖中，进口贸易和出口贸易的程序是相对的，所涉及法律规则和国际惯例基本相同。本章主要阐述货物进出口的交易磋商、合同订立和履行的基础知识、一般的业务做法以及有关的法律规则，本章所述内容是对进出口贸易知识的综合运用。

【课后练习】

一、辨析题

1. 一般来说，交易磋商有四个环节，其中达成交易不可缺少的两个基本环节和必经的法律步骤是询盘与接受。

2. 接受和发盘一样也是可以撤销的。

3. 一项接受由于电讯部门的延误，发盘人收到此项接受时已超过该发盘的有效期，那么除非发盘人及时提出异议，该逾期接受有效，合同成立。

4. 我某公司 10 月 2 日向美商发盘，以每打 84.50 美元 CIF 纽约的价格提供全棉男衬衫 500 打，限 10 月 15 日复到有效。该发盘于 10 月 7 日抵达美商，10 月 8 日我发现问题，向美商发传真要求撤销该发盘，该发盘不能撤销。

5. 公司对外发盘，国外的客户在发盘的有效期内回电接受，但在同一电文中要求将装运期提前一个月。这是有效接受。

6. 还盘是对发盘的拒绝，还盘一经作出，原发盘即失去效力，发盘人不再受其约束。

二、思考题

1. 构成一项有效的接受必须具备什么条件?

2. 订立国际货物买卖合同应遵循的原则有哪些?

3. 国际货物买卖合同包括哪些内容?

4. 国际货物买卖合同有效成立的条件有哪些?

三、案例分析题

1. 新加坡某商人于 2013 年 10 月 21 日上午到我国某出口企业实地考察走访并洽购某商品。我方口头发盘后，对方未置可否，当日下午对方再次来访表示无条件接受我方上午的发盘，此时，我方已获知该项商品的国际市场价格有趋涨的迹象。对此，我方应如何处理为好，为什么?

2. 我出口公司于某年 5 月 10 日向外商发盘销售某商品 500 公吨 FOB Shanghai USD 200 per metric ton，有效期至 5 月 17 日复到。5 月 12 日我方收到该外商发来电传称："接受 FOB Shanghai USD 180"，我方未予答复。5 月 14 日，该商品价格见涨。外商于 5 月 15 日又向我公司电传表示"接受你方 5 月 10 日发盘信用证已开出"。问此项交易是否达成? 我公司应如何处理? 为什么?

3. 法国某出口商于 2014 年 3 月 5 日向我某外贸公司发盘出售某商品，发盘规定有效期为："限 3 月 10 日复到有效。"我公司于 3 月 6 日收到该项发盘。法商在发出发盘后，发现该项商品行情趋涨，遂于 3 月 6 日以加急电报致电我公司要求撤销其发盘。我公司于 3 月 7 日收到其撤销通知，认为不能同意其撤销发盘的要求，2 小时后，我公司回电法商，完全同意其 3 月 5 日发盘内容，法商收到我接受通知的时间是 3 月 8 日。问：买卖双方之间是否存在合同关系? 请简述理由。

第三章　国际贸易术语

【学习目标】

1. 知识目标：了解国际贸易术语的含义、分类及其作用，重点掌握国际贸易中主要的贸易术语，掌握贸易术语的选用原则。

2. 能力目标：能够正确运用每一个贸易术语，能够根据实际的业务需要选用最适合的贸易术语。

【重点难点】

1. 重点：掌握国际贸易中主要的贸易术语。

2. 难点：国际贸易术语的比较和选择。

【导入案例】

2015年，我国天津某进出口公司A采用FOB贸易术语从韩国某公司B进口一批货物，支付方式为"即期付款交单"(D/P at sight)。该货物采用托盘/集装箱包装，货物成粉末状，用牛皮纸作为外包装，内衬聚乙烯塑料袋，每10袋堆放在一个定制托盘上，再装入集装箱内，由釜山港运往天津港。双方签订合同后，B公司按时装船，在装船完成后及时向A公司发出了装船通知。A公司的业务员认为，釜山港距离天津港很近，两三天时间即可到达，没有必要对货物投保，由此还可以省下保险费用，于是未办理投保。三天后，货物抵达目的港，A公司办理了清关手续并提取货物。当打开集装箱时，发现部分包装出现破损，由于货物是粉末状，已经四处散开，造成了不少损失。请思考：货物的损失由谁来承担？由此应吸取什么教训？

【分析】 货物的损失应由买方即A公司承担。因为按照《2010年通则》的规定，采用FOB贸易术语成交，买卖双方风险划分的界限是在装运港的船上，即货物一装到船上，与货物有关的风险即由卖方转给买方，案例中货物包装破损是在运输途中发生的，是在装船以后，A公司的业务员又没有投保，所以只能是由A公司自己承担。通过本案例我们应该吸取的教训是采用FOB贸易术语进口商品，无论距离远近，一定要按时向保险公司办理投保，这样才能转嫁货物装船后可能发生的风险和损失，绝不能有侥幸心理。否则，就有可能使自己蒙受较大损失。

在国际经济贸易中，各方当事人的责任和义务是否划分明确，直接关系到交易能否顺利进行。而本章所介绍的贸易术语正是明确划分买卖双方当事人责任和义务的专门用语。可见，学好本章的内容十分重要。

第一节　贸易术语与国际贸易惯例

一、贸易术语的含义

贸易术语又称贸易条件、价格术语，是在长期国际贸易实践中产生的，用简明的语言或缩写字母来概括说明交货地点，买卖双方在责任、费用和风险上的划分以及构成商品价格基础的特殊用语。

贸易术语不等同于价格，它有两重性：一方面表示价格构成；另一方面表示交货条件。价格术语不等同于价格，它表明一项价格必须包含的因素，尤其是从属费用，如运费、保险费等。价格术语的使用可以起到简化交易磋商的内容、缩短成交过程、节省费用开支、部分地表明合同性质等作用。但是需要注意的是价格术语不是确定合同性质的唯一因素，判断合同性质还要考虑其他因素。

二、贸易术语的作用

贸易术语是国际贸易长期实践发展的产物，而它的出现又促进了国际贸易更快速地发展。其作用主要表现在以下三方面。

（一）能够简化交易手续

每种贸易术语都有其特定的含义，而且一些国际组织对各种贸易术语也作了统一的解释与规定，并在国际上被广为接受，成为人们在国际贸易中的习惯做法或模式。因此，进出口双方只需在合同中确定按何种贸易术语成交，即可明确彼此在交接货物方面所应承担的风险、责任和费用，这就可以简化交易手续，缩短洽商交易的时间，从而有利于买卖双方迅速达成交易和订立合同，同时还可以节约交易费用开支。

（二）有利于进出口双方加强成本核算

贸易术语能够说明价格是否包括成本以外的从属费用，如运费、保险费、装卸费、进出口税费等，因而有利于买卖双方直接进行价格比较和加强成本核算。

（三）能够提供解决争议的依据

贸易术语的一般解释已成为国际惯例，并被国际贸易从业人员和法律界人士所理解和接受，从而成为国际贸易中公认的准则。如果合同中采用了某一贸易术语，并标明该术语以某一惯例解释为准，则该术语的惯例对双方就有法律约束力。如果买卖双方商订合同时，对合同条款考虑欠周，使某些事项规定不明确或不完备致使履约过程中产生的争议不能依据合同的规定解决，就可以援引有关贸易术语的一般解释来处理。

三、有关贸易术语的国际贸易惯例

早在19世纪初，国际贸易中就已经开始使用FOB贸易术语；到了19世纪中叶，又出现了CIF术语，且成为最广泛使用的贸易术语之一。但是，在相当长的时间内，在国际上没有形成对各种贸易术语的统一解释。由于法律制度、贸易惯例和习惯做法各有不同,不同国家对同一贸易术语的理解互有差异,因而买卖商品时产生了许多的矛盾和纠纷。为了消除当事人之间的误解和争议,国际商会、国际法协会等国际组织以及美国一些著名商业团体经过长期的努力,分别制定了解释国际贸易术语的规则,这些规则在国际上被广泛采用,从而成为一般的国际贸易惯例。

(一)《1932 年华沙—牛津规则》(Warsaw-Oxford Rules 1932)

由国际法协会制定。最早制定于 1928 年,后经过历次修订,目前为 1932 年版本,共 21 条。专门解释 CIF 合同,对于 CIF 的性质、买卖双方所承担的风险、责任和费用的划分以及货物所有权转移的方式等问题作了比较详细的解释。在东欧、北欧一些国家采用较多。

(二)《1990 年美国对外贸易定义修订本》(Revised American Foreign Trade Definition 1990)

由美国商业团体制定。最早制定于 1919 年,原称为《美国出口报价及其缩写条例》,后于 1941 年做了修订,改名为《1941 年美国对外贸易定义修订本》,并在全国对外协会发行。至 1990 年,美国商业团体又对该文本加以修订,改为《1990 年美国对外贸易定义修订本》。包括以下 6 种贸易术语。

(1)产地交货(Ex Point of Origin),所报价格仅适用于原产地交货,卖方同意在规定日期或期限内在双方商定的地点将货物置于买方控制之下。

(2)在运输工具上交货(Free on Board,FOB),此术语又分为六种解释。

(3)在运输工具旁交货(Free Alongside Ship,FAS),是指卖方所报价格包括将货物交到各种运输工具旁边。如果在 FAS 后面加上"Vessel"字样,则表示"船边交货"。

(4)成本加运费(Cost and Freight,C&F),卖方所报价格包括将货物运到指定目的地的运输费用在内。

(5)成本加保险费、运费(Cost Insurance and Freight,CIF),卖方所报价格包括货物的成本、海洋运输保险费和将货物运到指定目的地的一切运输费用在内。

(6)目的港码头交货(Delivered Ex Dock,EX Dock),按此术语,卖方所报价格包括货物的成本和将货物运到指定进口港的码头所需要的全部费用,并交纳进口税。

值得注意的是,该定义把 FOB 又分为六种类型。其中只有第五种,即装运港船上交货(FOB Vessel)才同《2010 年通则》中 FOB 的含义大体相同,其余五种 FOB 的含义则完全不同。因此,我国外贸企业同美国、加拿大及其他美洲地区的企业交易时,不能笼统地规定采用某种术语,还要明确所用的国际贸易惯例及版本,否则极易引起误解,从而产生不必要的纠纷。后续学习中我们将对其区别进行详述。

(三)《2010 年国际贸易术语解释通则》

《2010 年国际贸易术语解释通则》(International Rules for the Interpretation of Trade Terms 2010)由国际商会为了统一对各种贸易术语的解释而制定。最早产生于 1936 年,后分别于 1953 年、1967 年、1980 年、1990 年、2000 年进行 6 次修改与补充。

《2000 年通则》运行的 10 年间,国际贸易实践发生了许多新变化,10 年前尚属尝试探索的一些贸易做法已经发展成了新的贸易趋势,如电子单据的应用和物流业的加速整合等。国际商会结合近年来出现的新问题,以及《2000 年通则》中悬而未决的问题,于 2007 年启动新一轮修订过程,几易其稿,最终版本《2010 年通则》于 2010 年 9 月正式对外公布,并于 2011 年 1 月 1 日起正式生效。《2010 年通则》的公布和实施,使其更适应当代国际贸易的实际,不仅有利于国际贸易的发展和国际贸易法律的完善,而且起到了承上启下的作用,标志着国际贸易惯例的最新发展。

需要说明的是，《2010年通则》涵盖的范围只限于合同当事人的权利和义务中与已售货物（指有形货物，不包括无形货物）的交货有关的各项事宜。如货物的进出口通关、货物的包装义务、买方受领货物的义务以及提供履行各项义务的凭证等。不涉及货物所有权和其他产权的转移、违约、违约行为的后果以及某些情况下的免责等。

《2010年通则》是在《2000年通则》基础上修正和补充而形成的，所以，对两者加以比较，了解其异同，有助于对新规则的理解和应用。两者相比较，具体变化如下：

1. 前言内容的变化

《2000年通则》的前言多达22个部分，包括通则的宗旨和范围、修订原因、通则简介、结构、用语说明、风险转移和费用划分、卖方义务、术语变形、包装、提单和电子商务、清关等内容，内容详尽具体，将许多与具体术语直接相关的内容也放在了前言里。但使用者在阅读时，如果未阅读前言，就可能忽略这些内容，造成术语使用的不便。《2010年通则》对前言进行精简，将其分为五部分内容，即如何使用《2010年通则》术语、《2010年通则》的主要特点、术语变形、引言地位和专用词解释。每部分下包括若干条具体说明。将《2000年通则》前言中"术语"这部分内容，调整至各具体术语前的使用指南中，这种做法提高了前言内容的针对性，避免了使用者在查用具体术语时忽略与使用术语相关的重要内容，更便于其选择合适的术语。

2. 贸易术语数量的变化

《2010年通则》将贸易术语由13种调整为11种，由两个适用于任何运输方式的新术语DAT和DAP，取代了《2000年通则》中的DAF、DES、DEQ和DDU。

《2010年通则》增加DAT和DAP术语，主要是为了适应集装箱多式联运的不断发展和自由贸易区日益扩大的新特点。由于集装箱多式联运目前已成为国际货物运输的主要方式，货物即便采用海运方式也需要在集装箱堆场或货运站进行交接，因而承运人交接货物的地点和责任与从前相比有了很大变化。而近年来自由贸易区不断扩大，使得成员间的贸易通常不再涉及关税，边境概念逐渐淡化。因此，《2010年通则》删除DEQ、DES、DAF和DDU，而增加了DAT和DAP，以适应新的形势，满足实务操作的需要。新增的DAT和DAP更适合集装箱多式联运和自由贸易区贸易的发展要求，使用集装箱运输或者自由贸易区成员间的贸易可以考虑选择这两种新的术语。

3. 贸易术语分类的变化

《2000年通则》中的13种贸易术语按术语缩写首字母分成四组，即E、F、C、D组。这种分类反映了卖方对于买方的责任程度。而《2010年通则》改变了贸易术语的排列方式，打破了原有的依卖方承担风险和责任从小到大的四组术语排列方式（《2000年通则》中贸易术语的分类见表3—1），改为依照贸易术语所适合的运输方式分为两组，从而使贸易当事人在选择贸易术语时将关注点从双方承担的责任转移到术语适用的运输方式这一基本点上来，有助于买卖双方规避由于选择与运输方式不相适应的术语而带来的风险不合理增大，但买卖双方可能会对特定术语下自己所承担的风险和责任大小有所疏忽。为此，《2010年通则》在每个术语前都增加了指示风险转移节点的图示，以及概括术语含义和要点的使用指南，从而能更好地帮助买卖双方结合运输方式和责任分担来选择最为合适的贸易术语，使得通则对实践的指导意义进一步增强。

表 3－1　　**《2000 年通则》贸易术语分类**

E 组(启运)	EXW(EX-works)	工厂交货
F 组 (主运费未付)	FCA(Free Carrier)	货交承运人
	FOB(Free on Board)	装运港船上交货
	FAS(Free Alongside Ship)	船边交货
C 组 (主运费已付)	CFR(Cost and Freight)	成本加运费
	CIF(Cost,Insurance and Freight)	成本加保险费和运费
	CPT(Carriage Paid to)	运费付至
	CIP(Carriage and Insurance Paid to)	运费、保险费付至
D 组 (到达)	DAF(Delivered At Frontier)	边境交货
	DES(Delivered Ex Ship)	目的港船上交货
	DEQ(Delivered Ex Quay)	目的港码头交货
	DDU(Delivered Duty Unpaid)	未完税交货
	DDP(Delivered Duty Paid)	完税交货

《2010 年通则》中的贸易术语分类如下：

(1)适用于任何运输方式的贸易术语 7 种：EXW、FCA、CPT、CIP、DAT、DAP、DDP

EXW：Ex Works　　工厂交货

FCA：Free Carrier　　货交承运人

CPT：Carriage Paid To　　运费付至

CIP：Carriage Insurance Paid To　　运费、保险费付至

DAT：Delivered at Terminal　　运输终端交货

DAP：Delivered at Place　　目的地交货

DDP：Delivered Duty Paid　　完税后交货

(2)适用于水上运输方式的贸易术语 4 种：FAS、FOB、CFR、CIF

FAS：Free Alongside Ship　　装运港船边交货

FOB：Free on Board　　船上交货

CFR：Cost And Freight　　成本加运费

CIF ：Cost Insurance And Freight　　成本、保险费加运费

《2010 年通则》删去了《2000 年通则》4 个术语：DAF(Delivered at Frontier)边境交货、DES(Delivered Ex Ship)目的港船上交货、DEQ(Delivered Ex Quay)目的港码头交货、DDU(Delivered Duty Unpaid)未完税交货，新增了 2 个术语：DAT(Delivered at Terminal)在指定目的地或目的港的集散站交货、DAP(Delivered at Place)在指定目的地交货。即用 DAP 取代了 DAF、DES 和 DDU 3 个术语，DAT 取代了 DEQ，且扩展至适用于一切运输方式。

DAT 类似于取代了的 DEQ 术语，指卖方在指定的目的地或目的港的集散站卸货后将货物交给买方处置即完成交货，术语所指目的地包括港口。卖方应承担将货物运至指定的目的地或目的港的集散站的一切风险和费用(除进口费用外)。本术语适用于任何运输方式或多式联运。

DAP 类似于取代了的 DAF、DES 和 DDU 3 个术语，指卖方在指定的目的地交货，只需做好卸货准备无需卸货即完成交货。术语所指的到达车辆包括船舶，目的地包括港口。卖方应承担将货物运至指定的目的地的一切风险和费用(除进口费用外)。本术语适用于任何运输方式、多式联运方式及海运。

4. 修订后的《2010 年通则》取消了“船舷”的概念，代之以“船上交货”

《2000 年通则》中的装运港交货的 3 个贸易术语，买卖双方风险划分都是以“船舷”为界的。但在修订后的《2010 年通则》中取消了“船舷”的概念，明确规定：卖方承担货物装上船为止的一切风险，买方承担货物自装运港装上船后的一切风险。

5. 贸易术语适用范围的变化

贸易术语在传统上被运用于表明货物跨越国界传递的国际销售合同。然而，世界上一些地区的大型贸易集团（如东盟和欧盟）的存在，使得原本实际存在的边界通关手续变得不再那么有意义。国际商会认识到这一点，并在《2010 年通则》的副标题中明确写明“国际商会制定的适用国内和国际贸易的术语通则”，即这些贸易术语对国内和国际销售合同都是适用的。所以，《2010 年通则》在一些地方作出明确说明，只有在适用的地方，才有义务遵守出口/进口所需的手续。如在 FCA 术语中规定，如适用时，卖方办理货物出口清关手续。同时，只有适用时，各方当事人才承担各自相关的风险和费用。

6. 对连环贸易的补充

在 FAS、FOB、CFR、CIF 等术语中，《2010 年通则》加入了货物在运输期间被多次买卖（连环贸易）的责任与义务的划分。

7. 与安全有关的清关手续

《2010 年通则》增加了买卖双方分别要帮助对方提供包括与安全有关的信息和单据，并因此向受助方索偿相关的费用。

8. 关于地面操作费用

《2010 年通则》规定了目的港的集散站产生的操作费用由谁负担，以减少买方重复支付地面操作费用的可能。

9. 电子信息交流

《2010 年通则》允许买卖双方同意或者惯常情况下，用对等的电子记录来代替纸质的交流。买卖双方不能拒绝电子信息交流。

10. 增加了使用指南

《2010 年通则》中每一种术语在其条款前面都有一个使用指南。这些指南并不是术语正式规则的一部分，它们是用来帮助和引导使用者准确有效地为特定交易选择合适的术语。该指南除包括《2000 年通则》前各贸易术语的说明部分外，将原引言中的部分内容，尤其与具体贸易术语直接相关的内容调整至此处，主要包括术语适用的运输方式、术语的含义、适用情况、风险转移点、费用划分的情况以及进出口清关手续和费用的负担，用以指导和帮助贸易当事人为特定交易选择更为合适的术语。

需要强调的是，尽管《2010 年通则》已于 2011 年 1 月 1 日正式生效，但《2010 年通则》施行后，并不意味着《2000 年通则》就自动作废。因为国际贸易惯例本身并不是法律，因而对国际贸易当事人没有产生必然的强制性约束力。所以国际贸易当事人在签订国际贸易合同时仍然可以选择使用《2000 年通则》，甚至《1990 年通则》等版本。

综上所述，国际贸易惯例在国际经济活动中发挥了极其重要的作用，它为交易双方明确各自的权利和义务提供了指南。作为外贸业务人员，应该多了解和掌握一些国际贸易惯例，积极采用有利的贸易惯例，以推动外贸业务的开展。同时，当发生争议时，我们也应当尽力援引适当的惯例据理力争，提出合理的论据，争取得到有利的裁决。

第二节　适用于海运和内河水运的贸易术语

在国际贸易中，FAS、FOB、CFR、CIF 四种贸易术语适用于海运和内河水运，其中，FOB、CFR 和 CIF 使用最为广泛。因此，熟悉这几种主要贸易术语的含义、买卖双方的责任和义务，以及在使用中应注意的问题，就显得特别重要。

一、FAS　Free Alongside Ship(...named port of shipment)船边交货(……指定装运港)

FAS 是 Free Alongside Ship 的缩写，中文译为“船边交货”。术语后跟指定装运港名称(named port of shipment)。该术语仅适用于海运或内河水运。

FAS 术语(船边交货)是指当卖方在指定的装运港将货物按规定的期限交到买方指定的船边(如置于码头或驳船上)时，即为交货。买卖双方负担的风险和费用均以船边为界。如果买方所派的船只不能靠岸，卖方也要负责使用驳船将货物运送至船边交货。买方必须承担自那时起货物灭失或损坏的一切风险。

由于卖方承担在特定地点交货前的风险和费用，而且这些费用和相关作业费可能因各港口惯例不同而变化，故特别建议双方尽可能清楚地订明指定的装运港内的装货点。

卖方要负责办理货物的出口清关手续，并承担出口清关的费用。但卖方无义务办理进口清关、支付任何进口税或办理任何进口海关手续。

(一)买卖双方的责任和义务

1. 卖方的责任和义务

采用 FAS 贸易术语，其中卖方承担的责任和义务可概括为：

(1)必须在指定的装运港将货物置于买方指定的船舶旁边，并及时给予买方充分的通知。

(2)自负风险和费用，取得出口许可证，或其他官方批准的证件，并负责办理货物出口所需的一切海关手续。

(3)承担完成交货前货物灭失或损坏的一切风险。

(4)提供符合买卖合同约定的货物和商业发票，以及合同可能要求的其他与合同相符的证据。任何单证在双方约定或符合惯例的条件下，可以是同等作用的电子记录或程序。

2. 买方的责任和义务

采用 FAS 贸易术语，其中买方的责任和义务可概括为：

(1)买方必须自负费用签订自指定装运港起运货物的运输合同并将船舶名称、装船点和其在约定期限内选择的交货时间向卖方发出充分的通知。

(2)自负风险和费用，取得进口许可证或其他官方批准的证件，并负责办理货物进口所需的一切海关手续。

(3)承担卖方交货后货物灭失或损坏的一切风险，如由于买方指定的船舶未准时到达，或未收取货物，则买方自预定交货日期或约定期届满之日起承担所有货物灭失或损坏的一切风险，但以该货物已清楚地确定为合同项下之货物者为限。

(4)根据买卖合同的约定收取货物，接受卖方提供的运输凭证并支付货款。

(二)按 FAS 条件订立合同需注意的几个问题

1. 查对费用和检验费用的相关规定

卖方必须支付为了交货所需要进行的查对费用(如查对质量,丈量、过磅、点数的费用),以及出口国有关机构强制进行的装运前检验所发生的费用。买方不需支付任何装运前必需的检验费用,但出口国有关机构强制进行的检验费用除外。

2. 买卖双方协助提供信息及相关费用的规定

应买方要求并由其承担风险和费用,卖方必须及时向买方提供或协助其取得相关货物进口和/或将货物运输到最终目的地所需的任何单证和信息,包括安全相关信息。应卖方要求并由其承担风险和费用,买方必须及时向卖方提供或协助其取得相关货物出口和/或将货物运输到最终目的地所需要的任何单证和信息,包括安全信息。

3. 采用集装箱运输时交货地点的问题

当货物在集装箱里时,卖方通常将货物在集装箱码头交给承运人,而非交到船边。这时 FAS 术语不适合,而应当使用 FCA 术语。

二、FOB Free On Board(...named port of shipment)船上交货(……指定装运港)

FOB 是 Free On Board 的缩写,中文译为“船上交货”,术语后接指定装运港(...named port of shipment)。该术语仅用于海运或内河水运。

FOB 术语是指卖方以在指定装运港将货物装上买方指定的船上或通过取得已交付至船上货物的方式交货。货物灭失或损坏的风险在货物交到船上时转移,同时买方承担自那时起的一切费用。卖方与买方之间承担风险是以“货物交到船上为界”,即卖方承担货物装上船之前的风险,而买方承担货物装上船之后的风险。FOB 不适合于货物在装上船之前已经交给承运人的情况,例如用集装箱运输的货物通常是在集装箱码头交货。在此类情况下,应使用 FCA 术语。

(一)买卖双方的责任和义务

1. 卖方的责任和义务

采用 FOB 贸易术语,其中卖方承担的责任和义务可概括为:

(1)必须在指定的装运港将货物置于买方指定的船上,并及时给予买方充分的通知。

(2)自负风险和费用,取得出口许可证或其他官方文件,并负责办理货物出口所需的一切海关手续。

(3)承担货物装上船之前的一切风险和损失。

(4)提供符合买卖合同约定的货物和商业发票,以及合同可能要求的其他与合同相符的证据,任何单证在双方约定或符合惯例的情况下,可以是等同作用的电子记录或程序。

2. 买方的责任和义务

采用 FOB 贸易术语,其中买方承担的责任和义务可概括为:

(1)买方必须自负费用签订自指定装运港起运货物的运输合同,并将船舶名称、装船点和其在约定期限内选择的交货时间向卖方发出充分的通知。

(2)自负风险和费用,取得进口许可证或其他官方批准的证件,并负责办理货物进口所需的一切海关手续。

(3)承担货物装上船之后的一切风险和损失。如由买方指定的船舶未准时到达,或未收取货物则买方自约定交货日期或约定届满之日起承担所有货物灭失或损坏的一切风险,但以该货物已清楚地确定为合同项下之货物者为限。

(4)根据买卖合同的约定收取货物，接受卖方提供的运输凭证和支付货款。任何单证在双方约定或符合惯例的条件下，可以是等同作用的电子记录或程序。

(二)按 FOB 条件订立合同需注意的几个问题

1.“装船”的概念与风险划分的界限

“装船”是 FOB 合同划分风险的界限，国际上不同惯例对“装船”的解释不尽一致。按照《2010 年通则》规定：FOB 合同的卖方必须及时在装运港将货物“装上船”，并担负货物在装运港装上船以前的一切风险，即当货物在装运港装上船之后，卖方即履行了交货任务。卖方的交货点是在“船上”，买方担负自该交货点起，货物灭失或损坏的一切风险。在实际业务中，卖方应该根据合同规定或双方确立的习惯做法，负责把货物在装运港装到船上，并提供清洁的已装船提单。

2. 船货衔接问题

在 FOB 合同中，由买方负责安排船只(租船或订舱)，卖方负责装货，这就存在一个船货衔接的问题。如果船只如期到达指定的装运港，而卖方的货物却未能如期而至，买方就会因船只空仓等待而多支付空仓费；相反，如果卖方如期将货物运到规定地点，准备装船，而买方安排的船只却没有如期到达，卖方只好将货物存放在港口的仓库里等待，这需要支付额外的仓储费用，这就增加了卖方的成本。因此，在 FOB 合同中，必须对货船衔接问题作出明确规定，并在订约以后加强联系，密切配合，防止船货脱节。

按照国际惯例和有关法律规定，按 FOB 术语成交的合同，买方应在安排好船只后及时通知卖方，以便卖方备货装船。如果买方未能按照规定通知卖方，或未能按时派船，这包括未经对方同意提前或延迟将船派到装运港的情况，卖方都有权拒绝交货；由此产生的各种损失，如空仓费、滞期费及卖方增加的仓储费等均由买方负担。如买方指派的船只按时到达装运港，而卖方却未能备妥货物，那么产生的上述费用由卖方承担。

在按 FOB 术语订约的情况下，如成交量不大，只需要部分舱位或用班轮装运时，卖方可以接受买方委托，代买方办理各项手续，但这纯属代办性质，买方应负担卖方由代办而产生的费用，若租不到船只或订不到舱位，其风险也由买方自己负责。

【案例】 我国某粮油进出口公司与德国某商业机构签订出口1 000公吨大米的 FOB 合同。该合同规定：规格为水分最高 20%，杂质最高 1%，以中国商品检验局的检验证明为最后依据。2016 年 3 月派船只接运货物。然而，尽管我方按时准备好货物，但德国进口商并没有按期派船前来接货，其一直延误了数月才派船来华接货，当大米运到目的地后，进口方发现大米已生虫。于是委托当地检验机构进行了检验，并签发了虫害证明，进口方据此向我方提出索赔 20%货款的损失赔偿。当我方接到对方的索赔后，不仅拒赔，而且要求进口方支付延误交货期间我方支付的大米仓储保管费及其他费用。另外，保存在中国商品检验局的检验货样至争议发生后仍然完好，未生虫害。问：(1)我方要求德国进口商支付延误交货期间的大米仓储保管费及其他费用能否成立？并说明原因。(2)德国进口商的索赔要求能否成立？并说明原因。

【分析】 (1)我方要求德国进口商支付延误交货期间的大米仓储保管费及其他费用能够成立。因为按 FOB 条件，由买方指定船只并订立运输合同，如果买方指定的船只不能在规定日期到达，则应由买方负担一切由此而产生的额外费用。在本案中，德国进口商并没有按期派船前来接运，造成逾期提货，违反了双方之间的合同约定，应当对延误交货期间我方支付的大米仓储保管费及其他费用负责。

(2)德国进口商的索赔要求不能成立。因为按 FOB 条件,买方承担交货以后的一切风险。我方只能保证大米在交货时的品质,对运输途中所引起的大米品质变化不属卖方责任,而且合同规定:以中国商检局的检验证明为最后依据,而保存在中国商品检验局的检验货样至争议发生后仍然完好,未发生虫害,因此可以肯定我方交货时的品质是完好的。

3. 查对费用和检查费用的相关规定

卖方必须支付为了交货所需要进行的查对费用(如查对质量、丈量、过磅、点数的费用),以及出口国有关机构强制进行的装运前检验所发生的费用。买方必须支付任何装运前必需的检验费用,但出口国有关机构强制进行的检验费用除外。

4. 买卖双方协助提供信息及相关费用的规定

应买方要求并由其承担风险和费用,卖方必须及时向买方提供或协助其取得相关货物进出口和/或将货物运输到最终目的地所需要的任何单证和信息,包括安全相关信息。应卖方要求并承担其风险和费用,买方必须及时向卖方提供或协助其取得货物运输和出口及从他国过境所需要的任何单证和信息,包括安全相关信息。

5. 关于装船费用的负担问题

为了明确说明装船费用的划分问题,往往需要在 FOB 术语后加列附加条件,这就形成了 FOB 的变形,主要有:

FOB 班轮条件(FOB liner terms):指装货费用如同班轮运输那样,由支付运费的一方即买方负担。

FOB 吊钩下交货(FOB under tackle):指卖方将货物置于轮船吊钩可及之处,从货物起吊开始的装船费用由买方负担。

FOB 包括理舱(FOB stowed,FOB S):指卖方负担将货物装入船舱并支付包括理舱费在内的装货费用。

FOB 包括平舱 (FOB trimmed,FOB T):指卖方负担将货物装入船舱并支付包括平舱费在内的装货费用。

需要说明的是 FOB 的上述变形只是为了表明装船费用由谁负担而产生,并不改变其交货地点及风险划分界限。

(三)《1990 年美国对外贸易定义修订本》对 FOB 贸易术语的特殊解释

美国、加拿大和一些美洲国家较多采用《1990 年美国对外贸易定义修订本》对 FOB 的解释。《1990 年美国对外贸易定义修订本》对 FOB 的解释在许多方面都与《2010 年通则》的解释不一样。主要表现为:

1. 适用的运输方式不同

《2010 年通则》规定 FOB 术语只适用于海运及内河水运,而《1990 年美国对外贸易定义修订本》规定 FOB 术语适用于任何运输方式。

2. 交货地点不同

《2010 年通则》规定 FOB 术语的交货地点是装运港的船上。而《1990 年美国对外贸易定义修订本》规定 FOB 术语有 6 个交货地点,其中的前 3 个是在出口国内指定地点的内陆运输工具上交货,第 4 个是在出口地点的内陆运输工具上交货,第 6 个是在进口国指定的内陆地点交货,只有第 5 个“FOB Vessel(…named port of shipment)”同《2010 年通则》的解释基本相同。

【案例】 我国某进口公司购买美国旧金山一公司的产品，合同中就写着："每公吨 1000 美元 FOB San. Francisco "。请问：这时的交货地点怎么解释？

【分析】 如果依据《2010 年通则》交货地点是在旧金山港口的船上；如果依据《1990 年美国对外贸易定义修订本》，交货地点既可以在旧金山港口的船上，还可以解释为在旧金山内陆交通运输工具上。在贸易实践中为了有效防止买卖双方产生歧义，正确的规定应该是："FOB Vessel San. Francisco "。

3. 有关出口手续及费用负担不同

《1990 年美国对外贸易定义修订本》规定，FOB 术语的卖方只有在买方提出请求，并由买方负担风险的情况下，才有义务协助买方取得由出口国签发的出口所需的证件，并且出口税及其他捐税和费用也需要由买方负担，而《2010 年通则》则将此作为卖方的一项义务。

此外，按照《1990 年美国对外贸易定义修订本》有关买卖双方风险划分的界限的规定，与《2010 年通则》相同，都是以货物装到船上为界，但与《2000 年通则》以"船舷"为界的规定不同。

由于以上方面的规定不完全一致，所以在对美国、加拿大等国家的贸易中，采用 FOB 术语成交时，应在合同中对有关问题明确规定，以免发生纠纷。

【案例】 2016 年，我国某贸易公司从美国进口特种钢材 200 公吨，双方的成交价格为每公吨 900 美元 FOB Vessel New York。合同规定支付方式为信用证。我贸易公司在合同规定的付款时间里，通过中国银行向美国商人开出了一张金额为 18 万美元的信用证。美商人收到信用证后来电称："信用证已收到。但金额不足，应增加 1 万美元备用。否则，有关出口税捐以及各种签证费由你方另行电汇。"我贸易公司接到来电后认为美方的要求无理，并立即向美方回电指出："按 FOB Vessel New York 贸易条件成交，应该由卖方负担货物的出口税捐和签证费用，这在《2010 年通则》中有明确规定。"美商回电称："双方在合同中并没有明确规定按《2010 年通则》办理。根据美国的商业习惯及《1990 年美国对外贸易定义修订本》的规定，出口税捐及费用应由进口商承担。"此时，正赶上国际市场钢材价格不断上涨，我方又急需这批钢材，只好按美方的要求通过银行将信用证金额增加到 19 万美元。试问：本案例中我方有没有失误？我方应争取在合同中做哪些规定就可以不负担上述出口捐税及费用？

【分析】 本案例中，我方业务人员明显的失误是在合同中没有明确依据哪一个国际贸易惯例来执行 FOB 贸易术语，从而造成了我方在执行合同过程中的被动。当市场发生了不利于我方的变化时，迫不得已额外支付 1 万美元。如果签订合同时就明确依据《2010 年通则》对 FOB 贸易术语的界定就不会出现这样的情况。所以，我们应从中吸取教训。

三、CFR Cost and Freight(...named port of destination)成本加运费(……指定目的港)

CFR 是 Cost and Freight 的缩写，中文译为"成本加运费"，术语后跟指定目的港名称(...named port of destination)，该术语仅用于海运或内河水运。

CRF 术语是指买方在船上交货或以取得已经交付的货物方式交货。货物灭失或损坏的风险在货物交到船上时转移，卖方必须签订运输合同，并支付必要的成本和运费，将货物运输到指定目的港。CRF 不适用于货物在上船前已经交给承运人的情况，例如用集装箱运输的货物通常在集装箱码头交货，在此类情况下，应当使用 CPT 术语。

与 FOB 相比，CRF 术语的卖方承担了更大的责任和义务，即卖方要负责安排运输，支付运费。

(一)买卖双方的责任和义务

1. 卖方的责任和义务

采用 CFR 贸易术语,卖方承担的责任和义务可概括为:

(1)卖方必须按照通常条件订立运输合同,支付运费,已将货物装上船,或以取得已装船货物的方式交货,并及时给予买方充分的通知。

(2)自负风险和费用,取得出口许可证或其他官方批准的证件,并负责办理货物出口所需的一切海关手续。

(3)承担完成交货前货物灭失或损坏的一切风险。

(4)提供符合买卖合同约定的货物和商业发票,以及合同可能要求的其他与合同相符的证据。任何单证在双方约定或符合惯例的情况下,可以是同等作用的电子记录或程序。

2. 买方的责任和义务

采用 CFR 贸易术语,买方承担的责任和义务可概括为:

(1)买方必须在指定目的港自承运人处收取货物。

(2)自负风险和费用,取得进口许可证或其他官方批准的证件,并负责办理货物出口所需的一切海关手续。

(3)承担卖方完成交货后货物灭失或损坏的一切风险。如由买方决定货物运输时间和/或指定目的港内收取货物地点时,买方必须向卖方发出充分的通知,否则买方自约定交货日期或约定期届满之日起,承担所有货物灭失或损坏的一切风险,但以该货物已清楚地确定为合同项下之货物者为限。

(4)接受卖方提供的运输凭证和支付货款。任何单证在双方约定或符合惯例的情况下,可以是同等作用的电子记录或程序。

(二)采用 CFR 贸易术语需注意的问题

1. 租船或订舱的责任

根据《2010 年通则》规定,CFR 合同的卖方只负责按照通常条件租船或订舱,经惯常航线,运至目的港。因此,卖方有权拒绝买方提出的关于限制船舶的国籍、船型、船龄或指定某班轮公司的船只的要求。但在实际业务中,若国外买方所提供上述要求,卖方在能够办到,也不增加费用的情况下,可考虑予以通融。

2. 有关费用的划分

卖方负担完成交货前与货物相关的一切费用,除非运输合同另有规定外;包括驳船费和码头费在内的卸货费用由买方负责。

3. 关于装船通知

按 CFR 订立合同,需特别注意的是装船通知问题。因为在 CFR 术语下,卖方负责租船订舱,将货物装上船,由买方负责办理货物保险,货物在装船后所发生的风险损失由买方负责。因此,在货物装船后及时向买方发出装船通知,就成为卖方应尽的一项至关重要的义务。因为在办理运输保险,就是针对运输过程出现的风险和损失,而一旦因卖方未及时通知导致买方不能及时投保,那么卖方就必须承担因此而产生的全部损失。

为此,在实际业务中,出口企业应事先与国外买方就如何发装船通知商定具体做法;如事先未商定,则应根据双方的习惯做法,或根据订约后、装船前买方提出的具体请求,及时用电讯的方式向买方发出装船通知。

4. 查对费用和检验费用的相关规定

卖方必须支付为了交货所需要进行的查对费用(如查对质量、丈量、过磅、点数的费用),以及出口有关机构强制进行的转运前检验所发生的费用。买方必须支付任何装运前必需的检验费用,但出口国有关机构强制进行的检验费用除外。

5. 买卖双方协助提供信息及相关费用的规定

应买方要求并由其承担风险和费用,卖方必须及时向买方提供或协助其取得相关货物进口和/或将货物运输到最终目的地所需要的任何单证和信息,包括安全相关信息。应卖方要求并由其承担风险和费用,买方必须及时向卖方提供或协助其取得货物出口及从他国过境运输所需要的任何单证和信息,包括安全相关信息。

6. 风险转移与费用转移问题

按照 CFR 术语成交,买卖双方风险划分的界限与 FOB 一样仍然在装运港,即货物装上船时风险即由卖方转移至买方。因为 CFR 术语仍然属于装运港交货的贸易术语,事实上卖方只是保证按时装运,但并不保证货物按时到达,也不承担将货物送抵目的港的义务。

7. 关于卸货费用的负担问题

按照 CFR 条件成交,卖方负责将合同规定的货物运往合同规定的目的港,并支付正常的运费。至于货到目的港后的卸货费用由谁负担也是一个需考虑并加以明确的问题。为了解决这一问题,就产生了 CFR 贸易术语的各种变形。主要有:

CFR liner terms(CFR 班轮条件):这一变形是指卸货费用按照班轮的做法来办。就是说,买方不负担卸货,而由卖方负担。

CFR landed(CFR 卸到岸上):它是指由卖方承担货物卸到码头上的各项有关费用,包括驳船费和码头捐税。(这一条我国不采用)

CFR EX tackle(CFR 吊钩下交货):指卖方负责将货物从船舱卸到轮船吊钩可及之处(码头上或驳船上)的费用。在轮船不能靠岸的情况下,驳船费及货物从驳船卸到岸上的费用,概由买方负责。

CFR EX ship's hold(CFR 舱底交货):指货物运达目的港后,自船舱底起一切卸货费用由买方承担。

需要说明的是,CFR 的上述变形只是为了表明装船费用由谁负担而产生,并不改变其交货地点及风险划分界限。

四、CIF Cost Insurance and Freight(...named port of destination)成本加运费、保险费(……指定目的港)

CIF 是 Cost,Insurance and Freight 的缩写,中文译为"成本加保险费加运费",术语后跟指定目的港名称(...named port of destination)。该术语仅用于海运或内河水运。

CIF 术语是指卖方在船上交货或以取得已经这样交付的货物方式交货。货物灭失或损坏的风险在货物交到船上时转移。卖方必须签订运输合同,并支付必要的成本和运费,以将货物运至指定的目的港。卖方还要为买方在运输途中货物的灭失或损坏风险办理保险。但买方应注意到,在 CIF 下卖方仅需投保最低险别,如果买方需要更多保险保护的话,则需要与卖方明确达成协议,或者自行作出额外的风险安排。

CIF 术语只适用于海运和内河航运,不适合于货物在上船前已经交给承运人的情况,例如用集装箱运输的货物通常是在集装箱码头交货。在此情况下,应当使用 CIP。

在业务上,有人误称 CIF 为"到岸价",将 CIF 误解为卖方承担货物从装运港至目的港的一切风险和费用，这是非常错误的。不能使用“到岸价”的说法来指代 CIF。

【案例】 某年，我某外贸公司出售一批核桃给数家英国客户，采用 CIF 术语，凭不可撤销即期信用证付款。由于核桃的销售季节性很强，到货的迟早，会直接影响货物的价格，因此，在合同中对到货时间作了如下规定：“10 月份自中国装运港装运，卖方保证载货轮船于 12 月 2 日抵达目的港。如载货轮船迟于 12 月 2 日抵达目的港，在买方要求下，卖方必须取消合同，如货款已收妥，则须退还买方。”合同订立后，我外贸公司于 10 月中旬将货物装船出口，凭信用证规定的装运单据向银行收妥货款。不料，轮船在途中，主要机件损坏，无法继续航行。为了保证如期到达目的港，我外贸公司以重金租用大马力拖轮拖带该轮船继续前进。但途中又遇大风浪，致使该轮船抵达目的港的时日期晚了数小时。适遇核桃市价下跌，除个别客户提货外，多数客户要求取消合同。我外贸公司最终因这笔交易遭受重大经济损失。试问：我外贸公司与英国客户所签的合同是真正的 CIF 合同吗？是或不是请说明理由。

【分析】 我外贸公司与英国客户所签的合同尽管标有 CIF 字样，却明显不是真正的 CIF。因为在合同中既规定了交货时间，又同时规定了到货时间，明显与 CIF 贸易术语的界定不符。

（一）买卖双方的责任和义务

1. 卖方的责任和义务

采用 CIF 贸易术语，卖方承担的责任和义务可概括为：

（1）卖方必须按照通常条件订立运输合同，支付运费，以将货物装上船，或以取得已装船货物的方式交货，并及时给予买方充分的通知。卖方必须自付费用取得货物保险。

（2）自负风险和费用，取得出口许可证或其他官方批准的证件，并负责办理货物出口所需的一切海关手续。

（3）承担完成交货前货物灭失或损坏的一切风险。

（4）提供符合买卖合同约定的货物和商业发票，以及合同可能要求的其他与合同相符的证据。任何单证在双方约定或符合惯例的情况下，可以是同等作用的电子记录或程序。

2. 买方的责任与义务

采用 CIF 贸易术语，买方承担的责任和义务可概括为：

（1）买方必须在指定目的港从承运人处收取货物。

（2）自负风险和费用，取得进口许可证或其他官方批准的证件，并负责办理货物进口所需的一切海关手续。

（3）承担卖方交货后货物灭失或损坏的一切风险。如由买方决定货物运输时间和/或指定目的港内收取货物点时，买方必须向卖方发出充分的通知，否则买方自约定交货日期或约定期届满之日起，承担所有货物灭失或损坏的一切风险，但以该货物已清楚地确定为合同项下之货物者为限。

（4）接受卖方提供的运输凭证和支付货款。任何单证在双方约定或符合惯例的情况下，可以是同等作用的电子记录或程序。

（二）使用 CIF 贸易术语应注意的问题

1. 关于风险转移和费用转移的问题

按 CIF 术语成交，虽然由卖方安排货物运输和办理货运保险，但卖方并不承担保证把货物送到约定目的港的义务，因为 CIF 是属于装运港交货的术语，而不是目的港交货的术语。也就是说，CIF 术语的风险转移地点与费用转移地点是不同的，卖方将运费和保险费支付到目的港，但其承担风险的责任却在装运港货物装到船上就结束了。

同时，双方应尽可能准确地指定约定目的港的交付点，因为将货物交至该交付点的费用由卖方承担。如果卖方按照运输合同在目的地发生了卸货费用，则除非双方事先另有约定，卖方无权向买方要求补偿该项费用。

2. 保险的性质与险别问题

CIF 是由卖方负责办理货运保险，但是如果货物在运输途中出现风险和损失，卖方并不承担责任，买方可以凭保险单向保险公司进行索赔，但是否得到赔偿也与卖方没有关系。因此，CIF 术语下卖方是为了买方的利益办理保险，属于代办性质。卖方应投保什么样的险别，投保金额是多少，一般应在签订买卖合同时有明确的规定。《2010 年通则》规定，该保险需至少符合《协会货物保险条款》(Institute Cargo Clause，LMA/IUA)"条款(C)"(Clauses C)或类似条款的最低险别。当买方要求，且能够提供卖方所需的信息时，卖方应办理任何附加险别，由买方承担费用。保险最低金额是合同金额另加 10%(即 110%)，并采用合同中的货币计算。

3. 查对费用和检验费用的相关规定

卖方必须支付为了交货所需要进行的查对费用(如查对质量、丈量、过磅、点数的费用)，以及出口国有关机构强制进行的装运前检验所发生的费用。买方必须支付任何装运前必需的检验费用，但出口国有关机构强制进行的检验费用除外。

4. 买卖双方协助提供信息及相关费用的规定

应买方要求并由其承担风险和费用，卖方必须及时向买方提供或协助其取得相关货物进口和/或将货物运输到最终目的地所需要的任何单证和信息，包括安全相关信息。应卖方要求并由其承担风险和费用，买方必须及时向卖方提供或协助其取得货物出口及从他国过境运输所需要的任何单证和信息，包括安全相关信息。

5. 有关象征性交货问题

从交货方式上，CIF 是一种典型的象征性交货，所谓象征性交货是针对实际交货而言的。实际交货是指卖方要在规定的时间和地点将符合合同规定的货物提交给买方或其指定的人，不能以交单代替交货；而象征性交货是指卖方只要按期在约定地点完成装运，并向买方提交合同规定的(包括物权凭证在内的)有关单据，就算完成了交货义务，而无需保证到货。

【案例】 买卖双方按 CIF 贸易术语出口一批货物。卖方按合同的规定装船完毕后取得包括提单在内的全套装运单据。但是，载货轮船在启航后第二天就触礁沉没，买方闻讯后提出拒收单据，拒付货款。试问，买方这样做是否有道理？为什么？

【分析】 买方没有道理。因为按照 CIF 贸易术语成交的合同，属于象征性交货，即卖方是凭单交货。只要卖方如期向买方提交了符合合同规定的全套合格单据，即使货物在运输途中损坏或灭失，买方也必须履行付款义务。反之，如果卖方提交的单据不符合要求，即使货物完好无损地运达目的地，买方也有权拒付货款。

可见，在 CIF 合同中，卖方实际上有两个义务——交付货物和提交单据，这两项义务缺一不可。买方也有两项权利——验单权和验货权。如果单货不符，且属于卖方责任者，买方可拒收货物，即使已付款，也可按照合同规定要求退货或赔偿。

五、关于 FOB、CFR、CIF 三种贸易术语的比较

FOB、CFR、CIF 三种贸易术语是国际贸易中最常用的术语，掌握这三种术语的内容和特点，有助于我们了解其他的贸易术语。从买卖双方的责任和义务来看，这三种术语在有些方面是相同的，但也存在着明显的不同方面。

(一)相同方面

(1)交货都在出口国的装运港。

(2)风险划分都以装运港装上船为界。

(3)凭合格单据证明已完成交货(象征性交货)。

(4)都只适用于水运和内河航运。

(二)不同方面

不同方面如表 3—2 所示。

表 3—2　FOB、CFR、CIF 三种贸易术语的不同方面

贸易术语	手续		费用	
	订舱	保险	运费	保费
FOB	买方	买方	买方	买方
CFR	卖方	买方	卖方	买方
CIF	卖方	卖方	卖方	卖方

第三节　适用于任何运输方式的术语

除了常用的 FOB、CFR、CIF 三种贸易术语外,国际贸易过程中还可以使用其他贸易术语。随着对外贸易的发展和贸易方式的灵活运用,近年来我国对外贸易中也采用其他的贸易术语。其他的贸易术语主要包括以下七种。

一、EXW Ex Works (...named place)工厂交货(……指定地点)

EXW 是 Ex Works 的缩写,中文译为“工厂交货”,术语后跟指定地点(...named place)。

EXW 术语是指卖方在其所在地或其他指定的地点(如工厂或仓库等)将货物交给买方处置时,即完成交货。卖方不需要将货物装上任何前来接收货物的交通工具,需要清关时,卖方也无需办理清关手续。该术语是卖方承担责任最小的术语。买方必须承担在卖方所在地受领货物的全部费用和风险。在买方不能直接或间接办理出口手续时,不应使用该术语,最好使用 FCA 术语。EXW 更适合于国内贸易。

(一)买卖双方的责任和义务

1. 卖方的责任和义务

(1)卖方必须在指定的交付地点或该地点内的约定点(如有的话),以将未置于任何运输车辆上的货物交给买方处置的方式交货。若在指定的交货地没有约定特定的点,且有几个可提供使用时,卖方可以选择最适合其目的点,卖方必须在约定日期或期限内交货。

(2)承担完成交货前货物灭失或损坏的一切风险。

(3)提供符合买卖合同的货物和商业发票,以及合同可能要求的其他与合同相符的证据。任何单证在双方约定或符合惯例的情况下,可以是同等作用的电子记录或程序。

2. 买方的责任和义务

采用 EXW 的贸易术语,买方承担的责任和义务可概括为:

(1)买方必须在约定的地点收取货物。

(2)自负风险和费用，取得出口许可证或其他官方批准许可证件，并负责办理货物出口所需的一切海关手续，支付货物出口应缴纳的一切关税、税款和其他费用及办理海关手续的费用。

(3)承担卖方交货后货物灭失或损坏的一切风险。如由买方决定在约定期限内的时间和/或在指定地点内的接收点时，买方必须向卖方发出充分的通知；否则，买方自约定交货日期或交货期限届满之日起，承担货物灭失或损坏的一切风险，但以该货物已清楚地确定为合同项下货物为限。

(4)必须向卖方提供其已收取货物的相关凭证，按照买卖合同约定支付货款，任何单证在双方约定或符合惯例的情况下，可以是同等作用的电子记录或程序。

(二)使用 EXW 贸易术语应注意的问题

1. 有关明确交货地点的问题

按 EXW 术语成交，买卖双方在指定交货地范围内尽可能明确具体交货地点。因为在货物到达交货地点之前的所有费用和风险都由卖方承担，买方则需承担自此指定交货点(如有的话)收取货物所产生的全部费用和风险。

2. 关于装货义务的问题

采用 EXW 术语，卖方对买方没有装货义务，即使实际上卖方也许更方便这样做，如果卖方装货，也是由买方承担相关风险和费用。

3. 有关出口通关问题

以 EXW 为基础购买出口产品的买方须明白：卖方只有在买方要求时，才有责任协助办理出口，即卖方无义务安排出口通关。因此，在买方不能直接或间接办理出口清关手续时，尽量不要采用 EXW 术语。

4. 查对费用和检验费用的相关规定

卖方必须支付为了交货所需要进行的查对费用(如查对质量、丈量、过磅、点数的费用)。买方必须支付任何装运前必需的检验费用，包括出口国有关机构强制进行的检验费用。

5. 买卖双方协助提供信息及相关费用的规定

应买方要求并由其承担风险和费用，卖方必须及时向买方提供或协助其取得相关货物出口和/或进口，和/或将货物运输到最终目的地所需要的任何单证和信息，包括安全相关信息。买方必须及时告知卖方任何安全信息要求，必须偿付卖方向其提供或协助其取得单证和信息时发生的所有费用。

二、FCA Free Carrier (...named place)货交承运人(……指定地点)

FCA 是 Free Carrier 的缩写，中文译为“货交承运人”。术语后跟指定地点(...named place)。该术语可适用于任何运输方式，也可适用于多种运输方式联运。

FCA 术语是指卖方在其所在地或其他指定的地点将货物交给卖方指定的承运人或其他人，并办理了出口清关手续，即完成交货。如果在卖方所在地交货，则必须确定不同的特定交货地点。所谓承运人，是指受托运人的委托，负责将货物从约定的起运地运往目的地的人。既包括拥有运输工具、实际完成运输任务的运输公司，也包括不掌握运输工具的运输代理人。FCA 术语之后要加注双方约定的交货地点，即承运人接运货物的地点，如“FCA Beijing”。

【案例】 我国某出口企业按 FCA Shanghai Airport 条件向印度某进口商出口手表一批，货价 5 万美元，规定交货期为 8 月份，自上海空运至孟买；支付条件为买方凭由孟买某银行转交的航空公司空运到货通知即期全额电汇付款。我出口企业于8月31日将该批手表运到上海虹桥机场交由航空公司收货并出具航空运单。我随即向印商用电汇发出装运通知。航空公司于9月2日将该批手表空运到孟买,并将到货通知连同有关发票和航空运单送孟买某银行。该银行立即通知印商前来收取上述到货通知等单据并电汇付款。此时国际市场表价下跌,印商以我交货延期为由,拒绝付款、提货。双方争执不下,遂提交仲裁。假如你是仲裁员,你认为谁是谁非?请说明理由。

【分析】 印商没有道理。因为按照《2010年通则》的界定,FCA Shanghai Airport 的交货以上海虹桥机场收货为准,时间是8月31日,没有延期交货。既然卖方按时履行了交货义务,作为买方的印商当然必须履行付款的义务。

(一)买卖双方的责任和义务

1. 卖方的责任和义务

采用FCA贸易术语,卖方承担的责任和义务可概括为:

(1)卖方必须在约定日期或期限内,在指定地点或该地点的约定点(如有的话),将货物交付给买方指定的承运人或其他人,并给买方充分的通知。

(2)卖方必须自负风险和费用,取得所需的出口许可或其他官方授权,办理货物出口所需的一切海关手续。支付完成交货前与货物相关的一切费用,包括出口应缴纳的一切关税、税款和其他费用。

(3)承担完成交货前货物灭失或损坏的一切风险。

(4)提供符合买卖合同约定的货物和商业发票,以及合同可能要求的其他与合同相符的证据。任何单证在双方约定或符合惯例的情况下,可以是同等作用的电子记录或程序。

2. 买方的责任和义务

采用FCA贸易术语,买方承担的责任和义务可概括为:

(1)买方必须在约定地点收取货物。必须自负费用签订自指定的交货地点起运货物的运输合同,指定承运人,并将承运人等信息通知卖方。

(2)自负风险和费用,取得进口许可或其他官方批准的证件,并负责办理货物进口和从他国过境运输所需要的一切海关手续,支付货物进口应缴纳的一切关税、税款和其他费用,及办理海关手续的费用和从他国过境运输的费用。

(3)承担卖方交货后货物灭失或损坏的一切风险。如买方未按照规定将其所指定的承运人信息通知卖方,或指定的承运人未在约定的时间接管货物,则自约定交货期届满之日起买方承担货物灭失或损坏的一切风险。

(4)接受卖方提供的交货凭证,按照买卖合同约定支付货款。任何单证在双方约定或符合惯例的情况下,可以是同等作用的电子记录或程序。

(二)使用FCA贸易术语应注意的问题

1. 有关交货地点的问题

如果指定的交货地点是卖方所在地,则当货物被装上买方提供的运输工具时,完成交货;在任何其他情况下,则当货物在卖方的运输工具上可供卸载并可由承运人或买方指定的其他人处置时,完成交货。如果未明确指定交货地点内特定的交付地点,且有数个交付地点可供使用时,卖方则有权选择最合适其目的的交货点。

【案例】 我国上海A食品进口公司在2015年7月与巴西里约热内卢B出口公司签订了购买3 000公吨咖啡豆的合同,交货条件是FCA里约热内卢每公吨870美元,约定提货地为卖方所在地。合同中规定，由买方在签约后的50天内预付货款金额的30%作为定金，而剩余款项则由买方在收到货物之后汇付给卖方。合同签订后两星期内，买方如约支付了30%的定金。当年8月7日，买方指派巴西的一家货代公司到卖方所在地提货，此时，卖方已装箱完毕并放置在其临时敞篷仓库中，买方要求卖方帮助装货，卖方认为货物已交买方照管，拒绝帮助装货。两日后买方再次到卖方所在地提货，但因遇湿热台风天气，致使堆放货物的仓库进水，300吨咖啡豆受水浸泡损坏。由于货物部分受损，买方以未收到全部约定的货物为由，仅同意支付40%的货款，拒绝汇付剩余的30%的货款。于是，买卖双方产生争议，经过协商未果，因此，买方于当年9月向中国国际贸易仲裁委员会南方某分会提出申诉。试问：(1)根据《2010年通则》的规定，卖方的交货义务是否完成？(2)买方拒付是否有道理？

【分析】 本案例主要涉及FCA术语中风险转移和交货的界定的问题。按照《2010年通则》的解释，在FCA术语下，如果交货的指定地点是卖方所在地，则当货物被装上买方指定的承运人，或代表买方的其他人提供的运输工具才算完成交货。据此，本案例中的巴西公司应负责在其所在地将货物装车后交付给中方A公司指定的运输代理人，才算完成交货义务，则按照FCA术语中风险转移的规定，由此产生的损失由卖方承担。卖方没有最后履行交货义务，买方当然有道理拒付货款。

2. 查对费用和检验费用的相关规定

卖方必须支付为了交货所需要进行的查对费用(如查对质量、丈量、过磅、点数的费用)，以及出口国有关机构强制进行的装运前检验所产生的费用。买方必须支付任何装运前必需的检验费用，但出口国有关机构强制进行的检验除外。

3. 买卖双方协助提供信息及相关费用的规定

应买方要求并由其承担风险和费用，卖方必须及时向买方提供或协助其取得相关货物进口和/或将货物运输到最终目的地所需要的任何单证和信息，包括安全相关信息。买方必须及时告知卖方任何安全信息要求，必须偿付卖方向其提供或协助其取得单证和信息时发生的所有费用。

FCA贸易术语适用于各种运输方式，其中包括公路、铁路、江河、海洋、航空运输以及多式联运。无论采用哪种运输方式卖方承担的风险均于货交承运人时转移，即卖方承担货交承运人前的风险和费用，买方承担货交承运人后的风险和费用，风险转移之后，与运输、保险相关的责任和费用也相应转移。

三、CPT Carriage Paid To (...named place of destination) 运费付至(……指定目的地)

CPT是Carriage Paid To的缩写，中文译为“运费付至”，术语后接指定目的地名称(...named place of destination)。该术语可适用于任何运输方式，也可适用于多种运输方式联运。

CPT术语是指卖方将货物在双方约定的地点(如果双方已经约定了地点)交给卖方指定的承运人或其他人。卖方必须签订运输合同并支付将货物运至指定目的地所需费用。

(一)买卖双方的责任和义务

1. 卖方的责任和义务

采用CPT贸易术语，卖方承担的责任和义务可概括为：

(1)卖方必须在约定的时间或日期内，按照通常条件签订或取得运输合同，将货物交至签订合同的承运人。货物自交货地的约定交货点(如有的话)运送至指定目的地或该目的地的交付点(如有约定),支付运费,经由通常航线和习惯方式运送货物,并及时给予买方充分的通知。

(2)自负风险和费用,取得出口许可证或其他官方授权,办理货物出口和交货前从他国过境运输所需的一切海关手续。支付货物出口所需海关手续费,出口应交纳的一切关税、税款和其他费用,以及按照运输合同规定,由卖方支付的货物从他国过境运输的费用。

(3)承担完成交货前货物灭失或损坏的一切风险。

(4)提供符合买卖合同约定的货物和商业发票,以及合同可能要求的其他与合同相符的证据。任何单证在双方约定或符合惯例的情况下,可以是同等作用的电子记录或程序。

2. 买方的责任和义务

采用 CPT 贸易术语,买方承担的责任和义务可概括为:

(1)买方必须在指定目的地自承运人处收取货物。当买方有权决定发货时间和/或指定目的地或目的地内收取货物的点时,买方必须向卖方发出充分的通知。

(2)自负风险和费用,取得进口许可证或其他官方授权,并负责办理货物进口和从他国过境运输所需的一切海关手续。支付货物进口应交纳的一切关税、税款和其他费用,以及办理进口海关手续的费用和从他国过境运输的费用。

(3)承担卖方交货后货物灭失或损坏的一切风险。当买方有权在约定期间内的具体时间和/或指定目的地内的收取货物的点时,如买方未及时给予卖方通知,则买方必须从约定的交货日期或交货期限届满之日起,承担货物灭失或损坏的一切风险,但以该货物已清楚地确定为合同项下之货物为限。

(4)接受卖方提供的运输凭证和支付货款。任何单证在双方约定或符合惯例的情况下,可以是同等作用的电子记录或程序。

(二)采用 CPT 贸易术语需注意的问题

1. 有关风险转移和费用转移的问题

按 CPT 术语成交,双方应该尽可能确切地在合同中明确交货地点,因为风险在这里转移至买方;同时应该指定目的地(卖方必须签订运输合同运到该目的地)。如果运输到约定目的地涉及多个承运人,且双方不能就交货点达成一致时,卖方将货物交给第一承运人时,风险转移至买方。由于卖方需承担将货物运至目的地该点的费用,双方应尽可能确切地订明约定的目的地内的该点。如果卖方按照运输合同在指定目的地卸货发生了费用,除非双方另有约定,卖方无权向买方要求赔偿。

2. 关于买卖双方的通知问题

卖方必须向买方发出已交货的通知,以便于买方采取收取货物通常所需的措施;当买方有权决定发货和/或指定目的地或目的地内收取货物的点时,买方必须向卖方发出充分的通知。

3. 查对费用和检验费用的相关规定

卖方必须支付为了交货所需要进行的查对费用(如查对质量、丈量、过磅、点数的费用),以及出口国有关机构强制进行的装运前的检验所发生的费用。买方必须支付任何装运前必需的检验费用,但出口国有关机构强制进行的检验费用除外。

4. 买卖双方协助提供信息及相关费用的规定

应买方要求并由其承担风险和费用,卖方必须及时向买方提供或协助其取得相关货物进出口和/或将货物运输到最终目的地所需要的任何单证和信息,包括安全相关信息。应卖方要求并由其承担风险和费用,买方必须及时向卖方提供或协助其取得货物出口及从他国过境运输所需要的任何单证和信息,包括安全相关信息。

四、CIP Carriag and Insurance(...named place of destination)运费、保险费付至(……指定目的地)

CIP是Carriage and Insurance Paid To的缩写，中文译为“运费、保险费付至”，术语后接指定目的地名称(...named place of destination)。该术语可适用于任何运输方式，也适用于多种运输方式联运。

CIP术语是指卖方将货物在双方约定地点(如双方已经约定了地点)交给其指定的承运人或其他人，并签订运输合同，支付将货物运至指定目的地的所需费用，为在运输途中货物灭失或损坏的风险签订保险合同。

(一)买卖双方的责任和义务

1. 卖方的责任和义务

采用CIP贸易术语，卖方承担的责任和义务可概括为：

(1)卖方必须在约定的日期或期限内，按照通常条件签订和取得运输合同，将货物交至签订合同的承运人。货物自交货地的约定交货点(如有的话)运送至指定目的地或该目的地的交付点(如有约定)，支付运费，经由通常航线和习惯方式运送货物，并及时给予买方充分的通知。

(2)卖方必须自付费用取得货物保险。根据《2010年通则》规定，该保险需至少符合《协会货物保险条款》(Institute Cargo Clause，LMA/IUA)“条款(C)”(Clauses C)或类似条款的最低险别。当买方要求，且能够提供卖方所需的信息时，卖方应办理任何附加险别，由买方承担费用。保险最低金额是合同金额另加10%(即110%)并采用合同中的货币计算。

(3)自负风险和费用，取得出口许可证或其他官方授权，办理货物出口和交货前从他国过境运输所需要的一切海关手续。支付货物出口所需海关手续费，出口应交纳的一切关税、税款和其他费用，以及按照运输合同规定，由卖方支付的货物从他国过境运输的费用。

(4)承担完成交货前货物灭失或损失的一切风险。

(5)提供符合买卖合同约定的货物和商业发票，以及合同可能要求的其他与合同相符的证据。任何单证在双方约定或符合惯例的情况下，可以是同等作用的电子记录或程序。

2. 买方的责任与义务

采用CIP贸易术语，买方承担的责任与义务可概括为：

(1)买方必须在指定目的地自承运人处收取货物。当买方有权决定发货时间和/或指定目的地或目的地内收取货物的点时，买方必须向卖方发出充分的通知。

(2)自负风险和费用，取得进口许可证或其他官方授权，并负责办理货物进口和从他国过境运输所需的一切海关手续。支付货物进口应交纳的一切关税、税款和其他费用，以及办理进口海关手续的费用和从他国过境运输的费用。

(3)承担卖方交货后货物灭失或损坏的一切风险。当买方有权决定在约定期间内的具体时间和/或在指定目的地内的收取货物的点时，如买方未及时给予卖方通知，则买方必须从约定的交货日期或交货期限届满之日起，承担货物灭失或损坏的一切风险，但以该货物已清楚地确定为合同项下之货物为限。

(4)接受卖方提供的运输凭证和支付货款。任何单证在双方约定或符合惯例的情况下，可以是同等作用的电子记录或程序。

（二）采用 CIP 贸易术语需注意的问题

1. 有关风险转移和费用转移的问题

按 CIP 术语成交，双方应该尽可能确切地在合同中明确交货地点，因为风险在这里转移至买方；同时应该指定目的地（卖方必须签订运输合同运到该目的地）。如果运输到约定目的地涉及多个承运人，且双方不能就交货点达成一致时，卖方将货物交给第一承运人时，风险转移至买方。由于卖方需承担将货物运至目的地该点的费用，双方应尽可能确切地订明约定的目的地内的该点。如果卖方按照运输合同在指定的目的地卸货发生了费用，除非双方另有约定，否则卖方无权向买方要求赔付。

2. 关于附加险费用的负担问题

按 CIP 术语成交，是由卖方负责办理货运保险，根据《2010 年通则》规定，卖方只需投保最低险别，但当买方要求，且能够提供卖方所需的信息时，卖方应办理任何附加险别，所发生的费用由买方承担。

3. 查对费用和检查费用的相关规定

卖方必须支付为了交货所需要进行的查对费用（如查对质量、丈量、过磅、点数的费用），以及出口国有关机构强制进行的装运前检验所发生的费用。买方必须支付任何装运前必需的检验费用，但出口国有关机构强制进行的检验费用除外。

4. 买卖双方协助提供信息与相关费用的规定

应买方要求并由其承担风险和费用，卖方必须及时向买方提供或协助其取得相关货物进口和/或将货物运输到最终目的地所需要的任何单证和信息，包括安全相关信息。应卖方要求并由其承担风险和费用，买方必须及时向卖方提供或协助其取得货物出口及从他国过境运输所需要的任何单证和信息，包括安全相关信息。

CIP 与 CIF 术语有相同之处，它们的价格构成中都包括了通常的运费和保险费，因此，按这两种贸易术语成交，卖方都要负责安排运输和保险并支付有关运费和保险费。但是，CIP 和 CIF 术语也有明显区别：主要是适用的运输方式的范围不同。CIP 适用于各种运输方式，CIF 仅适用于水上运输方式。采用不同运输方式时，其交货地点、风险划分界限以及有关责任和费用划分自然也不相同。例如，CIP 条件下，卖方要办货运保险，支付保险费，如果是采用多式联运方式，货运保险要包括各种运费险，而按 CIF 术语仅办理水上运输险即可。

FOB、CFR、CIF 与 FCA、CPT、CIP 的主要区别：

（1）适用的运输方式不同。FOB、CFR、CIF 三种贸易术语仅适用于海运和内河运输，其承运人一般只限于船公司；而 FCA、CPT、CIP 则不仅适用于海运和内河航运，而且也适用于铁运、空运等各种运输方式，甚至还可以适用于多式联运，其承运人可以是船公司、铁路局、航空公司，也可以是安排多式联运的经营人。

（2）交货和风险转移的不同。FOB、CFR 和 CIF 的交货地点均为装运港船上，风险转移均以装运港货物装到船上时由卖方转移给买方。而 FCA、CPT 和 CIP 的交货地点，需视不同的运输方式和不同的约定而定。货物的风险则于卖方将货物交与承运人时，即由卖方转移给买方。

（3）装卸费用负担不同。按 FOB、CFR 和 CIF 术语，卖方承担货物在装运港装上船为止的一切费用。但由于货物装船是一个连续的过程，各港口的习惯做法又不尽相同，在使用租船运输的 FOB 合同中，应明确装货费何方负担，在 CFR 和 CIF 合同中，则应明确卸货费用由何方负担。

而在 FCA、CPT 和 CIP 术语下，如涉及海洋运输，并使用租船装运，卖方将货物交给承运人时所支付的运费（CPT 和 CIP）或由买方支付的运费（FCA），已包含了承运人接管货物后在装运港装货费用和目的港的卸货费用。这样，在 FCA、CPT 和 CIP 合同中的装船费用和卸货费用就不存在了。

（4）运输单据不同。FOB、CFR 和 CIF 术语下，卖方一般提交已装船清洁提单。而在 FCA、CPT 和 CIP 术语下，卖方提交的运输单据则视不同的运输方式而定。

五、DAT Delivered At Terminal（insert named terminal at port or place of destination）运输终端交货（指定港口或目的地的运输终端）

DAT 是 Delivered At Terminal 的缩写，中文译为"运输终端交货"。术语后跟指定港口或目的地的运输终端。该术语可适用于任何运输方式，也可适用于多种运输方式联运。

DAT 术语是指卖方在指定港口或目的地的指定运输终端，将货物从抵达的运输工具上卸下，交给买方处置时，即为交货。"运输终端"意味着任何地点，而不论该地点是否有覆盖，如码头、仓库、集装箱堆场或者公路、铁路、空运货站等。卖方承担将货物送至指定港口或目的地的运输终端并将其卸下期间的一切风险。

（一）买卖双方的责任和义务

1. 卖方的责任和义务

采用 DAT 贸易术语，卖方承担的责任和义务可概括为：

（1）卖方必须在约定的日期或期限内，以在指定的港口或目的地运输终端从抵达的运输工具上将货物交给买方处置的方式交货。

（2）卖方必须自付费用签订运输合同，将货物运至约定港口或目的地的指定运输终端。如未约定运输终端或不能由实务确定，卖方可在约定港口或目的地选择最合适的运输终端。并给买方发出所需通知，以便于买方采取收取货物通常所需要的措施。

（3）自负风险和费用，取得出口许可证或其他官方授权，办理货物出口和交货前从他国过境运输所需的一切海关手续。支付货物出口所需海关手续费，出口应交纳的一切关税、税款和其他费用，以及按照合同规定，由卖方支付的货物从他国过境运输的费用。

（4）承担完成交货前货物灭失或损坏的一切风险。

（5）提供买卖合同约定的货物和商业发展，以及合同可能要求的其他与合同相符的证据。任何单证在双方约定或符合惯例的情况下，可以是同等作用的电子记录或程序。

2. 买方的责任和义务

采用 DAT 贸易术语，买方承担的责任和义务可概括为：

（1）买方必须在指定目的地自承运人处收取货物。

（2）自负风险和费用，取得进口许可证或其他官方授权，并负责办理货物进口和从他国过境运输所需的一切海关手续。支付货物进口应缴纳的一切关税、税款和其他费用，以及办理进口海关手续的费用和从他国过境运输的费用。

（3）当买方有权决定在约定期间内的具体时间和/或指定运输终端内的收取货物的点时，买方必须向卖方发出充分的通知。

（4）负责卖方交货后货物灭失或损坏的一切风险，当买方有权决定在约定期间内的具体时间和/或指定目的地内的收取货物的点时，如买方未及时给予卖方通知，则买方必须从约定的交货日期或交货期限届满之日起，承担货物灭失或损坏的一切风险，但以该货物已清楚地确定为合同项下之货物为限。

(5)接受卖方提供的交货凭证和支付货款。任何单证在双方约定或符合惯例的情况下,可以是同等作用的电子记录或程序。

(二)采用 DAT 贸易术语需注意的问题

1. 关于"运输终端"的约定问题

由于卖方承担在特定地点交货前的风险,买卖双方应尽可能明确约定运输终端,或如果可能的话,明确在约定港口或目的地的运输终端内的特定地点。卖方签订的运输合同应尽量能与所选择的运输终端内的特定点吻合。

2. 查对费用和检验费用的相关规定

卖方必须支付为了交货所需要进行的查对费用(如查对质量、丈量、过磅、点数的费用),以及出口国有关机构强制进行的装运前检验所发生的费用。买方必须支付任何装运前必需的检验费用,但出口国有关机构强制进行的检验费用除外。

3. 买卖双方协助提供信息及相关费用的规定

应买方要求并由其承担风险和费用,卖方必须及时向买方提供或协助其取得相关货物进口和/或将货物运输到终端最终目的地所需要的任何单证和信息,包括安全相关信息。应卖方要求并由其承担风险和费用,买方必须及时向卖方提供或协助其取得货物出口及从他国过境运输所需要的任何单证和信息,包括安全相关信息。

六、DAP Delivered At Place(insert named place of destination)目的地交货(指定目的地)

DAP 是 Delivered At Place 的缩写,中文译为"目的地交货",术语后跟指定目的地。该术语可适用于任何运输方式,也可适用于多种运输方式联运。

DAP 术语是指卖方在指定目的地将还在运抵运输工具上可供卸载的货物交由买方处置时,即为交货,卖方承担将货物运送到指定地点的一切风险。

(一)买卖双方的责任和义务

1. 卖方的责任和义务

采用 DAP 贸易术语,卖方的责任和义务可概括为:

(1)卖方必须在约定的日期或期限内,将货物放在已抵达的运输工具上,准备好在指定的目的地(如有的话)的约定地卸载,听由卖方处置。

(2)卖方必须自付费用签订运输合同,将货物运至指定目的地内的约定点(如有约定)。如未约定特定地点或不能如实确定,则卖方可在指定目的地内选择最合适的交货点。并给买方发出所需通知,以便于买方采取收取货物通常所需要的措施。

(3)自负风险和费用,取得出口许可证或其他官方授权,办理货物出口和交货前从他国过境运输所需的一切海关手续费。支付货物出口所需海关手续,出口应交纳的一切关税、税款和其他费用,以及按照运输合同规定,由卖方支付的货物从他国过境运输的费用。

(4)承担完成交货前货物灭失或损坏的一切风险。

(5)提供符合买卖合同约定的货物和商业发票,以及合同可能要求的其他与合同相符的证据。任何单证在双方约定或符合惯例的情况下,可以是同等作用的电子记录或程序。

2. 买方的责任和义务

采用 DAP 贸易术语,买方的责任和义务可概括为:

(1)买方必须在指定目的地自承运人处收取货物。

(2)自负风险和费用,取得进口许可证或其他官方授权,并负责办理货物进口和从他国过境运输所需的一切海关手续的费用和从他国过境运输的费用。

(3)当买方有权决定在约定期间内的具体时间和/或指定目的地内的收取货物的点时,买方必须向卖方发出充分的通知。

(4)承担卖方交货后货物灭失或损坏的一切风险。当买方有权决定在约定期间内的具体时间和/或指定目的地内的收取货物的点时,如果买方未及时给予卖方通知,则买方必须从约定的交货日期或交货期限届满之日起,承担货物灭失或损坏的一切风险,但以该货物已清楚地确定为合同项下之货物为限。

(5)接受卖方提供的交货凭证和支付货款。任何单证在双方约定或符合惯例的情况下,可以是同等作用的电子记录或程序。

(二)采用 DAP 贸易术语需注意的问题

1. 关于"交货点"的约定问题

由于卖方承担在特定地点交货前的风险,买卖双方应尽可能明确约定目的地内交货地点,卖方签订的运输合同应尽量能与所选择的目的地的交货地点相吻合。另外,如果卖方按照运输合同在目的地发生的卸货费用,除非双方另有约定,否则卖方无权向买方要求偿付。

2. 查对费用和检验费用的相关规定

卖方必须支付为了交货所需要进行的查对费用(查对质量、丈量、过磅、点数的费用),以及出口国有关机构强制进行的装运前检验所发生的费用。买方必须支付任何装运前必需的检验费用,但出口国有关机构强制进行的检验费用除外。

3. 买卖双方协助提供信息及相关费用的规定

应买方要求并由其承担风险和费用,卖方必须及时向买方提供或协助其取得相关货物进口和/或将货物运输到最终目的地所需要的任何单证和信息。应卖方要求并由其承担风险和费用,买方必须及时向卖方提供或协助其取得货物出口及从他国过境运输所需要的任何单证和信息,包括相关安全信息。

4. 使用 DAP 应注意的问题

(1)注意区别 DAT 和 DAP。其一是卸货费用负担,其二是交货地的适用范围。

(2)认真考察买方的信誉。

【案例】 我国 A 公司出口一批货物,DAP 术语成交,不可撤销信用证付款,2012 年 3 月交货。2 月中旬,A 公司的货物装船驶向目的港,此时买方要求货装船后由卖方将全套单据空邮给买方,以便买方及时办理进口通关手续,我方即以照办。由于海上风浪过大,船舶延迟几天才抵达目的港,遭到买方的降价要挟,经过争取后买方才未予以追究。货物到达目的港后,对卸货费用由谁负担的问题双方又发生了争议,买方坚持按照其国的习惯,应由卖方负责卸货。最后,由我方负担了卸货费用,致使我方遭受了不小的损失。

七、DDP Delivered Duty Paid(insert named place of destination)完税后交货(指定地点)

DDP 是 Delivered Duty Paid 的缩写,中文译为"完税后交货"。术语后跟指定目的地名称。该术语可适用于任何运输方式,也可适用于多种运输方式联运。

DDP 术语是指卖方在指定的目的地将仍处于抵达的运输工具上,已完成进口清关,且可供卸载的货物交由买方处置时，即可完成交货义务。卖方承担将货物运至进口国目的地的一切风险和费用，并且有义务完成货物出口和进口清关，支付所有出口和进口的关税和所有海关费用。所以，DDP术语是卖方承担责任、费用、风险最大的一种术语。除非买卖合同另行规定，否则任何增值税或其他应付的进口税款由卖方承担。如果卖方不能直接或间接地完成进口清关，建议不要使用DDP术语。

（一）买卖双方的责任与义务

1. 卖方的责任与义务

采用DDP贸易术语，卖方承担的责任与义务可概括为：

（1）卖方必须在规定的日期或期限内，在指定的目的地或目的地内约定的点（如有的话）将可供卸载的货物交由买方处置，完成交货。

（2）卖方必须自付费用签订运输合同，将货物运至指定目的地或指定目的地内的约定点（如有的话）。如未约定特定的点或不能由实务确定，卖方则可在指定目的地内选择最合适的交货点。并给买方发出所需通知，以便于买方采取收取货物通常所需要的措施。

（3）自负风险和费用，取得进出口许可证和其他官方授权，办理货物出口和交货前从他国过境和进口所需的一切海关手续。支付货物进出口所需海关手续费，进出口应交纳的一切关税、税款和其他费用，以及货物从他国过境运输的费用。

（4）承担完成交货前货物灭失或损坏的一切风险。

（5）提供符合买卖合同约定的货物和商业发票，以及合同可能要求的其他与合同相符的证据，任何单证在双方约定或符合惯例的情况下，可以是同等作用的电子记录和程序。

2. 买方的责任和义务

采用DPP贸易术语，买方承担的责任和义务可概括为：

（1）买方必须在指定目的地自承运人处收取货物。

（2）应卖方要求并由其承担风险和费用，买方必须协助卖方取得货物进口所需要的任何进口许可证或其他官方授权。

（3）当买方有权决定在约定期间内的具体时间和/或指定目的地内的收取货物的点时，买方必须向卖方发出充分的通知。

（4）承担卖方交货后货物灭失和损坏的一切风险。当买方有权决定在约定期间内的具体时间和/或指定目的地内的收取货物的点时，如果买方未及时给予卖方通知，则买方必须从约定的交货日期和交货期限届满之日起，承担货物灭失和损坏的一切风险，但以该货物已清楚地确定为合同项下之货物为限。

（5）接受卖方提供的交货凭证和支付货款。任何单证在双方约定或符合惯例的情况下，可以是同等作用的电子记录和程序。

（二）采用DDP贸易术语需注意的问题

1. 关于“交货点”的约定问题

由于卖方承担在特定地点交货前的风险和费用，买卖双方应尽可能明确约定在指定目的地内的交货点，卖方签订的运输合同应尽量能与所选择的目的地内的“交货点”相吻合。另外，如果卖方按照运输合同在目的地发生了卸货费用，除非双方另有约定，否则卖方无权向买方索要。

2. 查对费用和检验费用的相关规定

卖方必须支付为了交货所需要进行的查对费用（如查对质量、丈量、过磅、点数的费用），以及进出口国有关机构强制进行的装运前检验所发生的费用。

3. 买卖双方协助提供信息以及相关费用的规定

应买方要求并由其承担风险和费用，卖方必须及时向买方提供或协助其取得自指定目的地将货物运输到最终目的地所需要的任何单证和信息，包括安全相关信息。应卖方要求并由其承担风险和费用，买方必须及时向卖方提供或协助其取得货物运输、进出口及从他国过境运输所需要的任何单证和信息，包括相关安全信息。

第四节 贸易术语的选用

在实际业务中，选用何种贸易术语，密切关系到买卖合同的性质，决定了交易条件及买卖双方的经济利益，因此，恰当地选用贸易术语对国际贸易的当事人具有重要意义。它也是双方都十分重视的问题之一。就我方外贸企业而言，贸易术语的选用应结合以下几个方面要求认真考虑。

一、增收节支外汇运保费

一般来说，在出口业务中，我外贸公司应争取多选用CIF和CFR术语，而少用FOB术语；反之，在进口业务中，应争取多选用FOB术语，少用CIF和CFR。对FCA、CPT、CIP术语，也应分别按上述同样的原则予以掌握。这样，可为国家增加收入和节省支出外汇运费和保险费，并有利于促进我国对外运输事业和保险事业的发展。

二、适合所使用的运输方式

按照贸易术语的国际惯例，每种贸易术语都有其所适用的运输方式。例如，FOB、CFR和CIF术语只适用于海洋运输和内河运输，而不适用于空运、铁路和公路运输。如交易的当事人拟使用空运、铁路或公路运送货物，则应采用FCA、CPT和CIP术语。如果不顾所使用的运输方式，不适当地选用贸易术语，将使该术语的解释产生困难。一旦买卖双方在交接货物的义务上发生纠纷，有关当事人将陷入困境，并可能遭受损失。为了适应集装箱运输和国际多式联运的发展，我出口企业应按具体交易的实际情况，适当扩大选用FCA、CPT和CIP术语，以替代只适用于海运和内河运输的FOB、CFR和CIF术语。在出口业务中，如果货物是以集装箱运输或多式联运方式运输的，采用FCA、CPT和CIP术语，对卖方至少有两大好处：

(1)提前实现风险转移，降低了出口方的风险。FCA、CPT和CIP术语货交承运人后风险即转移至买方，而FOB、CFR和CIF术语则要等到货物装上船风险才能转移。

(2)提前取得运输单据，缩短交单收汇时间，从而提高资金周转速度和减少利息支出。FCA、CPT和CIP术语货交承运人后即可取得运输单据，而FOB、CFR和CIF术语则要等到货物装上船才能向船公司换取已装船提单。

因此，在出口业务中，应积极创造条件推广使用FCA、CPT和CIP术语。

【案例】 济南A公司拟向新加坡B公司出口某商品2 000箱，B公司提出按FOB青岛成交，而A公司主张采用FCA济南的条件。试分析A公司和B公司各自提出上述条件的原因。

【分析】 A公司主张采用FCA济南的条件成交是因为，他可以在济南将货物交给承运人控制即可实现风险转移，完成交货义务；但采用FOB青岛条件，卖方必须在青岛将货物装上船风险才能转移给买方，卖方要承担从济南到青岛运输途中的风险。因此，采用 FCA 济南条件，卖方可以较 FOB 青岛条件提前转移风险。买方由于不想承担济南到青岛运输途中的风险，所以主张采用 FOB 青岛条件成交。

三、有利于安全收汇、安全收货

从保障出口收汇和进口收货的安全角度考虑，出口业务中，我国外贸企业应尽可能选择 CIF 或 CIP 术语；进口业务中，我国进口企业应尽可能选择 FOB 或 FCA 贸易术语成交。然而，在出口业务中，国外买方有时希望通过由其指定承运人、自办保险的方式来获取较低的运费和保险费优惠，因此买方往往要求按 FOB 或 FCA 术语同我方成交，这在进口方资信良好的情况下也可接受。但值得警惕的是，少数不法进口商也可能与承运人相勾结，越过向银行付款赎单的正常渠道，向承运人无单提货，随后采用逃逸或宣告破产的伎俩，骗取我方货物，造成我方钱货两空的结局。

在进口业务中，如果采用 C 组术语成交，因为由国外卖方租船或订舱，货物装船后的风险由我方承担，如果国外卖方所安排的船舶不当，或与船方勾结出具假提单，将使我方蒙受付了款却收不到货的损失。

上述类似的诈骗事件在我国外贸实际业务中曾屡有发生。对此我国外贸企业必须提高警惕，审慎选择客户，必要时还应对由国外客户指定的承运人或安排的载货船只做事先核查，如发现不妥，可要求其给予更换，以保障收汇或收货的安全。

【案例】 我国某外贸企业向非洲一客户订购一批矿产品，按 CFR 中国某港口、即期信用证付款条件达成交易，合同规定由卖方以程租船方式将货物运交我方。我开证银行也凭国外议付行提交的符合信用证规定的单据付了款。但装运船只一直未到达目的港，后经多方查询，发现承运人原是一家小公司，而且在船舶起航后不久已宣告倒闭，承运船舶是一条旧船，船、货均告失踪，此系卖方与船方互相勾结进行诈骗，导致我方蒙受重大损失。试分析，我方应从中吸取哪些教训？

【分析】 在进口业务中，为保障收货安全，对于资信不高的客户或新客户，应尽量选择 FOB 术语成交，由我方安排运输和保险，同时应派代理监管货物装船，以防出口方伪造提单或出具假提单进行诈骗。

四、考虑货源情况

国际贸易中的货物品种多样，不同的货物具有不同的特性，在运输方面各有不同要求，所以安排运输的难易以及运费负担也不同，这是选用贸易术语时必须考虑的因素。此外，成交量大小也会影响到运输安排和运费支出。若成交量太小，或分批装运间隔时间太短，而装运港又无班轮直航，只能通过租船运输或转船，负责安排运输的一方，势必增加运输成本和安排运输的难度。若我方不得已要安排运输，则必须将运费增加的因素考虑到货价里面。

五、考虑运价涨跌因素

运费是构成货价的重要因素之一，在选用贸易术语时，应考虑货物经由路线的运费收取情况和运价变动趋势。一般情况下，如果运价看涨，则应考虑由对方办理运输，如出口采用 F 组贸易术语，进口采用 C 组贸易术语；如果运价看跌，应考虑由我方办理运输，如出口采用 C 组贸易术语，进口采用 F 组贸易术语。如果因某种原因不能按照上述原则成交，则签订销售合同时应将运价上涨或下跌的因素考虑到货价中，以免由于交货时运价波动而使我方遭受损失。

六、考虑运输途中的风险

国际贸易中的货物一般需要通过长途运输，货物在运输过程中可能遇到各种自然风险和社会风险。因此，买卖双方洽商交易时，必须根据不同时期、不同地区、不同运输路线和运输方式的风险情况并结合购销意图来选用适当的贸易术语。如果运输风险较大，则不宜采用D组贸易术语签订出口合同。

七、考虑办理进出口货物结关手续有无困难

由于各国海关对于进出口清关手续有不同的规定，有些国家规定只能由结关所在国的当事人安排或代为办理，有些国家则无此项限制。因此，如果出口国不允许国外买方在本国直接或间接办理出口结关手续，则不宜按EXW条件成交，而应选用FCA条件成交；若进口国不允许国外卖方在本国直接或间接办理进口结关手续，则不宜采用DDP，而应选用D组的其他贸易术语成交。

【本章小结】

本章介绍了国际贸易术语的含义及相关的国际惯例，其中《2010年通则》内容最广、使用最多，成为重点掌握的国际惯例。《2010年通则》将贸易术语按照运输方式分为两组，共11种术语，在这些术语中装运港交货的FOB、CFR、CIF术语和货交承运人的FCA、CPT、CIP术语是最常用的6种贸易术语。掌握贸易术语的关键是熟知每个术语中买卖双方的责任、费用和风险划分以及交货地点的规定。要在弄清楚每个贸易术语含义的基础上会综合选用多种贸易术语。

【课后练习】

一、思考题

1. 为什么说对出口商而言以CFR或CIF成交较好？对进口商而言以FOB成交较好？
2. 在CFR术语下，装船通知的重要作用是什么？
3. CFR和CIF贸易术语的变形有哪些？各自代表什么含义？
4. 什么是象征性交货？其主要特征是什么？
5. 试比较FOB、CFR和CIF三种传统贸易术语与FCA、CPT和CIP的区别。

二、案例分析题

1. 山东某种子进出口公司与欧洲某公司签订了一份出口小麦种子的合同，按FOB条件成交，合同规定小麦种子的发芽率必须在90%以上。卖方在装船前对货物进行了检验，结果符合合同的规定。然而，货到目的港，买方提货后由指定的检验机构进行检验，却发现小麦种子发芽率不到60%。于是，买方要求退货，并提出索赔。卖方予以拒绝，理由是：卖方在装船前进行检验，证明所交货物是合格的；买方在目的地检验发现质量有问题，说明货物品质的变化是在运输途中发生的。按照国际贸易惯例，在FOB条件下，货物在装运港装上船时风险转移，运输途中货物品质变化的风险应该由买方承担。双方协商后无法达成一致意见，遂将争议提交仲裁。仲裁庭审理时发现，小麦种子包装所用的麻袋上粘有虫卵，正是这些虫卵在运输途中孵化成虫，咬坏了种子胚芽，造成发芽率降低。试问：本案例中应由谁承担损失？

2. 某公司按CIF London向英国出口一批季节性较强的货物，双方在合同中规定：买方须于9月底前将

信用证开到，卖方保证运货船只不得迟于12月2日驶抵目的港。如货轮迟于12月2日驶抵目的港，买方有权取消合同。如货款已收，卖方须将货款退还买方。试问：如此签约是否正确？

3. 在20世纪80年代，有一出口商同国外买方达成一交易，合同约定的价格条件为CIF。当时正值海湾地区爆发战争，装有出口货物的轮船在公海上航行时，被一发导弹误中而沉没。由于在投保时没有加保战争险，不能取得保险公司的赔偿。试问：买方为此向卖方提出索赔是否合理？

4. 我与美商达成的合同中采用的术语为FOB上海，合同规定的交货时间为2011年3—4月份，可是到了4月30日，买方指派的船只还未到达上海港，试问：

(1)如果货物在5月2日因仓库失火而全部灭失。发生灭失的风险应由谁来负担？

(2)如果船于5月2日到达并装运，由此为保存货物而发生的额外费用由谁负担？

5. 印度孟买一家电视机进口商与日本京都电器制造商洽谈买卖电视机交易。从京都(内陆城市)至孟买，有集装箱多式联运服务，京都当地货运商以订约承运人(contracting carrier)的身份可签发多式联运单据(MTD)。货物在京都距制造商5公里的集装箱堆场(CY)装入集装箱后，由货运商用卡车经公路运至横滨，然后装上海轮运到孟买。京都制造商不愿承担公路和海洋运输的风险；孟买进口商则不愿承担货物交运前的风险。试就以下问题分析：京都制造商如果采用FOB、CFR或CIF贸易术语报价行不行？此案例应该选用什么贸易术语成交？为什么？

第四章　国际贸易商品

【学习目标】

1. 知识目标:通过对本章的学习,了解国际贸易商品名称、品质、数量、包装条款的重要性,熟悉国际贸易商品名称、品质、数量、包装条款的基本内容,掌握表示商品品质、数量、包装条款的方法及注意事项。

2. 能力目标:通过对知识的学习,能够在合同中准确恰当地描述商品的数量与品质,能为不同的商品选用最适合的包装。能够正确订立合同的商品条款,分析和解决进出口实务合同中的商品条款问题。

【重点难点】

1. 重点:商品品质的表示;品质与数量机动幅度。

2. 难点:国际贸易买卖合同中品名条款、品质条款、数量条款和包装条款的拟定。

【导入案例】

我国A公司从国外进口一批青霉素油剂,合同规定该商品品质“以英国药局1953年标准为准”,但货到目的港后,发现商品有异样,于是请商检部门进行检验,经反复查明在英国药局1953年版本内没有青霉素油剂的规格标准,结果商检人员无法检验,从而使A公司对外索赔失去了依据。

【分析】 在国际货物贸易中,交易的商品种类繁多,品种、花色、质量、款式、产地、包装等千差万别,即使是同一种产品,但由于产地、品质、规格与包装等不尽相同,即被视为不同的商品。由于商品的描述与商品实际情况不符所造成的纠纷比比皆是,危及国际贸易买卖双方的切身利益,因此,准确、规范地在合同中表示商品的品质、包装、数量等属性,十分重要,能保证国际贸易的顺利进行,避免纠纷的产生。

第一节 国际贸易商品的分类与名称

一、国际贸易商品的分类标准

进行国际贸易商品分类是国际贸易发展的必然产物。随着国际贸易的发展，国际贸易商品的品种越来越多，同一种商品的不同规格也越分越细。在国际上，需要有一个统一的国际贸易品种的分类来规范商品。这不仅仅有利于国家进行国际贸易的统计与计量，也有利于各国深入细致地分析本国的国际贸易结构，进行国际比较，从而找出不同与差距，为提升国际贸易质量服务。目前，国际上的国际贸易分类标准主要有两种，一种是国际贸易标准分类(Standard International Trade Classification，SITC)。另一种是商品名称与编码协调制度(Harmonized Commodity Description and Coding System，HS)。

(一)国际贸易标准分类

国际贸易标准分类是用于国际贸易商品的统计和对比的标准分类方法，目前为世界各国政府普遍采纳的商品贸易分类体系。1950 年，由联合国统计委员会制定完成并正式实施。该分类法将商品分为 10 大类、63 章、223 组、786 个分组和 1924 个项目。SITC 采用经济分类标准，即按原料、半制品、制成品分类并反映商品的产业部门来源和加工程度。在它的编号中，第一位数字表示类，第二位数字表示章，第三位数字表示组，第四位数字表示分组。如果对分组再进行细分，第五位数字即表示品目，第六位数字表示细目。

按照国际标准 SITC 三位数分类，对外贸易商品可分为 0～9 类，共 10 类。其中，0～4 类为初级商品，包括食品和主要供食用的活动物、饮料及烟类、非食用原料、矿物燃料、润滑油及有关原料和动植物油脂及蜡；5～9 类为工业制成品，包括化学品及有关产品、轻纺、橡胶和矿冶产品及相关制成品、机械及运输设备、杂项制品和其他未分类产品。两者比例一直被作为衡量一国贸易商品结构合理性的基本指标，如果工业制成品占比高，则该贸易国的工业化程度就较高，反之亦然。

(二)商品名称与编码协调制度

1983 年 6 月海关合作理事会(现名世界海关组织)主持制定的一部供海关、统计、进出口管理及与国际贸易有关各方共同使用的商品分类编码体系。HS 编码“协调”涵盖了《海关合作理事会税则商品分类目录》(CCCN)和联合国的《国际贸易标准分类》(SITC)两大分类编码体系，是系统的、多用途的国际贸易商品分类体系。它除了用于海关税则和贸易统计外，对运输商品的计费、统计、计算机数据传递、国际贸易单证简化以及普遍优惠制税号的利用等方面，都提供了一套可使用的国际贸易商品分类体系。HS 于 1988 年 1 月 1 日正式实施，每 4 年修订 1 次。世界上已有 150 多个国家使用 HS，全球贸易总量 90%以上的货物都是以 HS 分类的。

《协调制度》是国际上多个商品分类目录协调的产物，是各国专家长期努力的结晶。它的最大特点就是通过协调，适合于与国际贸易有关的各个方面需要，成为国际贸易商品分类的一种“标准语言”。它是一部完整、系统、通用、准确的国际贸易商品分类体系。所谓“完整”是由于它将目前世界上国际贸易主要品种都分类列出，同时，为了适应各国征税、统计等商品目录全面型的要求和将来技术发展的需要，它还在各类、章列有起“兜底”作用的“其他”项目，使任何进出口商品，即使是目前无法预计的新产品，都能在这个体系中找到自己适当的位置。“系统”则是因为它的分类原则既遵循了一定的科学原理和规则，将商品按人们所了解的生产部类、自然属性和用途来分类排列；又照顾了商业习惯和实际操作的可行性，把一些进出口量较大而又难以分类的商品，如灯具、活动房屋等专门设置项目，因而容易理解、易于归类和方便查找，即使是门外汉也不难将其掌握。讲到“通用”，一方面指它在国际上有相当大的影响，已为上百个国家使用，这些国家的海关税则及外贸统计商品目录的项目可以相互对应转换，具有可比性；另一方面，它既适于作海关税则目录，又适于作对外贸易统计目录，还可供国际运输、生产部门作为商品目录使用，其通用性超过以往任何一个商品分类目录。至于“准确”，则是指它的各个项目范围清楚明了，绝不交叉重复。由于它的项目除了靠目录条文本身说明外，还有归类总规则、章注、类注和一系列的辅助刊物加以说明限定，使得其项目范围准确无误。

《协调制度》是一部系统的国际贸易商品分类目录，所列商品名称的分类和编排是有一定规律的。从类来看，它基本上是按社会生产的分工（或称生产部类）分类的，它将属于同一生产部类的产品归在同一类里，如农业在第一、二类；化学工业在第六类；纺织工业在第十一类；冶金工业在第十五类；机电制造业在第十六类等。从章来看，基本上按商品的属性或用途来分类。第1～83章（第64～66章除外）基本上是按商品的自然属性来分章，而每章的前后顺序则是按照动、植、矿物质来先后排列。如第1～5章是活动物和动物产品；第6～14章是活植物和植物产品；第50和51章是蚕丝、羊毛及其他动物毛；第52和53章是棉花、其他植物纺织纤维和纸纱线；第54和55章为化学纤维。商品之所以按自然属性分类是因为其种类、成分或原料比较容易区分，同时也因为商品价值的高低往往取决于构成商品本身的原材料。第64～66章和第84～97章是按货物的用途或功能来分章的，如第64章是鞋，第65章是帽，第84章是机械设备，第85章是电气设备，第87章是汽车，第89章是船舶等。

二、国际贸易商品的名称

国际贸易在交易过程、交易条件、交易行为以及所涉及的法律法规等方面都远比国内贸易复杂得多。尤其是买卖双方相隔遥远，不可能每一笔交易都亲临现场考察要买卖的商品，为此，在国际贸易买卖合同中，明确所交易商品的名称就成为不可缺少的内容。从法律角度看，在合同中明确规定买卖标的物的具体名称，关系到买卖双方在货物交接方面的权利和义务。若卖方交付的货物不符合约定的品名或说明，买方有权拒收货物或撤销合同并提出损害赔偿。

（一）品名的含义及命名方法

1. 品名的含义

商品的名称（Name of Commodity），又称品名，是某种商品区别于其他商品的一种称呼，在一定程度上体现了商品的自然属性、用途以及主要性能特征。

2. 命名的方法与特点

商品命名就是选定恰当的语言文字，概括地反映商品的形状、用途、性能等特点。现实生活中，消费者在未接触到商品之前常常通过商品名称来判断商品的性质、用途和品质，所以一个好的名称可以提前赢得消费者的注意。另外，一个简洁明了、引人注目、富于感染力的名称，不仅可以使消费者了解商品，还会给人们带来美的享受，从而刺激消费者的购买欲望。国际贸易商品的名称不仅体现了生产厂商的形象，也可以体现一个国家的形象与文化底蕴，而且不能与进口国所在地的文化、宗教、民族习惯产生冲突，必须认真思考。

常见的命名方法有以下几种：

(1)以商品的主要用途命名。其特点是名称直接反映商品的主要性能和用途,使消费者能迅速了解商品的功效,加快对商品的认知过程,多用于日用工业品、化妆品和医药品。如防晒霜、衣物柔顺剂等。

(2)以商品的主要成分或原料命名。这样的命名方法可使消费者从名称上直接了解商品的原料构成,以便根据自己的实际情况选择商品。如羊毛衫、水果麦片、铸铁炒锅等。

(3)以商品的外形命名。这种命名方法多用于食品、工艺品类的商品命名。它的特点是形象化,能突出商品造型新奇、优美的特点,引起消费者的注意和兴趣。如灯芯糕、猫耳朵等。

(4)以人名或地名命名。即以发明者、制造者和历史人物或产地等名字给商品命名,以彰显商品的独特品质。如皮尔·卡丹、青岛啤酒等。

(二)合同中的品名条款

品名条款是买卖双方对具有一定外观形态并占有一定空间的有形商品达成共识的一种文字描述,又称标的物条款。如:Rice 180 EUR per M/T FAS QINGDAO,其中,Rice 即为品名条款。

就一般商品而言,只需在合同中"Name of Commodity""Name of the Goods"栏目中列明商品的名称即可。如天津红小豆、Man's T-shirts、bicycles etc,但如果一种商品有许多不同的品种、型号、等级时,为明确起见要把规格、型号或等级加列进去,有些合同把品质规格加列其中,称为商品的描述(Description of the goods)。合同中有关标的物的规定并没有统一的、固定不变的格式,可根据双方当事人的意思予以确定。

【案例】 2012 年,我某出口公司对外签订一份合同,合同规定的商品名为"手工制造书写纸"(Handmade Writing Paper)。买方收到货物后,经检验发现货物部分制造工序为机械操作,而我方提供的所有单据均表示为手工制造,对方要求我方赔偿。问:我方需要赔偿吗?

【分析】 我方可以拒赔,主要理由是:

(1)该商品的生产工序基本是手工操作,而且关键工序完全采用手工。

(2)该交易是经买方当面先看到样品成立的,并且实际货物品质又与样品一致,因此,应认为所交货物与商定一致。

通过以上案例,我们在实务操作中需要注意,品名条款虽然简单,但十分重要,需注意以下几点:

第一,内容必须明确、具体,表述清楚,切忌空泛、笼统和含糊。

第二,内容必须真实,实事求是。

第三,尽可能使用国际通用名称,参考国际标准化分类目录。

第四,为降低关税,方便出口,参考不同国家的不同规定,选择有利于降低出口成本的名称。

第二节　国际贸易商品的品质

一、商品品质的概念及其要求

商品的品质(Quality of Commodity)是指商品的内在素质和外观形态的综合表现,是商品满足一定的用途、满足消费者需要的一种属性。商品内在的本质素质是指商品的化学成分、物理性能、生物特性等，一般需要通过仪器设备来分析鉴定。而其外观形态指商品的形状、味道、颜色等因素，一般通过人们的感官即可直接感受到。

商品是国际贸易的物质基础，而商品的品质决定了其使用效用，也是决定商品价格的重要因素。在激烈的国际市场竞争中，商品品质至关重要。对于一个国家来讲，无论是出口产品还是进口产品，品质同样重要。

根据《联合国国际货物销售合同公约》第35条规定：卖方交付的货物必须与合同所规定的数量、质量和规格相符，否则，买方可以拒收货物并提出赔偿要求。

【案例】 2016年5月，我国某外贸公司与马来西亚某商人达成一笔大理石交易，合同中的品质条款要求：纯黑色，晶墨玉，四边无倒角，表面无擦痕，允许买方到工厂验货，2016年7月交货。签约后，由于品质要求苛刻、加工难度大、数量小、价格低、交货期限紧，许多工厂都不愿意接单，以致交货期一拖再拖。后经多方努力，终于交出一批货。货到后经检验不合格，买方提出索赔。我们从此案中应该吸取哪些教训？

【分析】 在合同规定的交货期内向买方交付符合合同规定质量的货物是卖方的义务。该案例我方外贸业务员由于对大理石品质特点不熟悉，签约时品质要求太高而价格又低，由于交货期只有两个月，所以导致工厂不愿接单，使得外贸公司无法按期履约。之后尽管交出一批货物，但由于品质不符合合同规定，所以必然会导致买方索赔，给企业造成损失。

（一）对出口商品品质的要求

对出口商品品质的最基本的要求应该是符合进口国消费者的需求，即“以销定产”，具有针对性。其次，商品应该以质取胜，并不断提升品质，推陈出新，方能在激烈的国际市场竞争中不被淘汰。在国际上，有很多通行的表示商品品质国际认证标准，包括商品认证和体系认证，符合各种认证的商品方能进入国际市场。如欧盟的CE认证，国际标准化委员会的ISO体系认证等。随着环境问题成为全球热点问题，各种环境认证也成为消费者关注的焦点。中国作为最大的发展中国家和最大的出口国，应继续贯彻执行“以质取胜”的外贸战略，不断提高出口商品的质量，获得国际上的认可，才能促进对外贸易的持续、健康发展。

【知识拓展——ISO】 国际标准化组织（International Organization for Standardization, ISO）是一个全球性的非政府组织，是国际标准化领域中一个十分重要的组织。ISO成立于1946年，中国是ISO的正式成员，代表中国参加ISO的国家机构是国家质量监督检验检疫总局（AQSIQ）。ISO负责目前绝大部分领域（包括军工、石油、船舶等垄断行业）的标准化活动。ISO的宗旨是“在世界上促进标准化及其相关活动的发展，以便于商品和服务的国际交换，在智力、科学、技术和经济领域开展合作”。ISO质量体系标准包括ISO9000、ISO9001、ISO9004。ISO9000标准明确了质量管理和质量保证体系，适用于生产型及服务型企业。ISO9001标准为从事和审核质量管理和质量保证体系提供了指导方针。

ISO9000认证在正常情况下在美国需要花1年或更长一段时间来完成。如果现存的质量体系已包括所有的ISO9000要素，那么所用的时间会少于1年。需要一支实施队伍在正常情况下付出3至6人1年的劳动，还需要注册团体提供3年有偿服务。注册团体的外部成本将保持在75 000美元至150 000美元，而这将取决于被认证组织的规模。ISO9000质量体系提供了信息及工序控制机制用来更有效地管理企业。ISO质量体系可以控制质量成本，减少浪费和提高生产率。顾客将对来自有质量体系认证的企业的产品更感兴趣，行之有效的质量体系也能改进产品质量，这两个因素将提高企业及其产品在开放市场中的竞争力。

(二)对进口商品品质的要求

进口商品质量的好坏直接关系到国内用户与消费者的切身利益,应该严格把关。进口商品品质应在满足国家各项法律法规规定的条件下,货比三家,追求更高的品质。在进口前,应进行市场调研,仔细分析国内消费水平与需求,以及国外出口企业的信誉与商品质量。要提防“洋垃圾”进入本国,破坏环境,影响人民健康,造成不必要的损失。

二、商品品质的表示方法

由于商品的品质包括商品内在和外在的多种属性,因此,准确地表明商品的品质十分重要,是买卖双方顺利履行合同义务的基本保证。通常用于表示商品品质的方法有以下几种:

(一)以实物表示商品的品质

以实物表示商品的品质,是指以作为交易对象的实际商品或以代表商品品质的样品来表示商品的品质。包括看货买卖和凭样品买卖两种具体方法。

1. 看货买卖(Sales by Looking at Goods)

看货买卖是指买卖双方根据成交商品的实际品质进行交易。通常是先由买方或其代理人在卖方所在地验看货物,达成交易后,卖方即应按验看过的商品交付货物。多用于拍卖、寄售、展卖等业务,适合工艺品(牙雕、玉雕等)、土特产品、珠宝、首饰、字画等商品的买卖。

2. 凭样品买卖(Sales by Sample)

样品(Sample)是能够代表商品品质的少量实物。它或者是从整批商品中抽取出来作为对外展示模型和产品质量检测所需;或者在大批量生产前根据商品设计而先行由生产者制作、加工而成,并将生产出的样品标准作为买卖交易中商品的交付标准。按照样品的约束力分类,分为两种,一种是参考样品(Reference Sample),是指买卖双方为了发展彼此的贸易关系而采用互相寄送,仅供对方了解的商品,不作为成交或交货时的品质依据。参考样品在寄送时一定要注明“仅供参考”(For Reference Only)字样,以免与标准样品混淆。这种样品对双方均无约束力。另一种是成交样品,或叫标准样品(Standard Sample),是买卖双方成交货物品质的最后依据,卖方所交的全部货物,其外观和质量应与成交样品相符,否则买方有权提出索赔或退货。按照样品的提供方分类,分为买方样品(Sale by Buyer's Sample)和卖方样品(Sale by Seller's Sample)。

凭样品买卖是指买卖双方按约定的足以代表实际货物的样品作为交货的品质依据的交易。

(1)凭卖方样品买卖(Sale by Seller's Sample),即由卖方提供样品作为货物交付依据的买卖。凭卖方样品交易时,卖方应注意几个问题。首先,卖方选择样品的品质必须具备充分的代表性。与货物相比,样品的品质不能太高,也不能太低。如果为了吸引买方,争取合同而专门加工高精度样品,却无法保证大批货物具有同样的品质,这就会造成日后履约困难,甚至遭遇巨额索赔;而过于小心谨慎,提供的这种样品质量不高,缺乏竞争力,就无法为产品打开销路。因此,选择合适的样品是“凭样品成交”的关键。其次,在将原样(Original Sample)送交买方的同时,应该保留与送交样品品质一致的其他样品,称为留样(Keep Sample)或复样(Duplicate Sample),以备日后生产、交货或处理纠纷时使用。同时也可向第三方机构送交一份同样的样品,用漆或铅封存,称为封样(Sealed Sample)。最后,如对样品和货物品质无绝对把握时,一般要在合同中规定“交货品质与样品大体相同”(quality shall be about equal to the sample),以免出现纠纷。

(2)凭买方样品买卖(Sale by Buyer's Sample),即由买方提供样品作为货物交付依据的买卖。亦称"来样成交""来样制作"。凭买方样品交易时,应注意以下几个问题。首先,卖方应根据自身实际情况,充分考虑原料和生产能力,决定生产可能性,并保证质量。其次,要注意买方样品的工业产权问题,避免被指控为侵权生产。在生产前做好市场调查,或在合同中列明"免责条款",保护卖方权益不被侵害。最后,为避免不必要的纠纷,卖方应根据来样制作小样,或对等样品(Counter Sample),交买方确认后再大批生产。

知识连接

《联合国国际货物销售合同公约》第42条规定:若卖方按照买方提供的技术图纸、规格等进行生产和交货,而第三方根据工业产权或其他知识产权要求任何权利或其他要求时,卖方可不负责任。

【实务操作】 在实际中,如何将"凭买方样品买卖"转变为"凭卖方样品买卖"而避免日后履约的困难与纠纷呢?

卖方可根据买方的来样制作仿制样品或选择相似品质的商品作为样品提交买方确认,即"回样"或称"对等样品",买方一旦确认即作为双方交货的依据,就把"凭买方样品买卖"转变为"凭卖方样品买卖"了。

(二)以说明表示商品的品质

以文字说明商品的品质,称为凭文字说明买卖(sales by description),是指买卖双方约定以文字、图表、图片等形式来说明商品品质的方法。具体可以分为以下几种说明方法:

1. 凭规格买卖(Sales by Specification)

商品规格(Specification of Goods)是指一些足以反映商品质量的主要指标,如化学成分、含量、纯度、性能、容量、长短、粗细等。用规格确定商品品质,作为交货依据的交易称为凭规格买卖。如:饲料蚕豆,水分(最高)15%,杂质(最高)2%[Feeding Broad Bean, Moisture(max) 15%, Admixture(max)2%]。即使是同一商品,因用途不同,对规格的要求也会有差异。例如,买卖大豆时,如作榨油用,就要求在合同中列明含油量指标;而作食用者,则不一定列明含油量,但蛋白质的含量,就成为应当列明的重要指标。用规格表示商品品质的方法,具有简单易行、明确具体,且可根据每批成交货物的具体品质状况灵活调整的特点,故这种方法在国际贸易中被广为运用。

【操作技巧】 凭规格买卖的商品,卖方只需在合同中列入主要指标,而对商品品质不起重大影响的次要指标不要过多罗列。

例4—1 我国出口大豆的规格:水分(max)15%,含油量(min)17%,杂质(max)1%,不完善粒(max)7%。

2. 凭等级买卖(Sales by Grade)

商品的等级是指同一类商品按规格上的差异,分为品质优劣各不相同的若干等级。按其质地的差异,或尺寸、形状、重量、成分、构造、效能等的不同,用文字、数字或符号所作的分类。如特级、一级、二级;大号、中号、小号等。凭等级买卖是指买卖双方在交易中以商品的等级表示商品品质。

例4—2 美国二级黄豆(Yellow Soybean U. S. Grade);我国出口的冻带骨兔肉(去皮、头、爪、内脏)可分为特级(每只净重不低于1 500克)、大级(每只净重不低于1 000克)、中级(每只净重不低于 600 克)、小级(每只净重不低于 400 克)。

3. 凭标准买卖(Sale by Standard)

商品的标准,是指标准化了的规格和等级。标准有的由国家或有关政府部门制定,也有的是由商品交易所、同业工会或有关国际组织制定。

例 4—3 柠檬酸钠规格:(1)符合 1993 年版英国药典标准;(2)纯度:不低于 99%(Sodium Citrate Specifications:(1)In conformity with B. P. 1993;(2)Purity: Not less than 99%)。

商品的标准是指由标准化组织、政府机关、行业团体、商品交易所等机构规定并公布的商品规格和等级的标准化。按照制定标准的主体,商品标准可以分为 5 种。(1)企业标准。即由生产企业所制定的标准,如 Q/CY KFS 430。(2)团体标准。即由行业团体或协会制定的标准,如美国材料试验协会(ASTM)标准。(3)国家标准。即由国家政府机关制定的标准,如英国国家标准(BS)、美国国家标准(ANSI)、日本国家标准(JIS)等。(4)区域标准。即由区域标准化组织制定的标准,如欧洲标准化委员会(CEN)制定的标准。(5)国际标准。即由国际性机构制定的标准,如 ISO 制定的系列标准、国际电工委员会(IEC)制定的标准等。上述标准,有的是强制性的,凡是不符合标准的一律不准进出口;有的不是强制性的,由买卖双方协商采用,买卖双方可根据需要在合同中另行约定商品的品质要求。在我国外贸实践中,应该争取以我国标准确定商品的品质,但是为了扩大出口,增强我国产品在国际市场上的竞争力,也可以采用外国标准或国际标准。另外,由于公布的标准经常会因为生产和技术的发展而修改变动,所以,当采用标准说明商品品质时,应注明采用标准的版本和年份,以减少纠纷。

在国际市场上买卖农副产品时,由于其品质容易受季节气候影响而变化,品质不稳定,买卖双方通常以同业公会、商品交易所、检验机构等选定的标准物来表示商品的质量。对于一些初级产品的交易,如果没有国家的或国际的等级或标准,可采用一种常见的标准,即"良好平均品质"(Fair Average Quality,简写为 F. A. Q.)来表示一定时期内某地出口货物的平均品质水平。但是这种"标准"含义笼统,实际上并不代表固定确切的品质规格。目前,我国出口某些农副产品,也有使用 F. A. Q. 来表示品质的,即"大路货",其含义指品质标准一般是以我国产区当年生产该项农副产品的平均品质为依据而确定的。在使用时,除在合同内注明 F. A. Q. 字样外,通常还订明该货物的主要规格。例如:中国桐油良好平均品质,游离脂肪酸不超过 4%(Chinese Tung Oil F. A. Q. F. F. A. 4%max)。假如在合同中只写明"F. A. Q. ",不列明具体规格,则只是为了简化品质条款的规定,这只能适用于交易双方事先已有约定,或对买卖货物的品质有习惯的认识。但这种简化做法容易引起纠纷,在一般情况下应避免使用。

除此之外,有些商品没有公认的规格和等级,如冷冻鱼、冻虾等,有时卖方交货时,只要保证所交的商品在品质上具有可销性既可,一般称为上好可销品质(Good Merchantable Quality,即 GMQ),即是指品质上好,可以销售,适用于木材、冷冻鱼虾等。

4. 凭商标和牌名买卖(Sale by Trade Mark or Brand)

商标是指生产者或商号用来说明其所生产或出售的商品的标志,它可由一个或几个具有特色的单词、字母、数字、图形或图片等组成。牌名是指工商企业给其制造或销售的商品所冠的名称,以便与其他企业的同类产品区别开来。商标与牌名之所以能被用来表示商品的品质,是由于它们品质稳定,在国际市场上有知名度,被消费者熟悉。如耐克运动鞋、可口可乐等商品。

5. 凭产地名称买卖(Sale by Name of Origin)

凭产地名称买卖是指以商品产地名称作为确定商品品质的交易方法。有些商品,受自然条件和传统生产技术影响很大，使得在某一地点生产的该商品品质出众，因此，提到该商品的产地，就代表了商品的独特品质。如镇江香醋、法国香水、意大利时装、新西兰奶粉等。

【案例】 日本的某公司向我国某农产品进出口公司订购大蒜850公吨，双方当事人经磋商达成交易。但在缮制合同时，通常公司都是以山东作为大蒜货源基地，所以我国农产品进出口公司就按惯例在合同品名条款上打上了“山东大蒜”。但是在临近交货时，大蒜产地由于自然灾害导致歉收，货源紧张。农产品进出口公司只能从其他省份征购，完成交货。但日本公司称所交货物与合同规定不符，要求农产品进出口公司提供山东大蒜，或者降价，不然将撤销合同并提出索赔。日本公司的要求是否合理？

【分析】 日本公司的要求合理。品名条款是合同的主要条款之一，合同列明“山东大蒜”，则卖方必须严格按照品名条款交货，否则便构成违约。因此，卖方因为货源紧张而从其他省份征购大蒜代替交货，已经违反了合同品名条款的规定，日本公司有权要求损害赔偿甚至撤销合同。

6. 凭说明书或图样购买(sales by instruction or pattern)

凭说明书或图样来确定商品品质主要适用于结构、性能复杂，型号繁多，操作流程繁琐的商品，如电器、仪表、大型设备等。以这种方式购买商品，卖方应通过说明书详细说明商品的规格、构造、性能、适用方法等，并按说明书的规定提供商品给买方。

例4—4 1515A型多梭箱织机，详细规格如所附文字说明与图样(Multi-shuttle Box Loom Model 1515A, detail specifications as attached description and illustrations)。

凭说明书购买商品，通常在合同中订有品质保证条款、技术服务条款以及保修条款等。

在国际贸易实践中，货物的实际品质低于或高于合同规定，都有可能造成违约。因为：(1)如果货物品质低于合同要求，显然是违约行为。(2)如果货物品质高于合同要求，一方面，可能导致买方办理进口手续时多交关税；另一方面，品质过高可能使货物不能适应买方的购买目的，买方可能需要重新加工才能使用，从而增加额外的费用。

【实务操作】 “海尔”牌彩色电视机，中国制造，型号SC374，制式PAL/BG，220伏，50赫兹，双圆头插座带遥控。“Haier” Brand Colour Television Set, Made In China, Model SC374, PAL/GB System, 220V, 50Hz, Two Round Pin Plug, With Remote Control.

请问，这个品质条款中采用了几种表示商品品质的方法？

三、关于品质机动幅度的规定

不论货物本身的原因，还是人为的原因，有些情况下，卖方所交货物无法100%与合同规定相符，而这种不符又不妨碍货物的销售，是在合理的范围内，则不应构成违约的条件。因此，为了避免交货品质与合同规定不符造成违约，在买卖双方的约定下，可以在合同中做出一些变通规定，即允许交付的货物的品质在一定范围内高于或低于合同规定。如规定品质公差或品质机动幅度。

(一)品质公差(Quality Tolerance)

公差是指国际上公认的产品品质的误差，为了明确起见，应在合同品质条款中订明一定幅度的公差。有些工业制成品，由于在生产过程中不能做到很精确，可根据国际惯例或经买卖双方协商同意，对合同中的品质指标订有允许的“公差”，这就是品质公差(Quality Tolerance)，即所谓品质公差是指允许卖方交货的品质可以高于或者低于合同规定的品质的幅度。如手表走时的误差，棉纱支数的误差，即使在合同中不作规定，卖方交货品质在公认的误差范围内，也视作符合合同规定。品质公差主要适用于工业制成品，国际同行业有公认的品质公差，合同中可以不必列明。品质机动幅度主要适用于初级产品。

例 4—5 出口手表，允许每 48 小时误差 1 秒；出口棉布，每批可以有 0.1m 的误差。

（二）品质机动幅度（Quality Latitude）

品质机动幅度是指允许卖方所交货物的品质指标可有一定幅度范围内的差异，只要卖方所交货物的品质没有超出机动幅度的范围，买方就无权拒收货物。这种方法主要适用于初级产品及某些工业制成品。品质机动幅度的规定主要有以下三种方法：

1. 规定范围

对某项货物的品质指标规定允许有一定差异范围。

例 4—6 Yarn-dyed Gingham Width 41/42."漂布，幅阔 35/36 英寸"，即布的幅阔只要在 35 英寸到 36 英寸的范围内即可视为合格。

例 4—7 B601 Tomato Paste 28/30 Concentration．番茄酱浓度 28%～30%之间即可视为合格。

2. 规定极限

对有些货物的品质规格，规定上下极限。规定极限的表示方法，常用的有：最大；最高；最多（Maximum，Max）；最小；最低；最少（Minimum，Min）。

例 4—8 Live Yellow Eel 75g and up per piece

鱼粉	蛋白质 55%以上	Protein 55% Min
(Fish Meal)	脂肪最高 9%	Fat 9% Max
	水分最高 11%	Moisture 11% Max
	盐分最高 4%	Salt 4% Max
	砂分最高 4%	Sand 4% Max

例 4—9 大米碎粒 35%（最高），Rice，Broken grains 35%（Max）；水分 15%（最高）Moisture 15%（Max）；杂质 1%（最高）Admixtures 1%（Max）。

3. 规定上下差异

规定上下差异也是使货物的品质规格具有必要的灵活性的有效方法。

例 4—10 "灰鸭毛，含绒量 18%，上下 1%，Grey Duck Feather，Down Content 18%，1% More or Less"。

在规定品质机动幅度的条件下，一般不影响商品的成交价格，但有些情况下，经双方协商同意，也可按品质浮动的比例调整成交价格，即在合同中规定"增减价条款"。

例 4—11 中国芝麻

（1）水分最高 8%，每增减 1%，合同价格减增 1%；

（2）杂质最高 2%，每增减 1%，合同价格减增 1%；

（3）含油量最低 52%，每增减 1%，合同价格减增 1%。

例 4—12 China Sesame Seed

Moisture (max)：8%；

Admixture (max)：2%；

Oil Content (wet basis ethyl ether extract)：52% Basis，Should the oil content of the goods actually shipped be 1% higher or lower，the price will be accordingly increased or decreased by 1%，and any fraction will be proportionally calculated.

四、商品品质条款的内容及注意事项

在国际货物买卖合同中，品质条款是重要条款之一，是双方交接货物的品质依据。《联合国国际货物销售合同公约》规定，卖方交货必须符合约定的质量，如果卖方交货不符合约定的品质条件，买方有权要求损害赔偿，也可要求修理或交付替代货物，甚至拒收货物和撤销合同。品质条款可繁可简，买卖双方应根据实际情况选择适合的表明商品品质的方法，无论采用哪种方法，都要求表达准确和明确，不宜使用“大约”“左右”等用语。

（一）订立品质条款要从生产实际出发，实事求是

只有生产上实际做得到的，才能保证按时、按质、按量交货。品质指标订得过高，导致国内生产无法满足，会给生产或交货带来困难；品质指标订得过低，会影响企业信誉，影响产品在目标市场的销售。

【案例】 我国内地某出口企业与外商签订一份买卖合同，合同规定：铸铁井盖5 000公吨，2016 年 2 月～11 月分 10 批装运，货物按照买方提供图纸和样品生产，经买方验收后可接收。品质条款规定：铸件不得有裂纹、气孔、砂眼、缩孔、夹渣和其他铸造缺陷；同时规定签约 10 日内卖方必须向买方预付第一批货款金额的 10%作为保证金（25 万元），买方签署质量合格确认书后 5 日内返还保证金，否则，买方有权拒收货物；不经双方同意，不得单方面终止合同，否则，终止合同一方承担损失。签约后我方很快将 25 万元汇交买方，货样生产出来后即让外商验货，但外商借口业务忙，一拖再拖，实在拖不过去了，就提出先请当地商检部门代为验货。我商检部门仔细审查合同后发现，光洁是一个比较含糊的概念，容易引起纠纷，使我方处于被动地位。于是，我方封存样品，并要求买方立即前来验货。外商接到通知后，不但不来验货，反而称卖方不能在规定的期限内生产合格的产品，属于单方面违约，并要通过法律程序解决。卖方这才意识到买方是在利用合同进行诈骗。

【分析】 本案例是一个由买方提供图样生产并经买方验收后方可接收的合同，这种合同的条款对卖方非常不利，主动权完全在买方，因此，贸易欺诈的可能性很大。在进出口合同中应根据不同商品的特性，正确使用表示品质的方法，品质指标的规定应该科学合理。对于本案例中的铸铁井盖，首先，从实际应用看，没有必要规定表面光洁的要求。其次，“光洁”是一个模糊的感观概念，无法通过科学的指标来确定，因此容易引起纠纷，使我方处于被动地位。另外，在凭买方样品买卖时，为了避免被动，卖方应该回样。由于卖方缺乏经验和不够慎重，因此造成损失。

（二）要正确使用商品品质的各种表示方法，避免对所交货物品质承担双重担保义务

每一种方法都有各自的法律含义，表明了买卖双方的义务和权利，不能滥用。要根据商品的不同特点，选择一种最适合的方法来表示品质。尤其要注意的是，凡能用一种方法表示品质的，一般就不宜用两种或两种以上的方法来表示。如同时采用既凭样品又凭规格买卖，则要求卖方交货时，既要与样品一致，又要与规格一致。

【案例】 我国某公司向德国出口蓖麻一批，合同规定水分最高为 15%，杂质不得超过 3%。但在成交前我方曾向买方寄过样品，签约后我方又电告对方所交货与样品相似。货到德国后，买方提出货物的质量比样品低 7%的检验证明，并据此要求我方赔偿15 000英镑的损失。

【分析】 此问题的焦点在于究竟是凭规格还是凭样品买卖，或是既凭规格又凭样品。本案例中，我方已在合同中明确了以规格表示的品质条款，本应属凭规格买卖的合同。但是，在成交前又向买方寄去样品，而且没有声明是参考样品，订约后又通知对方货物与样品相似，这就使该项交易变成既凭规格又凭样品的买卖，使自己受到双重标准的约束，卖方交货必须既符

合合同条款的规定，又符合样品标准。因此，在该业务中，我方应在赔偿后吸取教训。如果交易货物的品质能够以规格确定，就无须再寄送样品，更不能轻易地宣称交货品质与样品相似。当然，为了进行商品宣传也可以寄送样品，但应该注明该样品仅为“参考样品”(reference sample)。如果是凭样品成交的合同，应该妥善保存复样，一旦发生争议，可以对复样进行重新检验以便对比，从而分清责任。由此可见，正确运用各种表示品质的方法是很重要的。

当然，如果用一种方法确实不能全面地表示商品的品质，则可以以一种方法为主，另一种方法作为补充，仅表示某一方面的品质。

(三)条款内容和文字要做到简单、具体、明确，既能分清责任，又方便检验

应避免使用“大约”“左右”“合理误差”等含糊、笼统的字眼，以免交货时引起争议。

凡能采用品质机动幅度或品质公差的商品，应订明幅度的上下限或公差的允许值。

(四)要注意各种质量指标之间的内在联系和相互关系

各项质量指标是从各个不同的角度来说明品质，各项指标之间有内在的联系，在确定品质条款时，要通盘考虑，注意它们之间的一致性，以免由于某一质量指标规定不科学和不合理而影响其他质量指标，造成不应有的经济损失。

例 4—13　在荞麦品质条款中规定：“水分不超过 17%，不完善粒不超过 6%，杂质不超过 3%，矿物质不超过 0.15%”。显然，此项规定不合理，因为，对矿物质的要求过高，这与其他指标不相称。为了使矿物质符合约定的指标，则需反复加工，其结果，必然会大大影响杂质和不完善粒的指标，从而造成不应有的损失。

此外，还应尊重对方的贸易权利，了解进口国风俗习惯，适应进口国的有关法律与条例的规定。

第三节　国际贸易商品的数量

同商品的品质条款一样，商品的数量条款同样重要，是买卖双方交接货物的重要依据。

一、度量衡制度及商品的计量单位

要确定商品的数量，首先要明确商品的计量单位。由于世界上各国的度量衡制度不同，计量单位也就不同。

(一)度量衡制度

使用什么样的计量单位，取决于使用什么样的度量衡制度。目前，在国际贸易中，通常采用的度量衡制度主要有四种，分别是公制(the Metric System)、英制(the British System)、美制(the U. S. System)和国际单位制(International System of Units)。

1. 公制

基本单位为千克和米。为欧洲大陆及亚洲、非洲的大多数国家所采用。

2. 英制

基本单位为磅和码。为英联邦国家所采用，而英国因加入欧盟，在一体化进程中已宣布放弃英制，采用公制。

3. 美制

基本单位和英制相同，为磅和码，但与英制有所不同，如容积单位加仑和蒲式耳，英美制名

称相同，但大小不同。主要有北美洲国家和地区使用。

4. 国际制

为了解决各国度量衡制度不统一带来的麻烦，促进国际交流与国际贸易的发展，国际标准计量组织在1960年，以公制为基础，通过了国际单位制，是计量制度国际化和标准化的标志。其基本单位包括千克(kg)、米(m)、秒(s)、摩尔(mol)、坎德拉(cd)、安培(A)和开尔文(K)7种。另外，还包括球面度和弧度两个辅助单位。目前，已有包括我国在内的100多个国家和地区采用这一度量衡制度。

由于现今度量衡制度还未完全统一，从而导致同一计量单位表示的实际数量有时会有很大的不同。

例4—14 重量单位吨，有公吨、长吨、短吨之分，分别等于1 000千克、1 016千克、907千克；公制的尺码吨＝1立方米＝35.314 7立方英尺，而英制和美制的1尺码吨＝40立方英尺；1千克＝2.204 6磅＝35.273 6盎司；1盎司＝28.35克。了解和熟悉不同的度量衡制度关系对于外贸业务人员很重要。

【案例】 某出口公司在某次交易会上与外商当面谈妥出口大米10 000公吨，每公吨USD275 F.O.B.中国口岸。但我方在签约时，合同上只笼统地写了10 000吨(ton)，我方当事人主观认为合同上的吨就是指公吨(Metric ton)而言。后来，外商来证要求按长吨(Long ton)供货。如果我方照证办理则要多交160.5公吨，折合美元44137.5USD。于是我方要求修改信用证，而外商坚持不改，双方发生贸易纠纷。

我国采用的是以国际单位制为基础的法定计量单位。《中华人民共和国计量法》第3条中明确规定："国家采用国际单位制。国际单位制计量单位和国家选定的其他计量单位为国家法定计量单位。"所以，我们在进行对外贸易时，除买卖双方约定采用其他度量衡制度外，应该使用我国法定的计量单位，即国际单位制。

(二)商品的计量单位

不论采用哪种度量衡制度，常见的表示商品数量的计量单位有以下6种：

1. 重量单位(unit of weight)

按重量来计量货物的数量是目前国际贸易中使用最多的一种计量方法。常见的重量单位有克(gram,g.)、千克(kilogram,kg.)、公吨(metric ton,M/T)、磅(pound,lb.)、盎司(ounce,oz.)、长吨(long ton,L/T)、短吨(short ton,S/T)、克拉(carat,ct.)、格令(Grain,gr.)等，主要适用于农副产品及部分工业品，如谷物、棉花及一些矿产品。

常用的计量单位之间的换算关系为：

1吨＝0.984 2长吨＝1.102 3短吨；1长吨＝1 016千克；1短吨＝907千克

2. 个数单位(unit of number)

常见的个数单位有只(piece)、件(package)、套(set)、双(pair)、打(dozen)、箱(case)、包(pack)、桶(barrel)、袋(bag)、令(ream)等。其中，令为纸张的数量单位，1令等于480张(英制)或500张(美制)。个数单位主要用于计量大多数工业制成品及部分土特产品。

3. 长度单位(unit of length)

常见的长度单位有米(meter,m.)、千米(kilometer,km.)、英尺(foot,ft.)、码(yard,yd.)、英寸(inch,in.)等。主要换算关系为：

1码＝3英尺；1英尺＝12英寸；1码＝0.9144米

长度单位主要用于布匹或金属绳索等细长物。

4. 面积单位(unit of area)

常用的面积单位主要有平方米(square metre)、平方码(square yard)、平方英尺(square foot)、平方英寸(square inch),主要适用于地毯、玻璃板、金属网、皮革等商品。

5. 体积单位(unit of volume)

常用的体积单位有立方米(cubic metre)、立方码(cubic yard)、立方英尺(cubic foot)、立方英寸(cubic inch)等,适用于木材、化学气体等商品。

6. 容积单位(unit of capacity)

常用的容积单位有升(litre,l.)、加仑(gallon,gal.)、蒲式耳(bushel,bu.)等,适用于谷物类、液体和气体商品,如小麦、煤油、汽油、啤酒等。其换算关系为:

1 升=0.001 立方米=0.22 英制加仑=0.264 美制加仑

二、商品重量的计量方法

用重量单位表示商品的数量在国际贸易合同中比较常见。重量的表示方法又比较复杂,具体来讲,主要有以下几种:

(一)按毛重计算

毛重(Gross Weight,GW)是指货物本身的重量与包装的重量,即皮重之和。在国际贸易中,一般不使用毛重计量货物总价值,而在搬运及装卸等场合使用。以毛重表示商品数量并计算货物价值主要有两种情况。一种是针对大宗低价值的货物,如大米、小麦、饲料等商品,与货物总重量相比,包装的重量可以忽略不计。另一种是对于那些货物与包装不易分离,不便分开计算的商品,如烟草、卷筒报纸。这种按毛重计算重量以作为计价的基础,而包装重量与价值不再另计的方法,叫作“以毛作净”(Gross for Net)。

(二)按净重计算

净重(Net Weight,NW)是指商品本身的实际重量,不包括包装的重量(皮重),即毛重扣除皮重的重量。用重量表示商品的数量,主要以净重为主,如果合同中没有明确规定交货的数量是按毛重还是净重,习惯上都是按净重计算。计算皮重的方法按照商品的性质、包装的特点与交易习惯不同,分为四种:

1. 按实际皮重(Real Tare or Actual Tare)

具体做法是将整批货物的包装逐一过秤求得皮重。这种方法计算得出的结果最精确,但也最麻烦,费用耗费也最多。因此,只有对单位价值较高的商品才采用这种方法求皮重。

2. 按平均皮重(Average Tare)

具体做法是在包装材料和包装规格比较整齐统一的情况下,从中抽出若干件商品包装求出平均皮重,然后乘以商品的总件数,便可得出这批商品的总皮重。

3. 按习惯皮重(Customary Tare)

即对于比较规格化的包装,其重量也被市场所公认,无须每笔交易逐件衡量,这种皮重称为习惯皮重。例如,装运粮食的机制麻袋,国际上公认的重量为每只 2.5 磅,这就是它的习惯皮重。

4. 按约定皮重(Computed Tare)

是指买卖双方以事先约定的单件包装重量乘以商品总件数,得出货物的总包装重量。

(三)按公量计算

公量(Conditioned Weight)是指将商品用科学的方法抽去水分得出干量,再加上标准含水量所计算出的重量。主要适用于经济价值较高,而含水量极不稳定的商品,如生丝、羊毛等。

公量的计算公式为：

(1)公量=(净重一商品实际水分)+标准含水量=干量+标准含水量

(2)公量=实际重量×(1+标准回潮率)/(1+实际回潮率)

其中，实际回潮率=水分/干量

【实务操作】 进口的羊毛，到港后的实际重量为11.27公吨，标准回潮率为11%，到港后测得羊毛的实际回潮率为25%，求该批货物的公量。

(四)按理论重量计算

理论重量(theoretical weight)是根据理论数据计算的重量。对于一些有固定规格和体积商品，每件商品的重量大致相等，因此，根据商品的件数即可计算出商品的总重量。如钢板、铝锭等商品。

(五)按法定重量计算

法定重量(legal weight)是指商品本身的重量与直接接触商品的包装物料的重量之和。法定重量是有些国家海关征收从量税时作为征税基础的重量。法定重量扣除内包装的重量为商品的净净重(net net weight)。

根据《联合国国际货物销售合同公约》的规定，在国际货物买卖中，如果货物是按重量计算和计价，而合同未明确规定采用何种方法计算重量时，按净重计算。

三、商品数量条款的内容及注意事项

(一)商品数量条款的基本内容

合同中的数量条款应包括商品的计量单位和计量方法。目前，我国进口商品到货中“短斤缺两”的情况时有发生，要减少此种现象，合同的数量条款首先应当完整准确。卖方应根据自身生产能力确定成交数量，并按照合同规定的数量装运货物。有些货物如粮食、水果、矿砂等，受本身的特性或包装和运输以及计量工具的限制，交货量往往难以完全符合合同所规定的数量。为保证合同顺利履行，同质量条款一样，也应规定数量机动幅度条款。数量机动幅度是指卖方可按买卖双方约定某一具体数量多交或少交若干比率的幅度。具体有两种方法：

1. 规定“约”数

在合同的数量前加一个“约”“大约”“左右”或“近似”的字眼，来说明合同交货数量只是一个约量，从而使卖方交货的数量可以有一定范围的灵活性。但是应该注意的是，目前在国际贸易中，对于“约”“大约”“左右”“近似”尚无统一的解释。有的解释为2%，有的解释为5%，国际商会《跟单信用证统一惯例》(第500号出版物)第39条规定，凡“约”“大约”视为不超过10%的增减幅度。不同行业、不同国家可能有不同的理解，履行起来极易引起纠纷，所以在我国很少采用。如果采用必须由买卖双方就这种约量作出必要的约定，即在合同中明确规定溢短装的百分比。

2. 规定溢短装条款(more or less clause)

溢短装条款又称数量机动幅度条款，是指在规定具体数量的同时，规定允许多装(溢装)或少装(短装)的百分比。在国际贸易中，出于各种原因，有些商品的数量难以非常精确并保持不变，如散装谷物、水果、矿砂等，为保证合同的顺利履行，应在合同数量条款中作灵活规定。

溢短装条款的机动幅度可由卖方决定(at seller's option)，也可由买方决定(at buyer's option)，有时也可由承运人决定(at carrier's option)。一般来讲，由负责装运的一方决定。

如规定溢短装条款，对于多装或少装数量部分的价格调整，也应在合同做出明确规定。对机动幅度范围超出或低于合同数量的多装或少装部分，一般是按合同价格结算，这是比较常见的做法。对于市场价格波动较频繁的商品，也可按市场价结算。这样做不仅合理，也可防止卖方由于市场价格上涨或下跌而故意少装或多装。

例 4—15 数量为100 000公吨，可允许有 5%的增减幅度，由买方选择，增减部分按合同价格计算。

例 4—16 中国东北黄豆，5 000公吨，卖方可溢装或短装 3%。

China Northeast Soybean 5,000M/T, with 3% more or less at seller's option.

（二）注意事项

1. 严格按照合同中的数量要求履行交货义务

按照有些国家的法律规定，买卖双方约定的数量是交接货物的依据，卖方所交货物的数量如与合同不符，买方有权提出索赔，甚至拒收货物。《公约》规定：买方可以收取也可以拒绝收取全部多交货物或部分多交货物；但如果卖方短交，可允许卖方在规定交货期届满之前补齐，但不得使买方遭受不合理的不便或承担不合理的开支，即使如此，买方也保留要求损害赔偿的权利。

【案例】 中国某公司从国外进口小麦，合同规定：数量 200 万公吨，每公吨 100 美元。而外商装船时共装运了 230 万公吨，对多装的 30 万公吨，我方应如何处理？如果外商只装运了 180 万公吨，我方是否有权拒收全部小麦？

【分析】 根据《联合国国际货物销售合同公约》规定，如果卖方交付的货物数量大于合同规定的数量，买方可以收取也可以拒绝收取多交部分的货物，如果买方收取多交部分货物的全部或一部分，它必须按合同价格付款。本案例中，我方对外商多交 30 万公吨，可以拒收也可以全部收下，还可以只收下其中的一部分，如果我方收取多交小麦的全部或一部分，要按每公吨 100 美元付款。如果外商只装运了 180 万公吨，我方无权拒收全部小麦。《联合国国际货物销售合同公约》规定：如果卖方交货数量少于约定的数量，卖方应在规定的交货期届满前补交，但不得使卖方遭受不合理的不便或承担不合理的开支，即使如此，买方也保留要求损害赔偿的权利。在本案例中，外商只比合同规定少交 20 万公吨，尚未构成根本性违约，我方只有权要求外商在交货期内补交，没有权拒收全部小麦，如在补交期间，外商给我方带来不合理的开支，我方有保留要求损害赔偿的权利。

2. 合理约定成交数量

买卖双方在确定买卖商品的数量时，应综合考虑国内外市场供求情况、国内货源情况、国际市场价格发展动态与买方的资信情况。不能为了成交，盲目制定过高的成交数量，也不能过于保守，失去良好的出售时机。总之，应通盘考虑买卖双方及市场的情况，合理约定成交数量。此外，要考虑进口国的贸易政策，是否有配额规定，以免影响合同顺利履约。

3. 明确规定商品的计量单位

世界各国度量衡制度不同，计量商品数量的单位较多，同一名称的计量单位，属于不同的度量衡制度，所表示的数量也不相同。因此，一定要明确规定商品的计量单位，以免产生歧义，造成纠纷。

【案例】 2012 年 3 月，广西某粮油进出口 C 公司向南非出口食糖。合同规定：食糖，数量 500 公吨，每公吨 120 美元，可有 3%增减，由卖方选择；增减部分按合同价格计算。如果在交货前食糖市场价格上涨，在不违反合同的情况下，卖方要想获利，可装多少公吨？如果市场价格下降呢？同年 5 月，C 公司又向俄罗斯出口小麦，合同规定：数量为1 000公吨，每公吨 100 美元，以信用证方式支付。合同签订后，俄罗斯进口商开来信用证，金额为100 000美元，问我方最多、最少可交多少公吨小麦？为什么？

【分析】 本案例中，向南非出口食糖按合同规定，卖方最多可交 515 公吨，最少可交 485 公吨食糖，增减部分按合同计价，如在交货前市场价格上涨，少交对卖方有利，即卖方可交 485 公吨；如交货前市价下降，多交对卖方有利，即卖方交 515 公吨。向俄罗斯出口小麦，我方最多可交1 000公吨，最少可交 950 公吨小麦。因为，根据《跟单信用证统一惯例》(UCP600)规定：对合同未规定数量机动幅度的散装货，除非信用证规定货物的指定数量不得有增减外，在所支付款不超过信用证金额的条件下，货物数量准许有 5%的增减幅度。在本案例中，小麦是散装货，数量可有 5%的增减，即卖方交货数量可在 950 公吨～1 050公吨，但信用证金额只有100 000美元，因此，卖方最多也只能交1 000公吨，最少可交 950 吨。

第四节 国际贸易商品的包装

国际贸易中，少数货物可以不用包装，即散装货(Bulk Cargo/Cargo in Bulk)或裸装货(Nude Cargo)，但绝大多数商品都需要有包装，无论运输包装(Transportation Packing/Outer Packing)还是销售包装(Selling Packing/Small Packing/Inner Packing/Immediate Packing)。所以，包装在国际贸易中也很重要。

一、包装的重要性及约定包装条件的重要意义

(一)包装的含义

包装(Packing)指按照一定的要求，采用一定的技术方法用某种容器、材料和辅助材料包裹商品，达到保护产品、方便储运、促进销售，以提高销售价值的目的。在国际贸易中，除少数不需要包装直接装入运输工具中的商品，如石油外，90%以上的商品都需要不同形式、不同程度的包装。包装已成为生产和流通过程中不可缺少的重要环节。

(二)包装的作用及意义

包装的功能众多。首先，在流通过程中，特别是对于国际贸易的长途运输，有保护商品品质完好、数量完整的重要作用。特别是对于易腐蚀、易分解、易腐烂及不能碰撞、挤压等商品，有重要的保护作用。

其次，良好的包装外形设计也是商品促销的重要手段。具有美感的包装设计，能够吸引消费者的注意，提升商品的档次，促进销售，起到广告宣传的作用。

再次，包装体现着一个国家的经济发展水平与科技水平，是顺利进行国际贸易的重要保证。随着经济发展水平的不断提高，人们越来越关注环境问题和人体健康，绿色包装成为包装发展的必然要求。发达国家对包装的要求越来越高，通过法律、法规确定了包装的各种标准，如果包装达不到要求，商品无法进入其市场。

最后，包装不仅能起到保护商品和美化商品的作用，而且包装本身还是货物说明的组成部分。因此，凡买卖需要包装的商品，交易双方必须在合同中对包装条件作出明确的规定。按照一些国家的法律规定，如果一方违反了所约定的包装条件，另一方有权拒收货物，甚至提出索赔。

【案例】 英国的穆尔公司从澳大利亚的兰陀公司购买 300 箱澳大利亚水果罐头，合同的包装条款规定："箱装，每箱 30 听"。最后，在卖方所交货物中有 150 箱为每箱 30 听装，余下的为每箱 24 听装。为此，买方拒收全部货物。后经英国法院判决买方胜诉。

【分析】 英国法院判决的理由是：第一，根据《英国货物买卖法》第 13 节第 1 项，在凭说明

买卖时有一个默示的条件即货物应与说明相符。第二，如果买卖双方对包装作出具体规定，该项规定即成为货物说明的一个组成部分，属于合同要件。

二、包装的分类

包装根据其用途不同，主要分为运输包装（Transport Packing）和销售包装（Selling Packing），也叫外包装（Outer Packing）和内包装（Inner Packing）。

（一）运输包装

1. 运输包装的概念

运输包装，又称外包装、大包装，是为了尽可能降低运输流通过程对产品造成损坏，保障产品的安全，方便储运装卸，加速交接点验，以运输储运为主要目的的包装。其主要作用在于保护商品，防止在储运过程中发生货损货差，并最大限度地避免运输途中各种外界条件对商品可能产生的影响，方便检验、计数和分拨。

2. 运输包装的分类

根据包装方式的不同，运输包装分为单件运输包装和集合运输包装。

（1）单件运输包装是指货物在运输过程中作为一个计件单位的包装。按照包装造型不同，分为箱（Case）装、袋（Bag）装、捆（Bundle）装、桶（Drum）装等。按照包装材料不同，分为纸制包装（Carton）、木制包装（Wooden Cases）、金属包装（Metal Cases）、塑料包装（Plastic Bags）等。

（2）集合运输包装是指将若干个单件包装组合成一件大包装或装在一个大的包装容器内，又称为组合运输包装。集合运输包装主要包括集装箱（Container）、集装袋（Flexible Container）和托盘（Pallet）。集合运输包装可以用叉车等机械进行装卸、搬运和实现集装单元化"门对门"运输，从而使包装方式与物流方式融合为一体，达到物流领域集合包装与集装单元化输送方式的统一。集合包装是现代化的包装方法，是包装货件物流合理化、科学化、现代化的方式之一，发展集合包装是世界各国包装货物运输的共同发展趋势。

例 4—17　纸箱装，每箱 200 套，每套用塑料袋包装。

In Cartons of 200 sets, each set packed in a poly bag.

例 4—18　用塑料袋包装，30 磅装一袋，10 袋装一木箱。

To be packed in poly bags, 30 pounds in a bag, 10 bags in a wooden case.

3. 运输包装的要求

（1）符合商品特性，保护商品。运输包装要根据不同商品的特性进行选择。如易碎商品应采用防震、防破损包装，加入富有弹性和缓冲材料，避免外力对商品的冲击。易腐食品类商品应采用真空或冷冻包装，或加入防腐剂。对于价值较高的货物，应使用更坚固的密封包装，以免被盗。

（2）符合运输方式，便于搬运。运输包装要有一定的强度，符合运输方式、距离和时间的要求，适用于长途运输，减少搬运工人的劳动强度。包装件在运输过程中，不可避免地要经受多次的搬运、装卸等机械或人力操作，包装件的结构强度应能适应这些操作而不损坏。同时需考虑运输过程中的各种严酷环境条件，如气候、生物、机械等对包装结构及材料的劣化与侵蚀作用，避免包装结构强度降低，从而损坏内装产品，使生产变为无益的社会劳动。

（3）符合环保要求，保护环境。商品使用后，包装随之丢弃，成为生活垃圾。随着国际上保护环境、爱护地球、节约资源的呼声越来越高，国际市场对产品包装的要求也越来越严格。无害化、无污染、可再生利用的环保包装在商品出口贸易中起着举足轻重的作用。鉴别环保包装的依据是ISO14000，各国均以此为标准推广环保包装模式。ISO14000系列明文规定，凡是国际贸易产品（包装）都要进行环境认证和生态评估，并使用环境标志。从1999年起，ISO实施绿色"环境标志"，把产品包装的绿色革命推向新层次。环保包装的4R要求为Reduce（减少使用）、Reuse（重复使用）、Recycle（可循环使用）、Replace（可回收使用）。

（4）符合节约要求，降低成本。包装应适度，不能过度包装（Over Package），即包装耗材过多、分量过重、体积过大、装潢过于华丽，有时甚至出现包装的价值大于商品本身价值的现象。目前，各国均已出台相关法律法规禁止商品过度包装，从而节约资源，降低成本。

如采用热缩膜包装，一件1×12支的包装，可以降低1.5元左右的成本。以一个年产10万吨的啤酒（饮料）厂计算，如果有1/3的产品采用热缩膜包装形式，一年就可以节省640万元的费用（注：此法只适用于运输距离为300～500公里）。又如细瓦楞（微型瓦楞纸板）的多元化应用，价格低廉。在使用需求相同的情况下，其成本可降低30%左右，且坚挺和平整美观是任何纸制板材所不能比的，具有更好的印刷性能，可节约原纸30%左右。由于在生产操作过程中，对3、5、7层瓦楞纸板可同步生产，具有兼容性，可为企业节约能源，降低成本。

（5）符合法律法规，满足客户。随着环保意识的增强，包装及其废弃物对生态环境的破坏和污染问题已引起各国的高度重视。进口国为了保护本国环境和资源，防止包装材料中夹带或隐藏病虫害传播蔓延，纷纷采取严格的卫生防疫措施。

一般地讲，在包装材料方面，进口国主要禁止或限制某些原始包装材料和部分回收复用的包装材料，如木材、稻草、竹片、柳条、原麻、泥土和以此为基础的包装制品，如木箱、草袋、竹篓、柳条筐篓、麻袋、布袋等，以及回收复用品的使用。在包装辅料方面，禁止或限制的主要对象是作为填充料的纸屑、木丝，作固定用的衬垫、支撑件等。对上述包装材料及辅料一般要求率先进行消毒、除鼠、除虫或进行其他必要的卫生处理。

对下列材料，一些国家规定禁止入境或需要进行严格的检疫、卫生除害处理之后方可入境。

①稻草。美国海关禁止进口商品用稻草包扎、包装或用作包装的辅助填充材料，一旦发现，必须当场烧毁。英国对采用稻草做进口商品包装捆扎或衬垫的，要求事先必须对稻草进行杀菌、灭虫等预防处理。

②竹片/木材。日本木结构房舍较多，最忌白蚁和木蛀虫的带入和传播，未经过蒸煮或熏蒸的毛竹极易生虫，因此，日本拒绝接受用竹片作为包装材料或夹衬材料进口；德国鉴于木板箱不能回收再生，禁止以木板箱做进口商品的包装；1999年1月起，加拿大也对从中国进口商品所用的木质包装材料进行严格管制，要求必须事先经过防虫处理，并附有中国有关方面颁发的证明，表示这些木材都经过热处理或化学处理。英国和欧盟、巴西等也要求所有来自中国的木质包装不得带有树皮，不能有直径大于3毫米的虫蛀洞，或者必须对木质包装进行热处理，使木材含水量低于20%。

③聚氯乙烯（PVC）包装材料。欧洲各国在1992年就完全禁止使用PVC包装材料。德国政府采取措施推动工业界将盛装饮料的PVC瓶改为PET瓶，并要求将80%的PET瓶回收利用；意大利从1990年起，即通知国外出口商不能使用PVC片做包装，这种包装的商品不能进入意大利；奥地利从1991年起，禁止生产、进口或售卖以PVC为包装材料的非耐用消费品和儿童用具；日本严格控制不能再循环的塑料包装材料的使用。

4. 运输包装标准化

包装标准是商品标准的重要组成部分。包装标准化是指对运输包装的类型、规格、容量、材料、造型结构、印刷标志等都要有统一的技术标准。包装标准化可提高包装制品的生产效率，实现企业间经济横向联合,促进包装技术和国外贸易的发展,是合理利用资源和原料的有效手段。

(二)销售包装

1. 销售包装的含义

销售包装(Selling Packing)又称内包装(Inner Packing)、小包装(Small Packing)或直接包装(Direct Packing),它除了保护商品外,还具有美化商品、宣传推广、便于销售和使用等作用。国际市场竞争激烈,出口商品包装关系到商品的销路和售价,应做到便于陈列、展销、携带和使用,并不断改进与创新。

2. 销售包装的种类

根据商品的特征和形状,销售包装可采用不同的包装材料和不同的造型结构与样式。常见的销售包装有以下几种:

(1)挂式包装,可在商店货架上悬挂展示的包装,其独特的结构如吊钩、吊带、挂孔、网兜等,可充分利用货架的空间陈列商品。

(2)堆叠式包装,这种包装通常指包装品顶部和底部都设有吻合装置使商品在上下堆叠过程中可以相互咬合,其特点是堆叠稳定性强,大量堆叠而节省货位,常用于听装的食品罐头或瓶装、盒装商品。

(3)便携式包装,包装造型和长宽高比例的设计均适合消费者携带使用的包装,如有提手的纸盒、塑料拎包等。

(4)一次用量包装,又称单份包装、专用包装或方便包装,以使用一次为目的的较简单的包装。如一次用量的药品、饮料、调味品等。

(5)易开包装,包装容器上有严格的封口结构,使用者不需另备工具即可容易地开启。易开包装又分为易开罐、易开瓶和易开盒等。

(6)喷雾包装,在气性容器内,当打开阀门或压按钮时,内装物由于推进产生的压力能喷射出来的包装。例如,香水、空气清新剂、清洁剂等包装。

(7)配套包装,将消费者在使用上有关联的商品搭配成套,装在同一容器内的销售包装。如工具配套袋、成套茶具的包装等。

(8)礼品包装,专作为送礼用的销售包装。礼品包装的造型应美观大方,有较高的艺术性,有的还使用彩带、花结、吊牌等。它的装潢除了给消费者留下深刻印象外,还必须具有保护商品的良好性能。使用礼品包装的范围极广,如糖果、化妆品、工艺品、滋补品和玩具等。

3. 销售包装的要求

(1)美观大方,新颖多样,富有吸引力,图案与文字搭配适当,体现商品的特点。

(2)便于卖方陈列和展销,便于买方选择和携带。

(3)符合消费地与消费者的消费习惯、文化信仰、宗教等要求,避免与各种颜色、图案、搭配的禁忌相冲突。

三、包装标志

包装标志(Packing Mark)是为了便于货物交接、防止错发错运,便于识别,便于运输、仓储和海关等有关部门进行查验等工作,也便于收货人提取货物,在进出口货物的外包装上标明的记号。包装标志分为运输包装标志和销售包装标志,它们有不同的表现形式和用途。

(一)运输包装标志

运输包装标志(Transport Packing Mark)是在进出口货物的运输、交接、仓储及商检等流转过程中，在商品外包装上印制的简单图形和文字，以便识别货物，也便于运输、检验和仓储、收货。按其内容与用途不同，分为以下三种：

1. 运输标志(Shipping Mark)

运输标志也被称为“唛头”或“唛”，通常由一个简单的几何图形和一些字母、数字及简单的文字组成，其作用在于使货物在装卸、运输、保管过程中容易被有关人员识别，以防错发错运。运输标志在国际贸易中还有其特殊的作用。按《公约》规定，在商品特定化以前，风险不转移到买方承担。而商品特定化最常见的有效方式，是在商品外包装上，标明运输标志。此外，国际贸易主要采用的是凭单付款的方式，而主要的出口单据如发票、提单、保险单上，都必须显示出运输标志。

运输标志的主要内容包括：

(1)收货人或买方名称缩写或标志。通常用名称缩写(字母)和几何图形来表示，称为“主麦”(Main Mark)。

(2)目的地(港)名称。一般不使用简称。如果需要中转，还要注明中转地名称：“via...”。

(3)货物件号、批号。每箱货物印上一个件号，以说明货物的总件数与本件货物的顺序。例如 NO. 5-100。表示该批货物共 100 件，这是第 5 件。

(4)参考号码。如合同号、发票号或信用证号等。

例 4—19

ALK——收货人名称缩写
99/S/C 186375——合同号
New York——目的港
NO. 1/100——件数

除以上内容外，有的运输标志还标明原产地名称、商品的重量或体积等信息。

鉴于运输标志的内容比较多，加之各个国家和不同运输方式之间对运输标志的要求差异较大，不能完全适应国际贸易货物流动和多式联运的开展，也不利于电子商务在运输和单证流转方面的应用。为此，联合国欧洲经济委员会简化国际贸易程序工作组，在国际标准化组织和国际货物装卸协调协会的支持下，制定了一项标准运输标志向各国推荐使用。该标准运输标志由 4 行组成，每行不得超过 17 个英文字码，不使用几何图形。

例 4—20

SGL——收货人名称缩写
88/S/C 179345——合同号
New York——目的港
NO. 1—500——件数

运输标志必须符合船运公司、海关和收货人三方的要求。运输标志可由卖方规定，也可由买方规定，需要双方协商决定。运输标志应简单、清晰、便于辨认，并注意不能印有广告性质的文字和图案。

【实务操作】 国内某出口公司与日本某公司达成一项出口交易，合同指定由我方出唛头。

因此，我方在备货时就将唛头刷好。但在货物即将装运时，国外开来的信用证上又指定了唛头。请问：在此情况下，我方应如何处理？

我方可以通知买方要求其修改信用证，使信用证内容与合同相符，如买方同意改证，卖方应坚持在收到银行修改通知书后再对外发货；或者我方在收到信用证以后，按信用证规定的唛头重新更换包装，但所花费的额外费用应由买方负担。我方切记，在收到信用证与合同不符后，不要做出既不通知买方要求其改证也不重新更换包装而自行按原唛头出口的错误行为。

2．指示性标志(Indicative Mark)

指示性标志，又称为操作性标志，是根据商品的特性提出应注意的事项，在商品的外包装上用醒目的图形或文字表示的标志。如在易碎商品的外包装上标以“小心轻放”，在受潮后易变质的商品外包装上标以“防止受潮”，并配以图形指示。为了统一各国运输包装指示性标志的图形与文字，一些国际组织，如国际标准化组织、国际航空运输协会分别制定了包装储运指示性标志，并建议各会员国予以采纳。

2008 年 4 月 1 日，国家质量监督检验检疫总局与国家标准化管理委员会发布了修改后的《包装储运图示标志》国家标准，并于 2008 年 10 月 1 日开始实施。该标志对标志的颜色、印刷方法等做了规定。具体标志如图 4—1 所示。

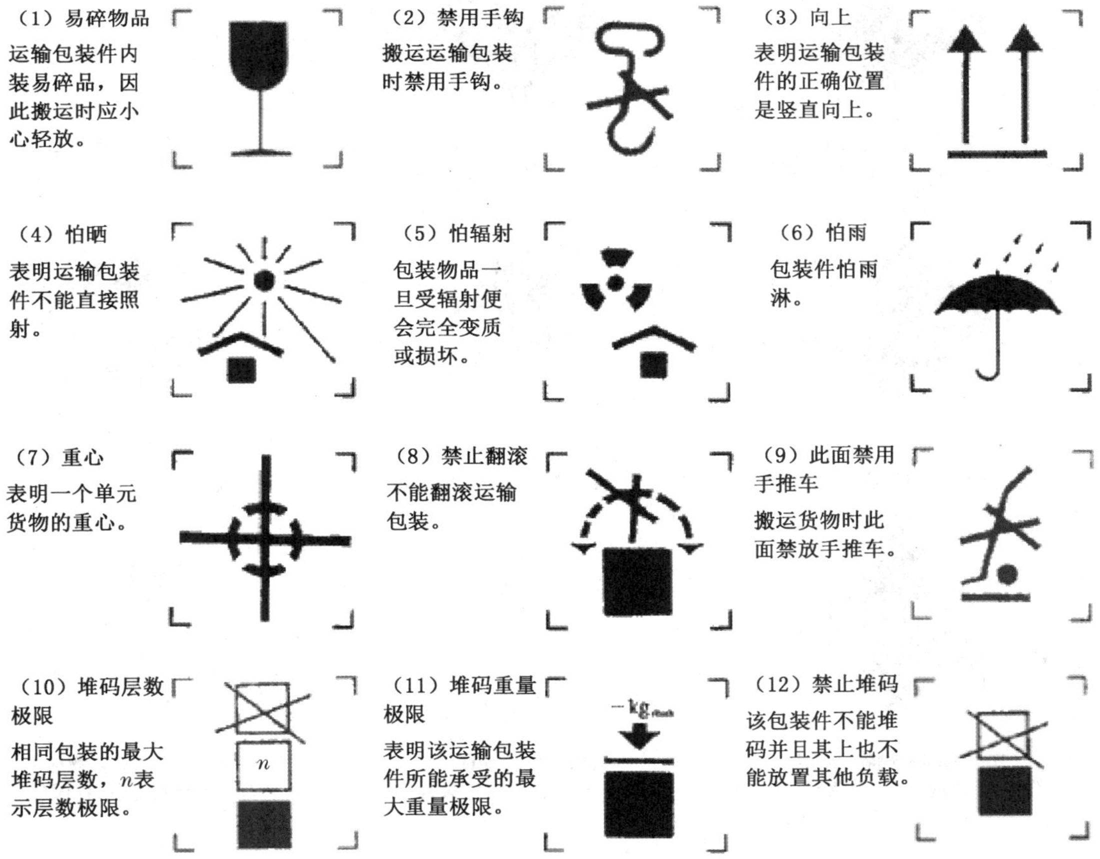

图 4—1 指标性标志图例

3. 警告性标志(Warning Mark)

警告性标志又称危险品标志，是指在易燃品、爆炸品、有毒品、腐蚀性、放射性物品的运输包装上，用醒目的图形和文字表明其危险性质的各类标志。

2009年6月21日，国家质量监督检验检疫总局与国家标准化管理委员会发布了修改后的《危险货物包装标志》国家标准，并于2010年5月1日起实施。该标准中标志分为标记和标签，标记4个，标签26个，其图形分别标示了9类危险货物的主要特征。

(1) 爆炸品标志
(符号:黑色;底色:橙红色)

(2) 爆炸品标志
(符号:黑色;底色:橙红色)

(3) 爆炸品标志
(符号:黑色;底色:橙红色)

(4) 易燃气体标志
(符号:黑色或白色;底色:正红色)

(5) 不燃气体标志
(符号:黑色或白色;底色:绿色)

(6) 有毒气体标志
(符号:黑色;底色:白色)

(7) 易燃液体标志
(符号:黑色或白色;底色:正红色)

(8) 易燃固体标志
(符号:黑色;底色:白色红条)

(9) 自燃物品标志
(符号:黑色;底色:上白下红)

(10) 遇湿易燃物品标志
(符号:黑色或白色;底色:蓝色)

(11) 氧化剂标志
(符号:黑色;底色:柠檬黄色)

(12) 有机过氧化物标志
(符号:黑色;底色:柠檬色)

（13）剧毒品标志
（符号：黑色；底色：白色）

（14）有毒品标志
（符号：黑色；底色：白色）

（15）有害品标志
（符号：黑色；底色：白色）

（16）感染性物品标志
（符号：黑色；底色：白色）

（17）一级放射性物品标志
（符号：黑色；底色：白色，
附一条红竖线）

（18）二级放射性物品标志
（符号：黑色；底色：上黄下白，
附二条红竖线）

（19）三级放射性物品标志
（符号：黑色；底色：上黄下白，
附三条红竖线）

（20）腐蚀品标志
（符号：上黑下白；底色：上白下黑）

（21）杂类标志
（符号：黑色；底色：白色）

图 4—2　警告性包装标志

（二）销售包装标志

销售包装标志是指销售包装上的画面装潢和文字说明，有的印有条形码。主要用于表明商品的名称、品牌以及宣传产品性能，是消费者的购买指南。销售包装不仅要符合相关法律法规的规定，也要有一定的设计，并符合消费者要求，适应不同民族与国家的规定。

1. 画面装潢与文字说明

销售包装上的画面装潢与文字说明力求美观大方，简明扼要，富有吸引力。文字说明与画面、图案应互相配合、相互协调。文字说明主要包括商品的产地、成分、品名、用途与使用方法。必要时用图案配合文字表示，直观易懂，促进销售。

2. 包装标签

一些国家，如欧盟规定，商品本身或外包装上必须带有内容全面的、可读的、可理解的、正确的标签。标签可附在商品上，也可附在商品包装上，用以简介商品的产地、厂商、商品名称、成分、特点及使用方法等。欧盟对于食品、药品等商品的标签有严格的规定。

3. 条形码

条形码(barcode)是将宽度不等的多个黑条和空白，按照一定的编码规则排列，用以表达一组信息的图形标识符。常见的条形码是由反射率相差很大的黑条(简称条)和白条(简称空)排成的平行线图案。条形码可以标出物品的生产国、制造厂家、商品名称、生产日期、图书分类号、邮件起止地点、类别、日期等许多信息,因而在商品流通、图书管理、邮政管理、银行系统等许多领域都得到广泛的应用。

【知识拓展——条形码】 国际上通用的条形码主要有两种:一种是美国编码委员会编制的 UPC 条码(UNIVERSAL PRODUCT CODE);另一种由欧洲 12 国组成的欧洲物品编码协会编制的 EAN 条形码(EUROPEAN ARTICLE NUMBER)。目前,EAN-13 条形码国际上使用最广泛,前 3 位数字为国别码,中间 4 位数字为厂商代码,后 5 位数字为产品代码,最后一位为校验码。我国于 1991 年 4 月正式加入国际物品编码协会,该协会分配给我国的国别号为"690""691""692""489""471"等,"693"是中外合资的条码。此外,我国的书籍代码为"978",杂志代码为"977"。

四、中性包装

中性包装(Neutral Packing)是指既不标明商品的生产国别、厂商名称,也不标明商品的商标或品牌的包装,甚至没有任何标志,不能识别商品的来源。其主要是为了适应国外市场的特殊要求,如转口销售,有可能你的买家不是最终的买家,只是一个中间商,所以要使用中性包装。或者为了打破某些进口国家的关税和非关税壁垒,并适应交易的特殊需要,是出口国家厂商加强对外竞销和扩大出口的一种手段。

中性包装分为无牌中性包装和定牌中性包装。前者指在商品和包装上不包含任何产品的信息。它主要用于一些尚待进一步加工的半制成品,其主要目的是降低成本。后者指在商品或包装上不注明产地、厂商信息,但印有买方指定的商标或牌名的做法。

中性包装的做法是国际贸易中常见的方式,在买方的要求下,可酌情采用。对于我国和其他国家订有出口配额协定的商品,则应从严掌握,因为万一发生进口商将商品转口至有关配额国,将对我国产生不利影响。出口商千万不能因图一己之利而损害国家的声誉和利益。

因为中性包装外面没有任何信息,对于里面的产品信息的查验就比较麻烦,所以严格把关。不过要特别注意的是,因为各国的海关规定不同,所以在有的国家你做的是中性包装,但是一定要印上"MADE IN CHINA"才可以进去的,这样做是要求进口商明示这批货物是来自中国,如果不显示,有可能会拒绝放行,或者退回。比如科威特、埃及、尼日利亚、叙利亚、约旦、孟加拉国等。

五、合同中的包装条款

合同中的包装条款应包括包装材料、包装方式、包装规格、包装标志和包装费用的负担问题。

例 4—21 In cartons containing 60 tins of 1000 tab. Each. In cartons or crates of about 12kg net, each fruit wrapped with paper.

例 4—22 布包,每包 20 匹,每匹 42 码。

例 4—23 Each package shall be stenciled with gross and net weights, package number, measurement, port of destination, country of origin and the following Shipping Mark:

89ZHPC-075 GUANG ZHOU

根据《公约》的规定,商品的包装是确定所交货物与合同规定是否相符的内容之一。因此,买卖双方订立包装条款应慎重,须注意以下几点:

（一）包装规定应明确、具体

买卖双方应该协商决定包装条款内容，并在合同中清晰、明确地表明。不宜采用笼统的包装规定，如海运包装(seaworthy packing)、习惯包装(customary packing)等。

（二）合理确定包装材料与方式

根据商品的特点、运输方式与时间确定适合商品的包装材料及方式，不能为了节约成本而减少必要的包装，以免商品在运输过程中受到损害，也不能过度包装，增加成本，污染环境。

（三）明确包装费用由谁承担

按照国际惯例，包装费用一般包括在货价之内，不另计价。但有时，买方有特殊包装规定时，应与卖方协商额外的包装费用的负担问题。

例 4—24　包装：每件装一塑料袋，半打为一盒，10 打装一木箱。

PACKING:EACH PIECE IN A POLYBAG HALF DOZ. IN A BOX AND 10 DOZEN IN A WOODEN CASE.

例 4—25　包装：单层新麻袋，每袋约 50 千克。

PACKING: IN NEW SINGLE GUNNY BAGS OF ABOUT 50KG EACH.

【本章小结】

本章着重介绍了国际货物买卖合同中的品名条款、品质条款、数量条款和包装条款的内容及注意事项。对于商品品名、品质、数量及包装的规定，要明确合理，不使用模棱两可、有歧义的字眼，各项规定应符合国际惯例。

【课后练习】

一、思考题

1. 在外贸合同中，如何确定商品的品名？
2. 商品的品质可以有几种表示方法？
3. 什么是品质机动幅度和品质公差？它们有什么相同点和不同点？
4. 商品的包装有几种类别？特点是什么？
5. 什么是“溢短装条款”？应怎样规定商品数量的“溢短装条款”？

二、案例分析题

1. 我某出口公司在某次交易会上与外商当面谈妥出口大米10 000公吨，每公吨 USD275 FOB China port，但我方公司在签约时，合同上只笼统地写了10 000吨，我方当事人主观上认为合同上的吨就是指公吨。后来，外方来证要求按长吨交货，如果我方照证办理则要多交大米 160.5 吨，折合美元为44 137.5美元。于是，双方发生争议。问：我方的失误是什么？

2. 我国某出口公司向英国出口一批大豆，合同规定：“水分最高为 14%，杂质不超过 2.5%。”在成交前，该出口公司曾向买方寄过样品，订约后该出口公司又电告买方成交货物与样品相似，当货物运至英国后买方提出货物与样品不符，并出示了当地检验机构的检验证书，证明货物的品质比样品低 7%，但未提出品质不符合合同的品质规定。买方以此要求该出口公司赔偿其15 000英镑的损失。请问：该出口公司是否该赔？本案给我们什么启示？

3. 在荷兰某一超级市场上有黄色竹制罐装的茶叶一批，罐的一面刻有中文“中国茶叶”四字，另一面刻有我国古装仕女图，看上去精致美观，颇具民族特点，但国外消费者少有问津。问其故何在？

4. 我某出口公司向外商出口一批苹果。合同及对方开来的信用证上均写的是三级品，但卖方交货时才发现三级苹果库存告罄，于是该出口公司改以二级品交货，并在发票上加注：“二级苹果仍按三级计价不另收费”。请问:卖方这种做法是否妥当? 为什么?

三、实务操作题

1. 我国天鑫公司与外商签订出口本地产绿茶的合同,请拟定该合同的品名条款。
2. 某美国公司出口苹果酒一批,请为该公司产品拟定品名条款。
3. 我国某公司出口大米一批,请为该公司产品拟定数量条款。

第五章　国际贸易商品价格

【学习目标】

1. 知识目标：了解国际贸易商品价格的定价原则；熟悉影响商品价格的各种影响因素；掌握国际贸易商品价格的定价方法；重点掌握国际贸易效益的成本核算和主要贸易术语的价格换算；掌握佣金和折扣的运用；掌握国际贸易买卖合同中的价格条款有关内容。

2. 能力目标：具备实际定价的能力；能够独立进行进出口贸易的成本核算。

【重点难点】

1. 重点：国际贸易出口报价以及佣金和折扣的表述方法及计算方法。

2. 难点：进出口贸易成本核算。

【导入案例】

我国某纺织品出口公司拟向美国出口棉布，正好该国某中间商主动来函询盘，表示愿为推销棉布提供服务，并要求按每笔交易的成交金额给予5%佣金。不久，经该中间商中介与当地进口商达成CIFC5%，总金额50 000美元的交易，装运期为订约后3个月内从中国大连港装运，并签订了销售合同。合同签订后，该中间商即来电要求我出口公司立即支付佣金2 500美元。我出口公司复电称：佣金需待货物装运并收到全部货款后才能支付。于是，双方发生争议。

【分析】 案例中涉及佣金的支付问题。佣金的支付一般有两种做法：一是由中间代理商直接从货款中扣除佣金；二是在出口方收清货款后再按事先约定的佣金比例和期限，另行付给中间商。本案例中，显然我出口公司的复电没有问题。但这一案例也给我们以教训，即在今后贸易合同的价格条款中，应该对佣金的支付期限给予明确，防止具体执行过程中出现争议。

商品价格是国际贸易货物买卖的重要条件，价格条款是国际贸易合同中必不可少的内容。在国际贸易期间，成交商品价格的确定是买卖双方关心的核心问题之一，往往买卖双方从贸易磋商到合同的订立都围绕着价格展开洽谈。因此，正确掌握进出口商品价格的制定，合理运用恰当的作价办法，并明确签订好价格条款，能够有效促进国际贸易交易达成。

第一节 国际贸易商品价格的掌握

商品价格是国际贸易成交的重要条件，为了促进国际贸易买卖双方达成交易，必须正确贯彻进出口商品的作价原则，切实掌握国际市场价格的定价方法，充分考虑价格的影响因素，做好成本核算和盈亏平衡分析，保证买卖双方利益。

一、国际贸易商品定价原则

出口商品作价，与贸易双方尤其是卖方的经济利益直接相关。我国出口商品的作价原则主要是：

（一）依据国际市场价格水平和发展趋势

对于大宗商品或主要商品可以参考国际市场中该类产品的主要集散地或交易场所的市场价格，也可以通过国际相关组织机构了解该类商品的价格水平和变化趋势。比如各国对外贸易部门公布的参考价格或海关统计资料等。

掌握国际市场价格水平，可以参照以下四种情况：(1)以输出国（地区）为中心的国际商品集散地销售价格为依据，比如：纽约商品交易所的棉花价格，芝加哥交易所的小麦、谷物价格，沙特阿拉伯的出口原油价格等。(2)以进口国（地区）为中心的商品集散地的销售价格为依据，例如，伦敦五金交易所的有色金属材料价格等。(3)以输往国（地区）当地的市场价格为参照，如我国出口的轻纺产品、农副土特产品、手工艺品等都以当地的国际贸易价格为依据。(4)以我国进出口商品交易会成交的价格为参照。我国每年举办春、秋两届出口商品交易会，在交易会上形成的成交价格，都是参考了国际市场价格水平的，可作为平时出口销售价格的参考。

（二）结合国别、地区政策作价

国际贸易特别需要考虑国别或地区政策差异，结合国别或地区的经济发展政策、外交政策、对外贸易政策等，对不同国家和地区，在不同时期要认真了解，区别对待。例如，我国外交政策方面，对于港、澳、台地区要给予特别的优惠待遇；对于友好的国家给予适当的优惠。

（三）结合国际贸易目的作价

价格是营销的一种手段，可以帮助进出口商实现国际贸易目的，因此可根据贸易意图来确定成交价格的大致水平，如低价渗透抢占市场份额，高价推广获取高额利润等。要面对市场的竞争状况，灵活掌握价格。需要特别注意的是，为了避免反倾销，不要一味地压低出口或进口价格。

此外，还要考虑影响价格的各种具体因素，如：商品的质量和档次、交货条件、运输距离、成交数量、季节性需求的变化，支付条件和汇率变动的风险，等等。

二、商品作价的影响因素

国际市场上未知因素较多，商品价格变化多端，影响价格变动的因素很多。

（一）产品成本

任何企业都不能任意提高或降低价格，从长远经营要求来看，产品价格必须高于其成本费用。性能精良、质量稳定的产品，必然需要较高的研发和推广成本，即导致了价格的提高；此外包装设计也是提高售价的重要因素。

(二)产品质量和档次

在国际市场上,一般都贯彻以质论价的原则,优质高价,劣质低价。品质好、品牌知名度和美誉度越高的商品,其价格也会越高;反之,则会越低。另外,包装装换的好坏、式样的新旧也会影响到商品的价格。

(三)地区差异

国际贸易过程中,由于运输方式、运输距离等差异,产品价格中所包含的相应的费用水平不一样。

(四)交货地点和交货条件

国际贸易中交货地点和交货条件不同,买卖双方承担的责任、费用和风险也有很大区别,因而,在确定进出口商品价格时,必须考虑这些因素。一般而言,卖方承担风险越大,其报价也会越高。比如:同一运输距离内成交的同一商品,按 CIF 条件成交的价格同按 EXW 应该有很大的不同。

(五)成交数量

按国际贸易的习惯做法,成交量的大小通常也会影响价格。原则上订货数量大可适当给予价格优惠,以鼓励客商多订货,达成长期贸易关系。

(六)支付方式和支付条件

国际贸易中不同的支付方式和支付条件,买卖双方承担的风险各有差异,结算风险较低的支付方式,如信用证付款,可以考虑价格的优惠;反之,结算风险较高的支付方式,如远期付款或跟单托收方式,价格水平要相应调高。

(七)汇率变动

商品定价过程中要充分考虑汇率变动所带来的影响,充分判定结算货币的汇率变化趋势,适当地对商品价格作出调整,或者采取订立"保值条款"的办法来避免汇率变动可能产生的风险或损失。

(八)季节变化

有些商品因为生产、消费有季节性或受节日的影响,价格高低差别很大。适销旺季要适当卖高价,增加利润;过季商品只好低价甩卖。在贸易中一定要抓住销售季节,安排好装运。

三、商品定价方法

在国际货物买卖中,作价方法很多,可以根据不同情况,概括起来,主要有以下几种方法:

(一)固定价格

固定价格,也叫作"死价""一口价",是指买卖双方在签订合同时,明确规定价格,不再变动。在合同有效期内,无论约定价格与市场价格相差多少,均不能变更。这种定价方法明确、具体,有利于结算,因此为国际上常见的定价方法。

为了减少价格风险,在采用固定价格时,首先必须对影响商品供需的各种因素进行细致的研究,对价格的发展趋势作出判断,以此作为决定合同价格的依据;其次,必须对客户的资信进行了解和研究,慎重选择贸易对象。为保证买卖双方利益,一般加订保值条款,规定当结算货币币值发生变化时,价格可根据保值货币作相应的调整,以防止汇率变动产生的风险。

因此,固定价格的作价方法一般适用于交易量不大、市场价格变化不大、交货期较短的商品交易。

例 5－1 合同中的价格条款明确规定，每箱 45.00 美元 CIF 伦敦。

USD 45.00 per Dozen CIF London.

（二）非固定价格

非固定价格，也叫作"活价"，是指买卖双方在进行交易时，对于合同标的的具体价格不是采用固定规定的方法，而是采用只规定一个确定价格的方法或时间，或暂定一个价格，待日后根据情况予以规定。国际贸易市场变幻莫测，价格的暴涨暴跌屡见不鲜，为了减少风险，促成交易，提高合同的履约率，在合同价格的规定方面日益采取了一些变通做法。非固定价格具体又分为以下三种：

1. 具体价格待定

具体价格待定的定价方法又可分为以下两种。

（1）在合同中明确规定定价时间和定价方法。

例 5－2 "在装船月份前 50 天，参照当地及国际市场价格水平，协商议定正式价格"；或"按提单日期的国际市场价格计算"。

（2）在合同中只规定作价时间。

例 5－3 "由双方在××年×月×日协商确定价格"。

这种方式由于未规定定价方法，容易给合同的履行带来较大的不稳定性，双方可能因缺乏明确的作价标准，而在商订价格时出现分歧，导致合同无法执行。因此，这种方式一般只适用于双方有长期交往并已形成比较固定的交易习惯的合同。

2. 暂定价格

在合同中先订立一个初步价格，作为开立信用证和初步付款的依据，待履行合同时按双方约定的指标来调整最后的价格。例如："单价暂定 CIF 伦敦，每公吨1 000英镑，作价方法：以××交易所 3 个月期货，按装船月份月平均加价 5 英镑计算，买方按本合同规定的暂定价开立信用证"。

3. 部分固定价格，部分非固定价格

为解决买卖双方在采用固定价格或非固定价格定价方法的分歧，也可采用部分固定价格，部分非固定价格的做法，或是分批作价的办法，交货期近的价格在订约时固定下来，剩余的在交货前一定期限内作价。

非固定价格是一种变通做法，在行情变动剧烈或双方未能就价格取得一致意见时，适于采用这种定价方法。但先订约后作价的方法，易导致合同的不稳定性，如双方在作价时不能取得一致意见，合同就会面临无法执行的风险。

例 5－4 合同中的价格条款规定，单价暂定每箱 45.00 美元 CIF 伦敦，于装运月份 30 天前由买卖双方另行协商确定。

USD 45.00 per Dozen CIF London, this unit price is provisional, which shall be determined through negotiation between buyer and seller 30 days before the month of shipment.

（三）价格调整条款

在国际上，随着某些国家通货膨胀的加剧，有些商品合同特别是加工周期较长的机器设备合同，都普遍采用所谓"价格调整条款"[Price Adjustment (Revision) Clause]，要求在订约时只规定初步价格(Initial Price)，同时规定如原料价格、工资发生变化，卖方保留调整价格的权利。

在价格调整条款中，通常使用下列公式来调整价格：

$$P=P_0\left(A+B\frac{M}{M_0}+C\frac{W}{W_0}\right)$$

式中：P 代表商品最终价格；P_0 代表合同中约定的初步价格；M 代表交货时的原材料价格；M_0 代表原材料的基础价格；W 代表交货时的工资；W_0 代表基础工资；A 代表管理费在价格中所占的比重；B 代表原材料在价格中所占的比重；C 代表工资在价格中所占的比重。

A、B、C 三者之和应为 100%。

由于这种价格制定方法已经被联合国欧洲委员会纳入其所制定的一些“标准合同”中，因此，价格调整条款的应用范围也从原来的机械设备交易扩展到一些初级产品交易中去。

例 5—5 合同中的价格条款规定，以上基础价格将按照××（机构）公布的 2016 年 11 月的工资指数和物价指数进行调整。

The above basic price will be adjusted to the following formula based on the wage and price indexes published by...(Organization) in Nov,2016.

第二节 出口报价核算

国际贸易中，在具体的出口报价核算过程中，主要注意成本费用核算和经济效益核算 。

一、成本费用核算

对于出口企业而言，通过成本费用核算来提高其经济收益，因此要掌握出口商品总成本。出口商品总成本是指出口商品的进货成本加上出口前的国内费用，再扣除出口退税金额。计算公式为：

出口商品总成本＝进货成本＋国内费用－出口退税

其中，进货成本一般为供货商所提供商业发票价格（含增值税）。国内费用包括银行费用、工资支出、交通费用、仓储费用、码头费用等，一般为出口货物进价的 5%～10%不等的定额率自行核定。采用间接税制度的国家出口商品的进货成本中，包含了增值税。增值税是以商品进入流通环节所发生的增值额为课税对象的一种流转税，由于商品出口到国外，可以理解为这部分税收转嫁为国外的消费者负担，所以，大部分国家对出口商品实行了出口退税制度，以提高本国商品出口价格竞争力，鼓励商品出口。在核算成本时，应扣除出口退税金额。

扣除了出口退税后的进货成本，称为实际成本。计算公式为：

实际成本＝进货成本－出口退税

出口退税额＝进货成本/（1＋增值税率）×出口退税率

【实务操作】 某商品出口商收购价格为每件 100 元，其中包括 17%的增值税，若该商品出口退税率为 9%，那么该商品的实际成本为多少？该商品的国内费用为进货成本的 5%，则出口总成本为多少？

实际成本＝进货成本－出口退税

$$=100-\frac{100}{1+17\%}\times 9\%=92.3\text{（元）}$$

出口商品总成本＝实际成本＋国内费用

$$=92.3+100\times 5\%=97.3\text{（元）}$$

二、经济效益核算

(一)出口商品换汇成本

出口商品换汇成本是指某出口商品换回一单位外汇需多少元本国货币(人民币)成本。换言之,即用多少元人民币的“出口总成本”可换回单位外币的“外汇净收入”。其计算公式为:

$$出口商品换汇成本=\frac{出口总成本(人民币)}{出口销售外汇净收入(外汇)}$$

外汇净收入是指扣除运费和保险费后的FOB外汇净收入。

【实务操作】 某商品国内进货成本为人民币5 000元,包含17%的增值税,加工费为人民币900元,流通费为人民币730元,退税率为9%,出口销售外汇净收入为1 000美元。则:

$$出口总成本=5\ 000-\frac{5\ 000}{1+17\%}\times 9\%+900+730$$
$$=6\ 245.38(元)$$

出口商品换汇成本=6 245.38/1 000=6.245 4(人民币/美元)

(二)出口商品盈亏率

出口商品盈亏率是指出口商品盈亏额与出口总成本的比率。出口盈亏额是指出口销售人民币净收入与出口总成本的差额,前者大于后者为盈利;反之为亏损。出口销售人民币净收入是出口商品的FOB外汇净收入按当时的外汇牌价折合成人民币的金额。计算公式为:

$$出口商品盈亏额=出口销售人民币净收入-出口总成本$$

$$出口商品盈亏率=\frac{出口商品盈亏额}{出口总成本}\times 100\%$$

在上面实务操作中,如果当时的银行外汇买入价为6.88,则:

出口人民币净收入=1 000×6.88=6 880(元)

出口商品盈亏额=6 880-6 245.38=634.62(元)

出口商品盈亏率=634.62÷6 245.38×100%=10.16%

(三)出口创汇率

出口创汇率是指加工后成品出口的外汇净收入与原料外汇成本的差额与原料外汇成本的比率。如原料为本国产品,其外汇成本可按原料的FOB出口价计算。如原料是进口的,则按该原料的CIF价计算。其公式如下:

$$出口创汇率=\frac{成品出口外汇净收入-原料外汇成本}{原料外汇成本}\times 100\%$$

通过计算出口创汇率,可以看出成品出口的创汇情况,从而确定出口成品是否有利。特别是在进料加工的情况下,核算出口创汇率这项指标,尤为重要。

【实务操作】 某进出口企业,从国外进口原料为CIF价30 000美元,加工后成品出口外汇净收入为45 000美元,该批货物的出口创汇率是多少?

$$出口创汇率=\frac{成品出口外汇净收入-原料外汇成本}{原料外汇成本}\times 100\%$$
$$=\frac{45\ 000-30\ 000}{30\ 000}\times 100\%=50\%$$

三、出口报价

商品出口价格主要由成本、费用和利润三方面构成。在对外报价时,应确定成本、费用和利润的计算依据，然后将各部分合理汇总。

（一）成本核算

在国际贸易中，一般可掌握的采购成本为含税成本，即包含增值税。但大多数国家为了提高本国产品价格的国际竞争力，往往采取出口退税政策。在实施出口退税政策的情况下，出口商品的成本核算就应该按照出口退税率扣除税收部分，从而得到实际采购成本。

实际采购成本＝含税成本－退税收入

退税收入＝含税成本×出口退税率/(1＋增值税率)

从而得到实际采购成本的计算公式为：

实际采购成本＝含税成本×［1－出口退税率/(1＋增值税率)］

（二）费用核算

国际贸易期间涉及的费用主要包括国内费用、国外运费、保险费和佣金。

(1)国内费用主要包括：内陆运费、报检费、报关费、核销费、公司综合业务费快递费。

(2)出口贸易中，采用 CFR、CIF 贸易术语成交的条件下，出口商需核算海运费。

(3)出口贸易中，在以 CIF 术语成交的情况下，出口商需要首先向保险公司查询保险费率，用以核算保险费。计算公式为：

保险费＝保险金额×保险费率

保险金额＝CIF 货价×(1＋保险加成率)

在进出口贸易中，根据有关的国际惯例，保险加成率通常为 10%。出口商也可根据进口商的要求与保险公司约定不同的保险加成率。

(4)在出口贸易中，有时对方要求报价中包含佣金，这样在出口报价中要将佣金考虑进去。计算公式为：

佣金＝含佣价×佣金率

（三）预期利润核算

出口报价中包含利润的大小由出口企业根据经营要求自行核定。利润的确定可以用某一个固定数额表示，也可以用利润率百分比表示。当用利润率表示时应当注意核算的基数，可以用某一成本作为核算利润的基数，也可以用销售价格作为核算的基数。计算公式为：

出口利润＝采购成本×成本利润率

或　　出口利润＝出口价格×销售利润率

（四）以 FOB、CFR、CIF 为例对外报价

包含佣金的出口报价的构成如下：

FOB 价＝出口成本＋国内费用＋佣金＋出口利润

CFR 价＝出口成本＋国内费用＋国外运费＋佣金＋出口利润＝FOB 价＋国外运费

CIF 价＝出口成本＋国内费用＋国外运费＋国外保费＋佣金＋出口利润

＝FOB 价＋国外运费＋国外保费

＝CFR 价＋国外保费

【案例】 报价资料：

商品名称：三色戴帽熊。

商品资料：每箱装 60 只，每箱体积 0.164 立方米。

供货价格：每只 6 元。

税率：供货单价中均包括 17%的增值税，出口毛绒玩具的退税率为 15%。

订货数量：一个 20 英尺集装箱，体积为 25 立方米。

国内费用：内陆运费（每立方米）100 元；报检费 120 元；报关费 150 元；核销费 100 元；公司综合费用3 000元。

银行费用：报价的 1%（L/C 银行手续费 1%）。

海运费：从上海至加拿大蒙特利尔港口一个 20 英尺集装箱的费用为1 350美元。

货运保险：CIF 成交金额的基础上加 10%投保中国人民保险公司海运货物保险条款中的一切险（费率 0.8%）和战争险（费率 0.08%）。

报价利润：报价的 10%。

报价汇率：6.88 元人民币兑换 1 美元。

请根据以上资料分别报出 FOB、CFR、CIF 的价格。

【分析】

(1)成本：

含税成本＝6 元/只

退税收入＝6÷(1＋17%)×15%＝0.769 2(元/只)

实际成本＝6－0.769 2＝5.230 8(元/只)

20 英尺集装箱包装件数＝25÷0.164＝152(箱)

报价数量＝152×60＝9 120(只)

(2)费用：

国内费用＝(152×0.164×100＋120＋150＋100＋3 000)÷9 120＝0.642 9(元/只)

银行费用＝报价×1%

海运费＝1 350×6.88÷9 120＝1.018 4(元/只)

保险费＝CIF 报价×110%×0.88%

(3)利润：报价×10%

(4)报价：

FOB 报价＝实际成本＋国内费用＋银行手续费＋利润

＝5.230 8＋0.642 9＋报价×1%＋报价×10%

＝(5.230 8＋0.642 9)÷(1－1%－10%)

＝5.873 7÷0.89÷6.88＝0.959 2(美元/只)

CFR 报价＝实际成本＋国内费用＋海运费＋银行手续费＋利润

＝5.230 8＋0.642 9＋1.018 4＋报价×1%＋报价×10%

＝(5.230 8＋0.642 9＋1.018 4)÷(1－1%－10%)

＝6.892 1÷0.89÷6.88＝1.125 6(美元/只)

CIF 报价＝实际成本＋国内费用＋海运费＋保险费＋银行手续费＋利润

＝5.230 8＋0.642 9＋1.018 4＋报价×110%×0.88%＋报价×1%＋报价×10%

＝(5.230 8＋0.642 9＋1.018 4)÷(1－110%×0.88%－1%－10%)

＝6.892 1÷0.880 32÷6.88＝1.137 9(美元/只)

出口 9 120 只三色戴帽熊的报价如下：

USD0.96 PER PIECE FOB SHANGHAI （每只 0.96 美元 FOB 上海）

USD1.13 PER PIECE CFR MONTREAL （每只 1.13 美元 CFR 蒙特利尔）

USD1.14 PER PIECE CIF MONTREAL　（每只 1.14 美元 CIF 蒙特利尔）

四、主要贸易术语间的价格换算

在国际贸易期间，为了更好地提高产品竞争力，促进交易的达成，需要外贸人员合理选择正确的贸易术语，并能够按照接受报价的一方要求对原交易条件进行改报。最常用的贸易术语主要为 FOB、CFR 和 CIF。

（一）主要贸易术语的价格构成

在我国进出口业务中，最常采用的贸易术语是 FOB、CFR 和 CIF 三种。这三种贸易术语适用于海上或内河运输，其承运人一般只限于船公司。这三种贸易术语的价格构成公式如下：

FOB 价＝生产或采购成本价＋国内运费＋净利润

CFR 价＝生产或采购成本价＋国内运费＋国外运费＋净利润＝FOB 价＋国外运费

CIF 价＝生产或采购成本价＋国内运费＋国外运费＋国外保险费＋净利润

＝FOB 价＋国外运费＋国外保险费

FCA、CPT 和 CIP 三种贸易术语适用各种运输方式，包括多式联运，其承运人可以是船公司、铁路局、航空公司，也可以是安排多式联运的联合运输经营人。由于采用的运输方式不同，交货地点和交货方式不同，有关费用也有所不同。这三种贸易术语的价格构成公式如下：

FCA 价＝生产或采购成本价＋国内运费＋净利润

CPT 价＝生产或采购成本价＋国内运费＋国外运费＋净利润＝FCA 价＋国外运费

CIP 价＝生产或采购成本价＋国内运费＋国外运费＋国外保险费＋净利润

＝FCA 价＋国外运费＋国外保险费

（二）主要贸易术语的价格换算

1. FOB 价换算

（1）CFR 价＝FOB 价＋运费

（2）$\text{CIF 价}=\dfrac{\text{FOB 价}+\text{运费}}{1-\text{保险费率}\times\text{投保加成}}$

2. CFR 价换算

（1）FOB 价＝CFR 价－运费

（2）$\text{CIF 价}=\dfrac{\text{CFR 价}}{1-\text{保险费率}\times\text{投保加成}}$

3. CIF 价换算

（1）FOB 价＝CIF 价×（1－投保加成×保险费率）－运费

（2）CFR 价＝CIF 价×（1－投保加成×保险费率）

【案例】 我国辽宁省某外贸公司向美国某公司出口货物，对外报价为每公吨2 000美元 CIF 纽约。第二天美商还盘为1 800美元 FOB 大连。经查该货物由中国大连港运至纽约港每公吨运费为 160 美元，保险费率合计为 1.8%。试问单纯从价格角度上讲，我方能否接受美商的该项还盘？

【分析】 根据上面贸易术语间的价格换算公式，将我方报价 CIF 新加坡换算成 FOB 中国口岸价格，其结果是：

FOB中国大连价=2 000－160－2 000×110%×1.8%=1 800.4(美元)

而外商还盘为FOB中国口岸1 800美元，比较接近于我们计算的价格，因此，可以接受美商还盘。

第三节 佣金和折扣

在合同价格条款中，有时会涉及佣金(Commission)和折扣(Discount;Allowance)。价格条款中所规定的价格，可分为包含佣金或折扣的价格和不包含这类因素的净价(Net Price)。

一、佣金

(一)佣金的含义

在国际贸易中，有些交易是通过中间代理商进行的。佣金(Commission)是代理人或经纪人等中间商为委托人介绍生意或代买代卖而收取的报酬。包含佣金的价格，在业务中通常称为“含佣价”。

凡在合同价格条款中，明确规定佣金的百分比，叫作“明佣”。如不标明佣金的百分比，甚至连“佣金”字样也不标示出来，有关佣金的问题由双方当事人另行约定，这种暗中约定佣金的做法，叫作“暗佣”。佣金直接关系到商品的价格，货价中是否包括佣金和佣金比例的大小，都影响商品的价格。显然，含佣价比净价要高。正确运用佣金，有利于调动中间商的积极性促进交易的达成。

(二)佣金的规定办法

在商品价格中包括佣金时，通常应以文字来说明。

例5—6 “每公吨200美元CIF旧金山包括2%佣金”

US$200 per M/T CIF San Francisco including 2% commission

也可在贸易术语上加注佣金的缩写英文字母“C”和佣金的百分比来表示。

例5—7 “每公吨200美元CIFC2%旧金山”

US$200 per M/T CIFC2% San Francisco

商品价格中所包含的佣金，除用百分比表示外，也可以用绝对数来表示，例如:“每公吨付佣金25美元”。如中间商为了从买卖双方获取“双头佣金”或为了逃税，有时要求在合同中不规定佣金，而另按双方暗中达成的协议支付。佣金的规定应合理，其比率一般掌握在1%至5%之间，不宜偏高。

(三)佣金的计算与支付方法

在国际贸易中，计算佣金的方法不一，有的按成交金额约定的百分比计算，也有的按成交商品的数量来计算，即按每一单位数量收取若干佣金计算。在我国进出口业务中，计算方法也不一致，按成交金额和成交商品的数量计算的都有。在按成交金额计算时，有的以发票总金额作为计算佣金的基数，有的则以FOB总值为基数来计算佣金。如按CIFC成交，而以FOB值为基数计算佣金时，则应从CIF价中减去运费和保险费，求出FOB值，然后以FOB值乘佣金率，即得出佣金额。

佣金的计算公式为:

$$佣金额=含佣价\times佣金率$$

净价＝含佣价－佣金额＝含佣价×(1－佣金率)

含佣价＝净价/(1－佣金率)

【实务操作】 在某商品出口中，出口商报净价 FOB 每公吨 1 000 美元，佣金为 5%，含佣价 FOBC5 应报多少？

含佣价＝净价/(1－佣金率)

＝1 000/(1－5%)＝1 052.6(美元)

佣金的支付一般有两种做法：一种是当交易达成时就向中间商支付佣金，另一种是卖方在收到全部货款后，再另行支付佣金。在前一种情况，当交易达成后，无论合同是否完全履行，委托人都要向中间商支付佣金；后一种情况对委托人利益比较有利。为了避免交易中出现问题和冲突，最好事先明确规定委托人和中间商的权利与义务，并规定出佣金的支付方式。通常佣金可以在合同履行后逐笔支付，也可定期支付。

二、折扣

(一)折扣的含义

折扣是指卖方按原价给予买方一定百分比的减让，即在价格上给予适当的优惠。国际贸易中使用的折扣，按照贸易目的不同，有很多种类。除一般折扣外，还有为扩大销售而使用的数量折扣(Quantity Discount)、为实现某种特殊目的而给予的特别折扣(Special Discount)以及年终回扣(Turn over Bonus)等。凡在价格条款中明确规定折扣率的，叫作“明扣”。交易双方就折扣问题已达成协议，而在价格条款中却不明示折扣率的，叫作“暗扣”。折扣直接关系到商品的价格，货价中是否包括折扣和折扣率的大小，都影响商品价格，折扣率越高，则价格越低。折扣如同佣金一样，都是市场经济的必然产物，正确运用折扣，有利于调动采购商的积极性促进交易的达成，在国际贸易中，它是加强对外竞销的价格手段。

(二)折扣的表示方法

在国际贸易中，折扣通常在合同价格条款中用文字明确表示出来。

例 5－8 “CIF 纽约每公吨 200 美元，折扣 5%”

US$200 per M/T CIF New York including 5% discount

此例也可这样表示：“CIF 纽约每公吨 200 美元，减 5%折扣”

US$200 Per M/T CIF New York Less 5%discount

此外，折扣也可以用绝对数来表示。例如：“每公吨折扣 6 美元”。

在实际业务中，也有用“CIFD”或“CIFR”来表示 CIF 价格中包含折扣。这里的“D”和“R”是“Discount”和“Rebate”的缩写。鉴于在贸易往来中加注的“D”或“R”含义不清，可能引起误解，故最好不使用此缩写语。

交易双方采取暗扣的做法时，则在合同价格中不予规定。有关折扣的问题，按交易双方暗中达成的协议处理，这种做法属于不公平竞争。公职人员或企业雇佣人员收取“暗扣”，应属贪污受贿行为。

(三)折扣的计算与支付方法

折扣通常是以成交额或发票金额为基础计算出来的。其计算公式为：

单位货物折扣额＝原价(或含折扣价)×折扣率

卖方实际净收入＝原价－单位货物折扣额

折扣一般是在买方支付货款时预先予以扣除，也有的折扣金额不直接从货价中扣除，而按暗中达成的协议另行支付给买方,这种做法通常在给"暗扣"或"回扣"时采用。

第四节 国际贸易合同中的价格条款

一、价格条款的基本内容

国际贸易合同中的价格条款,一般包括商品的单价和总值两项基本内容,单价是指单位商品的价格,总值是指单价与成交商品数量的乘积,即成交总金额或合同总金额。如果合同中还包括佣金、折扣及作价办法等内容,也要在价格条款中明确规定。

商品的单价通常由四个部分组成,即计量单位(如公吨)、单位价格金额(如 200)、计价货币(如美元)和贸易术语(如 CIF 伦敦)。

例 5—9

USD	300	per metric ton	CIF New York
计价货币	单价金额	计量单位	贸易术语

二、确定价格条款时应注意的问题

为了使价格条款的规定明确合理,必须注意下列事项。

(1)合理确定商品的单价,防止作价偏高或偏低。定价过高就会丧失竞争力,不利于达成交易,过低将损失利润,又易受到反倾销制裁。

(2)选择适当的贸易术语,保护自身利益。实际业务中,采用何种贸易术语经常是由买方来决定的,但作为卖方也可建议对双方有利的贸易术语。

(3)争取选择有利的计价货币,以免遭受币值变动带来的风险,如采用不利的计价货币时,应当加订保值条款。出口定价时,卖方应争取硬币计价。进口定价时,买方应争取软币计价。另外可以与银行签订远期外汇合约等保值措施。

(4)单价中涉及的计量单位、计价货币、装卸地名称等必须书写正确、清楚,以利合同的履行。这些属于合同的要件,为了避免日后的争议,必须在合同中明确规定。

(5)在固定价格、非固定价格与价格调整条款之间灵活选择最合适的作价办法,以避免价格变动的风险。

(6)参照国际贸易的习惯做法,注意佣金和折扣的合理运用。在当今竞争日益加剧的情况下,佣金和折扣常用于促进贸易的成交上。在实践的过程中,还出现当外贸公司接单利润不足时,直接将客户介绍给工厂,再从工厂抽佣的情况。

(7)如包装材料和包装费另行计价时,对其计价办法也应一并规定。这样有利于成本的核算与合同的履行。

【本章小结】

本章着重介绍了国际贸易商品定价的原则和方法。出口商品单价通常由计量单位、单位价格金额、计价货币和贸易术语构成,在合同的价格条款中要注意商品的作价原则,进行报价的成本核算和经济效益核算,明确规定佣金和折扣相关内容,保障合同的顺利实施和买卖双方的利益。

【课后练习】

一、辨析题

判断下列我国某公司出口单价的写法是否正确。如有误，请更正，并说明理由。

(1)每吨 98 美元 CIF 美国。

(2)每吨 5 678 日元 CIF3%大阪。

(3)每打 100 元 FOB 伦敦。

(4)每吨 108 英镑 CFRC 上海。

(5)906 元 FCA 鹿特丹。

二、实务操作

1. 某商品国内进货成本为人民币10 000元，包含 17%的增值税，加工费为1 500元，流通费为 800 元，退税率为 9%，出口销售外汇净收入为1 200美元。试求出口商品换汇成本是多少？

2. 某公司出口芸豆 200 公吨，每公吨 USD450 CIFC2%利物浦，货物装船后，公司财会部门根据合同规定将 2%的佣金汇给中间商。试求应汇的佣金为多少？

3. 能力测试

利用 FOB、CFR、CIF 三种贸易术语的价格构成，根据表 5—1 资料分别给出两个货号商品的 FOB、CFR、CIF 的价格。

表 5—1　　成本费用资料

货　号	实际成本(元/只)	国内费用(元/只)	海洋运费(美元/只)
T1100	115.22	2.9	9.5
T1101	135.46	2.5	9.2

(1)报价费用中包含佣金 5%。

(2)利润为报价的 8%。

(3)银行费用:报价的 1%(L/C 银行手续费 1%)。

(4)保险费用:CIF 成交金额的基础上加 10%投保中国人民保险公司海运货物保险条款中的一切险(费率 0.9%)和战争险(费率 0.09%)。

(5)报价汇率:8.08 元人民币兑换 1 美元。

三、案例分析题

1. 我国某商品对某国出口的 CFR 单价是 110 美元，如外商要求我们改报 CIF 价，在不影响我外汇净收入的前提下，我应报何价？(注:按发票金额的 110%投保，保险费率为 0.5%)

2. 我国某贸易公司向美国出售一批货物，出口总价为 50 万美元 CIF 旧金山，其中从中国大连至旧金山的运费和保险费占 10%。该批货物的国内进价为人民币 350 万元(其中含 17%的增值税)，该公司的经营费用为国内进价的 5%，该种出口商品的退税率为 8%。当天中国银行美元汇价是 6.8/6.9 元人民币。试计算出口销售外汇(美元)净收入、出口销售人民币净收入以及出口换汇成本和出口商品盈亏率。

3. 某公司进口原材料 FOB1 000 美元，经过加工后出口 CIF1 700 美元。假设进口和出口的运费均为 50 美元，进口和出口的保险费均为 1 美元，试求外汇增值率。

4. 以每公吨£1 248 CIF 青岛进口铜 50 公吨，加工铜锁 25 000 打出口，每打£3.40 CIF 达累斯萨拉姆，每 25 打装一箱，毛重 30 公斤，尺码 0.039 6 立方米，铜锁按 W/M10 级计算运费，青岛至东非航线 10 级货基本费率 135 元人民币加货币贬值附加费 35.8%，再加燃油附加费 27%，投保一切险和战争险合计费率 2.04%，试计算进料加工的外汇增值率。(1 英镑兑人民币 9.119 3 元)

5. 出口健身椅(Sit-up Bench)1 000 只，出口价：每只 16.57 美元 CIF 纽约，CIF 总价16 570美元，其中运费 2 160 美元、保险费 112 美元。进价每只人民币 117 元，共计人民币117 000元(含增值税 17%)，费用定额率 10%，出口退税率 14%。当时银行外汇(美元)买入价为 8.32 元。试计算出口换汇成本和出口盈亏率。

第六章　国际货物运输

【学习目标】

1. 知识目标：了解国际货物运输方式，掌握班轮运费的计算方法、运输单据的相关内容以及合同中有关装运条款的内容。

2. 能力目标：具备选择运输方式及起草国际货物买卖合同运输条款的能力，能够独立核算班轮运费和填写相关运输单据。

【重点难点】

1. 重点：合同中的装运条款的内容和缮制海上货物运输的有关单据。

2. 难点．班轮运费的计算。

【导入案例】

我国某外贸公司向加拿大出口花生仁400公吨，采用信用证结算。买方申请开来的信用证规定："4～7月份分4批装运，4月份装运120公吨，5月份装运80公吨，6月份装运140公吨，7月份装运60公吨。每月不允许再分批。装运港：中国港口；目的港：温哥华。"我外贸公司收到信用证后组织装运，4月份和5月份皆顺利结汇。由于货源不足，我外贸公司6月20日在青岛港仅装运100公吨于LANHUA轮，在得知其宁波分公司存有同样规格的货物的情况下，遂要求船公司到宁波港装运其余货物，6月22日在宁波港装载37.5公吨货物于LANHUA轮。外贸公司通过议付行提交了两套提单：一套是6月20日在青岛港签发的货量为100公吨的提单；另一套是6月22日在宁波港签发的货量为37.5公吨的提单。对此，开证行提出两个不符点：第一个不符点是信用证规定每月不允许再分批，而我方提交了分别在青岛港和宁波港装运的两套提单，实为分批装运；第二个不符点是信用证规定6月份应装运140公吨，而我方共装运137.5公吨，出现短量。因此，开证行拒付该批信用证项下的款项，并且援引UCP600第32条的规定，宣告信用证对最后一批也告失效。对此，我方应如何应对？

【分析】 该案例的关键在于银行提出的不符点是否成立。

对于第一个不符点，按照UCP600第31条的规定："表明使用同一运输工具并经由同次航程运输的数套运输单据在同一次提交时，只要显示相同目的地，将不视为分批装运，即使运输单据上标明的发运日期不同或装卸港、接管地或发送地点不同。”所以，尽管信用证禁止每月再进行分批，但由于我方将货物装运于同一航次的LANHUA轮驶往温哥华，两套单据一次提交给银行，不应视为分批装运。

对于第二个不符点，按照UCP600第30条规定：“在信用证未以包装单位件数或货物自身件数的方式规定货物数量时，货物数量允许有5%的增减幅度，只要总支取金额不超过信用证金额。”由于我方短量并未超过信用证规定的范围，该不符点也不成立。

因此，银行不能以存在上述两个不符点为由宣告该批合同无效，当然也不能援引UCP600第32条规定宣告信用证对最后一批也告失效。

由于国际贸易当事人地处两国，远隔重洋，在贸易商品生产出来后，要完成商品从生产国到消费国的转移，必须通过运输才能实现。由于国际贸易运输方式众多，不同的运输方式，其运输特点、货运程序、交货方式和运输单据也各不相同，情况复杂多变，费用和风险也大小不一。所以，进出口贸易的双方当事人必须了解国际货物运输的相关情况，合理选择运输方式，正确订立合同中的运输条款并缮制运输单据，才能保证合同的顺利履行。

第一节　国际货物运输概述

一、国际货物运输的概念

根据《中华人民共和国国家标准物流术语》对运输（Transportation）的解释，运输是指“用设备和工具，将物品从一地点向另一地点运送的物流活动”。其中包括集货、分配、搬运、中转、装入、卸下、分散等一系列操作。

运输是物流系统中最主要和最基本的要素。在现代物流观念产生之前，许多人将运输等同于物流，究其原因，主要是由运输在物流活动中的重要性所致。运输是人类社会经济活动中不可缺少的重要环节，在经济上运输具有二重性，即是社会生产和生活必要的条件，又是一个物质生产部门。运输作为一个独立的生产部门，它的生产活动是把工农业产品运到消费地，无论是生产消费还是非生产消费，这都是生产过程的继续。

国际货物运输是实现进口商品、暂时进口商品、转运物资、过境物资、邮件、国际捐赠和援助物资、加工装配所需物料、部件以及退货等从一国（或地区）向另一国（或地区）运送的物流活动，属于国际物流范畴。

二、国际货物运输的特点

国际货物运输是国家与国家、国家与地区之间的运输，与国内货物运输相比，它具有以下几个主要特点：

（一）国际货物运输涉及国际关系问题，是一项政策性很强的涉外活动

国际货物运输是国际贸易的一个组成部分，在组织货物运输的过程中，需要经常同国外发生直接或间接的广泛的业务联系，这种联系不仅是经济上的，也常常会涉及国际政治问题，是一项政策性很强的涉外活动。因此，国际货物运输既是一项经济活动，也是一项重要的外事活动，这就要求我们不仅要用经济观点去办理各项业务，而且要有政策观念，按照我国的对外政策的要求从事国际运输业务。

(二)国际货物运输是中间环节很多的长途运输

国际货物运输是国家与国家、国家与地区之间的运输，一般来说，运输的距离都比较长，往往需要使用多种运输工具，通过多次装卸搬运，要经过许多中间环节，如转船、变换运输方式等，经由不同的地区和国家，要适应各国不同的法规和规定。如果其中任何一个环节发生问题，就会影响整个运输过程，这就要求我们做好组织、环环紧扣，避免在某环节上出现脱节现象，给运输带来损失。

(三)国际货物运输涉及面广，情况复杂多变

国际货物运输涉及国内外许多部门，需要与不同国家和地区的货主、交通运输、商检机构、保险公司、银行或其他金融机构、海关、港口以及各种中间代理商等打交道。同时，由于各个国家和地区的法律、政策规定不一，贸易、运输习惯和经营做法不同，金融货币制度的差异，加之政治、经济和自然条件的变化，都会对国际货物运输产生较大的影响。

(四)国际货物运输的时间性强

按时装运进出口货物，及时将货物运至目的地，对履行进出口贸易合同，满足商品竞争市场的需求，提高市场竞争能力，及时结汇，都有着重大意义。特别是一些鲜活商品、季节性商品和敏感性强的商品，更要求迅速运输，不失时机地组织供应，才有利于提高出口商品的竞争能力，有利于巩固和扩大销售市场。因此，国际货物运输必须加强时间观念，争时间、抢速度，以快取胜。

(五)国际货物运输的风险较大

由于在国际货物运输中环节多，运输距离长，涉及的面广，情况复杂多变，加之时间性又很强，在运输沿途国际形势的变化、社会的动乱，各种自然灾害和意外事故的发生，以及战乱、封锁禁运或海盗活动等，都可能直接或间接地影响到国际货物运输，以至于造成严重后果，因此，国际货物运输的风险较大。为了转嫁运输过程中的风险损失，各种进出口货物和运输工具，都需要办理运输保险。

第二节　运输方式

国际货物运输主要包括海洋运输、铁路运输、公路运输、航空运输、邮政运输、管道运输、大陆桥运输和国际多式联运等方式，买卖双方必须对各种运输方式的特点和营运方式有所了解，才能对运输方式做出合理选择。

根据使用运输工具的不同，国际贸易运输主要可分为如下几种方式：

一、国际海上货物运输

国际海上货物运输是指使用船舶通过海上航道在不同国家和地区的港口之间运输货物的一种方式。在国际货物运输中，运用最广泛的是海洋运输(Ocean Transport)。

(一)海洋运输的特点

目前，海运量在国际货物运输总量中占80%以上。海洋运输之所以被如此广泛采用，是因为它与其他国际货物运输方式相比，主要有下列明显的优点：

(1)通过能力大。海洋运输可以利用四通八达的天然航道，它不像火车、汽车受轨道和道路的限制，故其通过能力很大。

(2)运量大。海洋运输船舶的运输能力,远远大于铁路运输车辆。如一艘万吨船舶的载重量一般相当于250～300个车皮的载重量。

(3)运费低。按照规模经济的观点,因为运量大,航程远,分摊于每货运吨的运输成本就少,因此运价相对低廉。

海洋货物运输具有上述优点的同时,也存在不足之处。比如:由于海洋环境复杂,气象多变,船舶海上航行受气候和季节性因素影响较大,随时都有遇上狂风巨浪、雷电、海啸等人力难以抗衡的海洋自然灾害袭击的可能,遇险的可能性比较大。同时,海上运输还存在着社会风险,如战争、罢工、贸易禁运等对其的影响,此外,海洋运输的速度也相对较慢。

尽管国际海上货物运输还存在速度较低、风险较大等方面的不足,但由于它的通过能力大、运量大、运费低廉以及对货物适应性强等长处,加上全球特有的地理条件,使它成为国际贸易中最主要的运输方式。我国绝大部分进出口货物,也都是通过海洋运输方式运输的。海上航运业实际上也是一个国家的国防后备力量。

(二)海洋运输的方式

按照船舶的经营方式,海洋运输可分为班轮运输和租船运输。

1. 班轮运输

班轮运输(Liner Shipping)是指轮船公司将船舶按事先制定的船期表(Sailing Schedule),在特定海上航线的若干个固定挂靠的港口之间,定期为非特定的众多货主提供货物运输服务,并按事先公布的费率或协议费率收取运费的一种船舶经营方式。

(1)班轮运输的特点:①班轮运输有固定的船期、航线、停靠港口和相对固定的运费率;②班轮运费中包括装卸费,故班轮的港口装卸由船方负责;③班轮承运货物的数量比较灵活,货主按需订舱,特别适合于一般件杂货和集装箱货物的运输。

(2)班轮运费。班轮运费由基本运费和附加费两部分构成。

其一,基本运费:是指货物从装运港到目的港所应收取的费用,其中包括货物在港口的装卸费用,它是构成全程运费的主要部分。

根据货物的不同,班轮运费的计收方法和标准主要有以下几种:

①按货物重量(Weight)计算,以"W"表示。如1公吨(1 000公斤)、1长吨(1 016公斤)或1短吨(907.2公斤)为一个计算单位,也称重量吨。

②按货物尺码或体积(Measurement)计算,以"M"表示。如1立方米(约合35.3147立方英尺)或40立方英尺为一个计算单位,也称尺码吨或容积吨。

③按货物重量或尺码,选择其中收取运费较高者计算运费,以"W/M"表示。按惯例凡一重量吨货物的体积超过1立方米或40立方英尺者即按体积收费;一重量吨货物其体积不足1立方米或40立方英尺者,按毛重计收。

按此计价时,应以积载系数确定其重货还是轻货,积载系数是用货物毛重与体积的比例数来确定。若积载系数大于1为重货,以重量计征;反之为轻货,以体积计征。

④按货物FOB价收取一定的百分比作为运费,称从价运费,以"AD VALOREM"或"ad. val."表示。这原是拉丁文,按英文是按照价值的意思(即according to value)。一般适用于高值货物。

⑤按货物重量或尺码或价值,选择其中一种收费较高者计算运费,用"W/M or ad. val."表示。

⑥按货物重量或尺码选择其高者,再加上从价运费计算,以"W/M plus ad. val."表示。

⑦按货物的件数计收,对包装固定、包装内的数量、重量、体积也固定的货物;另外对那些用其他方法难以计收的商品,如活牲畜等,按"每头"(per head)计收;车辆有时按"每辆"(per unit)计收。

⑧按议价计收运费[临时议定的价格(open rate)]。由承、托运双方临时议定的价格收取运费。一般多用于大宗低价货物,如粮食、煤炭、矿砂等。

⑨按起码费率计收,是指按每一提单上所列的重量或体积所计算出的运费,尚未达到运价表中规定的最低运费额时,则按最低运费计收。

根据一般费率表规定:不同的商品如混装在一个包装内(集装箱除外),则全部货物按其中收费高的商品计收运费。同一种货物因包装不同而计费标准不同,但托运时如未申明具体包装形式时,全部货物均要按运价高的包装计收运费。同一提单内有两种以上不同计价标准的货物,托运时如未分列货名和数量时,计价标准和运价全部要按高者计算。这是在包装和托运时应该注意的。此外,对无商业价值的样品,凡体积不超过 0.2 立方米,重量不超过 50 公斤时,可要求船方免费运送。班轮费率表中还有起码运费的规定:每张提单的最低运费,根据不同地区、是否转船等情况决定。

其二,附加费。班轮运费中的附加费是指针对某些特定情况或需作特殊处理的货物在基本运费之外加收的费用。附加费名目很多,主要有:超重附加费、超长附加费、直航附加费、转船附加费、港口拥挤附加费、选港附加费。此外,还有港口附加费、燃油附加费、变更卸货港附加费、绕航附加费等等。在基本运费的基础上,加收一定百分比;或者是按每运费吨加收一个绝对值计算。

(3)班轮运费的计算方法:采用等级运价表的班轮运费的具体计算方法包括以下几个步骤。

①先根据货物的英文名称从货物分级表中查出有关货物的计费等级和计费标准;

②再从航线费率表中查出有关货物基本费率;

③最后加上各项需支付的附加费率,所得的总和就是有关货物的单位运费(每重量吨或尺码吨的运费);

④再乘以计费重量吨或尺码吨的总数,就得出该批货物的运费总额。

计算班轮运费,一般可使用下列计算公式:

当附加费为每单位固定值时:

$$班轮运费=(基本费率+附加费)\times 运费吨$$

当附加费是百分比时:

$$班轮运费=[基本费率\times(1+附加费百分比)]\times 运费吨$$

【实务操作】 某企业出口柴油机一批,共 15 箱,总毛重为 5.65 公吨,总体积为 10.676 立方米,由青岛装中国远洋运输公司轮船,经香港转船至苏丹港,试计算某企业应付船公司运费多少?

【解析】 第一步,按柴油机的英文名称 diesel engine,查阅货物分级表,柴油机属于 10 级,计算标准为 W/M。

第二步,在中国内地—香港航线费率表中查出 10 级货从青岛运至香港的费率为每运费吨 22 美元,香港中转费为每运费吨 13 美元。

第三步,再从香港—红海航线费率表中出查出 10 级货的费率为 95 美元。

第四步,查附加费率表,了解到苏丹港要收港口拥挤附加费,费率为基本运费的 10%。由于该批货物的计费标准为 W/M，而积载系数＝重量吨（5.65 运费吨）/尺码吨（10.676 运费吨）小于 1，所以其计费应按尺码吨计收，因此，该批货物每一运费吨的运费应为：（22＋13）＋（95＋95×10%）＝139.5（美元），共需支付总运费＝10.676×139.5＝1 489.302（美元）。

【实务操作】 上海某公司出口一批全棉坯布，货物的总毛重为 86 100 公斤，尺码为 186.07 立方米，进口商要求用散货运往新加坡。查货物分级表，该货物为 10 级，按照体积计算运费。10 级货物运往新加坡的基本运费率为 36 美元，燃油附加费 10%，直航附加费 10 美元/运费吨。试计算该批货物出口运费总额为多少美元。

【解析】 基本运费＝36×186.07＝6 698.52（美元）

燃油附加费＝6 698.52×10%＝669.85（美元）

直航附加费＝10×186.07＝1 860.7（美元）

总运费＝6 698.52＋669.852＋1 860.7＝9 229.07（美元）

2. 租船运输

租船指包租整船。租船费用较班轮低廉，且可选择直达航线，故大宗货物一般采用租船运输。租船方式主要有定程租船、定期租船和光船租船三种。

（1）定程租船。定程租船（Voyage Charter）是以航程为基础的租船方式，又称程租船。船方必须按租船合同规定的航程完成货物运输任务，并负责船舶的运营管理及其在航行中的各项费用开支。程租船的运费一般按货物装运数量计算，也有按航次包租金额计算。

租船双方的权利和义务，由租船合同（Charter Party）规定。程租船方式中，合同应明确船方是否负担货物在港口的装卸费用。如果船方不负担装卸，则应在合同中规定装卸期限或装卸率，以及与之相应的滞期费和速遣费。如租方未能在限期内完成装卸作业，为了补偿船方由此而造成延迟开航的损失，应向船方支付一定的罚金，即滞期费。如租方提前完成装卸作业则由船方向租方支付一定的奖金，称为速遣费。通常速遣费为滞期费的一半。

（2）定期租船。定期租船（Time Charter）是按一定时间租用船舶进行运输的方式，又称期租船。船方应在合同规定的租赁期内提供适航的船舶，并负担为保持适航的有关费用。租船人在此期尚可在规定航区内自行调度支配船舶，但应负责燃料费、港口费和装卸费等运营过程中的各项开支。

（3）光船租船（Bareboat Charter），又称船壳租船、净船期租船。这种租船不具有承揽运输性质，它只相当于一种财产租赁。光船租船是指船舶所有人将船舶出租给承租人使用一定期限，但船舶所有人提供的是空船，承租人要自己任命船长、配备船员，负责船员的给养和船舶经营管理所需的一切费用。也就是说，船舶所有人在租期内除了收取租金外，不再承担任何责任和费用。因此，一些不愿经营船舶运输业务，或者缺乏经营管理船舶经验的船的所有人也可将自己的船舶以光船租船的方式出租，虽然这样的利润不高，但船舶所有人可以取得固定的租金收入。光船租船的特点是：船舶所有人只提供一艘空船，全部船员由承租人配备并听从承租人的指挥，承租人负责船舶的经营及营运工作，并承担在租期内的时间损失，即承租人不能"停租"；除船舶的资本费用外，承租人承担船舶的全部固定的及变动的费用；租金按船舶的装载能力、租期及商定的租金率计算。光船租船是通过船舶所有人与承租人订立光船租船合同，由船舶所有人将船舶的占有权和使用权转移给承租人，船舶所有人仍然保留船舶的所有权。所以说，光船租船合同是财产租赁合同而不是海上运输合同。

租船运输的基本特点包括：

（1）租船运输是根据租船合同组织运输的，租船合同条款由船东和租方双方共同商定。

(2)一般由船东与租方通过各自或共同的租船经纪人洽谈成交租船业务。

(3)不定航线,不定船期。船东对于船舶的航线、航行时间和货载种类等按照租船人的要求来确定,提供相应的船舶,经租船人同意进行调度安排。

(4)租金率或运费率是根据租船市场行情来决定。

(5)船舶营运中有关费用的支出,取决于不同的租船方式由船东和租方分担,并在合同条款中订明。例如,装卸费用条款 FIO 表示租船人负责装卸费,若写明 Liner Term,则表示船东负责装卸费。

(6)租船运输适宜大宗货物运输。

(7)各种租船合同均有相应的标准合同格式。

二、国际铁路货物运输

在国际货物运输中铁路运输(Rail Transport)是一种仅次于海洋运输的主要运输方式,海洋运输的进出口货物,也大多是靠铁路运输进行集中和分散的。铁路运输有许多优点,如一般不受气候条件的影响,可保障全年的正常运输,而且运量较大,速度较快,有高度的连续性,运输过程中可能遭受的风险也较小。办理铁路货运手续比海洋运输简单,而且发货人和收货人可以在就近的始发站(装运站)和目的站办理托运和提货手续等。铁路运输也因此被许多国家所利用,在国际贸易中扮演着重要角色,在我国的对外贸易发展中也发挥着重要作用。

(1)通过铁路把欧、亚大陆连成一片,对发展我国与亚洲、欧洲各国之间的经济贸易关系起着重要的作用。

(2)对港澳地区的铁路运输,是我国出口创汇、繁荣稳定港澳市场以及开展香港转口贸易和发展我国陆海、陆空联运的重要保证。

(3)我国出口货物由内地向港口集中、进口货物从港口向内地疏运以及省与省间、省内各地区间的外贸物资的调拨,主要是靠铁路运输来完成的。

总之,在我国对外贸易中,无论是出口货物或是进口货物,一般都要通过铁路运输这一重要环节,仅以进出口货物量计算,铁路运输也仅次于海上运输而居第二位。

铁路运输可分为国际铁路货物联运和国内铁路货物运输两种。

(一)国际铁路货物联运

1. 国际铁路货物联运的含义

凡是使用一份统一的国际联运票据,由两个或两个以上不同国家铁路当局联合起来负责一票货物的全程运送,当货物由一国铁路向另一国铁路移交时,不需发货人和收货人参加的运输方式被称为国际铁路货物联运。目前,我国通往欧洲的国际铁路联运线有两条:一条是利用俄罗斯的西伯利亚大陆桥贯通中东和欧洲各国;另一条是由江苏连云港至新疆出境后与哈萨克斯坦铁路连接,贯通俄罗斯、波兰、德国至荷兰的鹿特丹。

2. 国际铁路货物联运适用的公约

由于国际铁路货物联运涉及两个或两个以上的国家的铁路部门,为了顺利开展联运业务,有关当事国家事先必须签订书面协定。目前关于国际铁路联运的公约或协定有很多,主要有《国际铁路货物运输公约》(简称《国际货约》)、《国际铁路货物联运协定》(简称《国际货协》)等。

(1)《国际铁路货物运输公约》(Convention Concerning International Carriage of Goods by Rail,CIM)简称《国际货约》,是关于铁路货物运输的国际公约。它是在 1890 年制定的《国际铁路货物运达规则》(简称《伯尔尼公约》)基础上发展起来的。1961 年 2 月 25 日由奥地利、法国、西德、比利时等国在瑞士伯尔尼签订，又于1970年2月7日修订，修订后的《国际货约》于1975年1月1日生效。其成员国包括了主要的欧洲国家，如法国、德国、比利时、意大利、瑞典、瑞士、西班牙及东欧各国，此外还有西亚的伊朗、伊拉克、叙利亚，西北非的阿尔及利亚、摩洛哥、突尼斯等共28国。国际铁路运输中央事务局总部设在伯尔尼。

《国际货约》适用于至少两个缔约国之间的铁路联运。铁路的运输单据称为运单，内容包括接货地点、日期和交货地点及货物质量情况、件数、标记等，是运输合同成立的证据。承运人对货物的灭失、残损或延误负责，但由索赔人的错误行为、货物的内在缺陷或承运人所不能避免的原因造成者除外，责任豁免的举证在于承运人。承运人的责任限制为每千克50金法郎，但由承运人的有意错误行为或严重错误所造成的损害的赔偿限额为上述赔偿限额的2倍。对承运人的诉讼时效为1年，但涉及承运人欺诈或有意错误行为的案件，诉讼时效为2年。

(2)《国际铁路货物联运协定》(Agreement Concerning International Carriage of Goods by Rail)简称《国际货协》，是关于国际铁路货物联运的多边条约。1951年在华沙订立，我国于1953年加入。其成员国主要是苏联、东欧、中国、蒙古、朝鲜、越南等总计12国。德国统一和东欧剧变后，民主德国、匈牙利和捷克相继中止《国际货协》。《国际货协》签订以后至1971年先后经过多次修改和补充，现行的是1971年4月经铁路与合作组织核准，并从1974年7月起生效的文本。主要规定了协定适用的范围，运输合同的订立，货物运送组织、运送条件、运送费用计算核收的办法，铁路与发货人、收货人之间的权利与义务以及赔偿和诉讼的问题。此外，在法律适用上，凡《国际货协》有规定，而国内规章也有规定时，不论两者是否相同，应适用《国际货协》的规定。但在两邻国铁路间有特殊规定时，应按其规定的条件办理。《国际货协》中没有规定的事项，适用国内铁路规章。它强调国际铁路货物运输是通过签订合同来设立和实现的，因此它对合同的缔结、双方当事人的权利与义务、责任的划分与索赔等做了详细规定。《国际货协》是参加国际货物联运协定各国铁路和发、收货人办理货物联运所必须共同遵守的基本文件，是调整我国与该协定参加国之间铁路货物运输的主要法律依据。

东欧国家既是《国际货协》的成员国，又是《国际货约》的成员国，从而为沟通国际间的货物铁路运输提供了有利条件，即参加《国际货约》国家的进出口货物，可以通过铁路直接转运到《国际货协》成员国。我国是《国际货协》的成员国，凡经由铁路运输的进出口货物均按《国际货协》的规定办理。

3. 国际铁路货物联运的范围

国际铁路货物联运的范围如下：

(1)参加《国际货协》的国家之间的铁路货物运输。发货人在始发站以一张运单向铁路托运，即可由铁路负连带责任办理货物的全程运输，在最终目的站将货物交付给收货人。

(2)《国际货协》成员国与非成员国之间的货物运输。参加《国际货协》的国家与未参加《国际货协》的国家之间的顺向或反向的货物运输，亦可办理联运。一般做法是：从参加《国际货协》的国家向未参加《国际货协》的国家运送货物时，发货人在始发站使用国际货协联运运单办理至参加《国际货协》的最后一个过境国的出口境站，由该站站长负责办理转送至最终目的站。从未参加《国际货协》的国家向参加《国际货协》的国家运送货物时，由发货人用适当的国际联运运单办理至参加《国际货协》的第一过境铁路的进口国过境站，由该站站长负责将货物转运至最终目的站。

(3)通过参加《国际货协》国家的港口向其他国家运输货物。发货人使用国际货协联运运单将货物发运至《国际货协》国港口，由港口转运代理人办理将货物转发至最终目的地的手续。

4. 国际铁路货物联运的运输费用

国际铁路货物联运中，发送国铁路的运输费用按发送国铁路的国内运价计算；到达国铁路的运输费用按到达国铁路的国内运价计算；过境国铁路的运输费用，按《国际铁路货物联运协定统一过境运价规程》(简称《统一货价》)规定计算。

(二)对港澳地区的铁路货物运输

中国内地对港澳地区的货物运输大部分由铁路承担，由内地段铁路运输和港段铁路运输两段两部分构成，一般都委托中国对外贸易运输公司承办。

对港段铁路运输的具体做法是：发货地外运公司或外贸进出口公司根据对港段铁路运输计划安排，填制国内铁路运单向车站办理至深圳北站的托运手续，收货人为中国对外贸易运输公司深圳分公司。货物从发货地运至深圳北站后由深圳分公司接货，并向深圳铁路局租车，然后由其负责向海关申报，海关放行过轨后，由深圳外运分公司在香港的代理人——香港中国旅行社负责办理港段铁路运输托运工作，将货物运至九龙目的站，交给收货人。因此，对港段铁路货物运输既不同于国际铁路货物联运，也不同于普通的国内铁路货物运输，而是一种特殊的“租车过轨，两票运输”的货物运送方式。

至澳门铁路运输，货物自发货地运往广州南站，由广东省外运公司接货，由其办理水路中转，将货物运往澳门，货到澳门由南光集团运输部负责接货并交付收货人。其他手续与对香港运输货物的手续相同。

三、国际航空货物运输

航空货物运输(Air Transport)是指采用商业飞机运输货物的商业活动，是一种现代化的运输方式。尽管其运费高、仓容小、受自然因素影响大，但由于其运输速度快、货运质量高且不受地面条件的限制等优点，尤其是近年来，随着国际贸易迅速发展以及国际货物运输技术的不断提高，航空运输方式也日趋普遍，航空运输在国际贸易中的作用也越来越突显，主要体现在：

(1)当今国际贸易大多是洲际市场，商品竞争激烈，时间就是金钱，争取时间至关重要。航空运输的出现，满足了国际市场的这种需要，对于国际贸易的发展起到了很大的推动作用。

(2)易腐、鲜活商品对时间要求极为敏感，采用航空运输，可保新成活，并有利于开辟运输距离较远的市场。航空运输还适用季节性商品及其他应急物品的运送。

(3)航空运输虽然运量小、运价高，但由于速度快，商品周转期短，存货可相应降低，资金可迅速回收，这就大大节省了储存和利息费用；货损货差少，可简化包装，又可节省包装费用；运输安全准确，保险费也较低。

目前，我国的进出口商品中，进口采用空运的主要有计算机、成套设备中的精密部件、电子产品等；出口采用空运的主要有丝绸、纺织品、海产品、水果和蔬菜等。

(一)国际空运货物运输方式

国际空运货物主要运输方式有以下 4 种：

1. 班机运输

班机运输(Scheduled Airline)是指使用在固定时间、固定航线、固定始发站和目的站飞行的飞机所进行的货物运输。通常班机是使用客货混合型飞机，一些大的航空公司也有开辟定期全货机航班的。班机因具有定时、定航线、定站等特点，因此适用于运送急需物品、鲜活商品以及节令性商品。

2. 包机运输

包机运输(Chartered Carrier)是指包租整架飞机或由几个发货人(或航空货运代理公司)联合包租一架飞机来运送货物的运输。一般来说,包机可分为整包机和部分包机两种形式,前者适用于运送数量较大的商品,后者适用于发货人有多个但货物到达站又是同一地点的货物运输。

3. 集中托运

集中托运(Consolidation)是指航空货运公司把若干单独发运的货物(每一货主货物要出具一份航空运单)组成一整批货物,用一份总运单(附分运单)整批发运到预定目的地,由航空公司在那里的代理人收货、报关、分拨后交给实际收货人。集中托运的运价比国际空运协会公布的班机运价低7%~10%。因此发货人比较愿意将货物交给航空货运公司安排集中托运。

4. 航空急件传送

航空急件传送(Air Express Service)是目前国际航空运输中最快捷的运输方式。它不同于航空邮寄和航空货运,而是由一个专门经营此项业务的机构与航空公司密切合作,设专人用最快的速度在货主、机场、收件人之间传送急件,特别适用于急需的药品、医疗器械、费重物品、图纸资料、货样及单证等的传送,被称为"桌到桌运输"(Desk to Desk Service)。

(二)航空运输的运价

航空运输货物的运价是指从启运机场至目的机场的运价,不包括其他额外费用(如与空运有关的地面运输、仓储、清关、制单等环节的费用)。航空运价一般是按货物实际重量(以千克为单位)或体积重量(6 000立方厘米折合1千克)以两者中高者为基础计算的。一般用始发地的本国货币公布,有的国家以美元代替本国货币公布。针对航空运输货物的不同性质与种类,航空公司规定的运价标准分为一般货物运价、特种货物运价和货物的等级运价、最低运价等。

(三)有关的国际航空运输公约

航空业有跨国的特征,因而航空货物运输的发展必然伴随着调整其统一实体法规范的国际公约的产生与发展。这其中较有影响力的国际航空运输公约有:《华沙公约》(1929年)、《海牙议定书》(1955年)、《瓜达拉哈拉公约》(1961年)、《危地马拉议定书》(1971年)、《蒙特利尔一号附加议定书》(1975年)等。

在上述这些文件中,《华沙公约》是最基本的,其他各项公约和议定书都是对《华沙公约》的补充和修订。所以,上述这些文件又被合称为华沙体系。它们一方面彼此内容相关,而另一方面却又相互独立,《华沙公约》的缔约国并不自然成为以后其他议定书的参加国,也不一定受其管辖。

在上述公约和议定书中,以《华沙公约》和《海牙议定书》的使用范围最为广泛,已经为世界大多数国家所认可。

四、国际集装箱货物运输

集装箱运输(Container Transport)是以集装箱为集合包装和运输单位,适合门到门交货的成组运输方式,也是成组运输的高级形态,可广泛用于海洋运输、铁路运输和国际多式联运等。

集装箱(Container)又称"货柜""货箱",英文原意是一种容器,是一种有一定强度和刚度、能长期反复使用、可以集装成组货物而专供周转使用并便于机械操作和运输的大型货物容器。

为统一其规格，ISO 推荐了 4 个系列 13 种规格的集装箱。目前在国际运输中常用的是 1A 型 $8\times8'\times40'$ 和 IC 型 $8'\times8'\times20'$，习惯上称为 40 尺和 20 尺集装箱。为了便于统计计算，国际上都以 20 英尺集装箱作为计算衡量单位，以 TEU(Twenty-foot Equivalent Unit)表示。在统计不同型号的集装箱时，按集装箱的长度换算成 TEU 加以计算。

(一)集装箱运输的特点和优越性

与传统散杂货运输相比，集装箱运输具有高效益、高效率和高协作的优点，这主要是因为以集装箱作为运输单位，有利于提高装卸效率和加速车船的周转，从而减少车船营运费用，有利于提高运输质量和减少货损货差，有利于节省各项费用和降低货运成本，有利于简化货运手续和便利货物运输，有利于把传统单一运输串联为连贯的成组运输，促进了国际多式联运的发展。

然而，集装箱运输也是一种高投资的运输方式。对集装箱船舶、集装箱以及集装箱港口和相应内陆设施及内陆货运站等方面的巨额投资是集装箱运输总成本的主要构成部分。

(二)集装箱运输货物的装箱方式

1. 整箱货

整箱货(Full Container Load，FCL)指货方在自己的仓库或工厂里将经过报关检验的货物自行装满整箱后，直接运往集装箱堆场(Container Yard，CY)，以箱为单位交由承运人办理托运；货到目的地(港)后，由收货人或其代理人在办理进口报关、提货手续后，按约定地点提取未经开封的整箱货并自行安排拆箱卸货。通常情况下，整箱货涉及一个发货人、一个收货人。

2. 拼箱货

拼箱货(Less Than Container Load，LCL)是指当货主托运的货物数量不足整箱时，由承运人在集装箱货运站(Container Freight Station，CFS)根据货物性质和目的地(港)分类整理，把不同货主的同一流向的货物拼装在一个集装箱内，货到目的地(港)后再由承运人拆箱后分拨给各收货人。通常情况下，拼箱货涉及多个发货人、多个收货人。

(三)集装箱运输货物的交接方式

国际上通用的集装箱货物交接方式主要有以下 4 种：

1. 整箱交、整箱接(FCL/FCL)

又称整装整拆，即发货人以整箱交货，而收货人以整箱接货。该方式最能发挥集装箱运输的优越性，效果最好。

2. 整箱交、拆箱接(FCL/LCL)

又称整装拼拆，即交货人以整箱交货，货物到目的地货运站后，由承运人负责拆箱，各收货人凭单接货。

3. 拼箱交、拆箱接(LCL/LCL)

又称拼装拼拆，即各发货人将不足整箱的小票货物在货运站交给承运人，由承运人拼箱后运至目的地货运站，再由承运人负责拆箱，各收货人凭单接货。

4. 拼箱交、整箱接(LCL/FCL)

又称拼装整拆，即各发货人将不足整箱的小票货物在货运站交给承运人，承运人分类整理后，将同一收货人的货物集中拼成整箱，运往目的地，收货人整箱接货。

(四)集装箱货物的交接地点

集装箱运输中，货物可以在进出口国的集装箱堆场(CY)、集装箱货运站(CFS)、工厂或仓库(Door)和船边或吊钩(Ship's Rail or Hook/Tackle)4 个地点进行交接。其中，船边或吊钩交接方式已经很少使用，所以，结合上述交接方式，集装箱货物的交接地点主要有 9 种，见表 6－1。

表 6－1　集装箱货物的交接地点与交接方式

出口	进口	交接方式
FCL	FCL	D－D、D－CY、CY－D、CY－CY
FCL	LCL	D－CFS、CY－CFS
LCL	FCL	CFS－D、CFS－CY
LCL	LCL	CFS－CFS

（五）集装箱运输的费用

集装箱整箱货物运输整个过程可分为 5 个阶段：发货地内陆运输、装运港港区运输和作业、海上运输、卸货港港区运输和作业、收货地内陆运输。对于拼箱货物运输还要在此基础上加上装卸两地货运站的拼箱作业和拆箱作业。因此，集装箱运输的费用构成和传统的运输方式有所不同，需要根据不同的运物交接方式加以确定，具体见表 6－2。在上述费用中，集装箱海运运费主要由船舶运费和相关的杂费构成。目前，集装箱海运运费主要有以下两种计算方式。

1. 按照普通杂货班轮运费计算方法计算运费

即按照传统件杂货计算方法，以每运费吨为计算单位。再加收一定的附加费，多用于拼箱货物运输。

2. 按照包箱费率计算运费

即以每个集装箱为计算单位，以包箱费率乘以集装箱个数计算运费，多用于整箱货物运输。

集装箱包箱费率有 4 种形式。

（1）FAK（Freight for All Kinds）包箱费率，是指每个集装箱不按货物种类（指普通货物）、不计箱内所装货物重量和尺码（在本箱型规定的重量限额内），只按箱型统一收取的运价。

表 6－2　集装箱运输的主要运费构成因素

交接方式		发货地内陆运费	发货地货运站拼箱费	装货港码头搬运费	集装箱海运运费	卸货港码头搬运费	收货地货运站拆箱费	收货地内陆运费
FCL/FCL	D－D	✓		✓	✓	✓		✓
	D－CY	✓		✓	✓	✓		
	CY－D			✓	✓	✓		✓
	CY－CY			✓	✓	✓		
FCL/LCL	D－CFS	✓		✓	✓	✓	✓	
	CY－CFS			✓	✓	✓	✓	
LCL/FCL	CFS－D		✓	✓	✓	✓		✓
	CFS－CY		✓	✓	✓	✓		
LCL/LCL	CFS－CFS		✓	✓	✓	✓	✓	

（2）FCS（Freight for Class）包箱费率，是指按不同的集装箱箱型、对货物按一定等级分类制定的包箱费率。

（3）FCB（Freight for Class & Basis）包箱费率，是指按不同货物的类别或等级以及计算标准制定的包箱费率。在这种费率中，即使装有同种货物，在分别使用重量吨和尺码吨作为计算单位时，其包箱费率也不相同。由于FCB包箱费率计算较为繁杂，在实际业务中很少见。

(4)商品包箱费率(Commodity Rate)，是指不分货物等级，对每一种货物分别制定不同箱型的基本费率。这一种形式，商品包箱费率查找计算简便，美国航线使用较多。

许多班轮公司根据自己的需要，制定了不同的包箱费率，即使同一家船公司的包箱费率，也因航线不同而存在差异。

【实务操作】 某公司出口一批十字扳手到美国，共2 600件，总重量72.5公吨，总尺码为100立方米，由船公司装了5个20′集装箱。经查船公司运价表，20英尺箱运费率是USD750，装箱费是USD120/20′。试计算该批十字扳手的总运费。

【解析】 总运费=(750+120)×5=4 350(美元)

五、国际多式联合运输及其他运输方式

(一)国际多式联合运输(International Multimodal Transport)

国际多式联合运输简称国际多式联运或多式联运。它的产生是当今科学技术的不断发展在国际贸易运输中的体现，是国际运输组织技术的革新。国际多式联运是在集装箱运输的基础上产生并发展起来的，一般以集装箱为媒介，把海上运输、铁路运输、公路运输、航空运输和内河运输等传统的单一运输方式有机地结合起来，构成一种连贯的过程来完成国际间的货物运输。因而，它除了具有集装箱运输的优越性之外，还将其他各种运输方式的特点融汇一体，加以扬长避短的综合利用，比传统单一的运输方式具有无可比拟的优越性。

国际多式联运于20世纪60年代末首先在美国出现，经过试办，取得显著效果，受到贸易界的普遍欢迎。

中国外运(集团)公司于1980年末在我国首先承办国际多式联运业务。经过多年的努力，目前已开办有10多条国际多式联运路线，承办的范围有日本、美国等20多个国家。国际多式联运是当前国际贸易运输发展的方向。我国地域辽阔，更有发展多式联运的潜力。可以预料，随着我国内陆交通运输条件的改善，我国国际多式联运必将蓬勃地发展起来。

(二)内河运输

内河运输是水上运输的一个重要组成部分，也是连接内陆腹地和沿海地区的纽带。它具有运量大、投资少、成本低、耗能少的特点，对于国家的国民经济和工业布局起着重要的作用，因此世界各国都很重视内河运输系统的建设。

(三)国际公路运输

国际公路运输(International Road Transport)是一种现代化的陆上运输方式，其运输工具主要是汽车，通道是公路。公路运输虽然运输距离较短，载货量较小，但具有机动灵活、方便、应急性强的优点，是港口、车站、机场集散进出口货物的重要手段，尤其在实现“门到门”的运输时，公路运输发挥着不可替代的作用。

(1)公路运输的特点决定了它最适合于短途运输。它可以将两种或多种运输方式串联起来，实现多种运输方式的联合运输(多式联运)，做到进出口货物运输的“门到门”服务。

(2)公路运输可以配合船舶、火车、飞机等运输工具完成运输的全过程，是港口、车站、机场集散货物的重要手段。

(3)公路运输也是一个独立的运输体系，可以独立完成进出口货物运输的全过程。目前，公路运输已经成为欧洲大陆国家之间、我国边境贸易和港澳货运进出口货物的最重要运输方式之一。

(四)邮政运输

国际邮政运输具有广泛的国际性,并具有国际多式联运和"门到门"运输的性质。它的手续简单方便,发货人只需将邮包交到邮局,付清邮费并取得邮政收据(即邮单),然后将邮政收据交给收货人即完成了交货任务。

(五)管道运输

管道运输是随着石油的生产、运输而产生、发展的,是运输通道和运输工具合二为一的一种运输方式。这种运输方式具有安全、迅速、不污染环境的特点,但铺设管道技术较为复杂、成本高,而且要求有长期稳定的油源。

(六)大陆桥运输

大陆桥运输(Land Bridge Transport)是指使用横贯大陆的铁路(公路)运输系统作为中间桥梁,把大陆两端的海洋连接起来的集装箱连贯运输方式。国际贸易货物使用大陆桥运输具有运费低廉、运输时间短、货损货差率小、手续简便等特点。因此,大陆桥运输是一种经济、迅速高效的现代化运输方式。

大陆桥运输一般以集装箱为媒介,是集装箱运输产生和发展后的产物,开始于 1967 年,发展到现在已形成西伯利亚大陆桥、欧亚大陆桥和北美大陆桥三条大条大陆桥运输路线。

1. 西伯利亚大陆桥运输

西伯利亚大陆桥是利用俄罗斯西伯利亚铁路作为桥梁,把远东、东南亚和澳大利亚地区与欧洲、中东地区联结起来,因此又称亚欧大陆桥。这是目前世界上最长的运输大陆桥。成立了西伯利亚大陆桥国际运输协调委员会来协调西伯利亚大陆桥运输事宜。目前该委员会有 90 多个会员,会员来自 21 个国家,包括独联体国家、德国、芬兰、蒙古、日本、韩国及欧盟的铁路公司、货代协会、海关、港口和船公司代表。

2. 新亚欧大陆桥运输

新亚欧大陆桥即为第二亚欧大陆桥,于 1992 年投入运营,为欧洲与亚洲两侧海上运输线联结起来的便捷运输铁路,由中国陇海和兰新铁路与哈萨克斯坦铁路接轨。它东起我国连云港,经陇海线、兰新线,接北疆铁路,出边境阿拉山口,穿越哈萨克斯坦、俄罗斯和白俄罗斯,与西伯利亚大陆桥重合,最终抵达荷兰鹿特丹、阿姆斯特丹等西欧主要港口,是目前亚欧大陆东西最为便捷的通道。

3. 北美大陆桥运输

北美大陆桥是世界上历史最悠久、影响最大、服务范围最广的大陆桥运输线。它指从日本东向,利用海路运输到北美西海岸,再经由横贯北美大陆的铁路线,陆运到北美东海岸,再经海路运输到欧洲的"海—陆—海"运输结构。北美大陆桥包括两条路线:一条是从西部太平洋口岸至东部大西洋口岸的铁路(或公路)运输系统,另一条是西部太平洋沿岸至南部墨西哥湾口岸的铁路(或公路)运输系统。在这里我们简单介绍一下美国的 OCP 运输。

OCP 运输是美国大陆桥运输的形式之一。OCP 是 Overland Common Points 的缩写,译作陆路共通点,是用来说明海上运输目的地的术语。所谓陆路共通点,是指美国西海岸有陆路交通工具与内陆区域相连通的港口。美国内陆区域,是以洛基山脉(Rocky Mountains)为界,即除紧临太平洋的美国西部九个州以外,其以东地区均为适用 OCP 的地区范围。OCP 的运输过程就是远东地区出口到美国的货物海运到美国西部港口(旧金山、西雅图或者洛杉矶)卸货,再通过陆路交通(主要是铁路)向东运至指定的内陆地区。

按 OCP 运输条款规定,凡是经过美国西海岸港口转往上述内陆地区的货物,如按 OCP 条款运输，就可享受比一般直达西海岸港口更为优惠的内陆运输费率，一般低 3%～5%。相反方向，凡从美国内陆地区启运经西海岸港口装船出口的货物同样可按 OCP 运输条款办理，可享受比一般正常运输更低的优惠海运运费，每吨低 3～5 美元。

采用 OCP 运输条款必须满足以下条件：

(1)货物最终目的地必须属于 OCP 地区范围。这是签订 OCP 运输条款的前提。

(2)货物必须经由美国西海岸港口中转。因此，在签订贸易合同时，有关货物的目的港应规定为美国西海岸港口，即为 CFR 或 CIF 美国西海岸港口条件。

(3)在提单备注栏内及货物唛头上应注明最终目的地 OCP××城市。例如，我国向美国出口一批货物，卸货港为美国旧金山，最终目的地是底特律。旧金山是美国西海岸港口之一，底特律属于美国内陆地区城市，此笔交易就符合 OCP 规定。经双方同意，就可采用 OCP 运输条款。在贸易合同和信用证内的目的港可填写“旧金山(内陆地区)”，即 CIF San Francisco (OCP)。除在提单上填写目的港旧金山外，还必须在备注栏内注明“内陆地区底特律”字样，即“OCP Detroit”。

第三节 运输单据

运输单据通常是指代表运输中的货物或证明货物已经付运的单据。它们具体反映了同货物运输有关的当事人(如发货人、承运人、收货人等)的责任与权利，是货物运输业务中最重要的文件，也是结汇的主要单据。运输单据包括：海洋运输使用提单，铁路运输使用铁路运单，航空运输使用航空运单，邮包运输使用邮包收据，多式联合运输则使用联合运输提单或联合运输单据。

一、海运提单(Bill of Lading)

海运提单，通常简称为提单，是承运人或其代理人在收到货物后签发给托运人的一种证件，它体现了承运人与托运人之间的相互关系。

(一)海运提单的性质和作用

提单的性质和作用，表现在以下三个方面：

(1)是承运人或其代理人出具的货物收据，证明其已按提单记载收到托运人的货物。

(2)是代表货物所有权的凭证。提单的持有人拥有支配货物的权利。因此，提单可以用来向银行议付货款和向承运人提取货物，也可用来抵押或转让。

(3)是承运人和托运人双方订立的运输契约的证明，提单条款明确规定了承运人和托运人之间的权利、责任和豁免，一旦发生争议，双方据此进行解决。

(二)海运提单的格式和内容

海运提单包括班轮提单和租船合同项下的提单两种。这两种提单的格式不同，内容也不一样。班轮提单包括正面和背面内容，正面主要是列有托运人和承运人分别填写的有关货物与运费等记载事项，背面主要是事先印好的涉及承运人和托运人、承运人与收货人之间权利、义务与责任豁免的条款；而租船合同只有正面列有简单的记载事项，并标明“所有其他条款、条件和例外事项均按某年某月某日的租船合同办理”，提单的背面没有印就的条款。海运提单的范例如表 6－3。

表 6—3 **海运提单范本**

<table>
<tr><td colspan="2">1)SHIPPER 托运人</td><td rowspan="6">10)B/L NO.
COSCO
中国远洋运输(集团)总公司
CHINA OCEAN SHIPPING (GROUP)CO.
ORIGINAL
BINED TRANPORT BILL OF LADING</td></tr>
<tr><td colspan="2">2)CONSIGNEE 收货人</td></tr>
<tr><td colspan="2">3)NOTIFY PARTY 被通知人</td></tr>
<tr><td>4)PLACE OF RECEIPT 收货地</td><td>5)OCEAN VESSEL 船名</td></tr>
<tr><td>6)VOYAGE NO. 船名 航次</td><td>7)PORT OF LOADING 装运港</td></tr>
<tr><td>8)PORT OF DISCHARGE 卸货港</td><td>9)PLACE OF DELIVERY 目的港</td></tr>
<tr><td colspan="3">11)MARKS 唛头 12)NOS. &KINDS OF PKGS 包装与件数 13)DESCRIPTION OF GOODS 商品名称
14)G. W. (kg)毛重 15)MEAS URES(m^3)尺码</td></tr>
<tr><td colspan="3"></td></tr>
<tr><td colspan="3">16)TOTAL NUMBER OF CONTAINERS OR PACKAGES(IN WORDS)总件数</td></tr>
</table>

<table>
<tr><td>FREIGHT & CHARGES
运费支付</td><td>REVENUE TONS
计费吨数</td><td>RATE
价格</td><td>PER</td><td>PREPAID
预付</td><td>COLLECT
到付</td></tr>
<tr><td>PREPAID AT 预付</td><td colspan="2">PAYABLE AT 应付</td><td colspan="3">17) PLACE AND DATE OF ISSUE
签发地点与日期</td></tr>
<tr><td>TOTAL PREPAID
总额预付</td><td colspan="2">18) NUMBER OF ORIGINAL B(S)/L
正本提单份数</td><td colspan="3"></td></tr>
<tr><td colspan="3">LOADING ON BOARD THE VESSEL
19)DATE 日期</td><td colspan="3">20)BY 出具人</td></tr>
</table>

班轮提单的格式也很多,每个船公司都有自己的提单格式,但基本内容大致相同。主要包括:

1. B/L 的正面条款

提单正面的内容通常包括以下内容:

(1)托运人(Shipper)。

(2)收货人(Consignee)。

(3)被通知人(Notify Party)。

(4)收货地(Place of Receipt)。

(5)船名(Ocean Vessel)。

(6)船名航次(Voyage No.)。

(7)装货港(Port of Loading)。

(8)卸货港(Port of Discharge)。

(9)目的港(Place of Delivery)。

(10)提单号码(B/C No.)。

(11)唛头(Shipping Marks)。

(12)件数和包装种类(Number and Packages)。

(13)货名(Description of Goods)。

(14)毛重、尺码(Gross Weight,Measurement)。

(15)尺码(Measures)。

(16)总件数(Total Number of Containers or Packages)。

(17)签发地点和日期(Place and Date of Issue)。

(18)正本提单份数(Number of Original B(S)/S)。

(19)日期(Date)。

(20)出具人(By)。

2. B/L 的背面条款

在班轮提单的背面,通常印有运输条款,通常包括:定义条款(Definition Clause)、管辖条款(Jurisdiction Clause)、责任期限条款(Duration of Liability)、包装和标志(Package and Marks)、运费和其他费用(Freight and Other Charges)、自由转船条款(shipment Clause)、错误申报(Inaccuracy in Particulars Furnished by Shipper)、责任限额(Limit of Liability)、共同海损(General Average)、美国条款(Acan Clause)以及舱面货、活动物和植物(On Deck Cargo, Live Animal,Plants)等。

这些条款成为确定托运人和承运人之间责任、权利和义务的主要依据。提单中的条款,开始是由船方自己拟定的,所以其在制定提单条款时最大限度地照顾了船方的利益,在条款中加入越来越多的免责条款,使得货方的利益越来越不能得到保障,并大大降低了海运提单作为物权凭证的作用。

(三)海运提单的制单要点

海运提单主要项目填制说明如下:

1. 托运人(Shipper)

即与承运人签订运输契约,委托运输的货主,即发货人。在信用证支付方式下,一般以受益人为托运人;托收方式以托收的委托人为托运人。另外,根据 UCP600 第 31 条规定:除非信用证另有规定,银行将接受表明以信用证受益人以外的第三者为发货人的运输单据。

2. 收货人(Consignee)

收货人要按合同和信用证的规定来填写。一般的填法有下列几种:

(1)记名式:在收货人一栏直接填写上指定的公司或企业名称。该种提单不能背书转让,必须由收货人栏内指定的人提货或收货人转让。

(2)不记名式:即在收货人栏留空不填,或填“To Bearer”(交来人/持票人)。这种方式承运人交货凭提单的持有人,只要持有提单就能提货。

(3)指示式:指示式的收货人又分为不记名指示和记名指示两种。

在实际业务中,L/C 项下提单多使用指示式。托收方式,也普遍使用不记名指示式。若作成代收行指示式,事先要征得代收行同意。因为根据《国际商会托收统一规则》(URC522)

中第10条a款规定：除非先征得银行同意，货物不应直接运交银行，亦不应以银行或银行的指定人为收货人。如未经银行事先同意，货物直接运交银行，或以银行的指定人为收货人，然后由银行付款或承兑后将货物交给付款人时，该银行并无义务提取货物，货物的风险和责任由发货人承担。

3. 被通知人(Notify Party)

原则上该栏一定要按信用证的规定填写被通知人即收货人的代理人或提货人，货到目的港后承运人凭该栏提供的内容通知其办理提货，因此，提单的被通知人一定要有详细的名称和地址，供承运人或目的港及时通知其提货。若L/C中未规定明确地址，为保持单证一致，可在正本提单中不列明，但要在副本提单上写明被通知人的详细地址。托收方式下的被通知人一般填托收的付款人。

4. 船名(Ocean Vessel)

即由承运人配载装货的船名，班轮运输多加注航次(Voy. No.)。

5. 装运港(Port of Loading)

填实际装运货物的港名。L/C项下一定要符合L/C的规定和要求。如果L/C规定为“中国港口”(Chinese Port)，此时不能照抄，而要按装运的我国某一港口实际名称填。

6. 卸货港(Port of Discharge)

原则上L/C项下提单卸货港一定要按L/C规定办理。但若L/C规定两个以上港口或笼统写“××主要港口”如“European Main Ports”(“欧洲主要港口”)时，只能选择其中之一或填明具体卸货港名称。

如果L/C规定卸货港名后有“In Transit to ××”，只能在提单上托运人声明栏或唛头下方空白处加列。尤其我国只负责到卸货港而不负责转运者，不能在卸货港后加填，以说明卖方只负责到卸货港，以后再转运到何地由买方负责。

另外，对美国和加拿大O. C. P(Overland Common Points)地区出口时，卸货港名后常加注“O. C. P ××”。例如L/C规定：“Los Angeles O. C. P Chicago”，可在提单目的港填制：Los Angeles O. C. P；如果要求注明装运最后城市名称时，可在提单的空白处和唛头下加注“O. C. P. Chicago”，以便转运公司办理转运至“Chicago”。

7. 唛头(Shipping Marks /Marks & Nos.)

如果信用证有明确规定，则按信用证缮制；信用证没有规定，则按买卖双方的约定，或由卖方决定缮制，并注意做到单单一致。

8. 包装与件数(No. & Kind of Packages)

一般散装货物该栏只填“In Bulk”，大写件数栏可留空不填。单位件数与包装都要与实际货物相符，并在大写合计数内填写英文大写文字数目。如总件数为320 CARTONS填写在该栏项下，然后在总件数大写栏(Total Numbers of Packages in Words)填写：Three Hundred And Twenty Cartons Only。如果货物包括二种以上不同包装单位(如纸箱、铁桶)，应分别填列不同包装单位的数量，然后再表示件数：

300	Cartons
400	Iron drums
700	packages

9. 商品名称(描述)(Description of Goods)

原则上提单上的商品描述应按信用证规定填写并与发票等其他单据相一致。但若信用证上货物的品名较多，提单上允许使用类别总称来表示商品名称。如出口货物有餐刀、水果刀、餐叉、餐匙等，信用证上分别列明了各种商品名称、规格和数量，但包装都用纸箱，提单上就可以笼统写：餐具×××Cartons。

10. 毛重和体积(Gross Weight & Measurement)

除非信用证有特别规定，提单上一般只填货物的总毛重和总体积，而不表明净重和单位体积。一般重量均以公斤表示，体积用立方米表示。

11. 运费支付(Freight & Charges)

信用证项下提单的运费支付情况，按其规定填写。一般根据成交的价格条件分为两种：若在 CIF 和 CFR 条件下，则注明"Freight Prepaid"或"Freight Paid"；FOB 条件下则填"Freight Collect"或"Freight Payable at Destination"。若租船契约提单有时要求填："Freight Payable as Per Charter Party"。有时信用证还要求注明运费的金额，按实际运费支付额填写即可。

12. 签发地点与日期(Place and Date of Issue)

提单的签发地点一般在货物起运港所在地，日期则按信用证的装运期要求，一般要早于或与装运期为同一天。有时由于船期不准，迟航或发货人造成迟延，使实际船期晚于规定的装期，发货人为了适应信用证规定，做到单证相符，要求船方同意以担保函换取较早或符合装运期的提单，这就是倒签提单(Ante-Dated B/L)；另外，有时货未装船或未开航，发货人为及早获得全套单据进行议付，要求船方签发已装船提单，即预借提单(Advanced B/L)。这两种情况是应该避免的，如果发生问题，或被买方察觉，足以造成巨大经济损失和不良影响。

13. 承运人签章(Signed for the Carrier)

提单必须由承运人或其代理人签字才能生效。若信用证要求手签的也要照办。对于海运提单由哪些人签署才有效的问题，UCP600 作了新的补充规定，即第 23 条 a(1)款中规定签署人可以是承运人或作为承运人的具名代理人或代表，或船长或作为船长的具名代理人或代表。

14. 提单签发的份数(No of Originals B/L)

信用证支付方法下提单正本的签发份数一般都有明确规定，因此，一定要按信用证的规定出具要求的份数。例如信用证规定："Full set 3/3 Original clean on board ocean Bill of Lading..."，这就表明提单签发的正本三份，在提交给银行议付时必须是三份正本。若在提单条款上未规定份数，而是在其他地方指明："...available by beneficiary's draft at sight drawn on us and accompanied by the following documents in duplicate"，表明信用证所要求提交的单据，当然包括提单，全都是一式两份。又如信用证规定："Full set of clean on board Bill of Lading issued..."，此种规定没有具体表明份数，而是指"全套"，根据 UCP600 第 23 条 a(4)款规定："包括一套单独一份的正本提单，或如果签发正本超过一份，则包括出立的全套正本。因此，对此类规定，就要看实际船方签发正本的份数而定。

15. 提单号码(B/L NO.)

一般位于提单的右上角，是为便于工作联系和核查，承运人对发货人所发货物承运的编号。其他单据中，如保险单、装运通知的内容往往也要求注明提单号。

(四)海运提单的种类

海运提单可以从各种不同角度予以分类，主要有以下几种。

1. 根据货物是否已装船分类

(1)已装船提单。已装船提单(On Board B/L，Shipped B/L)是指承运人已将货物装上指定的船舶后所签发的提单，其特点是提单上必须以文字表明货物已装上某具体名称的船上，并记载装船日期，同时还应由船长或其代理人签字。根据《跟单信用证统一惯例》规定，提单应通过预先印就的文字或已装船批注标明货物的装运日期来表明货物已在信用证规定的装货港装上具体名称的船只。在国际贸易中，一般都要求卖方提供已装船提单。

(2)备运提单。备运提单(Received for Shipment B/L)又称收讫待运提单，是指承运人已收到托运货物等待装运期间所签发的提单。在签发备运提单的情况下，发货人可在货物装船后凭以调换已装船提单，也可经承运人或其代理人在备运提单上批注货物已装上某具名船舶及装船日期，并签字后使之成为已装船提单。

2. 根据提单上对货物有无不良批注分类

(1)清洁提单。清洁提单(Clean B/L)是指货物在装船时"表面状况良好"，在提单上不带有承运人明确宣称货物及/或包装有缺陷状况的文字或批注的提单。根据《跟单信用证统一惯例》规定，银行只接受清洁运输单据。清洁提单也是提单转让时所必备的条件。

(2)不清洁提单。不清洁提单(Unclean B/L，Foul B/L)是指在承运人签发的提单上带有明确宣称货物及/或包装有缺陷状况的条款或批注的提单。例如，提单上批注"×件损坏"(× packages in damaged condition)等。

3. 根据收货人抬头分类

(1)记名提单。记名提单(Straight B/L)是指提单上的收货人栏内填明特定收货人名称的提单，只能由该特定收货人提货。由于这种提单不能通过背书方式转让给第三方，不能流通，故其在国际贸易中很少使用。

(2)不记名提单。不记名提单(Bearer B/L)是指提单收货人栏内没有指明任何收货人，只注明提单持有人(Bearer)字样的提单。承运人应将货物交给提单持有人，谁持有提单，谁就可以提货。不记名提单无须背书转让，流通性极强，采用这种提单风险大，故其在国际贸易中也很少使用。

(3)指示提单。指示提单(Order B/L)是指提单的收货人栏填写"凭指定"(To order)、"凭某某人指定"(To order of...)字样的提单。这种提单可经过背书转让，其在国际贸易中广为使用。背书的方式又有"空白背书"和"记名背书"之分。前者是指背书人(提单转让人)在提单背面签名，而不注明被背书人(提单受让人)名称；后者是指背书人除在提单背面签名外，还列明被背书人名称。目前在实际业务中使用最多的是"凭指定"并经空白背书的提单，习惯上称其为"空白抬头、空白背书"提单。

4. 根据运输方式分类

(1)直达提单。直达提单(Direct B/L)是指货物运输途中不经过换船而驶往目的港时承运人所签发的提单。凡合同和信用证规定不准转船者，必须使用这种直达提单。

(2)转船提单。转船提单(Transhipment B/L)是指从装运港装货的轮船，不直接驶往目的港，而需在中途换装另外船舶时承运人所签发的提单。在这种提单上要注明"转船"或"在××港转船"字样。

(3)联运提单。联运提单(Through B/L)是指经过海运和其他运输方式联合运输时由第一程承运人所签发的包括全程运输的提单。它如同转船提单一样，货物在中途转换运输工具和进行交接，由第一程承运人或其代理人向下一程承运人办理。应当指出，联运提单虽包括全程运输，但签发联运提单的承运人一般都在提单中规定，只承担其负责运输的一段航程内的货损责任。

5. 根据船舶营运方式分类

(1)班轮提单。班轮提单(Liner B/L)是指由班轮公司承运货物后签发给托运人的提单。

(2)租船提单。租船提单(Charter Party B/L)是指承运人根据租船合同而签发的提单。在这种提单上注明“一切条件、条款和免责事项按照某年某月某日的租船合同”或批注“根据××租船合同出立”字样。这种提单受租船合同条款的约束。银行或买方在接受这种提单时，通常要求卖方提供租船合同的副本。

6. 根据提单内容的繁简分类

(1)繁式提单。繁式提单(Long Form B/L)是指在提单上列有承运人和托运人权利、义务、责任和豁免等详细条款的提单。这是一种在实际业务中应用较广泛的提单格式。

(2)简式提单。简式提单(Short Form B/L)是指仅保留提单正面的必要记载事项，而无背面详细条款的提单。这种提单一般都列有“本提单货物的收受、保管运输和运费等项，均按本公司全式提单内所印的条款为准”的字样。租船合同项下所签发提单通常是简式提单。

7. 根据提单使用效力分类

(1)正本提单。正本提单(Original B/L)是指提单上有承运人、船长或其代理人签名盖章并注明签发日期的提单。这种提单在法律上是有效的单据。正本提单上必须标明“正本”(Original)字样。正本提单一般签发一式两份或三份，凭其中的任何一份提货后，其余的即作废。《跟单信用证统一惯例》第 20 条 a 款规定，银行接受仅有一份的正本提单，如签发一份以上正本提单时，应包括全套正本提单。买方与银行通常要求卖方提供船公司签发的全部正本提单，即所谓“全套”(Full Set)提单。

(2)副本提单。副本提单(Copy B/L)是指提单上没有承运人、船长或其代理人签字盖章，而仅供工作上参考之用的提单。在副本提单上一般都标明“Copy”或“Non-negotiable”(不作流通转让)字样，以示与正本提单有别。

8. 根据提单的签发日期分类

(1)预借提单。预借提单(Advanced B/L)是指承运人在货物未装船或未装船完毕时签发的提单。在托运人需要提前取得运输单据办理货款结算手续，或作为其他用途时，通常会要求承运人签发预借提单。承运人签发这种提单要承担很大的风险，或者有可能构成承、托双方合谋对善意的第三者收货人进行欺诈的行为。

(2)倒签提单。倒签提单(Anti-dated B/L)是指承运人在提单上签注的货物装船完毕的日期早于货物实际装船完华的日期的提单。这种提单与“预借提单”一样，通常被认为是非法的和欺诈的，应禁止使用。

【案例】 我国某公司与瑞士某公司签订某农产品3 500公吨的合同，每公吨 CIF 鹿特丹 24 英镑共值84 000英镑。装船日期为当年 12 月至次年 1 月，对方以不可撤销的即期信用证进行支付。我国某公司在租船装运时，因原定货船临时损坏，在国外修理，不能在预定的时间到达我国口岸装货，临时改派香港某公司租船装运，但又因连日风雪，迟至 2 月 11 日才装完毕，2 月13 日开航。

我公司为了取得符合信用证所规定的装船日期(即 20××年 12 月 1 日至次年 1 月 31 日)提单，要求外轮代理公司按次年 1 月 31 日签发提单，并以此提单向我银行办理议付。货物到达鹿特丹，经买方聘请律师上船查阅航行日志，查实提单的签发日期是伪造的，立即凭证向当地法院起诉，并由法院发出扣船通知。船由外轮公司以30 000英镑担保放行，我方经 4 个月的谈判，共赔偿20 600英镑，买方才撤回上诉而结案，既损失了外汇，又对外造成了不良的影响。

(3)过期提单。过期提单(Stale B/L)是指出口商不按规定或法定的期限向银行交付的提单。即货物装船后，卖方向当地银行提交装船提单时，银行按正常邮程预计收货人不能在船舶抵港之前收到的提单。此外，按照《跟单信用证统一惯例》第 14 条 C 款的规定，在提单签发日期后 21 天才提交的提单也属于过期提单。过期提单影响买方及时提货、转售并可能造成其他损失，因而为防止买方以此为借口拒付货款，银行一般都拒收过期提单。

【知识拓展】

为了缓解船货各方的利益冲突、协调各方的关系，使国际货物的海洋运输能够在一个相对规范公平的环境内运作，在有关国家和国际组织的努力下，先后签署了一系列的国际惯例、规则和公约，主要有下列几个：

有关 B/L 的三个公约:《海牙规则》《汉堡规则》和《维斯比规则》。

1.《海牙规则》(The Hague Rules)

全称为《关于统一提单的若干法律规则的国际公约》，是 26 个国家于 1924 年 8 月 25 日在比利时的布鲁塞尔签订。这 26 个国家分别为：德国、阿根廷、比利时、智利、古巴、丹麦、西班牙、爱沙尼亚、美国、芬兰、法国、英国、匈牙利、意大利、日本、拉脱维亚、墨西哥、挪威、荷兰、葡萄牙、罗马尼亚、塞尔维亚—克罗地亚—斯洛文尼亚王国、瑞典和乌拉圭。该公约于 1931 年 6 月 2 日起生效，迄今已有 80 多个国家和地区予以承认和采用。

《海牙规则》是海上运输方面一个十分重要的公约。90 多年来很多船运公司在其所拟定的提单条款中规定采用《海牙规则》或在条款中援引该规则的有关条款，从而来确定承运人在货物装船、接收、配载、承运、保管、照料和卸载过程中所承担的责任和义务，以及其应享受的权利和豁免。

2.《维斯比规则》

全称为《修改 1924 年在布鲁塞尔签订的〈关于统一提单的若干法律规则的国际公约〉的议定书》(PROTOCOL TO AMEND THE INTERNATIONAL CONVENTION FOR THE UNIFICATION OF CERTAIN RULES OF LAW RELATING TO BILLS OF LADING, SIGNED AT BRUSSELS ON 25 AUGUST,1924)，又称作《海牙—维斯比规则》。该规则于 1968 年 2 月 23 日在比利时的布鲁塞尔正式签订，并于 1977 年 6 月正式生效。由于该规则的前期准备工作是在瑞典的维斯比完成，所以简称为《维斯比规则》，又因为它是对《海牙规则》的修改和补充说明，因而又常与《海牙规则》一起并称《海牙—维斯比规则》。

迄今为止，参加和实施《维斯比规则》的国家和地区已有 30 多个，主要有：澳大利亚、比利时、加拿大、丹麦、厄瓜多尔、埃及、芬兰、法国、德国、希腊、以色列、意大利、日本、韩国、利比里亚、卢森堡、墨西哥、荷兰、挪威、波兰、新加坡、南非、西班牙、斯里兰卡、瑞典、瑞士、叙利亚、汤加、英国。另外，中华人民共和国和阿根廷在国内立法中吸收了该规则的积极成分。虽然采用的国家和地区的数目不及《海牙规则》，但采用《维斯比规则》的国家和地区却包括目前世界上主要的航运国家，因而在一定程度上讲，《维斯比规则》成为当今国际海运领域调整船货双方关系最有影响力的国际规则。

3.《汉堡规则》(Hamburg Rules)

全称为《1978 年联合国海上货物运输公约》(UNITED NATIONS CONVENTION ON THE CARRIAGE OF GOODS BY SEA,1978)。该规则是在联合国的支持下制定的，所以在名称中冠以联合国的字样，并且由于该规则是在德国的汉堡签订，又被称作《汉堡规则》。《汉堡规则》于 1992 年 11 月正式实施。

二、铁路运输单据(Railway Bill)

铁路运单是铁路承运人收到货物后所签发的铁路运输单据。我国对外贸易铁路运输按营运方式分为国际铁路联运和国内铁路运输两种方式。前者使用国际货协铁路运单,后者使用承运货物收据。

1. 国际货协运单(International Cargo Agreement Transportation)

国际货协运单使用正副本方式。运单正本随同货物从始发站到终点站交给收货人,作为铁路向收货人交付货物的凭证。运单副本在发货站加盖承运期戳记,成为货物已被承运的证明,发货人凭之向银行要求结汇。国际货协运单不能转让。

2. 承运货物收据(Cargo Receipt)

承运货物收据是对港澳铁路运输中使用的一种结汇单据。该收据包括大陆段和港段两段运输,是代办运输的外运公司向出口人签发的货物收据,也是承运人与托运人之间的运输契约,同时还是出口人办理结汇手续的凭证。

三、公路运单(Roadway Bill)

公路运单是在利用汽车运输时,由承运人或其代理人签发的,作为收到货物的收据和运输合同的证明。公路、铁路运单都不是物权凭证,它把货物直接运交给记名收货人,不能背书转让。当货物到达目的地,经证明身份即可把货交给收货人。通常以申请人为运单记名收货人。有时经开证行同意,以开证行为运单收货人,以便银行控制申请人偿付后开证行才将货交给申请人。

四、邮政或速递收据(Post/Courier Receipt)

邮政收据通常是由寄件人填写,注明寄件人、收件人的名称地址,寄运货物的名称、价值等,邮寄核实重量并收费后签发。

邮政收据不是物权凭证,仅仅是货物收据和运输合约。它不可流通转让,直接把货交给记名收货人,不能背书转让。当货物到达目的地,经证明身份即可把货交给收货人。信用证下邮政收据,既可做成申请人为运单记名收货人,也可经开证行同意,以开证行为收货人,以便银行能控制申请人的偿付。专递服务机构签发的专递收据不是物权单据,不可流通转让,货物直接交给收件人。

五、多式联运单据(Multimodal Transport Document)

多式联运单据是指证明多式联运合同以及证明多式联运经营人接管货物并负责按照合同条款交付货物的单据。多式联运单据由承运人或其代理人签发,其作用与海运提单相似,既是货物收据也是运输契约的证明,在单据做成指示抬头或不记名抬头时,可作为物权凭证,经背书可以转让。

第四节 合同中的装运条款

买卖合同中装运条款的内容及其具体订立与合同的性质和运输方式有着密切的关系。我国的进出口合同大部分是 FOB、CIF 和 CFR 合同，而且大部分的货物教师是通过海洋运输。因此，装运时间、装运港、目的港、是否转船与分批装运等内容应包括在装运条款中。

一、装运时间

注意区分“装运时间”(Time of Shipment)与“交货时间”(Time of Delivery)。

装运期即是卖方装运货物的期限，它是买卖合同的主要条件，如果卖方违反该条件，买方则有权撤销合同，并要求卖方赔偿其损失。

(一)装运时间的规定方法

(1)明确规定具体装运时间。这种方法采用较为普遍。

(2)规定在收到信用证后若干天或若干月装运。这类规定方法，主要适用于特殊情况，如按买方要求的花色、品种和规格或专为某商号生产的商品，或者难以转售的商品；在一些外汇管制较严，或实行进口许可证或进出口配额制的国家；对某些信用较差的客户，促使其按时开证等。

(二)规定装运时间应注意的问题

(1)买卖合同中的装运时间的规定，要明确具体，装运期限应当适度。

(2)应注意货源情况、商品的性质和特点以及交货的季节性等。

(3)应结合考虑交货港、目的港的特殊季节因素。

(4)在规定装运期的同时，应考虑开证日期的规定是否明确合理。

二、装运港(地)和目的港(地)

(一)装运港(地)和目的港(地)条款的规定方法

装运港(Port of Shipment)是指货物起始装运的港口。目的港(Port of Destination)是指最终卸货的港口。

(1)一般情况下，装运港和目的港分别规定各为一个。

(2)按实际业务需要，也可分规定两个或两个以上。

(3)在磋商交易时，如明确规定一个或几个装卸港有困难，可以采用选择港(Optional Ports)办法。规定选择港有两种方式：一种是在两个或两个以上港口中选择一个，如 CIF 伦敦，选择港汉堡或鹿特丹，或者 CIF 伦敦/汉堡/鹿特丹；另一种是笼统规定某一航区为装运港或目的港，如“地中海主要港口”“西欧主要港口”等。

(二)确定国外装运港(地)和目的港(地)的注意事项

(1)对国外装运港或目的港的规定，应力求具体明确。在磋商交易时，如国外商人笼统地提出以“欧洲主要港口”或“非欧洲主要港口”为装运港或目的港时，不宜轻易接受。

(2)不能接受内陆城市为装运港或目的港的条件。

(3)必须注意装卸港的具体条件。

(4)应注意国外港口有无重名问题。

(5)如采用选择港口规定，要注意各选择港口不宜太多，一般不超过 3 个，而且必须在同一航区、同一航线上。同时在合同中应明确规定：如所选目的港要增加运费、附加费，应由买方负担，同时要规定买方宣布最后目的港的时间。

三、分批装运和转运

（一）分批装运

分批装运（Partial Shipment）又称分期装运（Shipment by Instalments），是指一个合同项下的货物分若干批或若干期装运。在大宗货物或成交数量较大的交易中，买卖双方根据交货数量、融资情况、运输条件和市场销售等因素，可在合同中规定分批装运条款。

国际上对分批装运的解释和运用有所不同。按有些国家的合同法规定，如合同对分批装运不作规定，买卖双方事先对此也没有特别约定或习惯做法，则卖方交货不得分批装运。国际商会制定的最新版《跟单信用证统一惯例》第 31 条 a 款规定："允许分批支款或分批装运。"因此，为了避免不必要的争议，争取早出口早收汇，防止交货时发生困难，除非买方坚持不允许分批装运，原则上应在出口合同中明确注明"允许分批装运"（Partal shipment to be allowed）。

根据《跟单信用证统一惯例》第 31 条 b 款规定："表明使用同一运输工具并经由同次航程运输的数套运输单据在同一次提交时，只要显示相同目的地，将不视为部分发运，即使运输单据上标明的发运日期不同或装卸港、接管地或发送地点不同。"该惯例第 32 条对定期、定量分批装运还规定："如信用证规定在指定的时间段内分期支款或分期发运，任何一期未按信用证规定期限支取或发运时，信用证对该期及以后各期均告失效。"如合同和信用证中明确规定了分批数量，例如，"3－6 月分 4 批每月平均装运"（Shipment during March/June in four equal monthly lots），以及类似的限批限时、限量的条件，则卖方应严格履行约定的分批装运条款，只要其中任何一批没有按时、按量装运，则本批及以后各批均告失效。据此，在买卖合同和信用证中规定分批定期、定量装运时，卖方必须重合同、守信用，严格按照合同和信用证的有关规定办理。

（二）转运

卖方在交货时，如驶往目的港没有直达船或船期不定或航次间隔太长，为了便于装运，则应在合同中订明"允许转船"（Transhipment to be allowed）。

按《跟单信用证统一惯例》第 19 条 b 款规定，转运意指货物在信用证中规定的发运、接受监管或装载地点到最终目的地的运输过程中，从某一运输工具卸下并重新装载到另一个运输工具上，（无论是否为不同运输方式）的运输。"转运"一词在不同运输方式下有不同的含义，在海运情况下，是指在装货港到卸货港之间的海运过程中，将货物从一艘船卸下再装到另一艘船的运输。《跟单信用证统一惯例》第 19 条 c 款规定.即使信用证禁止转运，注明将要或者可能发生转运的运输单据仍可接受。因此，在具体贸易实践中，为了明确责任和便于安排装运，买卖双方是否同意转运以及有关转运的办法和转运费的负担等问题，应在买卖合同中订明。

四、装运通知

装运通知（Shipping Advice）主要是在采用租船运输大宗进出口货物的情况下，在合同中加以约定的条款。规定装运通知条款的目的在于明确买卖双方责任，促使买卖双方互相合作，共同做好船货衔接和办理货运保险的工作。因此，装运通知是装运条款的一项重要内容。

如按照 FOB.CFR 和 CIF 术语签订的合同，卖方应在货物装船后，按约定的时间，将合同、货物名称、数量、重量、发票金额、船名及装船日期等项内容电告买方；如按 FCA、CPT 和 CIP 术语签订的合同，卖方应在把货物交付承运人接管后，将交付货物的具体情况及交付日期电告买方，以便买方办理保险并做好接卸货物的准备，及时办理进口报关手续。一般要求出口商在货物离开起运地后两个工作日内向进口商发出装船通知。

【本章小结】

本章主要介绍了货物运输方式的种类、特点及运输单据等基本知识，重点讨论了国际海洋运输以及国际货物买卖合同中的装运条款。其中，装运条款是国际贸易合同中的重要文件，关于装运时间、装运港、目的港、是否允许分运和转船的规定都是有关买卖双方的主要责任和义务，只有深入学习和领会条款的意义，才能在今后的实际工作中正确应用。

【课后练习】

一、辨析题

1. 记名提单和指示提单同样可以背书转让。

2. 清洁提单是指不载有任何批注的提单。

3. 货轮运费计收标准的"W/M Plus Ad Val"是指计收运费时，应选三者中较高者计收。

4. 海运单是承运人签发给托运人的货物收据，是物权凭证，可凭此向目的地承运人提货。

5. 班轮运价表中第一级的货物其计收标准是最高的。

6. 同一票货物包装不同，其计费标准和等次也不同，如托运人未按不同包装分别列明毛重和体积，则全票货物均按收费较高者计收运费。

7. 凡装在同一航次、同一条船上的货物，即使装运时间和装运地点不同，也不作分批装运。

二、实务操作题

1. 我某公司出口箱装货物一批，报价为 CFR 利物浦每箱 35 美元，英国商人要求改报 FOB 价。该批货物的体积为 45cm×40cm×25cm，每箱毛重为 35kg，商品计费标准为 W/M，基本运费为 120 美元/运费吨，并加收 20%燃油费。问：我方应如何报价？

2. 有一批货物以 CIF 价出口到曼谷，出口方于 2016 年 3 月 28 日将货物运至广州黄埔港码头，3 月 20 日开始装船。当晚遇到暴雨，不得不歇工，至次日晚 11 时方将货物全部装运完毕。4 月 3 日轮船开航，14 日抵达曼谷，国外客户于 4 月 15 日提货。问：根据提单，我方交货日应为哪一天？

3. 出口到澳大利亚悉尼港某商品 100 箱，每箱毛重 30 公斤，体积 0.035 立方米，运费计算标准为 W/M10 级，查 10 级货直运悉尼港基本运费为 200 元人民币，加货币附加费 35.8%，再加燃油附加费 28%，港口拥挤费 25%，试求运费。

三、案例分析题

1. 我某公司与美国某客商以 FOB 条件出口大枣 5 000 箱，5 月装运，合同和信用证均规定不允许分批装运。我方于 5 月 10 日将 3 000 箱货物装上"喜庆"轮，取得 5 月 10 日的海运提单；又于 5 月 15 日将 2 000 箱装上"飞雁号"轮取得 5 月 15 日的海运提单，两轮的货物在新加坡转船，均由"顺风号"轮运往旧金山港。试分析：我方的做法是否合适？将导致什么结果？为什么？

2. 进口公司以 CIF 鹿特丹出口食品 1 000 箱，即期 L/C 支付。货物装运后，以已装船清洁 B/L 和投保一切险及战争险的保险单，向银行收妥货款。货到目的港后经进口商复检发现以下情况：①该批货物共 10 个批号，抽查 20 箱，发现其中 2 个批号（涉及 200 箱）所含沙门氏菌超过进口国标准。②收货人实际只收到 998 箱，缺少 2 箱。③有 15 箱货物外表情况良好，但箱内货物共缺少 60 千克。据此情况，进口商应该分别向谁索赔？

第七章　国际货物运输保险

【学习目标】

1. 知识目标：了解有关海运风险、损失和费用的基本内容，掌握我国海运货物保险的险别和条款，掌握国际货物保险实务的相关内容。

2. 能力目标：具备正确起草国际贸易买卖合同保险条款的能力，能够独立办理国际货物运输保险业务。

【重点难点】

1. 重点：保险的基本原则，中国海运保险的险别及其规定，买卖合同中保险条款的内容及其拟定，保险金额和保险费的计算。

2. 难点：海运货物保险中可保利益原则，共同海损的界定及分摊。

【导入案例】

我国某外贸公司按照 CIF 术语出口了一批货物，装运前已向保险公司按照发票金额的110%投保平安险，6 月初货物装妥顺利开航。载货船舶于 6 月 13 日在海上遇到暴风雨，致使一部分货物受到水渍，损失价值为2 100美元；数日后该轮又突然触礁，致使该批货物又遭遇到部分损失，价值为8 000美元；结果保险公司只对触礁损失的8 000美元进行了赔偿，而对于遭遇暴风雨受水渍的2 100美元没有给予赔偿。

【分析】　本案例中保险公司赔付触礁损失的8 000美元，是因为按照我国海运保险条款的规定，意外事故造成的部分损失属于保险公司平安险的承保责任范围；而自然灾害造成的部分损失则不属于平安险的承包责任范围，所以由暴风雨造成的2 100美元遭水渍的损失就没有得到保险公司的赔付。

由于货物从出口国到进口国转移要经过长途运输，涉及多个环节，因此在整个运输过程中，可能遇到自然灾害或意外事故而使货物遭受损失，这就使得防灾防损工作在国际贸易中变得尤为重要。经过长途运输，为了在货物遇险受损后能得到一定的经济补偿，弥补损失，进口方或出口方通常需要在货物装运前或装运时投保货物运输保险，以转嫁运输途中的风险。

第一节 保险的基本原则

一、保险的基本概念

按照我国《保险法》的规定，保险是指投保人根据合同约定，向保险人支付保险费，保险人对于合同约定的可能发生的事故因其发生所造成的财产损失承担赔偿保险金责任，或者当被保险人死亡、伤残、疾病或者达到合同约定的年龄期限时承担给付保险金责任的商业保险行为。保险的种类很多，按照保险的性质，可将保险分为商业保险、社会保险和政策保险；按照保险标的，可将保险分为财产保险、人身保险、责任保险和信用保险；按照保险的实施形式，可将保险分为强制保险和自愿保险等。

国际货物运输保险是指在货物装运前，投保人或被保险人与保险人（即保险公司）订立保险合同，通过缴纳保险费并取得保险单证，将货物在运输途中的风险可能造成的不可预见的损失转嫁给保险人承担。由于国际货物运输保险以有形的货物为保险标的，所以属于财产保险的范畴，性质为商业保险。

二、保险的基本原则概述

最大诚信原则、可保利益原则、补偿原则和近因原则是投保人、保险人和被保险人进行保险活动的指导原则，也是国际保险业所公认的保险业务的四大基本原则。

（一）最大诚信原则

最大诚信（Upmost Good Faith）原则又称最高诚信原则，是指在保险合同签订和履行过程中，双方均应保持绝对的诚意，恪守信用，互不隐瞒和欺骗。

在国际货物运输保险中，由于保险人大多远离船、货所在地，对保险标的一般不作实际勘察，往往一无所知，保险人只能根据投保人申报的内容决定是否承保、如何承保及以何种费率承保等重大问题；另外，由于保险合同的内容是由保险人单方面制定的，投保人或被保险人难以了解并掌握条款的内容以及费率的合理性，因此，要求保险人也应该基于最大诚信，履行其义务与责任。对于投保人（被保险人）而言，最大诚信原则主要有两方面的内容：

（1）告知。即投保人或被保险人在签订保险合同时，应将他所知道的或在通常业务中应当知道的与保险标的有关的重要事实尽量告诉保险人，以便保险人决定是否承保以及确定保险费。

（2）保证。即投保人或被保险人在保险期限作为或不作为某些事项，或肯定或否定某些事实特定状况的存在。如果保证以书面形式载入保险合同，即构成明示保证；如果虽未以条款形式列明，但是按照行业或国际惯例、有关法规以及社会公认的准则，投保人或被保险人担保应该作为或不作为某些事项，则构成默示保证。

（二）可保利益原则

可保利益（Insurable Interest）又称保险利益或可保权益，是指投保人或被保险人对于保险标的拥有的为法律所承认的可以投保的经济利益。可保利益原则是指投保人或被保险人必须对保险标的具有保险利益，才能同保险人订立有效的保险合同；反之则无效。

国际货物运输保险中，一般以货物风险转移的时间为依据确定保险利益。由于货物风险转移的时间通常由进出口合同中采用的贸易术语决定，所以进出口双方对货物拥有的可保利益往往根据贸易术语的不同而有所不同。

在采用FOB、FCA和CFR、CPT贸易术语成交的情况下，进口方在货物风险转移前并无可保利益，因此原则上应该在货物装船或交给承运人后才能向保险公司投保。但由于国际货物运输风险较大，为了避免买方漏保，往往买方在货物装运前就向保险公司投保，保险公司通常也会接受。所以，国际运输货物保险，一般不要求投保人在投保时具有可保利益，但要求在保险事故发生时，被保险人必须具有可保利益。

【案例】 北京某外贸公司按CFR新加坡条件出口一批仪器，投保的险别为一切险"仓至仓"条款。我方将货物用卡车由北京运到天津港发货，但在运输中，一辆货车翻车，致使车上所装部分仪表损坏。问：对该损失应由哪方负责？保险公司是否应给予赔偿？

【分析】 本案例中的损失应由出口方负责。因为按照《2010年通则》，在CFR条件下，货物在装运港装到船上后风险转移给进口方，装到船上之前由出口方承担。案例中货物在运往装运港的陆上运输途中受损，风险自然由出口方负担。

保险公司对该项损失不应赔偿。因为CFR合同由进口方投保，由于在保险事故发生时，进口方对货物不具有可保利益，不符合保险的可保利益原则，因而不能从保险公司获得赔偿。

（三）补偿原则

补偿原则(Principle of Indemnity)又称损失补偿原则，是指当保险标的发生保险责任范围内的损失时，保险人应当依照保险合同的约定履行赔偿责任。

损失补偿是保险的最基本的功能，有利于维护保险人和被保险人的正当权益。一方面，投保人或被保险人与保险人订立保险合同后，一旦发生保险合同承保责任范围内的损失，被保险人有权获得全面、充分的赔偿，因而有利于维护被保险人的正当权益。另一方面，保险人对被保险人的损失补偿只能恢复到损失发生前的经济状况，而不能超过这种经济状况。也就是说，被保险人不能通过保险赔偿获得额外利益。因而可以防止被保险人以获取赔偿为目的而故意制造损失等道德风险的发生，从而维护保险人的正当权益。

为了防止被保险人通过损失补偿获取额外的经济利益，补偿原则又派生出两项重要的原则：代位追偿原则和重复保险分摊原则。

1. 代位追偿原则(Subrogation)

代位追偿又称代位求偿权或代位请求，是指在财产保险中，当保险标的发生保险责任范围内的由第三者责任造成的损失时，保险人向被保险人履行损失赔偿责任后，有权站在与被保险人相同的地位向责任方进行追偿。被保险人从保险人处得到了全部损失赔偿后，应将其对第三方追偿的权利转移给保险人。

2. 重复保险分摊原则(Double Insurance)

重复保险是指投保人对同一保险标的、同一保险利益、同一保险事故分别向两个或两个以上的保险人投保，其保险金额之总和超过保险标的的实际价值。在重复保险情况下，一旦发生保险事故损失，如果各保险人分别按照各自的保险单对损失进行赔偿，被保险人获得的保险赔款总额就会超过保险标的的实际损失，这就有悖于保险的损失补偿原则。因而有必要将保险标的的损失赔偿责任在各保险人之间进行分摊，从而使被保险人获得的赔偿总额与其因保险事故导致的实际损失相当，这就是重复保险分摊原则。

（四）近因原则

近因(Proximate Cause)是指引起保险标的损失的直接的、具有支配力的、起决定作用的原因。近因原则是指如果发生保险事故，造成保险标的损失的近因若属保险人的责任范围，保险人就承担赔偿责任，否则，保险人不予赔偿。

在保险实践中，造成保险标的损失的原因错综复杂，多种多样。一般来说，如果造成损失的原因只有一个，则该原因就是损失的近因，若该近因属于承保责任范围之内，保险人应予以赔偿；反之，则不予赔偿。如果造成损失的原因有两个或两个以上，则需要针对不同的原因具体分析，找出造成损失发生的决定性作用的原因。在时间和空间上最接近损失结果的原因不一定是近因。

【案例】 第一次世界大战期间，一艘船舶在驶往哈佛港途中被鱼雷击中，船体被击穿，随时可能沉没。该船船长遂将船舶驶往附近港口修理。修理期间，港口遭遇暴风雨，加剧了船舶沉没的风险。为防止沉船阻塞港口，当局命令该船驶离港区。由于船体破损严重，该船在港区外终因暴风雨而沉没。试分析该船损失的近因。

【分析】 船舶沉没的近因为鱼雷击中，应属于战争险的承保范围。尽管从时间上看，该船损失的最近原因为暴风雨，但该船被鱼雷击中后，始终没有摆脱沉没的危险，因此鱼雷击中是该船沉没起决定性作用的原因。

第二节 海上货物运输保险的承保范围

一、海洋运输货物保险承保的风险

海上货物运输保险中的风险可按图7—1进行分类。

- 风险
  - 海上风险
    - 自然灾害
    - 意外事故
  - 外来风险
    - 一般外来风险
    - 特殊外来风险

图7—1 海上货物运输保险中的风险分类

（一）海上风险(Perils of the Sea)

海上风险又称海上基本风险，是保险业的专业术语，具有特定的含义和范围，是指船舶或货物在海上运输过程中所遇到的自然灾害和意外事故。它并不包括海上的一切危险。另外，海上风险也不局限于航海中所包括的风险，还包括与海运相连的陆上、内河以及驳船运输过程中的自然灾害和意外事故。

1. 自然灾害(Natural Calamities)

自然灾害是指不以人的意志为转移的自然界的力量所引起的灾害，如恶劣气候、雷电、地震、海啸、火山爆发、洪水等。

(1)恶劣气候。一般是指海上的飓风(8级以上的风)和大浪(3米以上的浪)引起的船体颠簸倾斜，由此而引起的船上所载货物的相互挤压、碰撞所导致的货物的破碎、渗漏、凹瘪等损失。

(2)雷电。海上货运保险承保的雷电风险是指货物在海上或陆上运输过程中由于雷电所直接造成的或者由于雷电引起的火灾所造成的货物的灭失和损害。

(3)海啸。海啸是由地震或风暴所造成的海面的巨大涨落现象。

(4)浪击落海。浪击落海通常指存放在舱面上的货物在运输过程中受海浪的剧烈冲击而落海造成的损失。我国现行的海运货物保险条款的基本险条款不保此项风险，这项风险可以通过附加投保舱面险而获得保障。

(5)洪水。

(6)地震。

(7)火山爆发。

(8)海水、湖水或河水进入船舶、驳船、船舱、运输工具、集装箱、大型海运箱或储存处所。

上述(5)、(6)、(7)、(8)风险，实际上并非是真正发生在海上的风险，但由于这些风险是随附海上航行而产生的，而且危害性往往很大，为了满足被保险人的实际需要，逐渐地把它们列入海上货运保险承保的风险范围之内。

2. 意外事故(Fortuitous Accident)

意外事故是指人或物体遭受到外来的突然的、非意料中的事故，如船舶搁浅、触礁、沉没、碰撞，以及火灾、爆炸等。

(1)搁浅。是指船底同海底或浅滩保持一定时间的固定状态。这一状态必须是在事先预料不到的意外情况下发生的。至于规律性的潮汛涨落造成船底触及浅滩或滩床，退潮时搁浅、涨潮时船舶重新浮起继续航行，则属于必然现象，不能作为保险上的“搁浅”事故。

(2)触礁。是指船体触及海中的险礁和岩石等造成的意外事件，叫“触礁”。船只同沉船的“残骸”相接触，也可以视为“触礁”。

(3)沉没。是指船体的全部或大部分已经没入水面以下，并已失去继续航行的能力。如船体的一部分浸入水中或者不继续下沉，海水仍不断渗入舱内，但船只还具有航行能力的，则不能视作沉没。

(4)碰撞。船舶与他船或其他固定的、流动的固体物猛力接触叫碰撞。例如同码头、桥梁、浮筒、灯标等相撞。船只同海水的接触以及船只停泊在港口内与他船并排停靠码头旁边，因为波动相互挤擦，均不能作为碰撞。

(5)失踪。船舶在航运中失去联络，音讯全无，达到一定时间，仍无消息，可以按“失踪”论处。这“一定”时间，并无统一的规定，有些国家规定为6个月，也有定为4个月的。船舶的失踪，大部分是由于海上灾害引起的，但也有人为因素造成的，如敌方的扣押、海盗的掳掠等。

(6)失火。又叫火灾。它既包括船只本身、船上设备和机器的着火，也包括货物自身的燃烧等。引起火灾的原因很多：有自然灾害的因素，如闪电、雷击等；有的是货物本身的特性受到外界气候、温度等影响而自燃，如黄麻、煤块等在一定高温下自己燃烧起来；有的是人为因素，如船上人员或修船人员的疏忽所引起，如烟蒂未熄灭，使用电焊器火花溅及物体等引起的燃烧。

(7)爆炸。

(8)海盗行为。海盗行为的条件为：

①必须旨在扣留人或者掠夺财物的非法行为。

②通过暴力或威胁手段达到目的。

③并非出自某一官方或半官方的指令或默许而进行的对敌方的攻击。

④必须发生在沿海国家管辖范围以外的海域或天空。对于这项风险，ICC(A)给予承保。但是在1963年的协会货物条款和我国现行的海运货物保险条款中，海盗被列为战争风险。

（二）外来风险（Extraneous Risks）

外来风险可分为一般外来风险和特殊外来风险两类：

（1）一般外来风险是指由于一般外来原因所造成的风险，主要包括：偷窃、渗漏、沾污、破碎、短量、碰损、钩损、生锈、雨淋、受热受潮、串味、提货不着等。

（2）特殊外来风险是指战争、种族冲突或一国的军事、政治、国家政策法令和行政措施等的变化，如战争、罢工、交货不到、被拒绝进口或没收等。

二、海洋运输货物保险承保的损失和费用

在海洋运输货物保险业务中，海上损失可按图 7—2 进行分类。

- 海上损失
  - 全部损失
    - 实际全损
    - 推定全损
  - 部分损失
    - 共同海损
    - 单独海损

图 7—2　海上损失分类

（一）全部损失（Total Loss）

全部损失简称全损，是指运输途中的整批货物或不可分割的一批货物的全部损失。

1. 实际全损（Actual Total Loss）

也称绝对全损，是指被保险货物的实体已经完全灭失；被保险货物遭到了严重损失，已失去原有用途和价值；被保险人对保险货物的所有权已无可挽回地被完全剥夺；载货船舶失踪达到一定时期（我国海商法规定为 2 个月）仍无音讯。

2. 推定全损（Constructive Total Loss）

也称商业全损，是指被保险货物在海上运输途中遭遇承保风险之后，虽未达到完全灭失的状态，但是可以预见到它的全损将不可避免，或者为了避免全损，需要支付的抢救、修理费用加上继续将货物运抵目的地的费用之和将超过货物的保险价值或超过货物在目的地的价值，这种情况下，被保险人可以推定货物发生了全部损失。

3. 协议全损（Compromise Total Loss）

是指发生损失后，保险人处理某些损失赔偿的一种方式，并非指保险标的真正地达到全损的程度。

4. 部分全损（Total Loss of an Apportionable Part）

在海上保险中，凡是货物中可以分割的某一部分发生全部损失时，称为部分全损。如：同一张保险单承保两种以上不同货物，并且载有两项以上的保险金额，其中一项发生全损；装卸时或转船时整件货物发生全损；使用驳船装运货物时，同一条驳船上的全部货物发生损失。

在构成推定全损的情况下，如被保险人要求按全损给予赔偿，必须向保险公司办理“委付”，即向保险人声明愿意将保险货物的一切权利（包括财产权及一切由此而产生的权利）与义务转让给保险人，而要求保险人按货物全损给予赔偿的一种特殊的索赔方式。委付一般都以书面通知形式，经保险公司承诺才能生效。保险公司对是否接受委付有选择权，一经承诺就不得撤销。如果保险公司不接受委付，被保险人的利益不受影响。委付不能附带任何条件，委付一旦成立，被保险人不能反悔。对于经保险调查确认损失程度不严重，不能构成推定全损的委付申请，保险人将按照保险标的的实际损失情况，向被保险人履行赔偿责任。另外，对于可以

推定全损的严重货损，若被保险人根本没有向保险人发出委付申请，保险人对这项损失只能按货物的实际损失赔偿。

（二）部分损失(Partial Loss)

部分损失是指被保险货物的损失没有达到全部损失的程度。部分损失又可分为共同海损(General Average)与单独海损 (Particular Average)。

1. 共同海损

共同海损是指载货船舶在海运途中遇到危及船、货的共同危险，船方为了维护船舶和货物的共同安全或使航程得以继续完成，有意地并且合理地作出的某些特殊牺牲或支出的特殊费用。

(1)共同海损的成立应具备以下条件：

第一，船方在采取措施时，必须确有危及船、货共同安全的危险存在，不能主观臆测可能有危险发生而采取措施。

第二，船方所采取的措施必须是有意的、合理的。有意的是指共同海损的发生必须是人为的、有意识行为的结果，而不是一种意外的损失。

第三，所做出的牺牲或支出的费用必须是非常性质的。非常性质是指这种牺牲或费用不是通常业务中所必然会遇到或支出的。

第四，构成共同海损的牺牲和费用支出必须是有效的。即经过采取某种措施后，船舶和货物的全部或一部分最后安全抵达航程的终点港或目的港，避免了船货的同归于尽。

国际上有关共同海损的规则是1890年在英国约克和比利时安特卫普讨论制定的《约克—安特卫普规则》，它是欧洲一些国家的商人制定的民间共同海损规则，在全世界范围内通用。《中华人民共和国海商法》单列共同海损一章，分别对共同海损的范围，船舶、货物和运费的共同海损牺牲的金额的确定，船舶、货物和运费的共同海损分摊价值的确定，共同海损担保，共同海损理算等作了原则性规定。

(2)共同海损牺牲和费用应该由船舶、货物和运费三方共同按最后获救的价值的比例分摊，这种分摊叫作共同海损分摊。

共同海损应当由受益方按照各自的分摊价值的比例分摊。船舶、货物和运费的共同海损分摊价值，分别依照下列规定确定：①船舶共同海损分摊价值，按照船舶在航程终止时的完好价值，减除不属于共同海损的损失金额计算，或者按照船舶在航程终止时的实际价值，加上共同海损牺牲的金额计算。②货物共同海损分摊价值，按照货物在装船时的价值加保险费加运费，减除不属于共同海损的损失金额和承运人承担风险的运费计算。货物在抵达目的港以前售出的，按照出售净得金额，加上共同海损牺牲的金额计算。旅客的行李和私人物品，不分摊共同海损。③运费分摊价值，按照承运人承担风险并于航程终止时有权收取的运费，减除为取得该项运费而在共同海损事故发生后，为完成本航程所支付的营运费用，加上共同海损牺牲的金额计算。

(3)共同海损理算程序包括以下三个阶段：

首先，需确定共同海损的总金额，即因共同海损措施造成的特殊牺牲和支付的特殊费用的总金额。只有确定了共同海损的总金额，才能确定共有多少共同海损由各受益方分摊。

其次，确定共同海损分摊价值，即因采取共同海损措施而获救和受益的船舶、货物或者其他财产的价值，包括由于共同海损措施而得到保全的财产价值和共同海损牺牲金额。确定共同海损分摊价值的目的在于，按照各受益方受益的多少来分摊共同海损。

最后，确定各受益方的分摊金额，实践中一般按下列步骤计算各受益方分摊的共同海损金额：①将共同海损总金额除以共同海损分摊价值总额，计算出共同海损损失率。即：

共同海损损失率＝共同海损总金额/共同海损分摊价值总额×100％

②用各受益方的分摊价值分别乘以共同海损损失率，得到各受益方应分摊的共同海损金额，即：

各受益方应分摊的共同海损金额＝各受益方的分摊价值×共同海损损失率

2. 单独海损

单独海损是指货物受损后，未达到全损程度，而且是单独一方的利益受损并只能由该利益所有者单独负担的一种部分损失。单独海损是指船舶或货物在运输过程中，因受海上风险和外来风险所造成的部分损失。这种损失只与单独利益方有关，不涉及其他货主或船方。单独海损一般由个别货主或其承保人单独负责。由于各种货物的易损程度不同，且部分货物还会发生自然损耗，因此保险人会在保单中通过免赔额或免赔率的方法，即不负赔偿责任限额和比例的方法，对其赔偿单独海损的责任加以限制。保险人通常采用绝对免赔额（率）或相对免赔额（率）两种方法：前者指保险人对保单规定的额度（或百分比）内的损失不负赔偿责任，当单独海损超过这一限额（或百分比）时，保险人承担超过限额（或百分比）部分的损失；后者指保险人对保单规定的额度（或百分比）内的损失不负赔偿责任，当单独海损达到或超过这一限额（或百分比）时，保险人承担全部赔偿责任。

【案例】 某货轮在航行中不慎触礁，船体一侧出现一较大裂口，海水大量涌入货舱，导致船舶出现大幅侧倾。为确保船货共同安全，船长下令开舱抛货，同时将船舶驶往附近港口修理，检修后继续驶往目的港。事后调查，在这次事故中发生的损失和费用如下：①船体损坏；②1 300箱货物被海水浸湿；③532 箱货物被抛入海中；④额外增加的船长、船员工资，燃油费用和避难港费用等。试分析上述损失和费用的性质。

【分析】 上述损失和费用中，①、②是由于触礁风险直接导致的，所以是单独海损；③、④是为了解除船货共同危险所做出的特殊牺牲和支付的特殊费用，所以构成共同海损，其中③为共同海损牺牲，④为共同海损费用。

（三）费用

保险人承担的费用是指保险标的发生保险事故后，为减少货物的实际损失而支出的合理费用。海上货物运输保险承担的费用损失主要有施救费用、救助费用、特别费用和额外费用等。

1. 施救费用(Sue and Labour Charges)

(1)施救费用，是指保险标的在遭遇保险责任范围内的灾害事故时，被保险人或其代理人、雇佣人及受让人根据保险合同中施救条款的规定，为了避免或减少保险标的的损失，采取各种抢救与防护措施而支出的合理费用。保险人对被保险人所支出的施救费用承担赔偿责任，赔偿金额以不超过该批被救货物的保险金额为限，并在保险标的的赔偿之外另行支付。被保险人采取施救措施所花费用必须是为减少保险人赔偿的损失。被保险人及其雇佣人或代理人按照保险人的指令，采取抢救措施而支出的费用，无论抢救措施是否成功，保险人都要承担该项费用损失。

(2)施救费用构成要件：合理和必要；必须是对承保风险造成的损失采取措施支出的费用；是由被保险人及其代理人、雇佣人或受让人采取措施支付的费用；不考虑措施是否成功。

2. 救助费用(Salvage Charges)

(1)救助费用是指船舶和货物在海上航行中遭遇保险承保责任范围内的灾害事故时，由保险人和被保险人以外的第三者自愿采取救助措施，并成功地使遇难船舶和货物脱离险情，由被救的船方和货方支付给救助方的报酬。救助费用往往与共同海损费用有着密切的联系。

(2)救助费用产生的条件：救助人必须是海难中财产关系方的第三者；救助行为是自愿的；救助行为必须有效果。

(3)救助原则：无效果，无报酬。

3. 特别费用

特别费用是指运输工具在海上遭遇海难后，在中途港或避难港卸货、存仓、重装及续运货物所产生的费用。在"平安险"条件下承保此费用。

4. 额外费用

额外费用是指为了证明损失索赔的成立而支付的费用。如检验费用、拍卖受损货物的销售费用、公证费用、查勘费用、海损理算师费用等等。额外费用不能加在保险标的的损失金额内，以达到或超过规定的免赔额(率)而要求索赔，但只要索赔成立，额外费用就应获得赔偿。

第三节　我国海洋货物运输保险险别

中国人民保险公司制定的"中国保险条款"(China Insurance Clauses，CIC)，将海运货物保险险别，分为基本险和附加险两种。具体如图 7—3 所示。

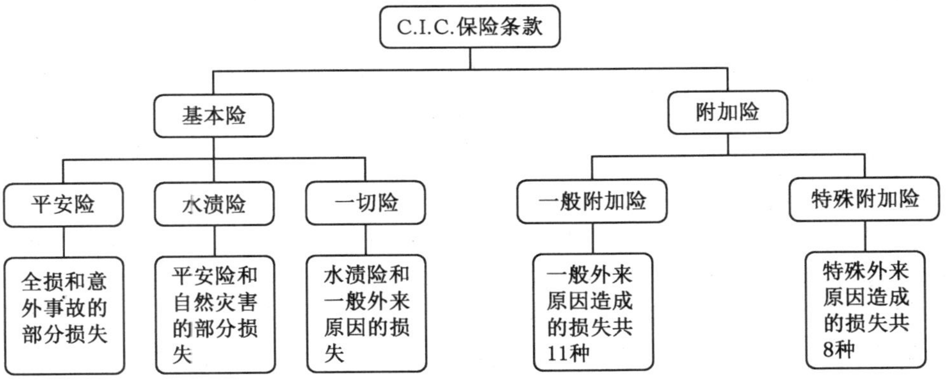

图 7—3　我国海洋运输货物保险条款关系图

一、中国海洋运输货物保险的基本险条款

(一)基本险的险别及责任范围

海运货物保险的基本险别分为平安险、水渍险和一切险三种。

1. 平安险(Free from Particular Average，FPA)

平安险的承保责任范围包括：由于自然灾害和意外事故所导致的货物的全部损失；由于运输工具遭受意外事故造成货物的全部或部分损失；在运输工具已经发生意外事故的情况下，货物在此前后又在海上遭受自然灾害所造成的部分损失；在装卸或转运时由于一件或数件整件货物落海造成的全部或部分损失；共同海损的牺牲、分摊以及救助费用、施救费用等。

本保险负责赔偿：

(1)被保险货物在运输途中由于恶劣气候、雷电、海啸、地震、洪水自然灾害造成整批货物的全部损失或推定全损。

(2)由于运输工具遭受搁浅、触礁、沉没、互撞、与流冰或其他物体碰撞以及失火、爆炸意外事故造成货物的全部或部分损失。

(3)在运输工具已经发生搁浅、触礁、沉没、焚毁意外事故的情况下，货物在此前后又在海上遭受恶劣气候、雷电、海啸等自然灾害所造成的部分损失。

(4)在装卸或转运时由于一件或数件整件货物落海造成的全部或部分损失。

(5)被保险人对遭受承保责任内危险的货物采取抢救、防止或减少货损的措施而支付的合理费用，但以不超过该批被救货物的保险金额为限。

(6)运输工具遭遇海难后，在避难港由于卸货所引起的损失以及在中途港、避难港由于卸货、存仓以及运送货物所产生的特别费用。

(7)共同海损的牺牲、分摊和救助费用。

(8)运输契约订有"船舶互撞责任"条款，根据该条款规定应由货方偿还船方的损失。

【案例】 我国某外贸公司从西欧进口货物 600 箱，按 1981 年中国人民保险公司海运货物保险条款投保平安险。在运输途中，轮船遭遇海啸，由于船身颠簸严重导致货物相互碰撞和挤压，致使 130 箱货物受损。试问，保险公司对该批货物损失是否应该赔偿?

【分析】 保险公司不应该赔偿。因为平安险对自然灾害导致的部分损失不予承保。该批货物受损的原因是海啸，属于自然灾害直接导致的部分损失，因此保险公司不必承担赔偿责任。

2. 水渍险(with Average 或 with Particular Average，WA 或 WPA)

水渍险的承保责任范围除包括上述平安险的各项责任外，保险人还负责被保险货物由于恶劣气候、雷电、海啸、地震、洪水等自然灾害所造成的部分损失。

3. 一切险(A11 Risks)

一切险承保责任范围除包括水渍险的各项承保责任外，保险人还负责被保险货物在运输途中由于一般外来风险所致的全部或部分损失。

包括在一切险中的一般外来风险主要有下述 11 种：

(1)偷窃、提货不着险。这一险别主要承保在保险有效期内，被保险货物被偷走或被窃取，以及货物抵达目的地后整件未交的损失。

(2)淡水雨淋险。这一险别承保货物在运输途中由于淡水或雨淋所造成的损失。海上货运保险中的淡水包括船上淡水舱、水管漏水和舱汗等。

(3)短量险。这一险别承保货物在运输过程中因外包装破裂、破口、扯缝造成货物数量短缺或重量短少的损失。散装货物投保这一险别时，通常均以装船重量和卸船重量作为计算货物短少的依据(但不包括正常的消耗)。

(4)混杂、沾污险。这一险别承保被保险货物在运输途中，因混进杂质或被污染所引起的损失。

(5)渗漏险。这一险别主要承保流质、半流质、油类等货物由于容器损坏而引起的渗漏损失；或因液体外流而引起的用液体浸泡的货物的变质、腐烂所致的损失。

(6)碰损、破碎险。这一险别承保货物在运输过程中因震动、碰撞、受压造成的碰损和破碎损失。被保险货物在运输途中因遭遇保单承保的自然灾害或意外事故而造成的碰损、破碎损失，已经包括在平安险和水渍险的责任范围之内了。碰损、破碎险是扩展承保由于一般外来原因所造成的货物的碰损、破碎损失。

(7)串味险。这一险别承保货物在运输过程中，因受其他带异味货物的影响而造成的串味损失。需要注意的是这种串味损失如果是同载运船承运人的配载不当直接有关，则船方应负赔偿责任，保险公司应向其追偿。

(8)钩损险。这一险别承保袋装、捆装货物在装卸或搬运过程中，由于装卸或搬运员操作不当，使用吊钩将货物的包装钩坏而造成的损失。

(9)受潮受热险。这一险别承保货物在运输过程中，由于气温突然变化或船上通风设备失灵，使船舱内的水蒸气凝结而引起货物受潮或由于温度增高使货物发生变质的损失。

(10)包装破裂险。这一险别承保货物在运输过程中，因包装破裂造成货物的短少、沾污等损失。此外，对于在运输过程中，为了续运安全需要而产生的修补包装、调换包装所支付的费用，也予负责。

(11)锈损险。这一险别承保金属或金属制品类的货物，在运输过程中因生锈造成的损失。

【案例】 我某出口公司按 CIF 条件成交货物一批，向中国人民保险公司投保了“水渍险”，货物在转船过程中遇到大雨，货到目的港后，收货人发现有明显的雨水浸渍，损失达 70%。如果向保险公司索赔能否得到赔付?

【分析】 不能得到保险公司赔付。因为水渍险的承保责任范围除包括平安险的各项责任外，保险人还负责被保险货物由于恶劣气候、雷电、海啸、地震、洪水等自然灾害所造成的部分损失。而本案例中只是大雨，显然不能属于恶劣气候，所以遭水渍的 70%损失只能由买方自己承担。如果投保的是一切险或在水渍险的基础上再加保淡水雨淋险等一般附加险就可以得到赔付。

(二)基本险的除外责任

除外责任是保险人不予承保的损失和费用，因其具有非意外性和特殊性，保险人为了进一步明确自己的责任范围，通常会对除外责任做出规定。中国海运货物保险条款中的除外责任主要包括：

(1)被保险人的故意行为或过失所造成的损失。

(2)属于发货人责任所引起的损失。

(3)在保险责任开始前，被保险货物已存在的品质不良或数量短差所造成的损失。

(4)被保险货物的自然损耗、本质缺陷、特性以及市价跌落、运输延迟所引起的损失或费用。

(5)本公司海洋运输货物战争险条款和货物运输罢工险条款规定的责任范围和除外责任。

【案例】 我向海湾某国出口花生糖一批，投保的是一切险。由于货轮陈旧，速度慢，再加上该轮沿途到处揽载，结果航行 3 个月才到目的港。卸货时发现，花生糖因受热时间过长已全部潮解软化，无法销售。问：这种情况保险公司是否赔偿？为什么？

【分析】 本案例中的损失保险公司不能赔偿，因为该损失是由于运输延迟时间过长导致的，属于除外责任范围。

(三)海运货物保险基本险的责任起讫

我国海洋运输货物保险条款对保险责任的起讫作了具体规定。保险公司对平安险、水渍险和一切险三种基本险别的责任起讫，均采用国际保险业所惯用的“仓至仓”条款(Warehouse to Warehouse Clause，W/W Clause)，主要内容有以下几方面。

第一，本保险负“仓至仓”责任，自被保险货物运离保险单所载明的起运地仓库或储存处所开始运输时生效，包括正常运输过程中的海上、陆上、内河和驳船运输在内，直至该项货物到达保险单所载明目的地收货人的最后仓库或储存处所，或被保险人用做分配、分派或非正常运输的其他储存处所为止。如未抵达上述仓库或储存处所则以被保险货物在最后卸载港全部卸离海轮后满 60 天为止。如在上述 60 天内被保险货物需转运到非保险单所载明的目的地时，则以该项货物开始转运时终止。

第二，由于被保险人无法控制的运输延迟、绕道、被迫卸货、重行装载、转载或承运人运用运输契约赋予的权限所作的任何航海上的变更或终止运输契约，致使被保险货物运到非保险单所载明目的地时，在被保险人及时将获知的情况通知保险人，并在必要时加缴保险费的情况下，本保险仍继续有效，保险责任按下列规定终止：(1)被保险货物如在非保险单所载明的目的地出售，保险责任至交货时为止但不论任何情况均以被保险货物在卸载港全部卸离海轮后满 60 天为止；(2)被保险货物如果在 上述 60 天期限内继续运往保险单所载原目的地或其他目的地时，保险责任仍按上述规定终止。

（四）被保险人的义务

被保险人应按照以下规定的应尽义务办理有关事项，如因未履行规定的义务而影响保险人利益时，本公司对有关损失，有权拒绝赔偿。

(1)当被保险货物运抵保险单所载明的目的港(地)以后，被保险人应及时提货，当发现被保险货物遭受任何损失，应立即向保险单上所载明的检验、理赔代理人申请检验，如发现被保险货物整件短少或有明显残损痕迹应即向承运人、受托人或有关当局(海关、港务当局等)索取货损货差证明。如果货损货差是由于承运人、受托人或其他有关方面的责任所造成，应以书面方式向他们提出索赔，必要时还须取得延长时效的认证。

(2)对遭受承保责任内危险的货物，被保险人和保险公司都可迅速采取合理的抢救措施，防止或减少货物的损失。被保险人采取此项措施，不应视为放弃委付的表示，保险公司采取此项措施，也不得视为接受委付的表示。

(3)如遇航程变更或发现保险单所载明的货物、船名或船程有遗漏或错误时，被保险人应在获悉后立即通知保险人并在必要时加缴保险费，本保险才继续有效。

(4)在向保险人索赔时，必须提供下列单证：保险单正本、提单、发票、装箱单、磅码单、货损货差证明、检验报告及索赔清单。如涉及第三者责任，还须提供向责任方追偿的有关函电及其他必要单证或文件。

(5)在获悉有关运输契约中“船舶互撞责任”条款的实际责任后，应及时通知保险人。

（五）索赔期限

海洋货物运输发生损失，涉及的有关第三者责任方有船方、港方、码头、仓库等等。如货物在运输中发生货损货差，首先应由承运人(船方)负责。承运人对货物运输的责任概括起来，主要有三个方面：提供适航的船舶，即承运人在开航前应尽职责，使船舶适于航行；提供适当的船员、装备和供应；承运人必须适当和谨慎地装载、收受、配载、承运、保管和卸载货物。如果承运人没有尽到这些方面的责任，就应对货损货差负责。

本保险的索赔时效，从被保险货物在最后的卸载港全部卸离海轮后起算最多不超过两年。

二、中国海洋运输货物保险附加险条款

附加险是对基本险的补充和扩大。附加险承保的是除自然灾害和意外事故以外的各种外

来原因所造成的损失。附加险只能在投保某一种基本险的基础上才可加保。《中国海洋运输货物保险条款》中的附加险有一般附加险和特殊附加险之分。

(一)一般附加险(General Additional Risk)

一般附加险有下列 11 种险别:偷窃、提货不着险(Theft,Pilferage and Non-delivery Risk,T. P. N. D.);淡水雨淋险(Fresh Water and Rain Damage Risk,F. W. R. D.);渗漏险(Leakage Risk);短量险(Shortage Risk);混杂、沾污险(Intermixture and Contamination Risk);碰损、破碎险(Clash and Breakage Risk);串味险(Taint of Odour Risk);受潮受热险(Sweat and Heating Risk);钩损险(Hook Damage Risk);包装破裂险(Breakage of Packing Risk);锈损险(Rust Risk)。

1. 偷窃、提货不着险条款(1972 年 4 月 1 日修订)

本保险对保险货物遭受下列损失,按保险价值负责赔偿。(1)偷窃行为所致的损失;(2)整件提货不着;(3)根据运输契约规定船东和其他责任方免除赔偿的部分。被保险人必须及时提货,遇有第(1)项所列的损失,必须在提货后十日内申请检验;遇有第(2)项损失必须向责任方取得整件提货不着的证明。否则,本公司不负赔偿责任。本公司有权收回被保险人向船东或其他有关责任方面追偿到的任何赔款,但其金额以不超过本公司支付的赔款为限。

2. 淡水雨淋险条款(1972 年 4 月 1 日修订)

本保险对被保险货物因直接遭受雨淋或淡水所致的损失负责赔偿,但包装外部应有雨水或淡水痕迹或有其他适当证明,被保险人必须及时提货,并在提货后十天内申请检验,否则,本公司不负赔偿责任。

3. 短量险条款(1972 年 4 月 1 日修订)

本保险对被保险货物在运输过程中,因外包装破裂或散装货物发生数量散失和实际重量短缺的损失负责赔偿,但正常的途耗除外。

4. 混杂、沾污险条款(1972 年 4 月 1 日修订)

本保险对被保险货物在运输过程中,因混杂、沾污所致的损失,负责赔偿。

5. 渗漏险条款(1972 年 4 月 1 日修订)

本保险对被保险货物在运输过程中,因容器损坏而引起的渗漏损失,或用液体储藏的货物因液体的渗漏而引起的货物腐败等损失,负责赔偿。

6. 破损、破碎险条款(1972 年 4 月 1 日修订)

本保险对被保险货物在运输过程中因震动、碰撞、受压造成的破碎和碰撞损失,负责赔偿。

7. 串味险条款(1972 年 4 月 1 日修订)

本保险对被保险食用物品、中药材、化妆品原料等货物在运输过程中,因受其他物品的影响而引起的串味损失,负责赔偿。

8. 受潮受热险条款(1972 年 4 月 1 日修订)

本保险对被保险货物在运输过程中因气温突然变化或由于船上通风设备失灵致使船舱内水汽凝结、发潮或发热所造成的损失,负责赔偿。

9. 钩损险条款(1972 年 4 月 1 日修订)

本保险对被保险货物在装卸过程中因遭受钩损而引起的损失,以及对包装进行修补或调换所支付的费用,均负责赔偿。

10. 包装破裂险条款(1972 年 2 月 1 日修订)

本保险对被保险货物,在运输过程中因搬运或装卸不慎、包装破裂所造成的损失,以及为继续运输安全所需要对包装进行修补或调换所支付的费用，均负责赔偿。

11. 锈损险条款(1972 年 4 月 1 日修订)

本保险对被保险货物在运输过程中，发生锈损，负责赔偿。

(二)特别附加险

特殊附加险是指承保由于军事、政治、国家政策法令以及行政措施等特殊外来原因所引起的风险与损失的险别。主要包括：战争险(War Risk)、罢工险(Strikes Risk)、进口关税险(Import Duty Risk)、舱面险(On Deck Risk)、黄曲霉素险(Aflatoxin Risk)、拒收险(Rejection Risk)、交货不到险(Failure to Deliver Risk)、出口货物到香港(包括九龙在内)或澳门存仓火险责任扩展条款(Fire Risk Extension Clause For Storage of Cargo at Destination HongKong, Including Kowloon, or Macao, F. R. E. C)等。

1. 海运货物战争险

海洋货物运输战争险为海洋货物运输保险条款的附加条款，不能单独投保，必须在投保基本险的基础上才能加保。它包括责任范围、除外责任和保险起讫三个部分。战争险包括海、陆(限于火车)、空运和邮包战争险等。战争险的承保责任范围：直接由于战争、类似战争行为和敌对行为、武装冲突或海盗行为所致的损失，由于上述原因引起的捕获、拘留、扣留、禁制、扣押等所造成的损失；各种常规武器，包括水雷、鱼雷、炸弹所致的损失，属于以上责任范围所引起的共同海损的牺牲、分摊和救助费用。

战争险的保险期限有以下几方面的具体规定：

(1)正常运输情况下。本保险责任自被保险货物装上保险单所载起运港的海轮或驳船时开始，到卸离保单所载明的目的港的海轮或驳船时为止。如果被保险货物不卸离海轮或驳船，本保险责任最长期限以海轮到达目的港的当日午夜起算：满 15 天为限。

(2)中途港转运情况下。如在中途港转船，不论货物在当地卸货与否，保险责任以海轮到达该港或卸货地点的当日午夜起算满 15 天为止，一俟再装上续运海轮时恢复有效。

(3)运输契约终止情况下。运输契约在保险单所载目的地以外的地点终止时，该地即视为保险目的地，按照上述(1)款的规定终止责任。如需运往原定目的地或其他目的地时，在被保险人于续运前通知保险人并加缴保险费的情况下，当被装上续运的海轮时重新有效。

(4)扩展责任条款。如运输发生绕道、改变航程或承运人运用运输契约赋予的权限所作的任何航海上的改变，在被保险人及时将获知的情况通知保险人，并在必要时加缴保费的情况下，本保险仍继续有效。

2. 海运货物罢工险

海洋货物运输罢工险包括责任范围和除外责任两个部分。承保因罢工者、被迫停工工人、参加工潮、暴动和民众斗争的人员采取行动造成被保险货物的损失，对于任何人的恶意行为造成的损失也予负责；对由于罢工险责任范围内的风险所引起的共同海损牺牲、分摊和救助费用也由保险人负责。但是，罢工险项下负责的是直接损失，因罢工引起的间接损失是不负责的。战争险和罢工险保险责任的起讫采用的是保险人只负责水面风险的原则，即从货物装上海轮或驳船时开始至货物运抵目的港卸离海轮为止。如果不卸离海轮，则以货物到达目的港当日午夜起 15 天为限。

三、中国海洋运输货物专门险条款

（一）海洋运输冷藏货物保险条款

海洋运输冷藏货物保险分为冷藏险和冷藏一切险两个险别，可单独投保。

（1）冷藏险的责任范围：负责水渍险承保的责任。负责赔偿由于冷藏机器停止工作连续达24小时以上造成的被保险货物在运输途中的腐败和损失。

冷藏一切险的责任范围更广，在冷藏险的责任基础上，还负责被保险货物在运输途中由于一般外来原因所致的腐败和损失。

（2）海洋运输冷藏货物保险的除外责任：在海运货物保险条款的基础上稍有改变。一是增加了一项除外责任，将“未存放在有冷藏设备的仓库或运输工具中，或辅助运输工具没有隔湿设备所造成的鲜货腐烂的损失”列入除外责任。二是将海运货物保险条款除外责任中的“在保险责任开始前，被保险货物已经存在的品质不良或数量短差所造成的损失”改为“被保险鲜货在保险责任开始时，因未保持良好状态所引起的货物腐烂和损失”。

（3）海洋运输冷藏货物保险的保险期间与海运货物保险的保险期间大致相同，也是“仓至仓”条款，但以货物到达保险单所载明的最后目的地，卸离海轮并存入冷藏仓库后10天为限。

（二）海运散装桐油保险条款

该险别是根据散装桐油的特点而专门设立的，可单独投保。海运散装桐油保险只有一个险别，负责任何原因导致的桐油超过保单规定免赔率的短少、渗漏损失和污染或变质损失。

海运散装桐油保险的保险期限和海运基本险的保险期限基本一致，也是“ 仓至仓”条款，但如果被保险人散装桐油运抵目的港不及时卸载，则自海轮抵达目的港时满15天，保险责任终止。

第四节　伦敦保险协会海运货物保险条款

伦敦保险协会货物条款最早制定于1912年，经多次修订，现在世界上大多数国家办理海上保险业务所使用的《协会货物条款》是1983年4月1日起实施的。

新修订的《协会货物条款》共有6种保险条款：

（1）协会货物（A）险条款，即ICC（A）。

（2）协会货物（B）险条款，即ICC（B）。

（3）协会货物（C）险条款，即ICC（C）。

（4）协会战争险条款（货物）（Institute War Clauses—Cargo）。

（5）协会罢工条款（货物）（Institute Strike Clauses—Cargo）。

（6）恶意损害险条款（Malicious Damage Clauses）。

在这6种险别中，前3种为主险，后3种为附加险，均可独立投保。在六种险别条款中，除“恶意损害险条款”外，其余五种险别均包括下列八项内容：

承保范围（Risks Covered）：采用“列明风险”和“一切风险减除外责任”两种规定方式；除外责任（Exclusions）；保险期限（Duration）；索赔（Claims）；保险利益（Benefit of Insurance）；减少损失（Minimizing Losses）；防止延迟（Avoidance of Delay）和法律与惯例（Law and Practice）。

一、条款的基本内容

（一）ICC(A)的承保风险与除外责任

条款(A)的承保责任范围较广，不便一一列举，故采用“一切风险减去除外责任”的规定方法。

其保险责任范围最大，大体相当于“一切险”。

ICC(A)的除外责任包括：一般除外责任、不适航和不适货除外责任、战争险除外责任、罢工险除外责任。

注意：其除外责任中不包括“海盗行为”和“恶意损害险条款”。

（二）ICC(B)的承保风险和除外责任

ICC(B)的承保风险采用“列明风险”方式，其范围仅次于ICC(A)，类似于“水渍险”。凡属于下列原因之一造成货物的灭失或损害都属于该条款的责任范围之内：(1)火灾、爆炸。(2)船舶或驳船触礁或搁浅、沉没、倾覆。(3)运输工具倾覆或出轨。(4)船舶、驳船或运输工具同水以外的任何外界物体碰撞。(5)避难港卸货。(6)地震、火山爆发或雷电。(7)共同海损牺牲。(8)抛弃或浪击入海。(9)海水、湖水或河水进入船舶、驳船、运输工具、集装箱、大型海运箱或贮存处。(10)货物在装卸时落海或跌落造成整体的全损。

ICC(B)的除外责任是ICC(A)的除外责任再加上ICC(A)承保的“海盗行为”与“恶意损害险”。

（三）ICC(C)的承保风险及除外责任

ICC(C)的承保范围更小，它只承保“重大意外事故”的风险，不承保ICC(B)中的自然灾害(如地震、雷电等)和非重大事故(如装卸过程中的整件灭失等)。其条款类似“平安险”。

ICC(C)的除外责任与ICC (B)相同。

二、中国与英国两国海运货物保险条款的比较

（一）共同点

我国海运货物保险条款的一切险、水渍险和平安险与协会货物A险、B险和C险一一对应 。

1. 承保责任范围大体相当

一切险和(A)险都是对海上自然灾害、意外事故和一般外来风险予以负责；

水渍险和(B)险的承保责任均是对海上自然灾害和意外事故的保障；

平安险和(C)险所承保的风险虽然有所区别，但两者保障的范围比较接近。

2. 除外责任基本相同

从具体内容上看，我国海运货物保险条款和协会货物保险条款基本上都是把非意外的、间接的及特殊原因的和人为故意行为所致损失作为除外责任。

3. 保险期限基本一致

协会货物保险条款的保险期限包括运输条款、运输契约终止条款和航程变更条款，实际上和我国海运货物保险条款的“仓至仓”的责任起讫一致。

4. 被保险人义务大致相同

(二)不同点

1. 两国条款的名称不同

2. 两国保险条款的结构不同

我国海运货物保险条款只有一个总的条款,共分为5条,其中包括3个基本险别,文字简明。但由于各主险没有完整、独立的结构,不利于被保险人区分各险别的内容差距。

协会货物保险条款中,(A)条款、(B)条款和(C)条款均自成体系,包括结构完整的19条内容,便于被保险人确定各险别的具体内容,区分它们之间的差距。

3. 两国保险条款的承保责任和除外责任有所不同

协会货物(A)险规定的除外责任比我国一切险更加全面具体,除了增加"由于船舶所有人、经理人、租船人或经营人破产或不履行债务造成的损失"这一项内容,还明确了船舶不适行、不适货的除外责任的适用情况,进一步明确条款中一切风险的涵盖范围。

我国的水渍险仅对列举的自然灾害、意外事故的货损和共同海损负责赔偿,而协会货物(B)险还可负责海水、河水、湖水进入运输工具所致的货物损失,而不必明确是何种灾害所致。在除外责任中,水渍险对于被保险人以外的其他人的恶意行为导致的货物损失并未予以除外,而在(B)险中,此风险属于除外责任。

我国平安险的保险责任范围大于协会货物(C)险的责任范围。平安险对海上发生的自然灾害造成货物的全部损失负责而(C)险对自然灾害造成的损失,无论是全部损失还是部分损失,均不予负责;平安险负责货物在装卸或转运时落海造成的全部或部分损失,(C)险对此损失均不负责。

4. 其他内容的不同

协会货物条款新增了"保险利益条款""增值条款""不适用条款"以及"法律和惯例条款"等内容,避免发生保险合同双方之间发生不必要的纠纷和指导纠纷的解决。我国海运货物保险条款有些内容没有包含在内,而在具体实践中一般参照以往的习惯做法和国际惯例,易引起合同双方的纠纷。

第五节　我国其他货物运输保险

根据中国人民保险公司1981年1月1日修订的《陆上运输货物保险条款》的规定,现行的陆上货运保险以火车、汽车为限。

主要有陆运险、陆运一切险、陆上运输冷藏货物保险、陆上运输货物战争险等。陆运、空运货物与邮包运输保险是在海运货物保险的基础上发展起来的。由于陆运、空运与邮运同海运可能遭致货物损失的风险种类不同,所以陆、空、邮货运保险与海上货运保险的险别及其承保责任范围也有所不同,现分别简要介绍如下:

一、陆运货物保险

(一)风险与损失

货物在陆运过程中,可能遭受各种自然灾害和意外事故。常见的风险有:车辆碰撞、倾覆和出轨、路基坍塌、桥梁折断和道路损坏,以及火灾和爆炸等意外事故,雷电、洪水、地震、火山爆发、暴风雨以及霜雪冰雹等自然灾害,战争、罢工、偷窃、货物残损、短少、渗漏等外来原因所造成的风险。这些风险会使运输途中的货物造成损失。货主为了转嫁风险损失，就需要办理陆运货物保险。

（二）陆运货物保险的险别

根据中国人民保险公司制定的《陆上运输货物保险条款》的规定，陆运货物保险的基本险别有陆运险（Overland Transportation Risks）和陆运一切险（Overland Transportation All Risks）两种。此外，还有陆上运输冷藏货物险，它也具有基本险性质。

陆运险的承保责任范围同海运水渍险相似，陆运一切险的承保责任范围同海运一切险相似。上述责任范围，均适用于火车和汽车运输，并以此为限。陆运险与陆运一切险的责任起讫，也采用“仓至仓”责任条款。

陆运货物在投保上述基本险之一的基础上，可以加作附加险，如投保陆运险，则可酌情加保一般附加险和战争险等特殊附加险；如投保陆运一切险，就只需加保战争险，而不需再加保一般附加险，陆运货物在加保战争险的前提下，再加保罢工险，不另收保险费。陆运货物战争险的责任起讫，是以货物置于运输工具时为限。

（三）中国陆运货物保险的基本做法

陆运出口货物如由我方保险时，应按照有关规定及时向人保公司办理投保手续。陆运进口货物，则按同人保公司签订的陆运进口货物预约保险合同的规定办理投保手续。陆运货物如发生承保范围内的损失，应向保险公司提出索赔，其索赔时效从被保险货物在最后目的地车站全部卸离车辆后起算，最多不得超过两年。

二、空运货物保险

（一）风险与损失

货物在空运过程中，有可能因自然灾害、意外事故和各种外来风险而导致货物全部或部分损失。常见的风险有：雷电、火灾、爆炸、飞机遭受碰撞倾覆、坠落、失踪、战争破坏以及被保险货物由于飞机遇到恶劣气候或其他危难事故而被抛弃等。为了转嫁上述风险，故空运货物一般都需要办理保险，以便当货物遭到承保范围内的风险损失时，可以从保险公司挽回损失。

（二）空运货物保险的险别

空运货物保险的基本险别有航空运输险（Air Transportation Risks）和航空运输一切险（Air Transportation All Risks）。这两种基本险都可单独投保，在投保其中之一的基础上，经投保人与保险公司协商可以加保战争险等附加险。加保时须另付保险费。在加保战争险前提下，再加保罢工险，则不另收保险费。

航空运输险和航空运输一切险的责任起讫也采用“仓至仓”条款。航空运输货物战争险的责任期限，是自货物装上飞机时开始至卸离保险单所载明的目的地的飞机时为止。

（三）我国空运货物保险的做法

空运出口货物，如由我方保险，则应按有关规定向人保公司办理投保手续。空运进口货物，应按预约保险合同的规定办理投保手续。

三、邮包运输保险

（一）风险与损失

邮包运输通常须经海、陆、空辗转运送，实际上是属于“门到门”运输，在长途运送过程中遭受自然灾害、意外事故以及各种外来风险的可能性较大。寄件人为了转嫁邮包在运送当中的风险损失，故须办理邮包运输保险，以便在发生损失时能从保险公司得到承保范围内的经济补偿。

（二）邮包运输保险的险别

根据中国人民保险公司制定的《邮政包裹保险条款》的规定，有邮包险（Parcel Post Risks）和邮包一切险（Parcel Post All Risks）两种基本险，其责任起讫是，自被保险邮包离开保险单所载起运地点寄件人的处所运往邮局时开始生效，直至被保险邮包运达保险单所载目的地邮局，自邮局签发出到货通知书当日午夜起算满 15 天终止，但在此期限内，邮包一经递交至收件人处所时，保险责任即告终止。

在投保邮包运输基本险之一的基础上，经投保人与保险公司协商可以加保邮包战争险等附加险。加保时，也须另加保险费。在加保战争险的前提下，如再加保罢工险，则不另收费。邮包战争险承保责任的起讫，是自被保险邮包经邮政机构收讫后自储存处所开始运送时生效，直至该项邮包运达保险单所载明的目的邮政机构送交收件人为止。

（三）我国邮包运输保险的基本做法

在办理国际邮包运输时，应当正确选用邮包的保价与保险。凡经过保价的邮包，一旦在途中遗失或损坏，即可向邮政机构按保价金额取得补偿。因此，对寄往办理保价业务的国家，可予保价。鉴于有些国家和地区不办保价业务，或有关邮政机构对保价邮包损失赔偿限制过严，或保价限额低于邮包实际价值，则可采取保险，也可采取既保险又保价的做法。根据中国人民保险公司规定，凡进行保价的邮包，可享受保险费减半收费的优待。我国通过邮包运输进口的货物，按邮包运输进口货物预约保险合同的规定办理投保手续。

第六节　我国国际货物运输保险实务

一、国际货物运输保险投保与承保实务

（一）海运货物保险的投保与承保

1. 货运保险的投保

在我国出口贸易中，如果选用 FOB 或 CFR 价格术语，保险由国外买方办理；如果选用 CIF 价格术语，保险由国内卖方办理。在我国进口贸易中，如果选用 FOB 或 CFR 价格术语，保险由国内买方办理；如果选用 CIF 价格术语，保险由国外卖方办理。

选择投保险别需要考虑的主要因素包括：

（1）货物的性质和特点。投保时要根据风险对各种货物致损的影响程度选择适当的险别。如谷物类商品含有一定水分，经过长途运输可能会引水分蒸发而致短量损失；如在途中被水浸泡，或船上通风设备不良，湿气过大，可能导致霉烂。一般应在水渍险的基础上，加保短量险和受潮受热险。如羊毛、羊绒等易沾污，可以投保平安险或水渍险加保混杂、沾污险。

（2）运输方式和路线及港口情况。海运货物投保海运险别；陆运货物、空运货物则应分别投保陆运或空运险别。

（3）货物的运输路线：如货物途经赤道地区就容易受潮、受热。各国的港口设备、安全等情况也有很大差异，这对货物的装卸安全会有不同程度的影响。

（4）国际形势的变化和气候特点。

2. 承保费率的确定

货物运输保险的费率包括：海洋货物运输保险费率、海洋运输战争险费率、附加险费率和专门险费率。中国人民保险公司的海洋货运保险费率分为出口货物费率表和进口货物费率表两大类。

(1)出口货物的保险费率。目前，中国人民保险公司的出口货物费率分为两类：一类为“一般货物费率”；另一类为“指明货物加费费率”。

①一般货物费率。一般货物费率是按照保险货物运往的目的地和投保的基本险，分别列出平安险、水渍险和一切险的费率标准。所有出口货物只要投保了基本险别，均需按此费率标准计收保险费。

②指明货物加费费率。指明货物加费费率是针对某些指明的易损货物加收的一种附加费率。这些货物在运输途中，由于外来风险的发生极易遭受短少、破碎和腐烂等损失，并且损失率较高，不易同其他非易损货物采用相同的费率，因此把这些货物专门列出来。当投保人就这些货物投保一切险时，保险公司需在一般货物费率的基础上按规定的加费费率加收保险费。中国人民保险公司在指明货物加费费率表中对某些易损货物规定了绝对免赔率。如投保人要求降低免赔率或不计免赔率(Irrespective of Percentage，I. O. P.)，可按费率表规定的标准，加费承保。

③一般附加险费率。如果货物投保了平安险或水渍险，又另外加保了一项或几项一般附加险，如果加保的附加险是该货物在运输过程中可能遭受的最主要的外来风险，则加保的一般附加险按指明货物加费费率计收。

④战争险、罢工险费率。战争险的费率是波动型费率。中国人民保险公司海运货物战争险费率在和平时期是确定的，凡从我国各出口口岸运往世界各地的货物，均按一个费率计收战争险保险费，而不论是什么货物，不论货物运往何处。战争险、罢工险一起投保时，只按战争险费率计收，罢工险不另加费。如只投保罢工险，则按战争险费率计收。

(2)进口货物的保险费率。目前，中国人民保险公司的进口货物费率表有三种，即“特约费率表”“进口货物费率表”和“特价费率表”。

①特约费率表：适用于同中国人民保险公司签订有预约保险协议的各专业进出口公司的进口货物的保险费的计算。“特约费率表”是按照预约保险协议的规定所确定的保险费率的标准。“特约费率表”规定的费率是一种优惠的平均费率，对从世界各国进口到我国各个口岸的进口货物按商品的类别划分，不分投保的险别，对每一大类商品只制定一个费率。

②进口货物费率表：适用于专业进出口公司以外的其他单位的进口货物的保险费的计算。这种费率是按照进口地区不同，按投保险别不同制定了不同的费率。它不分商品，适用于一切进口货物的保险费计算。“进口货物费率表”类似于出口货物的“一般货物费率表”。

③特价费率表：是对一些指定的商品投保一切险时采用的费率。“特价费率表”类似于出口货物的“指明货物加费费率表”。

3. 选择合适的保险人

在选择保险人时需考查保险公司的经济实力和经营的稳定性，保险商品的价格的合理性，保险公司的理赔情况，保险公司提供的服务。

4. 货运保险的保险金额及保险费的计算

国际贸易货物运输保险的保险金额，一般是按 CIF 发票金额加一成(即加成率为 10%)计算的。之所以要按 CIF 计算，主要是为了使被保险人在货物发生损失时，不仅货价的损失可获补偿，对已支出的运费和保险费也能获得补偿。而加一成投保，主要为了在货物发生损失时，使被保险人所支出的各种费用(开证费、电报费、借款利息、税款等)以及预期利润能获得补偿。

(1)保险金额的计算。

①已知 CIF 价格和加成率，计算保险金额：

$$保险金额=CIF价格\times(1+投保加成率)$$

②已知 CFR 价格、保险费率和加成率，计算保险金额。

保险金额是以 CIF 价格为基础计算的，如果对外报价为 CFR 价格，而国外买方要求改报 CIF 价格，或者在 CFR 合同项下，由卖方代买方办理投保，保险金额都不能直接用 CFR 价格加上保险费来计算，而应先把 CFR 价格换算为 CIF 价格，再加成计算保险金额。从 CFR 价格换算为 CIF 价格时，其计算公式：

$$CIF=\frac{CFR}{1-(1+加成率)\times保险费率}$$

如出口按 CFR 成交，买方要求卖方按 CIF 价格加成 10%代办投保，可用下列公式直接从 CFR 价格计算保险金额：

$$保险金额=\frac{CFR}{1-(1+加成率)\times保险费率}\times(1+加成率)$$

(2)保险费的计算。货物运输险的保险费是以货物的保险金额为基础，按一定的保险费率计算出来的，其计算公式如下：

$$保险费=保险金额\times保险费率$$

如系按 CIF 加成投保，以上公式可改为：

$$保险费=CIF\times(1+保险加成率)\times保险费率$$

在已知 CFR 价格的条件下保险费还可以按下列方法计算：

$$保险费=\frac{CFR\times(1+保险加成率)}{1-(1+加成率)\times保险费率}\times保险费率$$

(二)货物运输保险的损失计算

对损失赔偿金额的计算，应按全损、部分损失、共同海损和费用损失等不同情况，采取不同的计算方法。

1. 对全损赔偿金额的计算

进出口货物运输保险通常都是定值保险。被保险货物遭受全部损失(实际全损或推定全损)时，均以保险单载明的保险金额为准全额赔付。如保险合同是不定值保险，当发生保险责任范围内的实际全损或推定全损时，须按实际价值作为赔款计算的依据。如果出险时货物的实际价值高于保险金额，保险公司可按保险金额赔付；如实际价值低于保险金额，则按实际价值赔付。

2. 部分损失赔偿金额的计算

分数量损失的计算和质量损失的计算两种。

(1)数量损失的计算。保险货物中部分货物灭失或数量(重量)短少，以灭失或损失的数量(重量)占保险货物总数之比，按保险金额计算赔款。公式如下：

$$赔款金额=\frac{损失数量(重量)}{保险货物总数量(重量)}\times保险金额$$

(2)质量损失的计算。保险货物遭受质量损失时，应先确定货物完好的价值和受损的价值，计算出贬值率，以此乘以保险金额，即可计算出赔款金额。

完好价值和受损价值，一般以货物运抵目的地检验时的市场价格为准。如受损货物在中途处理不再运往目的地，则可按处理地的市价为准。处理地或目的地市价，一般是指当地的批发价格。其计算公式如下：

$$赔款金额=\frac{货物完好价值-受损后价值}{货物完好价值}\times 保险金额$$

$$贬值率=\frac{货物完好价值-受损后价值}{货物完好价值}$$

在实际业务中，往往由于一时难以确定当地市价，经协议也可按发票价值计算，其计算公式为：

$$赔款金额=\frac{按发票价值计算的损失额}{发票金额}\times 保险金额$$

在不定值保险条件下，货物的保险价值按起运地发票价值加运费和保险费的总和（即CIF价值）计算，因此，其赔款金额可按以下公式计算：

$$赔款金额=\frac{按\ CIF\ 价值计算的损失额}{CIF\ 价值}\times 保险金额$$

国际保险市场对水渍险都规定有一定的免赔率，货物残损达不到免赔率时，保险人不负责赔偿。规定免赔率的货物发生保险责任范围内的残损时，计算公式为：

$$免赔重量(数量)=残损货物包数\times 每包原装重量(数量)\times 免赔率$$

$$赔偿重量=损失重量-免赔重量$$

$$赔偿金额=保险金额\times\frac{赔偿重量}{保险总重量}$$

3. 共同海损牺牲和分摊的计算

(1)共同海损损失金额的确定。共同海损损失有牺牲和费用两类。共同海损损失金额是指应得到共同海损补偿的数额，其确定方法如下：

船舶的损失金额，按损失部分实际支付的合理修理费用（包括临时性修理费用合理扣减后的换新费用）计算。如果船舶损失部分尚未进行修理，则按必要修理的合理估计费用计算。

货物的损失金额，按损失部分的到岸价格减去由于损失而无需支付的运费计算。如果受损货物已经出售，而受损程度无法确定，则按该货物的到岸价格与出售净得金额之间的差额计算。

运费损失金额，按货物遭受损失而引起的运费损失金额，减去由于损失不必支付的营运费用（成本）计算。

(2)共同海损分摊价值。共同海损形成后，因船、货、运费等安全所作的共同海损牺牲和费用，均须由受益方按照最后获救价值，按比例分摊。共同海损的分摊价值，应以航程终止时船舶、货物和到付运费的实际净值为基础，加上共同海损补偿额计算。

船舶分摊价值，按航程终止时的当地完好价值，扣除不属于共同海损的损失金额计算；或按船舶在航程终止时的当地实际价值加上共同海损补偿额计算。

$$船舶分摊金额=\frac{共同海损损失总额}{共同海损分摊价值总额}\times 船舶分摊价值$$

货物分摊价值，按货物的到岸价格，减除不属于共同海损的损失金额和承运人承担风险的运费计算。

$$货物分摊金额=\frac{共同海损损失总额}{共同海损分摊价值总额}\times 货物分摊价值$$

运费分摊价值，按照承运人承担风险并于事后收得的运费，根据共同海损事故发生时尚未完成的航程，作相应比例的扣除，再加上列入共同海损的损失金额计算。

$$\text{运费分摊金额}=\frac{\text{共同海损损失总额}}{\text{共同海损分摊价值总额}}\times\text{运费分摊价值}$$

4. 有关费用损失的计算

如果被保险人在对受损货物进行处理时支付了出售费用，一般只要在保险金额限度内，均可加入损失之内由保险人补偿。计算公式为：

$$\text{赔款金额}=\frac{\text{货物损失的价值}+\text{出售费用}}{\text{货物完好价值}}\times\text{保险金额}$$

（三）填写投保单

无论出口方还是进口方投保，投保人必须填制货物运输保险投保单，具体列明被保险人名称、保险标的名称、数量包装以及标志、保险金额、起运地和目的地名称、运输工具名称、装运日期、投保险别等，送交保险公司办理投保手续，投保人必须在货物运输之前办理投保，而且投保单的填写必须准确、真实。

【投保单样本】

中保财产保险有限公司上海市分公司

The People's Insurance (Property) Company of China, Ltd. Shanghai Branch

进出口货物运输保险投保单

Application From form I/E Marine Cargo Insurance

被保险人			
发票号码(出口用)或合同号码(进口用) Invoice No. or Contract No.	包装数量 Quantity	保险货物项目 Description of Goods	保险金额 Amount Insured
装载运输工具 Per Conveyance	航次、航班或车号 Voy. No.	开航日期 Slg. Date	
自 From	至 To	转运地 W/Tat	赔款地 Claim Payable at
承保险别： Condition &/ or Special Coverage			
投保人签章及公司名称、电话、地址： Applicant's Signature and Co. 's Name, Add. And Tel. No.			
备注： Remarks	投保日期： Date		

保险公司填写：　　　　报单号：　　　　费率：

（四）承保

保险公司接受投保人的投保申请后应根据投保单的内容及时缮制保险单据，并结算保险费。

保险单据是投保人或被保险人同保险人之间订立保险合同的证明文件，反映了保险人与被保险人之间的权利和义务关系，是保险索赔和理赔的主要依据，也是重要的结汇单据。常见的保险单据主要包括以下几种：

1. 保险单

保险单(Insurance Policy)俗称"大保单"，由于其格式规范，内容完备，对当事人均有法律约束力，因而是最为广泛使用的一种保险单据。保险单格式包括正面条款和背面条款两部分。

(1)保险单正面条款通常包括：

①保险人和被保险人的姓名、地址；

②发票号码和保单号次；

③保险标的的名称、数量与包装、唛头；

④保险金额；

⑤运输工具名称、航次；

⑥开航日期和运输起讫地；

⑦保险险别、保费和费率；

⑧保险公司在目的地的检验理赔代理人；

⑨赔付地点；

⑩保险单签发的日期。

(2)保险单背面条款通常载有保险人与被保险人之间的权利和义务等详细内容。

2. 保险凭证

保险凭证(Insurance Certificate)俗称"小保单"，也称保险证明，是一种简化的保险单，与保险单具有同等的法律效力。这种保险凭证除背面不载明保险人与被保险人之间的权利与义务等保险条款外，其余内容均与保险单相同。

3. 联合凭证

联合凭证(Combined Certificate)又称承保证明(Risk Note)，是我国保险公司特别使用的，将发票和保险单相结合的，比保险凭证更为简化的保险单据。保险公司将承保的险别、保险金额及保险编号加注在投保人的发票上，并加盖印戳，其他项目均以发票上列明的为准。此种凭证不能转让，目前仅适用于对我国港澳地区部分华商和少部分新马地区的业务，只有来证表明可以接受联合凭证时，才能使用这种单据。

4. 预约保单

预约保单(Open Policy)又称预约保险合同(Open Cover)，是进口贸易中，被保险人(一般为进口人)与保险人之间订立的总合同，合同中规定承保货物的范围、险别、费率、责任、赔款处理等条款，凡属合同约定的货物，在合同有效期内自动承保。订立这种合同，既可以简化保险手续，又可使货物一经装运即可取得保障，可以有效避免漏保。预约保险单项下的货物一经确定装船，要求被保险人立即以保险声明书(Insurance Declaration)的形式，将该批货物的名称、数量、保险金额、船名、起讫港口、航次、开航日期等通知保险人，银行可将保险声明书当作一项单据予以接受。

5. 批单

保险单出立后，如需变更其内容，可由保险公司另行出具凭证注明更改或补充的内容，称为批单(Endorsement)。其须粘在保险单上并加盖骑缝章，作为保险单不可分割的一部分。

【保险单样本】　　货物运输保险单

CARGO TRANSPORTATION INSURANCE POLICY

发票号(INVOICE NO.)　　保单号次

合同号(CONTRACT NO.)　　POLICY NO.

信用证号(L/C NO.)

被保险人：

INSURED：

中国人民保险公司(以下简称本公司)根据被保险人的要求，由被保险人向本公司缴付约定的保险费，按照本保单承保险别和背面所载条款与下列条款承保下述货物运输保险，特立本保险单。

THIS POLICY OF INSURANCE WITNESSES THAT THE PEOPLE'S INSURANCE COMPANY OF CHINA (HEREINAFTER CALLED "THE COMPANY") AT THE REQUEST OF THE INSURED AND IN CONSIDERATION OF THE AGREED PREMIUM PAID TO THE COMPANY BY THE INSURED UNDERTAKES TO INSURE THE UNDERMENTIONED GOODS IN TRANSPORTATION SUBJECT TO THE CONDITIONS OF THIS POLICY AS PER THE CLAUSES PRINTED OVERLEAF AND OTHER SPECIAL CLAUSES ATTACHED HEREON.

标记 MARKS & NOS	包装及数量 QUANTITY	保险货物项目 DESCRIPTION OF GOODS	保险金额 AMOUNT INSURED

总保险金额

TOTAL AMOUNT INSURED：

保费　　启运日期　　运输工具

PREMIUM：　　DATE OF COMMENCEMENT：　　PER CONVEYANCE：

自　　经　　至

FROM　　VIA　　TO

承保险别：

CONDITIONS：

所保货物，如发生保险单项下可能引起索赔的损失或损坏，应立即通知本公司下述代理人查勘。如有索赔，应向本公司提交保单正本(本保单共有____份正本)及有关文件。如一份正本已用于索赔，其余正本自动失效。

IN THE EVENT OF LOSS OR DAMAGE WHICH MAY RESULT IN A CLAIM UNDER THIS POLICY, IMMEDIATE NOTICE MUST BE GIVEN TO THE COMPANY'S AGENT AS MENTIONED HEREUNDER. CLAIMS, IF ANY, ONE OF THE ORIGINAL POLICY WHICH HAS BEEN ISSUED IN ORIGINAL(S) TOGETHER WITH THE RELEVENT DOCUMENTS SHALL BE SURRENDERED TO THE COMPANY, IF ONE OF THE ORIGINAL POLICY HAS BEEN ACCOMPLISHED, THE OTHERS TO BE VOID.

中国人民保险公司　　分公司

THE PEOPLE'S INSURANCE COMPANY OF CHINA BRANCH

赔款赔付地点

CLAIM PAYABLE AT ____________

出单日期 ISSUING DATE ____________　　GENERAL MANAGER

二、国际货物运输保险索赔与理赔实务

保险索赔(Insurance Claim)是指进出口货物在保险责任有效期内发生属于保险责任范围内的损失,投保人按保险单的有关规定向保险公司要求赔偿损失的一种行为。

(一)索赔程序

1. 损失通知

被保险人一旦获悉保险货物受损,应立即向保险人或其代理人发出损失通知。

一般来讲,在保险条款中通常都要求被保险人应尽快通报保险事故并在规定的期限内提交损失证据。

中国人民保险公司保险条款规定的索赔期限为2年,自被保险货物在目的地(港、站)全部卸离运输工具之日起计算。

2. 采取合理的施救、整理措施

防止损失的进一步扩大,费用由保险公司负担。

3. 申请检验

应及时向保险单指定的检验机构或理赔代理人申请检验,并要求其出具检验报告,或向承运人或有关当局索取货损、货差证明,以确定损失原因和损失程度。

如果涉及第三者责任,赔款一般虽然先由保险人赔付,但被保险人应首先向责任方提出异议,以保留追偿权利。特别是货损、货差涉及承运人、码头、装卸公司等方面的责任,应立即以书面形式向他们提出索赔,必要时申请延长索赔时效。

4. 提交索赔单证

被保险人收到上述检验报告后,可连同有关单据向保险公司提赔。按照我国货运保险条款的规定,被保险人在索赔时应提供保险单正本、提单、发票、装箱单、尺码单、货损货差证明、检验报告及索赔清单等。

(二)理赔审定和计算

保险理赔是指保险公司受理投保人提出的索赔要求,并对保险赔案进行处理的整个过程。保险人在收到被保险人的提赔通知后,不是立即按被保险人提供的索赔清单给予赔偿,而是要对以下几个方面予以审定:

(1)提赔的被保险人是否具有可保利益。

(2)损失原因:是否是由于保险人承保责任范围内的风险引起的直接损失,只有一个单独的损失原因或有若干个损失原因,都属于保险责任内的才予以赔偿。

损失原因前后是自然联系:前后损失原因都属于保险责任内的予以赔偿;前者直接导致了后者,若前者属于保险责任,而后者不属于,仍旧赔偿;若前者不属于保险责任,而后者属于不赔偿。

(3)确定货损情况。

(4)确定责任,确定是否在有效期。

(5)理赔计算。

(6)代位追偿和委付。代位追偿(the Right of Subrogation)是为防止被保险人获得双重利益,保险人在赔偿后,要求取代被保险人的地位或以被保险人的名义向有关责任方追偿,这一权利即为保险人的代位追偿权。

委付(Abandonment),是指在推定全损的情况下,被保险人将保险标的的一切权利包括

所有权转让给保险人，而要求保险人按照实际全损的赔偿予以补偿。

（三）争议的解决

（1）协商解决也称自行和解。

（2）调解，由第三方进行判断。

（3）仲裁或诉讼。

第七节 进出口合同中的保险条款

国际货物买卖合同中的保险条款直接关系到买卖双方的利益，是合同的重要组成部分之一，因此必须要合理、明确、具体。一般而言，买卖合同中的保险条款根据选用的贸易术语不同而有所区别。

一、以 FOB、CFR 或 FCA、CPT 条件成交的合同

以 FOB、CFR 或 FCA、CPT 条件成交的合同，因卖方没有投保义务，买方为自己的利益决定是否投保，因而合同中的保险条款可订为："保险由买方负责"即 Insurance: To be covered by the buyer 。如果买方委托卖方代办保险，则应明确规定保险金额、投保险别、按什么保险条款以及保险费由买方负担，同时规定保险费的支付时间和方法。

例 7－1 "保险由买方委托卖方按发票金额的 10%代为投保航空一切险，按 1981 年 1 月 1 日中国人民保险公司航空运输保险条款负责，保险费由买方负担。"

Insurance: To be effected by the Seller on behalf of Buyer for 110% of total invoice value against Air Transportaion All Risks as per Air transportation Cargo Clauses of People's Insurance Company of China dated 1/1/1981, premium to be for buyer'account.

二、以 DAT、DAP、DDP 三个贸易术语成交的合同

按 DAT、DAP、DDP 贸易术语成交的合同，尽管卖方没有强制义务投保，但由于卖方必须保证到货，所以，为了规避运输途中的风险，卖方通常会为自己的利益投保。为此，合同中的保险条款一般规定为："保险由卖方自理。"

Insurance: To be covered/effected by the seller.

三、以 CIF 或 CIP 术语成交的合同

在 CIF 或 CIP 合同中，卖方有义务向保险公司办理投保手续，而且卖方的投保险别和投保金额将直接决定货物遇险后买方能否向保险公司索赔以及索赔金额的多少。因此，买卖合同中必须对保险条款作出明确和详细的规定。CIF 或 CIP 合同中的保险条款通常包括投保人名称、保险公司以及保险条款、保险险别和保险金额等内容。

例 7－2 "保险由卖方按发票金额的××%投保××险、××险以中国人民保险公司 1981 年 1 月 1 日生效的有关海洋运输货物保险条款为准。"

Insurance: To be covered by the seller for ××% of total invoice value against ×× and ×× as per Ocean Marine Cargo Clauses of the People's Insurance Company of China dated 1/1/1981.

【本章小结】

货物在运输、装卸和存储过程中，可能会遇到各种不同的风险，因此办理国际货物运输保险有着重要的意义。海运货物保险承保的范围，包括承包的风险，分为海上风险和外来风险；承保的损失，分为全部损失和部分损失，其中按损失形式又分为共同海损和单独海损。此外还涉及承保的费用问题。

而在我国，进出口货物运输最常用的保险条款是中国保险条款，即 CIC 条款。CIC 条款的险别包括基本险（平安险、水渍险和一切险）和附加险（一般附加险和特殊附加险）。

本章主要介绍了货物运输保险的基本概念、我国海洋货物运输保险承保范围、险别以及伦敦保险协会条款等基本知识，讨论了国际货物买卖合同运输保险条款的基本知识。

【课后练习】

一、辨析题

1. 海上保险业务的意外事故，仅局限于发生在海上的意外事故。

2. 保险利益是投保人所投保的保险标的。

3. 我某公司按 CFR 贸易术语进口时，在国内投保了一切险，保险公司的责任起讫应为仓至仓。

4. 托运出口玻璃制品时，被保险人在投保一切险后，还应加保破碎险。

5. 保险公司对陆运战争险的承保责任起讫与海运战争险的承保责任都是“仓至仓”。

6. 我进口货物一批，投保一切险，货物在海运途中部分被火焚。经查，一切险中 11 种附加险并无火险。对此损失保险公司不承担责任。

7. 如果被保险货物运达保险单所载明的目的地，收货人提货后即将货物转运，则保险公司的保险责任在转运到达目的地仓库时中止。

8. 海运提单的签发日期应早于保险单的签发日期。

9. 不论在实际全损和推定全损的情况下，保险公司都要按保险金额全额赔偿。

10. 共同海损是部分损失中的一种。

11. 在国际贸易中，向保险公司投保一切险，在运输途中由于任何外来原因造成的一切货损，均可向保险公司索赔。

12. 水渍险的责任范围是除平安险责任范围以内的全部责任外，还包括由于暴风、巨浪等自然灾害引起的部分损失。

二、实务操作题

1. 一批货物由上海出口至某国某港口 CIF 总金额为30 000美元，投保一切险（保险费率为 0.6%）及战争险（保险费率 0.03%），保险金额按 CIF 总金额，客户要求加保一成，问：保险费是多少？

2. 某商品出口报价 CFR1 200 美元，保险费率 0.63%，客户要求加一成保险，求：CIF 价、保险金额、保险费。

三、案例分析题

1. 我国 A 公司与某国 B 公司于 2011 年 10 月 20 日签订购买52 500吨化肥的 CFR 合同。A 公司开出信用证规定，装船期限为 2012 年 1 月 1 日至 1 月 10 日，由于 B 公司租来运货的“顺风号”轮在开往某外国港口途中遇到飓风，结果装至 2012 年 1 月 20 日才完成。承运人在取得 B 公司出具的保函的情况下签发了与信用证条款一致的提单。“顺风号”轮于 1 月 21 日驶离装运港。A 公司为这批货物投保了水渍险。2012 年 1 月 30 日“顺风号”轮途经巴拿马运河时起火，造成部分化肥烧毁。船长在命令救火过程中又造成部分化肥湿毁。由于船在装货港口的延迟，使该船到达目的地时正遇上了化肥价格下跌，A 公司在出售余下的化肥时价格不得不大幅度下降，给 A 公司造成很大损失。

请根据上述案情，回答以下问题：

(1)途中烧毁的化肥损失属什么损失？应由谁承担？为什么？

(2)途中湿毁的化肥损失属什么损失？应由谁承担？为什么？

(3)A公司可否向承运人追偿由于化肥价格下跌造成的损失？为什么？

2. 某公司以CIF条件出口一批货物共2 000箱，已投保水渍险。货到目的港买方凭“已装船清洁提单”提货时发现下列情况：(1)200箱被海水浸泡过；(2)50箱被雨水淋湿；(3)10箱包装完好，但箱内货物有短少；(4)5箱欠交。问：上述损失应属何方责任？为什么？

3. 我国某进出口公司向法国某有限公司签订出口芦笋罐头合同，FOB厦门。买方致电我国卖方，要求代其按发票金额110%将货物投保至法国马赛的一切险，我方表示同意。我卖方收到买方来证后，遂向保险公司办理了投保手续，保险单上被保险人为买方，载明的起运地为卖方所在地龙岩市，目的港为马赛。但在货物由龙岩市运往厦门的途中，发生意外，货物的10%致损。卖方以保单中的仓至仓条款为由向保险公司提出索赔，但遭到拒绝。后来卖方请买方以买方名义凭保单向保险公司索赔，同样遭到拒绝。

试分析保险公司究竟是否应该赔偿。

4.“昌隆”号货轮满载货物驶离上海港。开航后不久，由于空气温度过高，导致老化的电线短路引发大火，将装在第一货舱的1 000条出口毛毯完全烧毁。船到新加坡港卸货时发现，装在同一货舱中的烟草和茶叶由于羊毛燃烧散发出的焦糊味而不同程度受到串味损失。其中由于烟草包装较好，串味不是非常严重，经过特殊加工处理，仍保持了烟草的特性，但是等级已大打折扣，售价下跌三成。而茶叶则完全失去了其特有的芳香，不能当作茶叶出售了，只能按廉价的填充物处理。

船经印度洋时，不幸与另一艘货船相撞，船舶严重受损，第二货舱破裂，仓内进入大量海水，剧烈的震荡和海水浸泡导致仓内装载的精密仪器严重受损。为了救险，船长命令动用亚麻临时堵住漏洞，造成大量亚麻损失。在船舶停靠泰国港避难进行大修时，船方联系了岸上有关专家就精密仪器的抢修事宜进行了咨询，发现整理恢复十分庞大，已经超过了货物的保险价值。为了方便修理船舶，不得不将第三舱和第四舱部分纺织品货物卸下，在卸货时有一部分货物有钩损。

试分析上述货物损失属于什么损失。

5. 有一份CIF合同，卖方甲投保了一切险，自法国内陆仓库起，直到美国纽约的买方仓库为止。合同中规定，投保金额是“按发票金额值另加10%”。卖方甲在货物装船后，已凭提单、保险单、发票、品质检验证书等单证向买方银行收取了货款。后来，货物在运到纽约港前遇险而全部损失。当买方凭保险单要求保值的百分之十部分，应该属于他，但遭到卖方保险公司的拒绝。

卖方甲是否有权利要求保险公司发票总值10%的这部分金额？为什么？

第八章　国际贸易货款结算

【学习目标】

1. 知识目标：了解国际贸易货款结算的根本任务，熟悉和掌握汇票、本票、支票等主要结算工具，掌握汇款、托收、信用证等主要结算方式。

2. 能力目标：能正确使用汇票、本票、支票等主要结算工具，能够独立运用汇款、跟单托收、信用证等主要结算方式办理国际贸易货款结算的有关业务。

【重点难点】

1. 重点：汇票的内容及使用方法，汇付、托收、信用证的业务流程及风险防范。

2. 难点：国际贸易货款结算中具体支付方式的选用。

【导入案例】

A出口公司与B进口公司就“金牛牌”某种货物签订合同，同时约定采用信用证结算方式。B公司通过开证行开出的信用证上货物错写为“牛牌”。A公司却未认真审核信用证就办理了交货，获得全套单据后向出口地银行交单议付，单据上货物仍为“金牛牌”。出口地银行审核单据后予以拒付。A公司认为合同签订的货物为“金牛牌”，实际装运的货物也为“金牛牌”，所以银行拒付无理。

本案例存在以下一些疑问：出口地银行拒付是否合理？信用证结算方式有哪些特点？选择信用证结算方式时相关当事人应注意哪些事项？

【分析】　银行的拒收有道理。因为根据UCP600，信用证是一种银行信用，也是纯单据交易，只有受益人提交符合信用证规定的单据，开证行才必须付款。而本案中，B公司通过开证行开出了错误的信用证，而A公司没有审核出来。那么信用证成立后就成为独立的文件。尔后A公司提供的单据都是“金牛牌”与信用证的“牛牌”要求不符，因此，银行拒付是合理的。信用证的特点既是银行信用，同时又是单据买卖，它还是自足的文件。它一旦成立就不受任何其他文件约束，而且只有受益人提交了符合信用证要求的单据后，银行才承担第一付款人的责任。所以，使用信用证结算方式，当事人尤其是卖方一定要注意单证一致和单单一致。

分属于两个不同国家的买卖双方，进出口商品必然要发生货款的收付，以结清双方之间的债权债务关系，这种活动称为国际结算。货款的收付是进出口合同履行的重要环节之一，采用什么工具，以何种方式进行结算，是进出口合同中一个非常关键的问题，它直接关系到买卖双方的资金周转和融通以及各种金融风险和费用的负担。由于各国使用的货币不同，而且不同的结算方式也存在较大的差异，而且还涉及不同国家的有关法律、国际惯例和银行习惯等等，所以国际货款的收付要比国内货款收付复杂得多。

在现代国际结算背景下，国际贸易货款结算主要是通过银行中介来完成的。票据（汇票）是国际贸易货款结算中使用的主要信用工具。汇款、跟单托收和信用证是国际贸易货款结算的主要方式。

第一节　国际贸易货款结算工具

国际结算工具是指在国际结算中使用的信用工具。信用工具也称金融工具，是以书面形式发行和流通，用以证明债权人权利和债务人义务的契约证书。现代国际结算中使用的信用工具主要是票据。票据是出票人委托他人或承诺自己在特定时间向指定人或持票人无条件支付一定款项的书面凭证。票据主要包括汇票、支票和本票三种类型。国际贸易货款结算中使用的信用工具主要是汇票。

一、汇票

（一）汇票的含义

汇票（Bill of Exchange）是出票人签发的，委托付款人在见票时或者在指定日期无条件支付确定金额给收款人或者持票人的票据。

关于汇票的含义，需要注意以下两点：

（1）汇票是出票人发出的付款命令，由出票人签发，命令付款人向收款人付款的书面指示，而非请求、商量、征求意见等。

（2）汇票的付款是无条件的。无条件意味着付款不能有限制或附带条件，否则该汇票不具备法律效力。

汇票是一种要式证券，所以必须要式齐全。所谓要式齐全，就是必须具备法定的形式要件，必须载明必要的法定事项，才能成为完整的汇票，从而具有票据的效力。

（二）汇票的内容

各国票据法对票据内容的规定有所不同。根据我国《票据法》规定，汇票必须包括“汇票”字样、无条件付款命令、确定的金额、付款人名称、收款人名称、出票日期、出票人签章等内容。

（1）“汇票”字样。它的主要作用是表明票据的性质和种类，以区别于其他票据。

（2）无条件付款命令。书面付款命令应该是无条件的，最简明的方式是“付××元”。

（3）确定的金额。汇票的金额必须同时用大、小写记载，二者保持一致。

（4）付款人名称。汇票上付款人的记载要有一定的确定性，以便持票人能顺利找到。

（5）收款人名称。汇票的“收款人”也称“抬头人”。常见的填写方法是指示性抬头。指示性抬头的汇票并不强求一定要收款人本人亲自收款，收款人可以通过背书将汇票转让给他人，由受让人以持票人身份取款。指示性抬头有三种表示方法：付给 A 的指定人（Pay to the Order of A）；付给 B 或其指定人（Pay to B or Order）；付给 C（Pay to C），这种抬头虽然没有指定人字样，但收款人仍有权将票据背书转让。指示性抬头汇票既实现了汇票流通转让的最基本性质，又要求背书而具有一定转让条件，使转让更可靠、更安全，因此在实务中使用最为广泛。

（6）出票日期。这是指汇票签发的具体时间。出票日期有三个重要作用：①决定远期汇票到期日。一些远期汇票到期日的计算是以出票日为基础的，确定了出票日及相应期限，也就能确定远期汇票到期日。②决定汇票的有效期。持票人如不在规定时间内要求票据权利，票据权利自动消失。我国《票据法》规定见票即付的汇票有效期为 2 年。③决定出票人的行为效力。若出票时出票人已宣告破产，则汇票不能成立。

（7）出票人签章。汇票必须经出票人签章才能成立。如果汇票上没有出票人签章，或签章是伪造的，票据都不能成立。

以上内容是我国《票据法》规定必须记载的事项，缺一不可，否则汇票无效。其他国家票据法的规定也都大同小异，《日内瓦统一票据法》的规定同我国规定基本相同。

除以上必须记载的内容外，还有付款日期、出票地点、付款地点 3 个“相对必要记载项目”。这些项目十分重要，但如果不记载也不会影响汇票的法律效力，因为这些内容可以间接确定。

此外，当事人还可以根据需要记载一些其他内容，称之为“任意记载项目”。它是由出票人等根据需要记载的限制或免除责任的内容。这些项目一旦被接受，即产生约束力。

汇票的式样如图 8－1 所示。

BILL OF EXCHANGE

NO.__________　　　　Dated __________

Exchange for ______________________

At ______________________

Pay to the order of ______________ the sum of __________

Drawn under ______________________

To ______________

For ______________

图 8－1　汇票示例

（三）汇票的种类

汇票从不同的角度可分为以下四种。

1. 根据出票人不同划分

（1）银行汇票。银行汇票是一家银行向另一家银行签发的书面支付命令，其出票人和付款人都是银行。银行汇票的信用基础是银行信用。

（2）商业汇票。商业汇票是由公司、企业或个人签发的汇票，其付款人可以是公司、企业、个人，也可以是银行。商业汇票的信用基础是商业信用。

2. 根据承兑人不同划分

（1）银行承兑汇票。银行承兑汇票是指由公司、企业或个人开立的以银行为付款人并经付款银行承兑的远期汇票。银行对商业汇票加以承兑改变了汇票的信用基础，使商业信用转换为银行信用。

（2）商业承兑汇票。商业承兑汇票是以公司、企业或个人为付款人并由公司、企业或个人进行承兑的远期汇票。商业承兑并不能改变汇票的信用基础。

3. 根据付款期限不同划分

(1)即期汇票。即期汇票是注明付款人在见票或持票人提示时，立即付款的汇票。未载明具体付款日期的汇票也是即期汇票。

(2)远期汇票。远期汇票是载明在一定期间或特定日期付款的汇票。远期汇票有定日付款、出票后定期、见票后定期汇票三种形式。常用的规定远期付款期限的方法有以下几种：

①见票后若干天付款(At ×× days after sight)，即从持票人提示汇票后起算。如 At 90 days after sight。

②出票后若干天付款(At ×× days after date of draft)，即从出票日后起算。如 At 30 days after date of draft。

③定日付款(fixed date)，即以一个确定的日期为付款日，如 Payable on 30th June,2016。

④提单签发日后若干天付款(At ×× days after date of bill of lading)，即从提单签发日后起算。如 At 30 days after B/L(15th April)。

4. 根据汇票是否附有商业单据划分

(1)光票。光票是指无须附带任何单据即可收付票款的汇票。这类汇票全凭票面信用在市面上流通。银行汇票多为光票。

(2)跟单汇票。跟单汇票是指附带有关单据的汇票。跟单汇票的流通转让及资金融通，除与当事人的信用有关外，更取决于附属单据所代表货物的价值及单据质量。跟单汇票一般为商业汇票。

需要说明的是，一张汇票往往可以同时具备几种性质。例如，一张商业汇票可以同时是即期的跟单汇票；一张远期的商业跟单汇票，同时又可以是由银行承兑的汇票。

(四)汇票的使用

汇票的使用，也称汇票票据行为，是以行为人在汇票上进行必备事项的记载、完成签名并交付为要件，以发生或转移票据权利、负担票据债务为目的的法律行为。汇票行为一般包括出票、提示、承兑、付款等。汇票如需转让，通常经过背书行为转让。当汇票遭到拒付时，还要涉及作成拒绝证书和行使追索权等法律权利。根据《票据法》的规定，汇票的基本原理和法律规则同样适用于本票和支票。

1. 出票

出票(Issue)是指出票人签发汇票并将其交付给收款人的票据行为。在出票时，对收款人(又称抬头)通常有三种写法。

(1)限制性抬头。例如“仅付××公司”(Pay to ×× Co. only)或“付给××公司，禁止转让”(Pay to ×× Co. not transferable)。这种抬头的汇票不能流通转让，只能由指定的公司收取票款。

(2)指示性抬头。例如，“付××公司或其指定人”(Pay to ×× Co. or order 或 Pay to the order of ×× Co.)。这种抬头的汇票可以经背书转让。

(3)来人抬头或持票人抬头。例如：“付给来人”(Pay to bearer)或“付给持票人”(Pay to holder)。这种抬头的汇票无需背书，仅凭交付即可实现转让。

国际贸易结算中使用的商业汇票通常需签发一式两份，分次寄发，以防遗失，但只对其中一份承兑或付款。为此，在汇票上一般都分别注明“付一不付二[pay this first of change(second of exchange being unpaid)]”或“付二不付一[pay this second of exchange(first of exchange being unpaid)]”字样，以防止重复承兑或付款。银行汇票通常只签发单份(sole)。

2. 提示

提示(Presentation)是指持票人将汇票提交付款人要求付款或承兑的行为。付款人见到汇票称为见票。按照提示的目的,提示分为两种。

(1)付款提示(Presentation for payment):持票人向付款人提交汇票,要求付款的行为。

(2)承兑提示(presentation for acceptance):持票人向付款人提交远期汇票,付款人见票后办理承兑手续,承诺到期付款的行为。

3. 承兑

承兑(Acceptance)是指远期汇票付款人在汇票上签字,承诺在汇票到期日支付汇票金额的票据行为。承兑是由付款人在汇票正面写上“承兑”(accepted)字样,注明承兑的日期,并由付款人签名后交还持票人。付款人承兑汇票后便成为承兑人,这时他就变成汇票主债务人,对汇票承担到期绝对的、无条件的付款义务,而出票人退居次要地位,从此成为汇票的从债务人。

4. 付款

付款(Payment)是指汇票付款人向持票人支付汇票金额以注销汇票的行为。对即期汇票,付款人见票时即应付款;对远期汇票,付款人在办理承兑手续后,于汇票到期日付款。持票人获得付款时,应当在汇票上签收,并将它交给付款人作为收据存查。汇票一经付款,汇票上的一切债权债务即告消灭或终止。

5. 背书

背书(Endorsement)是一种以转让票据权利为目的的票据行为,是票据转让的一种方式。背书要由汇票的持票人在汇票的背面签上自己的名字,或者再加上受让人即被背书人的名字,并把汇票交给受让人。通过背书,汇票的收款权利就转让给了受让人。

背书的方式有三种,即限制性背书、空白背书和特别背书。限制性背书(restrictive endorsement),是指背书人对转让给被背书人的指示带有限制性的词语。例如:“仅付××公司”(Pay to ×× Co,only)、“付给××银行,不可转让”(Pay to ×× bank,not transferable)。凡做成限制性背书的汇票,只能由指定的被背书人凭票取款,而不能再行转让或流通。空白背书(blank endorsement),又称不记名背书,是指背书人只在票据背面签名,不指定被背书人,即不写明受让人。特别背书(special endorsement),又称记名背书,是指背书人除在票据背面签名外,还写明被背书人名称或其指定人,例如“付给××公司或其指定人”(Pay to ×× Co. or order)。

通常汇票可经多次背书转让。对于汇票的受让人来说,所有在他之前的背书人都是他的“前手”(prior party);而对于出让人来说,所有在他让与以后的受让人都是他的“后手”(subsequent party)。“前手”对“后手”负有担保汇票必然会被承兑或付款的责任。

一张远期汇票的持有人如果想在汇票到期前取得票款,可以通过背书转让汇票,即将汇票进行贴现。贴现(Discount)是指远期汇票承兑后在到期之前,由银行或贴现公司按照汇票的票面金额扣除从贴现日到汇票付款日的利息后,将余额支付给持票人的票据融资行为。

6. 拒付与追索

拒付(Dishonour)又称退票,它包括两种情况:一是持票人要求承兑时,遭到拒绝承兑;二是持票人要求付款时,遭到拒绝付款。拒付行为除了付款人明确表示不付款或不承兑外,在付款人或承兑人死亡逃匿、被依法宣告破产或因违法被责令停止业务活动等情况下,在事实上已不可能付款或承兑,也构成拒付。另外,即使付款人对汇票不明示拒付但迟迟不付款或不承兑,持票人也可以认为汇票已遭到拒付。

汇票遭到拒付时，持票人对其“前手”有请求其偿还汇票金额及费用的权利，这种权利称为追索权（Right of recourse）。而追索（Recourse）则是指汇票遭到拒付时持票人要求“前手”偿还票款或费用的票据行为。

按国际通行规则，持票人在进行追索时，应将拒付事实书面通知其“前手”，并及时做成拒绝证书（protest）。拒绝证书是由付款地的法定公证人或其他依法有权出具证书的机构如法院、银行等出具的证明拒付事实的文件。持票人请求公证人做成拒绝证书时，应将票据交出，由公证人持票据向付款人再作提示，如再遭拒付，公证人即按规定格式做成拒绝证书，连同票据交还持票人，持票人凭以向“前手”追索。追索时，持票人可以不按照债务人的先后顺序，对其“前手”及出票人中的任何一个、数人或全体行使追索权。被追索人清偿债务后，即享有持票人的权利，可向其他汇票债务人进行再追索。

汇票除了作为结算工具用于国际汇款结算以外，还是一种信贷工具。作为信贷工具主要是指厂商以进出口贸易为背景而出具商业汇票，这种汇票经银行承兑后很容易贴现，是进出口融资的重要工具，或者是以跟单汇票作抵押而从银行融资。

二、本票

（一）本票的含义

本票（Promissory Note）是出票人签发的，承诺自己在见票时无条件支付确定金额给收款人或者持票人的票据。

（二）本票的特点

本票不同于其他票据（汇票），具有下列特点：

（1）本票是无条件的支付承诺。本票是出票人承诺自己付款。本票基本关系人只有两个，即出票人和收款人。

（2）本票不必办理承兑。

（3）本票只有 1 张。

（三）本票的内容

根据我国《票据法》规定，本票的必要记载内容有六个方面：“本票”字样、无条件支付的承诺、确定的金额、收款人名称、出票日期和出票人签章。以上条款，缺一不可，否则本票无效。

本票中关于付款地、出票地等事项的记载也应清楚明确，不过没有记载也不影响本票的效力。本票上未记载付款地的，出票人的营业场所为付款地；未记载出票地的，出票人的营业场所为出票地。

（四）本票的种类

1. 根据出票人不同划分

（1）商业本票。商业本票又称一般本票，它是指公司、企业或个人签发的本票。商业本票的信用基础是商业信用，出票人的付款缺乏保证，因此其使用范围渐趋缩小。

（2）银行本票。银行本票是指银行签发的本票。由于银行本票在很大程度上可以代替现金流通，各国为了加强对现金和货币金融市场的管理，往往对银行发行本票有一些限制。国际贸易结算中使用的本票，大多都是银行本票。银行本票的式样如图 8－2。

PROMISSORY NOTE

(本票金额)____________　　____________(出票日期地点)

On the ________________(付款时间)fixed by the promissory Note

We promis to pay to the order of ____________________(收款人)

the sum of (大写金额)____________________

____________(出票人)
(Signed)

图 8—2　本票样本

2. 根据付款期限不同划分

(1)即期本票。即期本票多以支付为目的。银行本票一般是即期本票。

(2)远期本票。远期本票多以融资为目的。商业本票多为远期本票。

(五)本票的使用

本票的使用无论是在国内还是国际结算中都较少。因为商业本票经常会发生拒付,人们不愿接受;另外,很多国家又不同程度地限制甚至禁止使用银行本票。

三、支票

(一)支票的含义

支票(Cheque)是出票人签发的,委托办理支票存款业务的银行或者其他金融机构在见票时无条件支付确定金额给收款人或者持票人的票据。

(二)支票的特点

支票不同于其他票据(汇票),具有下列特点:

(1)支票出票人需具备一定条件。包括:①支票出票人必须是银行的存款户。②要与存款银行订有使用支票的协定。③支票的出票人必须使用存款银行统一印制的支票。

(2)支票为见票即付。由于支票没有远期,因此不需办理承兑手续。

(3)支票的付款人仅限于银行。

(4)通常情况下,支票的出票人都是主义务人。

(三)支票主要当事人责任

1. 出票人责任

主要包括:(1)不得开立空头支票。空头支票是指出票人在付款行处没有存款或存款不足的情况下,签发的超过存款余额及银行透支允许范围的支票。(2)如果付款行拒付,支票签发人应负偿还之责。(3)支票提示期限过后,出票人仍应承担票据责任。我国规定,持票人对支票出票人的权利,自出票日起6个月内仍有效。如果过期仍不行使其权利,则票据权利自动消失。

2. 收款人责任

收款人的主要责任是在规定时间、地点提示合格支票。

3. 付款行责任

付款行的责任是审查支票是否合格,特别是核对出票人签章的真实性。只有当支票上的出票人签章与支票开户人留在银行的印鉴相符时付款行才付款。如果错付,银行应承担赔偿责任。此外,付款行在付款时还应要求持票人作收款背书。

(四)支票的内容

我国《票据法》规定,支票必须记载以下事项:表明“支票”的字样、无条件支付的委托、确定的金额、付款人名称、出票日期和出票人签章。以上内容缺一不可,否则支票无效。

除必要项目外,收款人、付款地、出票地都是支票的重要内容。支票上未记载收款人名称的,经出票人授权可以补记;未记载付款地的,付款人的营业场所为付款地;未记载出票地的,出票人的营业场所、住所或者经常居住地为出票地。支票式样见图 8－3。

THE BANK OF COMMUNICATION(出票人开户行)

____________(支票号码)

(支票金额)________________ ________________(出票时间地点)

Pay against this Check to the order of(收款人)____________________

The sum of (大写金额)________________________

____________(出票人)

(Signed)

图 8－3 支票样本

(五)支票的种类

1. 根据抬头人不同划分

(1)记名支票。记名支票是指注明收款人姓名的支票。在取款时,必须由收款人签章并经付款行验明其真实性。

(2)无记名支票。无记名支票又称空白支票或来人支票,它是没有记明收款人的支票。任何人只要持有此种支票,即可向银行要求付款,且取款时不需要签章。

2. 根据支票对付款有无特殊限制划分(国外)

(1)普通支票。普通支票又称非划线支票,是指无两条平行线的支票,或对付款无特殊限制或保障的一般支票。普通支票的持票人可以持票向付款银行提取现款,也可以通过其往来银行代收转账。

(2)划线支票。划线支票是指由出票人或持票人在普通支票上划有两条平行线的支票。划线支票的持票人只能委托银行收款,不能直接提现。划线支票可以起到防止遗失后被人冒领,保障收款人利益的作用。

3. 根据支票对付款有无特殊限制划分(国内)

(1)现金支票。我国的现金支票相当于国外的普通支票,持票人可以选择提取现金或转账收款。

(2)转账支票。转账支票是由出票人或持票人在普通支票上载明“转账支付”的支票。收款人只能通过银行转账收款,不能提取现金。

(六)支票的使用

支票是理想的结算工具,对资金收付很方便。出票人要付款只需签发支票,不必逐笔到银行去办理,收款人收款只需将支票交银行即可。由于支票只有即期,所以作为融资工具的作用很小。支票主要用于国内结算。

四、汇票、本票与支票的区别

汇票、本票与支票具有如下区别：

(1)当事人不同。汇票和支票均有三个基本当事人，即出票人、付款人和收款人，而本票只有两个基本当事人，即出票人和收款人。

(2)证券的性质不同。汇票和支票均是委托他人付款的证券，故属委托式证券；而本票是由出票人自己付款的证券，故属承诺式证券。

(3)承兑的要求不同。远期汇票需要付款人履行承兑手续。本票由于出票时出票人就负有担保付款的责任，因此无须提示承兑。但见票后定期付款的必须经出票人见票才能确定到期日，因此又有提示见票即“签见”的必要。支票均为即期，故也无须承兑。

(4)付款人不同。汇票的付款人是受票人，出票人命令受票人支付一定金额给收款人。远期汇票一经承兑，承兑人就应承担到期付款的绝对责任。本票的付款人即出票人自己，一经出票，出票人即应承担付款责任。支票的付款人只有在出票人在付款人处有足以支付票面金额的存款时才负有付款义务。

(5) 主债务人不同。汇票在承兑前的主债务人是出票人，承兑后的主债务人是承兑人；本票和支票的主债务人是出票人。

(6)使用要求不同。商业汇票通常签发一式二份(银行汇票除外)；而本票和支票只能签发一式一份。

第二节　汇　付

汇款是一种古老的结算方式，其产生可以追溯到票据的萌芽时期。在早期的国际结算中，汇款是最主要的结算方式。在现代国际结算中，汇款方式依然在广泛使用，它既能适用于贸易结算，也能适用于非贸易结算。

一、汇付的含义及当事人

汇付又称汇款，是付款人(进口商)主动将款项交银行，委托其以一定方式将款项交付收款人(出口商)的结算方式。汇款的主要当事人主要有以下 4 个。

(一)汇款人

汇款人是拥有款项并申请汇出者。在国际贸易中，汇款人即债务人，是进口商或其委托人，其责任是填具汇款申请书，提供所要汇出的金额并承担相关费用。

(二)收款人

收款人又叫受益人，是汇款金额的最终接受者。在国际贸易中，收款人即债权人，是出口商或其委托人，其权利是凭证取款。

(三)汇出行

汇出行是接受汇款人委托而汇出款项的银行。汇出行通常是汇款人所在地银行，其职责是按汇款人的要求将款项通过一定途径汇给收款人。

(四)汇入行

汇入行也称解付行，是指接受汇出行委托协助办理汇款业务的银行。汇入行通常是收款人所在地银行，必须是汇出行的联行或代理行，其职责是证实汇出行委托付款指示的真实性，通知收款人取款并付款。

二、汇付的种类

根据汇出行通知汇入行付款的方式不同，汇款可以分为电汇、信汇和票汇三种。

（一）电汇

1. 电汇的含义

电汇（Telegraphic Transfer，T/T）是汇出行应汇款人的申请，通过加押电报或电传指示汇入行解付一定金额给收款人的汇款方式。

2. 电汇的特点

（1）汇款迅速。整个汇款业务的完成一般只需要 2～3 天时间，资金在途占用时间很短，有利于提高资金的利用效率。

（2）安全可靠。电汇大多是银行之间的直接通信，减少了中间环节，使得产生差错的可能性大大缩小。

（3）费用略高。由于电汇使用的是现代化的通信工具——电报或电传，电报按字收费，电传按时计价，使得其直接成本相对较高。此外，采用电汇时资金在途时间很短，汇出行基本不能占用资金，因此银行的收费较其他方式要高。

3. 电汇的使用

大额、紧急货款的收付主要采用电汇。发挥其收款迅速的特点，有利于加快资金周转，提高资金使用效益。

（二）信汇

1. 信汇的含义

信汇（Mail Transfer，M/T）是汇出行应汇款人的申请，用航空信函指示汇入行解付一定金额给收款人的汇款方式。

2. 信汇的特点

（1）汇款所需时间较长。信汇较慢的关键在于委托付款指示的传递需要较长时间，汇入行只有在接到航空信函、收妥资金后才能将款项解付给收款人。

（2）安全性较差。信函在传递过程中可能发生积压甚至丢失等情况，这些都会影响汇款的顺利进行。

（3）费用较低。用信函通知汇款比用电报或电传通知汇款所发生的直接成本要低得多，同时在用信汇时资金在途时间长，汇出行可以占用一个邮程的资金，因此银行收取的手续费较低。

3. 信汇的使用

国际贸易项下的运费、保险费、佣金与折扣、赔款和罚款、押金、利息、租赁费用等从属费用大多通过信汇方式收付。这些费用一般数额较小，对双方影响不大，采用信汇很便宜。

（三）票汇

1. 票汇的含义

票汇（Remittance by Banker's Demand Draft，D/D）是汇出行应汇款人的申请，开出银行即期汇票交汇款人，由其自行携带出国或寄送给收款人凭票取款的汇款方式。

2. 票汇的特点

票汇的特点是具有很大的灵活性。只要抬头许可，汇款人可将汇票带到国外亲自去取款，也可以将汇票寄给国外债权人由他去取，还可以背书后转让。票汇可以由汇票持有人向汇入行取款，也可将汇票卖给任何一家汇出行的联行或代理行，后者只要能核对汇票上签字的真伪，就会买入汇票。此外，票汇方式下，汇出行可以不通知汇入行，汇入行也不必通知收款人，而在做电汇和信汇时，往往会发生汇入行通知了收款人，但由于工作忙等原因，收款人迟迟不去取款的情形，或者汇款线路迂回曲折，收款人很迟才能收款。

3. 票汇的使用

一般货款的收付可以选择票汇，支付比较灵活且成本低。

（四）信汇、电汇及票汇的比较

信汇、电汇及票汇的比较如表 8—1 所示。

表 8—1　　信汇、电汇及票汇的比较

区　别	电汇(T/T)	信汇(M/T)	票汇(D/D)
结算工具	电汇委托书	信汇委托书	银行即期汇票
速度	最快	较慢	最慢
费率	最高	较低	最低
安全性	最安全	信汇委托书可能邮寄延误或遗失	汇票可能丢失或被窃
使用范围	最广	很少使用	介于电汇和信汇之间
通知收款人取款	需要	需要	不需要
灵活性	只能由收款人取款，灵活性差		可由收款人取款，也可将汇票背书转让，灵活性强

三、汇付的基本程序

国际贸易汇付结算从进口商委托汇出行开始到出口商收到货款为止，需要经过以下基本环节：

（一）汇款人填写汇款申请书

无论是个人还是单位，在办理汇出汇款前必须向银行递交汇款申请书。它是汇出行和汇款人之间的一种书面契约，也是汇款人的委托指示。

汇款申请书主要包括以下内容：汇款种类的选择；收款人姓名、地址；开户行名称、地址、账户；汇款人姓名、地址；汇款金额及币别；汇款附言等。

（二）缴纳汇款资金

汇款人在递交汇款申请书的同时，应向汇出行交纳所要汇出的外币资金以及汇款所需费用。

（三）汇出行缮制并发出汇款指令

汇出行根据汇款人的要求，缮制各种汇款指令，并分别做出处理。委托付款电报或电传由汇出行电信部门加密押后发往汇入行。信汇委托书由汇出行有权签字人两人审核签字后，通过邮局或快递部门寄交汇入行；汇票一般直接交给汇款人，同时可向汇入行寄送票汇通知或票根。

（四）汇出行向汇入行拨交头寸

汇出行在发出付款指令后，应及时向汇入行拨交头寸或偿付汇款。头寸拨交一般有以下几种方法：(1)汇出行主动贷记(Credit)汇入行账户。如果汇入行在汇出行开有账户，汇出行发出付款指令后，应主动将相应头寸贷记该账户，并向汇入行发送贷记报单。(2)汇出行授权汇入行借记(Debit)汇出行账户。如果汇出行在汇入行开有账户，汇出行发出付款指令后，应授权汇入行借记其账户相应金额，汇入行在付款的同时，应向汇出行发送借记报单。(3)通过碰头行拨交头寸。如果汇出行和汇入行之间没有账户关系，头寸可通过双方的共同账户行即碰头行转账完成。具体办法是，汇出行授权碰头行借记其账户，并指示其将相应资金贷记汇入行的账户。

（五）汇入行审核付款指令

审核付款指令是汇入行履行付款责任的前提条件。审核付款指令就是要对付款电报、电传、信汇委托书和银行汇票等凭证进行审查。审查内容主要包括：(1)密押或印鉴的真实性。(2)是否是付款指示并由本行付款。(3)金额大小写是否相符。(4)头寸拨交条款是否交代清楚。

（六）汇入行索偿头寸

在一般情况下，只要付款指令审核符合要求，汇入行即可付款。但对于不熟悉或信誉较差的汇出行发来的付款指令，汇入行通常要在头寸收妥后付款。汇入行应尽量避免无故垫付款项，如果在付款后未能及时收到头寸，汇入行应尽快与汇出行联系索偿头寸，必要时还要追索利息损失。

（七）汇入行执行付款

在付款指令审核完毕和头寸落实的情况下，付款行可执行付款指令，向受益人付款。通常付款可以直接记入收款人在汇入行开立的账户，也可以按规定和客户要求支付现金。

电汇、信汇结算业务流程如图8—4所示，票汇结算业务流程如图8—5所示。

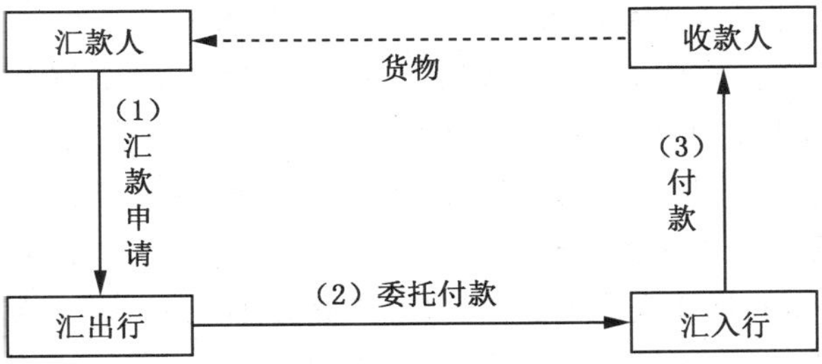

图8—4　电汇、信汇结算业务流程图

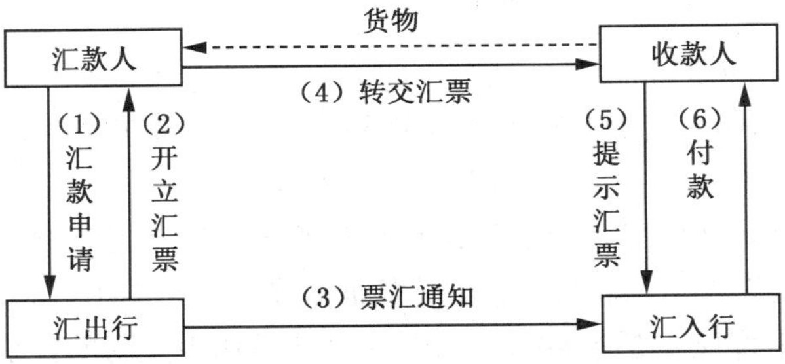

图8—5　票汇结算业务流程图

四、汇付的性质及特点

(一)汇付属于商业信用

汇付虽然是以银行为媒介进行国际结算,但在结算过程中,银行只提供服务而不提供信用,对买卖双方在履行合同中的义务不提供任何担保。所以使用汇付方式结算货款,完全取决于买卖双方中一方对另一方的信任,并在此基础上向对方提供信用和进行资金融通。

(二)风险较大

银行在汇付方式中处于简单受委托的地位,但它只需按常规办理汇款业务即可,并且只对汇款的技术性问题负责,不对货物买卖和货款收付的风险承担任何责任。汇付的基础是商业信用,卖方在发货后能否顺利收回货款,买方在预付货款后能否顺利收到符合合同规定的货物都分别取决于对方的信誉,因此,采用这一结算方式的风险较大。

(三)资金和风险负担不平衡

如果是货到付款,则资金完全由出口商负担,如果是预付全部货款,则资金完全由进口商承担。并且在汇付结算过程中,进出口商无法从银行得到贸易融资。

(四)结算手续简便、费用低廉

汇付结算手续简便、费用低廉,如果贸易双方相互比较信任,汇付结算是十分理想的支付结算方式。

从总体上讲,汇付结算是一种有利于进口商而不利于出口商的结算方式,因为当前的国际市场主要是买方市场,汇付结算一般是货到付款而不是预付货款,资金和风险都由卖方承担。

【案例】 我国A公司2015年向美国B公司出口海产品。第一笔交易成交,客户坚持要以T/T付款,称这样节约费用对双方有利,A公司答应了客户的要求。在完成装货收到B/L后A公司即给客户发传真,客户很快将货款USD10 000汇出,第一单交易非常顺利。

1个月后,客户要求再次发货并仍以T/T付款,我方同意。4个月内连续四次发货总值FOB SHANGHAI USD 40 000,目的港为墨西哥。待四批货物全部出运以后,再向客户索款,客户以各种理由拖延,半年以后客户人去楼空。

【分析】 本案例是一个以T/T方式付款的赊账方式(O/A)结算,出口商本来就面临着很大的收款风险,加上出口商的失误,导致最后钱货两空。

在本案例中出口商的具体失误有:(1)对进口商并不了解,第一次交易就接受了O/A方式。(2)没有及时催收货款,连续发货四次以后才开始索款。(3)应急措施不及时,在进口商拖延付款的情况下没有进一步采取有效措施,如仲裁、起诉等。

五、汇付的风险及防范(出口商)

(一)出口商面临的风险

(1)信用风险。信用风险是指在货到付款条件下,进口商在收到货物后,迟付或不付货款的风险。

(2)技术风险。技术风险是指由于汇出行设计汇款路线不合理或者因汇出行不能使解付行收到或及时收到内容完整准确的付款委托书而导致出口商承担迟收汇款的风险。

(3)汇率风险。汇率风险是指在出口商选择以外币作为交易的计价货币时,由于汇率波动导致出口商收到的本币减少的风险。

（二）出口商的防范措施

（1）进行国际交易前，要对进口商的资信进行调查，最好事先要求进口商开出由可靠银行出具的履约保函。

（2）出口商应尽量分批发运货物，降低风险。

（3）针对由于汇出行发出的信汇或电汇委托书有误而导致迟付这种情况，出口商应加强与进口商及相关银行的关系，及时查询，保证按时收汇。

（4）充分利用各种金融工具以规避各类汇率风险。

六、汇付在国际贸易中的运用

在国际贸易中，汇付方式通常用于预付货款、货到付款及随订单付现等业务。下面主要介绍预付货款、货到付款的应用。

（一）预付货款

1. 预付货款的含义

预付货款（Payment in Advance）又称先出后结，是指进口商先将货款汇付给出口商，出口商收到货款后再发货的方法。订货时汇付（Cash with Order）或交货前汇付货款（Cash before Delivery）就是其中较为典型的形式。

2. 预付货款的影响

（1）资金方面。在预付货款方式下出口商在发出货物以前即可收到一笔货款，或者说是得到了进口商的无息贷款，他不仅可以因此得到从收到货款之日起至发货日间的利息收入，还可以用它来进行资金周转。相反进口商货物到手前付出货款，等于是向对方无偿提供了信贷，造成利息损失，影响自身资金周转。

（2）风险方面。出口商预收货款实际上是接受了进口商的购货担保，如果进口商违约，出口商即可没收预付款，这样既降低了出口货物的风险，又掌握了货物进出口的主动权。相反进口商承担了一定风险，即付款后可能不会按时、按量、按质收到合同规定的货物，使本来处于主动的地位变得比较被动。

3. 预付货款的使用

预付货款的方式通常只用于以下情况：首先进出口双方关系十分密切，特别是进出口双方属于一个系统内的分支机构；其次买卖的是紧俏商品，在货源有限时，买方为了保证购到货物而不得不答应卖方提出的预付货款的条件；再次是一些客户提出特殊加工要求或专门为客户加工的特殊商品时往往采用预付货款方式，以保障买方的按时订购。

（二）货到付款

1. 货到付款的含义

货到付款（Payment after Arrival of the Goods）是指出口商在没有收到货款以前，先交出单据或货物，然后进口商主动汇付货款的方法，如交货付现（Cash on Delivery，COD）就是其中较为典型的。这种方法实际上是一种赊账业务（Open Account Transaction），出口商在发货后能否按时顺利收回货款，取决进口商的信用，对进口商有利。如果进口商拒不履行或拖延履行付款义务，出口商就要发生货款落空的严重损失或晚收款的利息损失。因此，除非进口商的信誉可靠，出口商一般不宜轻易采用此种方式。

2. 货到付款的影响

（1）资金方面。在货到付款方式下资金的承担者是卖方，其货款的收回通常是在买方收到货物后的一段时间，因此，卖方的资金占用时间既包括货物在途时间，还包括资金在途时间，如果买方不是在收到货物后立即付款，卖方的资金占用时间还会更长。而买方则无偿或只承担较低的利息费用即可占用卖方资金。

(2)风险方面。货到付款方式中，风险的承担者也是卖方，在发出货物后，他要承担买方不付款或不按时付款的风险。而买方则较为主动，如果收到的货物不符合合同规定，他可不付或少付货款。

3. 货到付款的使用

货到付款在国际贸易结算中有售定和寄售两种形式。售定是买卖双方就交易条件达到一致，并在成交合同中明确规定了货物售价及买方付款时间等条款的贸易和结算方式。我国对港澳地区鲜活商品的出口往往采用售定方式。寄售是指出口方先将货物运往国外，委托国外中间商按照双方事先商定的条件在当地市场上代为销售，待货物售出，国外中间商才将扣除佣金和有关费用后的货款汇交出口方的贸易和结算方式。出口方采用寄售方式主要是为了推销滞销品或开拓新市场。

(三)买卖合同中的汇付条款

在国际贸易中使用汇付方式支付货款时，交易双方应在合同中规定汇付的金额、具体的汇付方式(电汇、信汇或者票汇)和汇付的时间等内容。

例 8－1 买方应不晚于××年××月××日将全部货款用电汇方式预付给卖方。

The buyers shall pay the total value to the sellers in advance by T/T not later than ××.

例 8－2 买方应不迟于××月××日将 100%的货款用电汇预付交至卖方。

The buyers shall pay 100% of the sales proceeds in advance by T/T to reach the sellers not later than ××.

例 8－3 买方同意在本合同签字之日起，1 个月内将本合同总金额××%的预付款，以电汇方式交卖方。

××% of the total contract values as advance payment shall be remitted by the buyer to the seller through telegraphic transfer within one month after signing this contract.

例 8－4 买方收到本合同所列单据后，应于××天内电汇付款。

Payment by T/T：Payment to be effected by the buyer shall not be later than ××days after receipt of the documents listed in the contract.

第三节 托 收

一、托收的含义

托收(Collection)是国际贸易中常见的结算方式。用于货款结算时，托收是指出口方委托银行向进口方收款的一种方法。按照国际商会制定的《托收统一规则》第 2 条的规定，托收是指由接到托收指示的银行根据所收到的指示处理金融单据和商业单据以便取得付款/承兑，或凭付款/承兑交出商业单据，或凭其他条款或条件交出单据。

简言之托收是指债权人(出口商)出具债权凭证(汇票、本票、支票等)委托银行向债务人(进口商)收取货款的一种支付方式。

托收方式一般都通过银行办理，所以又叫银行托收。银行托收的基本做法是：出口商根据买卖合同先行发运货物，然后开立汇票（或不开汇票）连同商业单据向出口地银行（托收行）提出托收申请，委托出口地银行通过其在进口地的代理行或往来银行（代收行）向进口商收取货款。

二、托收的主要当事人

（一）委托人

委托人是开立汇票委托银行代收款项的当事人。进出口业务中，委托人就是出口商。

（二）托收行

托收行是接受委托人委托代为收款的银行。进出口业务中，托收行一般为出口地银行。

（三）代收行

代收行是接受托收行的委托向付款人收款的银行。进出口业务中，代收行一般为进口地银行，是托收行的联行或代理行。

（四）付款人

付款人（Payer）是指根据托收指示，向代收行支付款项的当事人，通常是进口人。

三、托收的种类及业务程序

根据是否附带商业单据，托收可分为光票托收和跟单托收。

（一）光票托收

光票托收（clean collection）是指不随附商业单据的金融单据的托收。在光票托收中，委托人委托银行向付款人收款时，只是将金融单据交给银行，由银行向付款人提示，而其他单据则由委托人直接寄给付款人。因此，委托人在付款人付款之前已丧失对商业单据，特别是提单的控制权，所以这种方式对委托人来说风险较大。目前光票托收在国际贸易货款的收付中较少使用，一般用于小额款项，如货款尾数、佣金、运费等的收取。光票托收的业务流程如图 8—6 所示。

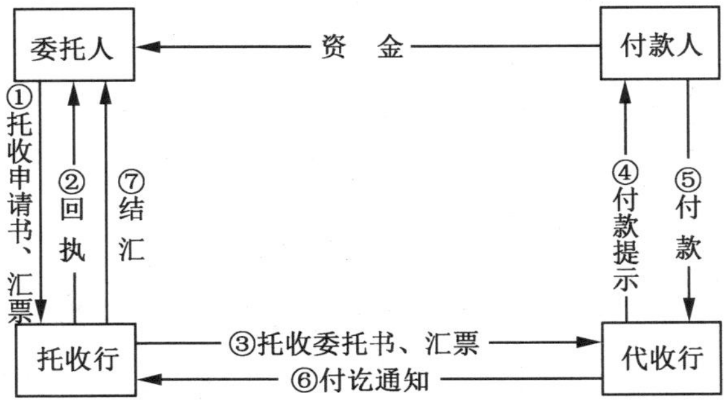

图 8—6 光票托收的业务流程

（二）跟单托收

跟单托收（documentary collection）是指附有商业单据的金融单据的托收以及不附金融单据的纯商业单据的托收。后者常在西欧的一些国家中使用，由于在这些国家使用汇票时要缴纳一定的印花税，出口人为了逃避印花税，委托银行对外收款时，若采用即期付款方式，则不必开立即期汇票。若是采用远期付款方式，因需要先承兑再付款，一般要使用远期汇票。

国际贸易中的托收大多采用跟单托收。按交单条件不同，跟单托收可分为付款交单和承兑交单。

1. 付款交单

付款交单(Documents against payment,D/P)是指出口人的交单以进口人的付款为条件，即出口人发货后取得装运单据，委托银行办理托收，并在托收委托书中指示银行，只有在进口人付清货款后，才能把商业单据交给进口人。

付款交单按付款时间不同，又可分为即期付款交单和远期付款交单。

(1)即期付款交单(D/P at sight)是指出口人发货后开具即期汇票连同商业单据，通过银行向进口人提示，进口人见票后立即付款，在付清货款后取得商业单据。即期付款交单业务程序如图 8—7 所示。

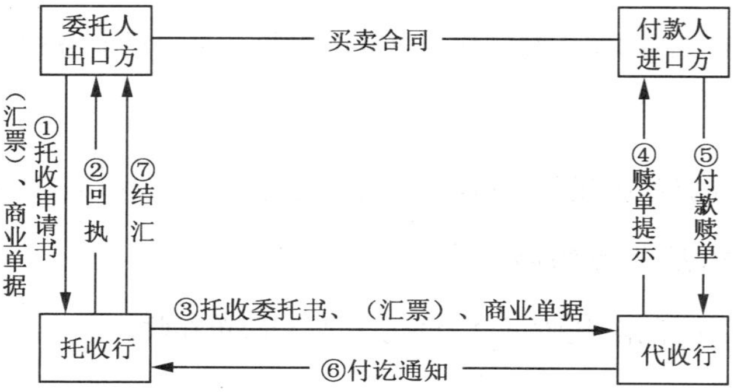

图 8—7 即期付款交单业务程序

(2)远期付款交单(D/P after sight)是指出口人发货后开具远期汇票(也可不开汇票)，连同商业单据一起提交银行，通过银行向进口人提示，进口人审核无误后即在汇票上进行承兑，于汇票到期日付清货款后再取得商业单据。在汇票到期付款前，汇票和商业单据由代收行掌握。远期付款交单业务程序如图 8—8 所示。

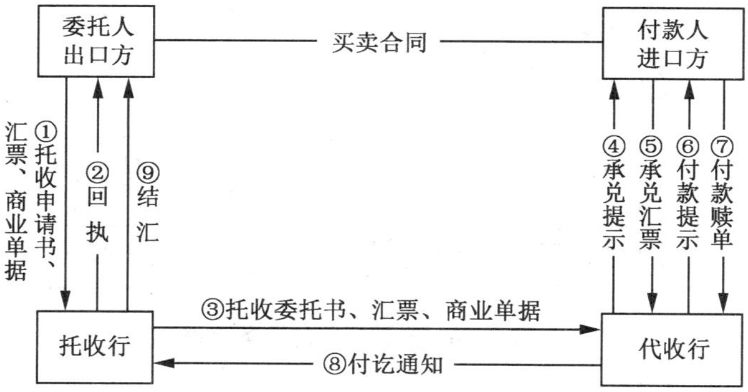

图 8—8 远期付款交单业务程序

需要指出的是，按《托收统一规则》(国际商会第 522 号出版物，简称 URC522)的规定，国际商会不赞成在托收业务中使用远期付款交单方式，因为在拉美和北欧一些国家或地区，银行往往将远期付款交单一律按承兑交单处理。因此，为了避免与这些国家或地区的贸易习惯发生冲突，与它们进行交易时最好不采用远期付款交单方式。

2. 承兑交单

承兑交单(Documents against Acceptance, D/A)是指出口人的交单以进口人的承兑为条件。进口人承兑汇票后,即可从银行取得商业票据先行提货,于汇票到期日再付款。承兑交单只适用于远期汇票托收。承兑交单业务程序如图 8—9 所示。

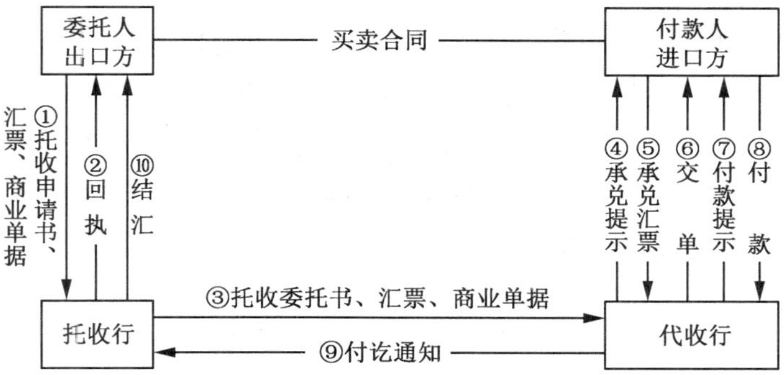

图 8—9　承兑交单业务程序

四、跟单托收的基本程序

(一)出口商发货并备齐单据

按合同要求发运货物是出口商最主要最基本的合同义务,也是跟单托收的前提条件。

跟单托收中,单据是进口商得以提货的必要条件。因此,出口商在发货后应缮制有关单据如商业发票,并将之与履行合同后所得单据如运输单据和保险单(CIF 价格中)等一并备齐。这些单据不仅在种类和份数上要满足合同要求,而且单据的内容也应符合合同要求。只有备齐了合同所要求的单据并通过一定的方式向进口商交单,出口商才可能收到货款。

(二)出口商委托银行收款

出口商委托银行收款时应提交书面申请书及跟单汇票。

在办理托收手续时,委托人应先填写委托申请书,在申请书上详细载明委托的内容及双方的责任范围等(见图 8—10)。托收银行接受委托人的申请书后,即构成委托代理关系,委托申请书便成为委托代理合同。委托申请书的主要内容包括:

(1)付款人及其账户行。首先必须明确付款人,付款人是银行收款和交单的对象。同时还应写明付款人的账户行,以便托收行选择代收行。

(2)交单方式。即代收行将单据交付进口商或付款人的前提条件。交单方式有付款交单和承兑交单两种。付款交单根据付款时间的不同又可分为即期付款交单和远期付款交单。交单方式对出口商能否顺利收款有很大影响,应慎重选择。对出口商而言,最理想的交单方式是即期付款交单,其次是远期付款交单,最后是承兑交单。

(3)收妥货款的处理方式。代收行收妥货款后,通常是贷记托收行账户,然后以信函通知托收行,托收行在收到代收行的贷记报单后,再对委托人结汇。

(4)银行费用的分摊。一般情况下,委托人和付款人应分别承担本国银行的费用,即委托人承担托收行费用,付款人承担代收行费用。

(5)拒付处理。它包括两方面内容:第一,是否要做拒绝证书?委托人可指示银行在付款人拒付时做拒绝证书,必要时向法院提起诉讼。不过,在一般情况下委托人不会轻易向法院提起诉讼。所以,根据惯例,在委托人没有明确指示时,银行不必去做拒绝证书。第二,拒付货物如何处理？付款人拒付时，银行尚未交单，货物所有权仍属于委托人。这时，委托人对货物的处理，通常有以下几种方式：委托人在进口当地找到新的买主，就地将货物处理掉，这是最理想的方式；由委托人在进口地的可靠代理人付款提货，这一代理人即预备付款人，须预先在汇票上记载；指示代收行凭单提货，办理存仓保险手续，以便委托人再去寻找买主；运回货物，不过只是在没有可能出售货物时委托人才会这么做。

在一般托收业务中，出口商开立的是以出口商自己为收款人，以进口商为付款人的汇票，经背书后委托银行收款。跟单汇票的记载内容应与委托书保持一致。

BANK OF CHINA

Collection Order

DATE：

RE：

DRAFT AND/OF DOCUMENTS FOR TENOR OR MATURITY：

DRAWEE AND ADDRESS：

MAIL TO ...

...

WE ENCLOSE THE RELATIVE DRAFT(S) AND DOCUMENTS MENTIONED HEREIN FOR YOUR COLLECTION.

PLEASE CREDIT THE PROCEEDS TO OUR HEAD OFFICE.

ACCOUNT WITH...

MERCHANDISE SHIPPED TO DOCUMENTS.

PLEASE FOLLOW INSTRUCTIONS MARKED "×"

	DELIVER DOCUMENTS AGAINST
	WHEN PAID SEND US PAYMENT ADVICE BY CABLE/AIRMAIL
	WHEN ACCEPTED INFORM US OF MATURITY BY CABLE/AIRMAIL HOLDING THE ACCEPTED DRAFT FOR YOUR PRESENTATION TO THE DRAWEE FOR PAYMENT AT MATURITY

图 8—10 托收委托书示例

(三)托收行接受委托并转托代收行收款

托收行在接受出口商的收款委托后，应在进口商所在地选择一家往来银行作为代收行并委托其按规定向进口商收款。选择代收行一般应遵循这样的原则：第一，付款地如有托收行的联行，应尽量委托联行办理。第二，如果在付款地没有联行，应委托关系密切、资信较好的账户行办理。第三，避免付款人与代收行不在一个国家的情况出现。

(四)代收行催收货款

代收行按托收行委托在规定时间内向进口商提示跟单汇票和相关单据，要求进口商履行合同义务。如果进口商拒付，代收行应及时向托收行反馈信息，以便得到进一步指示。需要强调的是，代收行只是托收行的代理人，只能按照托收行的指示行事，只承担代理人事务和责任。

【案例】 在一笔托收业务中，托收行在托收指示中规定：DOCS TO BE RELEASED ONLY AGAINST ACCEPTANCE，PAYMENT ON DUE DATE TO BE GUARANTEED BY

××BANK,TESTED TLX TO THIS EFFECT REQUIRED。代收行办理承兑交单后,向托收行寄出承兑通知书,明确指出 THE BILL ACCEPTED BY DRAWEE,到期日为 2015 年 7 月 7 日。但未表明担保付款,亦未发出承诺担保的电传。托收行亦未就此提出任何异议。承兑汇票到期后,进口方拒付货款。代收行向托收行发出拒付通知。托收行认为托收指示中要求凭代收行到期付款的担保放单,而代收行已将单据放给付款人,因此要求其付款。代收行认为放单是基于付款人的承兑,代收行根据《托收统一规则》没有担保到期付款的责任,拒绝付款。虽经多次交涉,此纠纷仍未得到解决。

【分析】 这是在利用托收进行结算的过程中,托收行与代收行之间发生的一起纠纷。在这里要指出的是托收行与代收行的做法都有欠妥之处。

首先,托收行的指示不符合托收业务的基本原则。按照托收业务的一般原则,银行在从事托收业务中,只负责在进口方付款或承兑时交单,并不承担额外的风险。因此在本案例中,托收行要求代收行担保客户付款的做法是不符合托收业务惯例的是不妥的。

其次,代收行没有及时通知托收行。在托收行指示不符合托收业务惯例时,代收行应该及时通知托收行,以避免不必要的纠纷。在本案例中,虽然不能仅凭代收行未作答复的事实就简单认定其已接受了托收行关于担保到期付款的指示,但是代收行还是应该及时做出反应。

(五)托收行向出口商付款结汇

代收行收到进口商支付的款项后应立即按约定方式向托收行划款,然后由托收行向出口商付款结汇。

五、跟单托收贸易融资

(一)出口押汇

出口押汇是指出口商将代表货权的提单及其他单据抵押给银行,并从银行得到扣除押汇利息及费用后的有追索权的垫款的方式。

出口押汇的基本做法是:出口商将汇票及全套货权单据交托收行请求其购买,银行审查同意,并扣除利息及手续费后,将净款付给出口商。

出口押汇具有以下特点:

(1)出口押汇是一种以融资为目的的活动。

(2)出口押汇以购买或抵押全套货权单据为基础。

(3)出口押汇是有追索权的。

(4)出口押汇融资额为收款额扣减有关费用后的净额。

(5)出口押汇期一般略长于收款期。

(二)信托收据贷款

信托收据是指在远期付款交单的托收业务中,当货物与单据已到达目的地,而付款期限未到时,进口商为尽早提货向代收行借出单据而出具的书面凭证。

进口商出具信托收据的目的是在尚未付款时先向代收行借出单据并提货,这实际上是进口商向银行融资的一种方式。代收行为了控制风险,一般只是在付款人(进口商)信誉较好时才愿借出单据。

信托收据中一般记载有以下内容:

(1)在进口商付款赎回信托收据之前,单据和货物的所有权仍属于代收行。

(2)进口商只能以货主(出口商或代收行)的名义提货办理货物存仓,如果出售货物,所得货款应存入代收行,以便汇票到期时支付货款。

(3)如果代收行因借出单据而受到损失,进口商应负责赔偿。

(4)代收行可随时取消信托收据,收回单据及货物。

【案例】 我国某外贸企业与国外某公司达成一项出口合同,交单条件为付款交单、见票后30天付款。当汇票及所附单据通过托收行寄达进口代收行后,国外进口方及时在汇票上履行了承兑手续。货物运抵目的港后,国外进口方出具信托收据向代收行借取单据,向船公司提货后将货物转售。汇票到期时,进口商由于经营不善宣告破产,失去偿付能力。代收行以汇票付款人拒付为由通知托收行,并建议我方直接向国外进口商索取货款。对此,我国外贸企业应该如何处理?为什么?

【分析】 我方可要求代收行退回单据,如果代收行无法退回单据,则可要求代收行赔付货款。因为我方没有授权代收行向进口商借单,代收行向进口商借出单据完全属于代收行自身行为,与我方无关。由于付款条件为付款交单,代收行交单的前提条件为进口商付款,所以由于代收行自身原因导致的货款两空的风险应由代收行自己承担。因此,在进口商无力付款的情况下,代收行应该向我方赔付货款,我方出口企业不能接受代收行的直接向国外进口商索款的建议,而应通过托收行责成代收行付款。

在国际贸易中,有时出口商在办理托收申请时,会授权代收银行允许进口商承兑汇票后可凭信托收据借单提货,即"付款交单、凭信托收据借单(D/P,T/R)"。在这种情况下,日后如果进口商到期拒付,则与代收银行无关,一切风险由出口商承担。所以,这种做法的性质与承兑交单差不多。所不同的只是由于代收银行握有进口商出具给代收银行的信托收据,在事先得到代收银行同意的条件下,出口商可以委托代收银行作为当事人的一方,径向进口商追偿,或向法院起诉。而在承兑交单情况下,如进口商不付款,则只能由出口商向进口商追偿。

六、托收的性质及特点

(一)托收属于商业信用

在托收业务中,银行只是按委托人的指示办事,并不承担付款人必然付款的义务,因此出口人在发货后能否收回货款,完全取决于进口商的信用,风险较大。如果进口商不付款、不承兑、承兑后无力支付故意拖延支付,则出口商就收不到货款,或不可能按期收到货款。特别是在市场价格不利于进口人、进口国环境恶化以及进口人经营能力出现问题时,托收风险就有可能发生。

(二)出口商资金负担较重

托收结算方式中,出口商的资金负担较重,在进口商付款之前,货物的资金占用主要由出口商来承担,进口商基本不负担资金。

(三)结算手续简便、费用低廉

跟单托收与贸易汇款都属于简单、迅速的结算方式。

(四)可用其调动进口方的积极性

从进口方的角度看,托收对其非常有利。采用托收方式结算货款不但可免去进口方申请开立信用证的手续和押金,而且承兑交单的方式不必占用资金,有利于其资金融通和周转。由于托收对进口人极为有利,所以有利于调动进口人采购货物的积极性,从而扩大进口。因此,许多出口人把托收作为推销库存和加强对外竞销的手段。

七、托收的风险防范(出口商)

托收也是一种相对有利于进口商而不利于出口商的结算方式。为确保收汇的安全,出口商可采取以下预防措施:

(一)加强对进口商资信的调查

做出口托收时,出口商应事先详细调查进口商的资信。出口商一般只在进口商资信较好时才使用托收方式结算。出口商应根据进口商的资信状况为其确定一个授信额度,并将托收金额控制在该额度内。

(二)掌握好交单条件

出口商应注意交单条件的确定,如果可能的话,尽量采用即期付款交单方式。如果一定要采用远期付款交单和承兑交单,应对期限加以限制,付款期限不宜过长,一般掌握在不超过从出口地到进口地的运输时间。

(三)选择好价格条款

根据交货方式不同,国际商会在 2010 年公布的《国际贸易术语解释通则》中介绍了 11 种价格术语,可分为实际交货条件和推定交货条件。实际交货条件以出口商向进口商实际交付货物的行为来履行其交货义务,进口商只有在收到货物后才有义务付款。采用这类交易条件时,一般不宜于采用托收方式。推定交货条件是指出口商不是直接将货物交给进口商,而是只要将货物交承运人托运并向进口商出示货权单据,后者就必须付款。采用这类交易条件时,一般宜于采用托收方式。最适合采用跟单托收的价格术语就是 CIF 和 CFR。

(四)了解进口国家的有关规定

出口商应了解进口国家的有关贸易法令、外汇管理条例等。如果进口国贸易、金融管制严格,也会影响出口商收款。

(五)先找好代理人

在跟单托收业务中,如果发生拒付,出口商可以指定一个在货物目的港的人办理存仓、保险、转售或运回等事宜,这个人称为需要时的代理人,他可以是与出口商关系较好的客户,也可以是代收行。代理人的名称和权限须在托收委托书中列明。

(六)注意办理保险

在采用托收方式时,出口商应争取以 CIF 价格条件成交,由出口商办理货物运输保险,万一货物在运输途中出险,可以从保险公司得到赔偿。

(七)与其他方式结合使用

跟单托收还可以与其他支付方式结合使用,如要求进口商缴纳订金等,以进一步降低出口商的收款风险。

八、合同中的托收条款

以托收方式结算货款,合同中应明确规定托收交单条件和付款、承兑责任以及付款期限等内容。现将合同中有关托收条款举例说明如下。

1. 即期付款交单

例 8—5　买方应凭卖方开具的即期跟单汇票,于见票时立即付款,付款后交单。(Upon first presentation, the buyers shall pay against documentary draft drawn by the sellers at sight. The shipping dccuments are to be delivered against payment only.)

2. 远期付款交单

例 8—6 买方对卖方开具的见票后 45 天付款的跟单汇票，于提示时应即予承兑，并应于汇票到期日即予付款，付款后交单。（The buyers shall duly accept the documentary draft by the sellers at 45 days sight upon first presentation and make payment on its maturity. The shipping documents are to be delivered against payment.）

3. 承兑交单

例 8—7 凭付款日为提单装船日后 60 天的汇票付款，承兑交单。（Payment by draft payable 60 days after on board B/L date documents against acceptance.）

第四节 信用证

信用证结算是一种以银行信用为基础的结算方式，是银行对出口商做出的有条件的付款承诺。银行的加入大大提高了出口商收款的安全性，同时也使贸易融资更加便利。目前，信用证结算是国内外使用最普遍的国际结算方式。

一、信用证的含义

信用证（Letter of Credit，L/C）是银行应开证申请人（进口商）的要求，向受益人（出口商）开立的承诺在一定期限内凭规定的单据支付一定金额的书面文件。

以信用证作为主要工具的结算即为信用证结算。信用证结算是在托收结算基础上演变出来的一种比较完善的结算方式。其主要作用是把托收方式下由进口商履行跟单汇票的付款责任转由银行履行，保证进出口双方的货款或单据（货物）交收不致落空。同时，银行还能为进出口双方提供融通资金的便利，从而促进国际贸易的发展。

二、信用证结算主要当事人的权利与义务

（一）开证申请人

1. 开证申请人的义务

（1）根据合同申请开立信用证。进口商和出口商之间的权利义务通常是以签订的贸易合同为依据的。如果合同规定以信用证方式结算时，进口商应在合同规定的时期内通过进口地银行开出信用证。在申请开证时，进口商应做到：第一，在合理的时间内申请开证。如果合同规定有开证时间，则应在规定时间内开证；如果没有规定具体开证时间，进口商应在装船期之前使出口商收到信用证，以便出口商有充足的时间备货、发货。第二，开证申请书的内容应符合合同规定。贸易合同是开立信用证的基础，申请开证是进口商履行合同的开端，因此，申请书的内容不能违背合同的规定。第三，开证指示应明确。在申请开证时，进口商处于委托人的地位，银行处于受委托的地位，其开证的依据是开证申请书亦即委托人的指示，只有指示明确清楚，银行才便于操作执行。

（2）按银行要求缴纳开证押金。申请人应根据开证行的要求交付开证押金或追加押金。

（3）及时付款赎单。在接到开证行的单到通知后，申请人应立即向开证行付款以赎回单据。

（4）承担第二性付款责任。在开证行破产或无力支付时，开证申请人有义务向受益人付

款，承担第二性付款责任。

2. 开证申请人的权利

(1)取得与信用证相符的单据。如果开证行通知的单据不符合信用证的规定，进口商有权拒付。

(2)得到合同规定的货物。进口商有权在支付货款后，凭单据提取合同规定的货物。如果货物与合同不符，他有权通过多种渠道要求出口商予以赔偿。

(二)开证行

1. 开证行的义务

(1)根据申请人的指示开立信用证。接受申请人请求后，开证行必须严格按申请人的指示行事，尽快开出信用证。开证时开证行应做到：第一，开证行有义务向开证申请人提供建议和咨询服务，使信用证简明合理。第二，有责任使信用证条款单据化。第三，使信用证成为自足文件。

(2)承担第一性付款责任。信用证开出后，即表明开证行对受益人作了付款承诺，只要单据与信用证规定相符，开证行就必须首先承担付款责任，并且开证行的付款是终局性付款，即付款后没有追索的权利。

2. 开证行的权利

(1)收取开证押金或取得质押。开证行有权根据申请人的资信情况收取一定比例的开证押金或要求申请人作质押，以降低开证风险。

(2)审单及拒付。开证行的付款是有条件的，在付款前，开证行有权仔细审核单据。如果发现单证不符，他有权在征询进口商意见后决定是否接受。

(3)控制单据及货物。如果在开证行作正常付款后，进口商破产无力付款或拒付，那么开证行可以用控制单据的方式来处理货物以获得补偿。

(三)通知行

通知行应根据与开证行之间的代理合同来开展业务。在这种代理合同下，通知行的责任有：

1. 验明信用证的真实性

通知行只有在核对密押无误后才可通知受益人，以保护受益人的利益。转递行在收到开证行开立的以受益人为收件人的信用证后，也必须核对其印鉴是否相符，以证明其真实性。

2. 及时澄清疑点

虽然 UCP600 中规定了银行在单证传递及翻译中责任的免除，但是通知行及时澄清疑点也是它的道义责任。现在许多银行都把这种代客户审核信用证的服务作为一个重要的非价格竞争手段。

3. 缮制通知书

在对收到的信用证的真实性证实以后，通知行应缮制通知书，并及时、正确地通知受益人。转递行则应将信用证原件转交给受益人。

(四)议付行

议付行并不要求与开证行之间有代理关系。议付实际上是议付行向出口商提供融资的活动，议付行要向出口商收取融资利息与费用。对银行而言，议付是一项风险小而收益丰厚的业务。原因有：

1. 议付行要预先审核单据

对受益人交来的单据，议付行要先予审核，对相符单据作正常议付，对不符单据则有条件议付或不议付。

2. 议付行可向指定银行收款

议付行的索偿对象是开证行或其指定的其他银行，只要单证相符，一般就能收回垫款。

3. 议付行对受益人享有追索权

议付行议付单据时，有权要求受益人提交质押书，受益人要保证在开证行拒付时将议付行的垫款退还给议付行。

4. 议付行有单据作抵押

万一以上措施都无效，议付行有权根据质押书处理单据及货物，以收回垫款或减少损失。

(五)受益人

1. 受益人的义务

(1)按合同发货并提交相关单据。作为出口商，其基本义务是按合同规定向进口商发货，并提交符合合同和信用证要求的单据，且必须做到“货约、单货、单证、单单”一致。

(2)接受议付行的追索。如果议付行议付单据后向开证行索偿未能成功，那么他有权向受益人追索，这时受益人不得拒绝。

(3)赔偿进口商的损失。如果进口商提货后，发现货物与合同规定不符，则有权要求出口商予以赔偿。如果造成这种情况确属出口商责任，那么出口商应予以赔偿。

2. 受益人的权利

(1)决定是否接受及要求修改信用证。在信用证下，当通知行将信用证通知受益人后，受益人应审核信用证条款。如果信用证条款与合同不符，或信用证条款无法履行时，受益人有权要求进口商指示开证行修改信用证，或者拒绝接受信用证。

(2)向开证行及进口商收取货款。受益人接受信用证并如期交货及备齐单据后，可以向指定银行提交单据要求议付、付款或承兑，从而获得货款。受益人交单后如遇开证行倒闭或无力付款，有权向进口商提出付款要求，进口商仍应负付款责任。

(六)保兑行

1. 保兑行的义务

保兑行接受开证行邀请，在信用证上加注保兑标记后，即承担与开证行相同的责任。受益人可以将单据提交给保兑行，只要单证相符，保兑行就应付款。

2. 保兑行的权利

(1)决定是否对信用证保兑。受益人有权要求开证行对其开立的信用证指定一家银行进行保兑，有时开证行也可以自己要求另一家银行对其信用证加保兑，以增强接受性。被邀请保兑的银行有权不加保兑，如果其决定不按开证行指示对信用证加具保兑时，应立即通知开证行。

(2)决定是否同意修改信用证及对信用证的修改部分是否加保。信用证保兑后，如果需要修改，必须征得保兑行的同意，否则不得修改。即使保兑行同意修改信用证，他也有权选择对修改部分是否保兑。

(3)赔付后有权向开证行索偿。在开证行倒闭或无理拒付时，保兑行对受益人付款后，即取得向开证行索偿的权利。

(七)付款行

付款行是开证行的代理付款人。付款行一经接受开证行的代付委托，就有验单付款的责任，付款后无追索权，只能向开证行索偿。有时付款行也可根据开证行的指示不必验单，只凭议付行单证相符的证明付款，付款后对受益人也无追索权。在开证行资信较差付款后可能得不到偿付时，付款行有权拒付。

（八）偿付行

偿付行是信用证中指定的对议付行或付款行进行偿付（清偿垫款）的银行。一般情况下，当开证行与议付行或付款行之间无账户关系，特别是信用证采用第三国货币结算时，为了方便结算，开证行委托另一家有账户关系的银行代向议付行或付款行偿付，被委托的银行就是偿付行。偿付行付款后应向开证行索偿。

如果开证行要指定偿付行，那么开证行在开出信用证后，应立即向偿付行发出偿付授权书，通知其授权付款的金额、有权索偿银行等内容。议付行或付款行在议付或付款后，一方面把单据寄给开证行，另一方面向偿付行发出索偿书。偿付行在收到索偿书后，应与偿付授权书核对，如果相符，即可向议付行或付款行付款。

偿付行不审核单据，其对议付行、付款行的偿付就不能视为开证行的付款。开证行收到的单据若与信用证不符，则有权向议付行、付款行追回已付款项，但不得向偿付行追索，因为偿付行只管偿付，退款与其无关。

三、信用证的内容及开证方式

（一）信用证的内容

现在各开证行的开证格式已基本接近国际商会拟定的《开立跟单信用证标准格式》（国际商会第416号出版物，1986年），主要包括以下项目：

（1）开证行名称。该项目一般在信用证中首先标出，应为全称加详细地址。

（2）信用证号码。该项目一般不可缺少。

（3）信用证形式。根据UCP600规定，信用证均为不可撤销信用证，不管信用证是否已经标明。

（4）开证日期。信用证必须标明开证日期，这是信用证是否生效的基础。

（5）受益人。信用证的受益人应是买卖合同中的卖方（出口商），应标明完整的名称和详细的地址。

（6）开证申请人。信用证的申请人应是买卖合同中的买方（进口商），应标明完整的名称和详细地址。

（7）信用证金额。信用证金额要用大小写分别记载。

（8）有效期限。即受益人向银行交单取款的最后期限，超过这一期限开证行就不再负付款责任。

（9）生效地点。即交单地点，通常为出口地。

（10）汇票出票人。汇票出票人一般是信用证的受益人。

（11）汇票付款人。汇票付款人须根据信用证的规定来确定。

（12）汇票出票条款。它主要表明汇票是根据××号信用证开出的。

（13）对单据的要求。信用证中一般列明需要的单据，分别说明单据的名称、份数和具体要求。

（14）关于货物描述部分。该部分一般包括货物名称、规格、数量、单价、包装、运输标志等。

（15）关于运输描述部分。信用证中关于运输的项目有装运地、目的地、装运期限以及可否分批装运和可否转运等。

（16）开证行对有关银行的指示条款。该部分包括对议付行、通知行、付款行的指示条款。

（17）开证行的保证条款。开证行通过保证条款来表明其付款责任。一般的保证文句是以

“We hereby engage …”或“We hereby undertaking …”之类句式开头。

(18)开证行签章。信用证须有开证行有权签名人签字方能生效。

(19)其他特别条款。其他特别条款主要用以说明一些特别要求，如限制由某银行议付、限制某国籍船只装运、装运船只不允许在某港口停靠或不允许采取某航线、发票须加注信用证号码、受益人必须交纳一定的履约保证金后信用证方可生效等。

(20)开立信用证的文句。一般注明：“本证以国际商会《跟单信用证统一惯例》，2007 年修订本，600 号出版物条款为准。”(This L/C was issued subject to Uniform Customs and Practice for Documentary Credits，2007 revision ICC，Publication No. 600.)只有这样，受益人和其他银行才愿意接受该信用证。

(二)信用证的开证方式

1. 信开本信用证

信开本信用证是指以信函形式开立或通知的信用证。这是一种传统的开立信用证的方式。信开本信用证是信用证的有效文本，是开证行与出口商之间具有法律效力的合同。

2. 电开本信用证

电开本信用证是指以加押电报或电传形式开立或通知的信用证。电开本信用证又可分为简电本和全电本。

(1)简电本。简电本是指仅记载信用证金额、有效期等主要内容的电开本信用证。简电本的内容比较简单，其目的是预先通知出口商，以便其早日备货。简电本通常不是信用证的有效文本。因此，开立简电本时，一般要在电文中注明“随寄证实书”字样，并随即将信开本形式的证实书寄出。证实书是信用证的有效文本，可以作为交单议付的依据。

(2)全电本。全电本是内容完整的电开本信用证。该信用证是否为有效文本要根据其条款来判断。如果电文中注明：“This is an operative instrument，No airmail confirmation to follow.”这样的电开本就是有效文本，可以作为交单议付的依据。如果电文中注明“随寄证实书”，则以邮寄的证实书作为有效文本及交单议付的依据。现在银行做全电开证时大多采用 SWIFT 信用证。所谓 SWIFT 信用证就是利用 SWIFT 系统所开立或通知的全电本信用证。它具有标准化、传递速度快、开证成本低等特征，各开证行及客户乐于使用。

【信用证示例】

DOCUMENTARY CREDIT

TO：××× BANK

	ISSUE BY EXPRESS DELIVERY
	WITH BRIEF ADVICE BY TELETRANSMISSION
	ISSUE BY TELETRANSMISSION (WHICH SHALL BE THE OPERATIVE INSTRUMENT)

CONTRACT NO.	
DOCUMENTARY CREDIT NO.	
DATE OF EXPIRYPLACE OF EXPIRY	
APPLICANT	

BENEFICIARY	
L/C AMOUNT	

CREDIT AVAILABLE WITH

	BY NEGOTIATION
	BY SIGHT PAYMENT
	BY ACCEPTANCE
	BY DEFERRED PAYMENT AT:

AGAINST THE DOCUMENTS DETAILED HEREIN

AND BENEFICIARY'S DRAFT FOR ___% OF INVOICE VALUE

AT:________________________________

ON ××× BANK, BEIJING,CHINA

PARTIAL SHIPMENTS				TRANSHIPMENT			
	ALLOWED		NOT ALLOWED		ALLOWED		NOT ALLOWED
LOADING ON BOARD/DISPATCH/TAKING IN CHARGE AT/FOR							
FOR TRANSPORTATION TO							
NOT LATER THAN							
COVERING:							
PRICE TERM							

	FOB	
	CFR	
	CIF	
PACKING:		

DOUMENTS REQUIRED:

01. MANUALLY SIGNED COMMERCIAL INVOICE IN [_] ORIGINAL(S) AND [_] COPY(IES) INDICATING THIS L/C NO.AND CONTRACT NO.__________(PHOTO COPY AND CARBON COPY NOT ACCEPTABLE AS ORIGINAL).

02. FULL SET (INCLUDED[_] ORIGINAL(S) AND [_]NON-NEGOTIABLE COPY (IES) OF CLEAN

ON BOARD OCEAN BILIS OF LANDING MADE OUT TO ORDER AND BLANK ENDORSED, MARKED "FREIGHT ____________" AND "NOTIFYING ____________"

03. AIRWAYBILLS SHOWING "FREIGHT ____________" AND CONSIGNED TO ____________

04. RAIL WAY BILLS SHOWING "FREIGHT ____________" AND CONSIGNED TO ____________

05. FULL SET (INCLUDED[__] ORIGINAL(S) AND [__] COPY(IES) OF INSURANCE POLICY/CERTIFICATE FOR 110% OF THE INVOICE VALUE, SHOWING CLAIMS PAYABLE IN CHINA, IN CURRENCY OF THE DRAFT, BLANK ENDORSED, COVERING ([__] OCEAN MARINE TRANSPORTATION/[__] AIR TRANSPORTATION [__] OVER LAND TRANSPORTATION) ALL RISKS AND WAR RISEKS.

06. WEIGHT MEMO/PACKING LIST IN [__] ORIGINAL(S) AND [__] COPY(IES) ISSUED BY ____________ INDICATING QUANTITY/GROSS AND NET WEIGHTS OF EACH PACKAGE AND PACKING CONDITIONS AS CALLED FOR BY THE L/C.

07. CERTIFICATE OF QUANTITY/WEIGHT IN [__] ORIGINAL(S) AND [__] COPY(IES) ISSUED BY ____________ INDICATING THE ACTUAL SURVEYED QUANTITY/WEIGHT AND VALUE OF SHIPPED GOODS AS WELL AS THE PACKING CONDITION.

08. CERTIFICATE OF QUALITY IN [__] ORIGINAL(S) AND [__] COPY(IES) ISSUED BY ____________.

09. BENEFICIARY'S CERTIFIED COPY OF FAX/TELEX DISPATCHED TO THE APPLICANT WITHIN [__] HOURS AFTER SHIPMENT ADVISING [__] NAME OF VESSEDL/[__] FILGHT NO./[__] WAGON NO. DATE. QUANTITY. WEIGHT AND VALUE OF SHIPMENT.

10. BENEFICIARY'S CERTITCATE CERTIFYING THAT EXTRA COPIES OF DOC UMENTS HAVE BEEN DISPATCHED ACCORDING TO THE CONTRACT TERM.

11. CERTIFICATE OF ORIGIN IN [__] ORIGINAL(S) AND [__] COPY(IES) ISSUED BY ____________.

12. OTHER DOCUMENTS, IF ANY:

ADDITIONAL INSTRUCTION:

1. ALL BANKING CHARGES OUTSIDE THE OPENING BANK ARE FOR BENEFICIARY'S ACCOUNT.
2. DOCUMENTS MUST BE PRESENTED WITHIN ________ DAYS AFTER THE DATE OF ISSUANCE OF THE TRANSPORT DOCUMENTS BUT WITHIN THE VALIDITY OF THIS CREDIT.
3. THIRD PARTY AS SHIPPER IS NOT ACCEPTABLE, SHORT FORM/BLACK BACK B/L IS NOT ACCEPTABLE.
4. BOTH QUANTITY AND AMOUNT ________% MORE OR LESS ARE ALLOWED.
5. PREPAID FREIGHT DRAWN IN EXCESS OF L/C AMOUNT IS ACCEPTABLE AGAINST PRESENTATION OF ORIGINAL CHARGES VOUCHER ISSUED BY SHPPING CO./AIR LINEOR IT'S AGANT.
6. ALL DOCUMENTS TO BE FORWARDED IN ONE COVER, UNLESS OTHERWISE STATED ABOVE.
7. OTHER TERMS, IF ANY:

THIS CREDIT IS SUBJECT TO THE UNIFORM CUSTOMS AND PRACTICE FOR DOCUMENTARY CREDITS (2007 REVISION) ICC PUBLICATION NO.600.

____

(Signature)

四、信用证结算的基本程序

(一)进口商申请开证

进出口双方在货物买卖合同中确定采用信用证结算方式后，进口商就应按合同规定向进口地银行申请开立信用证。申请开证的进口商(开证申请人)应填写开证申请书，以作为银行开立信用证的依据。

开证申请书有两部分内容：

1. 信用证实质性内容

开证申请书是银行凭信用证向出口商付款的依据。一般应明确以下内容：应被提示的单据、支付金额及方式、受益人名称及地址、信用证到期日或有效期、货物的描述、装运细节、是否需要保兑等。

2. 进口商的声明与保证

进口商要在申请书中对开证行做出一些声明与保证，以明确自身的责任。该部分内容一般包括：

(1)进口商承认银行在进口商赎单以前对单据及单据所代表的货物有所有权，必要时银行可以处置货物以抵付进口商的欠款。

(2)进口商承认银行有接受"表面上合格"的单据的权利，对于伪造的单据、货物与单据不符或货物中途遗失银行概不负责。

(3)单据到达后，进口商有如期付款赎单的义务，单据到达前，银行可在货款范围内随时要求追加押金。

(4)进口商同意电报传递中如有错误、遗漏或单据邮递遗失等，银行不负责任。

(5)进口商承担该信用证所需的一切国内外银行费用。

(二)开证行开立信用证

银行接到申请人完整明确的指示后，应立即按指示开出信用证。开证行一旦开出信用证，在法律上就与开证申请人构成了开立信用证的权利与义务的关系，开证申请书也就成了两者之间的契约。同时，银行有权要求申请人交纳一定金额的押金或以其他形式作为银行执行其指示的担保。

开证行可以应申请人的要求信开或电开信用证。为争取时间，开证行多采用电开本形式开立信用证。

(三)出口银行通知与保兑信用证

出口地银行收到开证行开来的信用证后，应根据信用证的要求，将信用证通知或转递给受益人(出口商)。

1. 信用证的通知与转递

(1)信用证的通知。信用证的通知是针对电开本信用证而言的。出口地银行收到信用证并核押无误后，即以自己的通知书格式照录全文通知受益人。办理这样业务的银行就称为通知行。

(2)信用证的转递。信开本信用证在寄送到出口地银行后，由银行核对印鉴，若相符，银行只需将原证转给受益人即可。办理这种业务的银行称转递行。

2. 信用证的保兑

受益人接到信用证后，如果认为开证行资信不好或对其资信不甚了解，可要求开证行找一家受益人熟悉的银行对信用证加以保兑。受开证行邀请，在信用证上加具“保兑”字样的银行即为保兑行，它通常为出口地的通知行或是其他信誉卓著的银行。通知行或其他银行对信用证进行保兑后，便承担与开证行相同的责任。

3. 信用证的修改

信用证开立后，有时其条款需要修改。若进口商提出修改请求，应经开证行同意后，由开证行以修改通知书或电报通知通知行并由其转告出口商，出口商接受后才有效。如果出口商拒绝接受，则修改无效，信用证条款仍以原条款为准。如果修改通知涉及两个以上的条款，出口商只能全部接受或全部拒绝。若出口商提出修改请求，则应先征得进口商和开证行同意，并由进口商正式通过开证行办理修改手续后，方能生效。修改手续费由提出修改请求的一方负担。

【案例】 我国某外贸企业收到国外开来的信用证规定：“装运期不得迟于 2017 年 4 月 15 日”，后来我方因运输问题，无法如期装船，于 4 月 10 日电请对方将船期延展至 5 月 15 日，信用证有效期同样延长一个月。4 月 20 日，对方复电称：“同意你 4 月 10 日电请求，船期改为不得迟于 2017 年 5 月 15 日，信用证有效期同样延长一个月。”接电后，我方立即组织出运，于 5 月 14 日装船完毕并取得提单，15 日备齐全套单据向银行交单议付，但银行拒绝收单。我外贸企业出示进口人同意延期电报后，银行是否会同意议付？为什么？

【分析】 银行不会同意议付。根据《跟单信用证统一惯例》，不可撤销跟单信用证一旦开出，未经开证行、受益人同意，信用证既不能修改，也不能撤销。受益人若要修改信用证，应向开证申请人提出修改要求，申请人再向开证行提出信用证修改申请，开证行同意后开出信用证修改申请书，开证行才能受修改书的约束。本案中我方向进口方提出的修改要求，进口方自行回电确认，未经开证行同意，所以修改未生效，开证行及议付行仍会根据原证审单，我方提交的单据必然会遭到拒付。

(四)委托出口银行收款

出口商收到信用证后，若与买卖合同核对无误即可交货，并备齐信用证规定的全部单据，签发汇票连同信用证，在其有效期内送交通知行或与出口商有往来的其他银行并委托其代为收款。

出口地银行的收款方式主要是议付，有时也采用收妥结汇和直接寄单收款等。

1. 议付

接受出口商跟单汇票和信用证，审单后购进汇票及所附单据并付出对价的银行叫作议付行。议付行可能是通知行、转递行、保兑行等，也可以是另外的银行。议付行持有汇票即成为正当持票人，对前手背书人和出票人拥有追索权。

议付的程序是议付行将出口商交来的全套单据与信用证内容进行核对，若单证、单单表面相符，议付行则将汇票金额扣除自议付日至汇票到期日的利息和手续费后的余额付给出口商。

议付行议付单据后，应在信用证背面进行批注，防止重复议付。批注后信用证退还给出口商，议付行复印信用证留底，然后按信用证要求将单据一次或分次寄开证行索汇。如果信用证规定汇票以开证行或进口商为付款人，同时又规定议付行向第三国银行索偿，则第三国银行就是偿付行，这种情况下议付行议付后，应一方面把单据寄给开证行，另一方面必须再开立以偿付行为付款人的汇票，并直接寄偿付行索汇。

2. 收妥结汇

收妥结汇是指出口地银行接受单据后不垫付资金，而是向开证行指定的付款行寄单收款，待收到款项后才向出口商付款。

3. 直接寄单收款

出口商有时也会按信用证规定直接向付款行寄单收款，这时的付款行通常就是出口地银行。

(五)付款行审单付款

付款行收到议付行或受益人的单据后，应与信用证内容进行核对，如果单证相符，则将款项支付给议付行或受益人。

付款行审单付款后对议付行或受益人没有追索权，如果付款行是开证行委托的其他银行，那么该付款银行只能要求开证行偿付。

(六)进口商付款赎单

开证行直接或委托其他银行对外付款后，应立即通知进口商付款赎单。如单证相符，进口商就应将开证行所垫票款付清取得单据，这样开证行和进口商之间因开立信用证所构成的权利义务关系即告结束。如果单证不符，进口商可以拒绝赎单，此时开证行就会遭受损失，它不能向议付行要求退款，即无追索权。

进口商付款赎单后，即可凭货运单据提货。若发现货物与合同不符，不能向开证行提出赔偿要求，只能向出口商索赔，甚至可以进行诉讼或仲裁。

信用证结算业务流程见图 8—11。

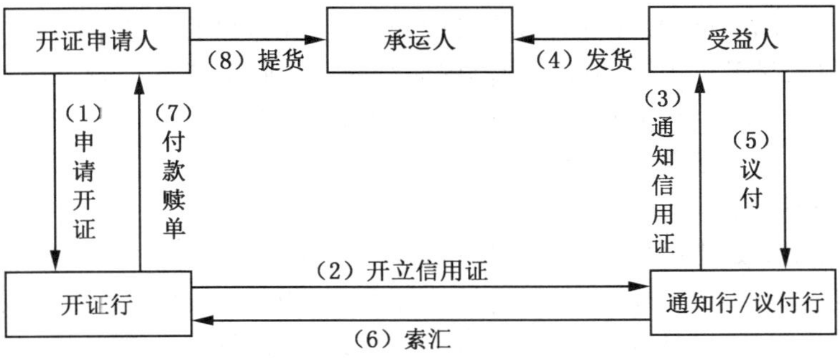

图 8—11　信用证结算业务流程图

五、信用证的性质及特点

(一)信用证是一种银行信用，开证行负第一性付款责任

在任何情况下，银行一旦开出信用证，就表明他以自己的信用作了付款保证，并因此处于第一性付款人的地位。只要受益人提交的单据与信用证的条款一致，开证行就必须承担首先付款的责任。

(二)信用证是一种自足文件，不依附于贸易合同而独立存在

信用证的开立以贸易合同为基础，但一经开出并被受益人接受，便成为独立于贸易合同以外的独立契约，不受贸易合同的约束。银行只对信用证负责，对贸易合同没有审查和监督执行的义务，贸易合同的修改、变更甚至失效都丝毫不影响信用证的效力。

(三)信用证业务是一种纯粹的单据业务，处理的对象是单据

在信用证业务中，银行处理的是单据，而不是单据可能涉及的货物、服务及其他行为，实行

的是“单据严格符合的原则”，即要求“单证一致”和“单单一致”。

六、信用证的种类

（一）按信用证项下的汇票是否附有单据分类

1. 跟单信用证

跟单信用证（Documentary L/C）是指凭跟单汇票或凭规定的单据付款的信用证，国际结算中使用的信用证绝大部分都是跟单信用证。单据在国际贸易结算中一般是不可或缺的，付款条件通常包括出口商提供一定的单据。

2. 光票信用证

光票信用证（Clean L/C）是凭不附单据的汇票付款的信用证，在使用信用证预付货款时，通常使用光票信用证。

（二）按开证行对所开出的信用证所负的责任

1. 可撤销信用证

可撤销信用证（Revocable L/C）是指信用证的开证行有权在信用证开出后不征求受益人的同意随时撤销或修改的信用证。

2. 不可撤销信用证

不可撤销信用证（Irrevocable L/C）是指信用证一经开出，在有效期内，非经信用证各有关当事人的同意，开证行不能片面修改或撤销的信用证。

在不可撤销信用证下，开证行的付款责任是第一性的，只要受益人提供相符单据，开证行就必须履行其付款义务。由于不可撤销信用证对受益人收取货款比较有保障，所以在国际贸易中使用得最多。UCP600 规定：信用证均为不可撤销信用证。

（三）按信用证交单结算方式分类

1. 即期付款信用证

即期付款信用证是指由指定银行即期付款的信用证。

即期信用证（Sight Payment L/C）的付款行可以是出口地的银行，也可以是开证行。从受益人角度看，付款行为出口地银行则对其更为有利，该行付款后无追索权，受益人提交相符单据后马上就可获得货款，有利于资金周转。

2. 远期付款信用证

远期付款信用证（Usance L/C）是指开证行或付款行在收到符合信用证条款的单据时不立即付款，而是到达规定日期才履行付款义务的信用证。

远期付款信用证分为迟期付款信用证与承兑信用证。

（1）迟期付款信用证是不开立汇票的远期付款信用证。信用证规定付款行在货物装船或受益人交单后若干天付款，一般不要求出口商开立汇票。迟期付款信用证下，受益人能否获得付款完全取决于付款行的信用，受益人最好要求付款行对信用证保兑以确保到期收款。

（2）承兑信用证（Acceptance L/C）是指付款行在收到符合信用证条款的单据及远期汇票后先予以承兑，到期后再付款的信用证。承兑信用证对受益人比较有利，特别是受益人需用承兑汇票融资时，它更容易为贴现市场接受。

3. 议付信用证

议付信用证（Negotiation L/ C）指某银行议付或任何银行都可议付的信用证。如果信用证不限制由某银行议付，可由受益人（出口商）选择任何愿意议付的银行，提交汇票、单据给所选银行请求议付，则称其为自由议付信用证；反之为限制性议付信用证。

（四）按照信用证有无开证行以外的其他银行加以保兑分类

1. 保兑信用证

保兑信用证（Confirmed L/C）是指另外一家银行接受开证行的要求，对其开立的信用证承担保证兑付责任的信用证。信用证经保兑后，便有开证行和保兑行的双重付款保证，保兑行与开证行一样，处于第一付款人的地位，因此，保兑信用证对出口商非常有利。但保兑行要收取较高的手续费。

2. 非保兑信用证

非保兑信用证（Unconfirmed L/C）是指不经过另一家银行加以保兑的信用证。当开证银行资信较好或者成交金额不大时，一般可使用非保兑信用证。

（五）按照受益人使用信用证的权利分类

1. 可转让信用证

可转让信用证（Transferable L/C）是开证行向中间商（受益人）提供对信用证条款权利履行转让便利的一种结算方式。根据 UCP600 的规定，在信用证中明确标明"可转让"（Transferable）字样时，信用证方可转让。它是指受益人（第一受益人）可以请求授权付款、承担延期付款责任、承兑或议付的银行（转让行），或如果是自由议付信用证时，可以要求信用证特别授权的转让行，将信用证的全部或部分一次性转让给一个或多个受益人（第二受益人）使用的信用证。可转让证信用证只能转让一次，即只能由第一受益人转让给第二受益人，第二受益人不得将信用证转让给其后的第三受益人，但可以转让给第一受益人。按照 UCP600 的规定，可转让信用证在转让时只能按照原证转让，但信用证金额、任何单价、到期日、最后交单日期以及装运期可以减少或缩短，保险加成率可以增加。

在国际贸易中，代理商和中间商的大量存在是可转让信用证产生的直接原因。就中间商或代理商而言，手中并无货物，只是利用广泛的关系与进口商打交道。一旦订立合同，则马上向实际供货人购买，由实际供货人负责装运出口。中间商对两边的成交条件大体相似，只是赚取价格差额。此时，中间商通常要求开立可转让信用证。由于这一原因而开立的可转让信用证最为普遍。

如果信用证为可转让信用证，必须在信用证中明确表示，否则，为不可转让信用证。

2. 不可转让信用证

不可转让信用证（Non-transferable L/C）是指受益人不能将信用证权利转让给他人的信用证。一般的信用证都是不可转让的。

（六）按照进出口业务及国际贸易方式分类

1. 对背信用证

对背信用证（Back to Back L/C）又称转开信用证，是指受益人要求原证的通知行或其他银行以原证为基础，另开一张内容相似的新信用证。对背信用证的受益人可以是国外的，也可以是国内的。对背信用证的开立通常是中间商转售他人货物，从中图利，或两国不能直接办理进出口贸易时，通过第三者来沟通贸易。当中间商向国外进口商售妥某种商品时，进口商向银行申请开立以中间商为受益人的不可转让信用证。由于中间商不是实际供货人，信用证又不可转让，此时，中间商可以请求该证通知行或其他银行以原证作为基础和保证，另开一张以实际供货人为受益人的新证，这张新证就是对背信用证。这样进口商与实际供货人是相互隔绝的，从而使中间商保守住了商业秘密。

2. 循环信用证

循环信用证(Revolving L/C)是在信用证的部分金额或全部金额被使用之后能恢复原金额再被利用的信用证。其内容要比一般信用证多一个循环条款,用以说明循环方法、次数及总金额。循环信用证适用于大额的、长期合同下的分批交货交易。

3. 对开信用证

对开信用证(Reciprocal L/C)是用在易货交易、补偿交易和来料加工交易中的一种结算方式。在以上交易中,进出口基本平衡,一方用其出口收入来支付从对方的进口。采取相互开立信用证的做法可以把出口和进口联系起来。如甲方开出以乙方为受益人的信用证,同时乙方开出以甲方为受益人的信用证,后开的信用证称为回头证,与先开证金额要大致相等。

4. 预支信用证

预支信用证(Anticipatory L/C)是指允许出口商在装货交单前支取部分货款的信用证。

申请开立预支信用证的进口商往往需要开证行在信用证中加列预支条款,为醒目起见,往往用红色打印,所以预支信用证又称为红色条款信用证。

如果受益人预支了款项却未发货交单,预支行可以要求开证行偿付,开证行偿付后再向开证申请人追索。由于有这种风险,所以进口商只有对出口商资信十分了解时才会向开证行提出开立预支信用证的要求。

七、信用证贸易融资

(一)出口融资

出口融资是指出口银行对出口商(信用证受益人)的融资,包括打包放款、出口押汇、卖方远期信用证融资三种方式。

1. 打包放款

打包放款是指出口方银行以出口商提供的进口方银行开来的信用证正本作抵押向其发放贷款的融资行为。

打包放款是银行在信用证项下对出口商提供的短期融资,具有以下特点:

(1)打包放款的发放时间是出口商接受信用证之后,发货和交单之前。

(2)打包放款的目的是向出口商提供备货、发货的周转资金。

(3)打包放款的金额不是信用证的全部金额。打包放款的金额只是信用证金额的一部分,融资的具体金额由打包放款银行根据出口商资信、存款数目、抵押品以及在本行的业务来确定。

(4)打包放款的期限不超过打包放款银行向开证行寄单收款的日期。银行提供打包放款是以抵押正本信用证为前提的,因此提供贷款的银行承担了议付义务。议付行收到出口商交来的单据后应马上寄开证行,收到开证行支付的货款后即可扣除贷款本息,然后将余额付给出口商。因此打包放款的期限一般是自信用证抵押之日至收到开证行支付货款之日。

2. 出口押汇

出口押汇又称出口议付,是出口方银行对出口商有追索权地购买货权单据的融资行为。

由于信用证出口押汇银行的收款对象是开证行,只要单证相符即可索回货款,风险较小;而托收出口押汇银行的收款对象是进口商,风险较大。因此,银行更愿意做信用证项下的出口押汇。

3. 卖方远期信用证融资

卖方远期信用证融资通过远期汇票的承兑与贴现来融资。

银行承兑是指银行在远期汇票上签署“承兑”字样的票据行为。银行承兑汇票时，不必立即垫付资金，而只是将自己的信用借出，增强汇票的流通性与可接受性，使持票人能在二级市场上取得短期融资的便利。银行对汇票予以承兑后便成为汇票的主义务人，到期应承担付款责任。因此，承兑银行在承兑前应对债务人（进口商）的资信等进行审查，并采取相应措施以降低自身风险。

票据贴现是指票据持有人在票据到期前为获取现款而向银行贴付一定利息所作的票据转让。贴现票据必须是已承兑的远期汇票，承兑人通常是开证行或其他付款行，票据持有人通常是出口商。票据贴现能使出口商立即取得现款，是国际贸易融资的一种方式。在办理贴现时，银行通常要与出口商签订质权书，确定双方的责任和义务。如果到期银行不能从票据付款人处收回票款，他有权对出口商追索。此外，银行还应对贴现票据的付款人、承兑人资信情况进行审查，只有在确认符合条件后才予以贴现。

（二）进口融资

进口融资指进口银行对进口商的融资，包括免收开证押金、进口押汇、买方远期信用证融资三种方式。

1. 免收开证押金

通常情况下，银行在进口商申请开立信用证时，会要求其提交开证申请书并提供押金，存入银行专门账户，以便单据到后对外付款，或要求进口商提供反担保及抵押品，保证合格单据到后付款赎单。银行这样做的目的是为了降低自身风险。

对资信良好的长期往来客户，为简化手续，提供优惠服务，增强吸引力和竞争力，银行通常可根据客户的资信、经营状况和业务数量，确定一个限额，即开证授信额度，只要进口商申请开立信用证的金额不超过这一限额，银行就可以免收押金或不要求进口商提供反担保及抵押品，从而减轻进口商的资金压力。

授信额度可分为循环使用授信额度和一次性使用授信额度。前者可由进口商在限额内自行掌握反复使用，这种授信额度多用于在银行开立账户并与银行长期保持良好业务关系的进口商。后者就某一笔进口开证业务使用，该笔信用证业务结束后授信额度即失效，它主要用于银行对其资信有一定了解但业务往来不多的进口商。

2. 进口押汇

进口押汇又称信托收据贷款，是指信用证开证行应开证申请人的要求，在收到出口商或其银行寄来的单据后先行付款，待进口商得到单据，凭单提货并销售后收回货款的融资活动。它是信用证开证行对开证申请人（进口商）的一种短期资金融通。

在正常情况下，作为开证申请人的进口商在得到开证行单到付款的通知后，应立即将款项交开证行赎单，在付款以前是得不到单据不能提货的。但是，如果进口商的资信较好，并且信用证项下单据所代表的货物市场销售行情好，能在短期内收回货款，那么银行可以根据有关协议代进口商先对外支付货款，并将单据提供给进口商以使其提货销货，最后将货款连同利息一并收回。

3. 买方远期信用证融资

买方远期信用证融资通过信用证项下远期汇票付款按即期付款办理来融资。它是出口方银行（议付行）通过进口方银行（开证行）向开证申请人（进口商）提供短期融资的一种方式。

利用买方远期信用证融资时，出口方银行必须对进口方银行有很好的了解，否则会导致对出口商的垫款无法及时得到补偿而遭受损失。

八、信用证结算的优缺点

(一)信用证结算的优点

1. 出口商收款风险较小

由于信用证结算的信用基础是银行信用，银行取代进口商成为第一性付款人，只要出口商能履行合同并提供与信用证规定相符的单据，那么开证行一般会付款。这是信用证结算被普遍采用的最主要原因。

2. 资金负担较平衡

信用证支付方式对买方、卖方和银行的风险都相对较小，因而有利于国际贸易的顺利进行。

3. 融资较方便

在信用证结算中，无论是出口银行还是进口银行都能利用结算环节向客户提供贸易融资。贸易融资在很大程度上解决了贸易双方的资金周转困难，对出口商的作用尤为明显。

(二)信用证结算的缺点

1. 进口商提货风险大

由于信用证结算是一种纯粹的单据业务，只要单据相符、单证相符，开证行就要对外付款，进口商也要付款赎单。进口商得到合格单据并不一定能得到合同要求的货物，而遭受损失。

2. 进口商资金占用时间长

为降低开证风险，开证行通常要向进口商收取信用证金额一定比例的押金，由于信用证结算周期较长，那么该项资金将被银行较长时间地占用，增加进口商的资金负担。

3. 结算速度慢、费用高

信用证结算环节多单据量大，使得货款收付所需时间较长结算速度较慢，不利于贸易双方提高资金使用效益。另外由于银行承担了风险，所以收取的费用也较高，这些费用大多由进口商承担。

可见，信用证结算并不完美，这是一种有利于出口商而不利于进口商的结算方式。

九、合同中信用证支付条款

信用证支付条款的订立方法因进出口合同和信用证种类的不同而各不一样，下面例举几种现今国际贸易中较常用的信用证支付条款的具体订法。

(一)即期信用证支付条款

例 8—8 “买方应于装运月份前×天通过卖方可接受的银行开立并送达卖方即期信用证，有效期至装运月份后第 15 天在中国议付。”(The Buyers shall open through a bank acceptable to the Sellers a sight letter of credit to reach the Sellers ×× days before the month of shipment, valid for negotiation in China until the 15th day after the month of shipment.)

(二)远期信用证支付条款

例 8—9 “买方应于××年××月××日前(或接到卖方通知后×天内或签约后××天内)通过××银行开立以卖方为受益人的可转让的见票后××天(或装船日后××天)付款的银行承兑信用证，信用证议付有效期延至上述装运期后第 15 天在中国到期。”[The Buyers shall arrange with ×× Bank for opening an transferable banker's acceptance letter of credit in favor of the Sellers before… (or within ×× days after receipt of Seller's advice; or within ×× days after signing of this contract). The said letter of credit shall be available by draft(s) at sight (or after date of shipment) and remain valid for negotiation in China until the 15th day after the aforesaid time of shipment.]

【案例】 2015 年 10 月 10 日，我国 A 公司与美国 B 公司签订了一份化工产品购销合同。合同的总金额为 80 万美元，信用证付款。2015 年 11 月 1 日，B 公司通过美国 C 银行开出了一份总金额为 80 万美元的不可撤销信用证。该信用证有下列条款：Credit amount USD 800 000, according to invoice value 70% to be paid at sight, the remaining 30% to be paid at 40 days after shipment arrival。A 公司在信用证有效期内，通过议付行向开证行提交了信用证项下的所有单据。经检验单证相符，开证行便付了 70%的货款，计 56 万美元。但是货到 40 天后，开证行以开证申请人声称出口货物品质欠佳为由拒付其余 30%的货款。由此引发诉讼，后 C 银行败诉，支付了其余货款及迟延付款期间的利息。

【分析】 《跟单信用证统一惯例》的基本原则是把进出口交易中的单据与货物严格划分开来，银行及各方处理的是纯粹的单据，银行对于不符合信用证条款的单据可以拒付，但当单证相符时银行就应向受益人履行付款义务。本案例中的开证行以货物品质问题为由拒付部分货款显然是没有依据的，开证行因迟付部分货款而使受益人遭受的利息损失理应向受益人赔偿。

第五节 各种支付方式的选用

在国际贸易业务中，一笔交易的货款结算，可以只使用一种结算方式（通常如此），也可根据不同的交易商品、交易对象、交易做法等，将两种以上的结算方式结合使用，从而有利于促成交易、安全及时收汇。在开展国际贸易业务时，究竟选择哪一种支付形式，需要酌情而定。

一、主要结算方式的比较

在国际贸易中，汇付、跟单托收和跟单信用证是最基本、最常用的结算方式。表 8—2 是对这三种结算方式在安全因素、资金占用、费用负担、手续繁简等方面所作的比较。

表 8—2 **汇付、跟单托收和跟单信用证的比较**

结算方式		手续	银行收费	买卖双方的资金占用	买方风险	卖方风险
汇付	预付货款	简单	最少	不平衡	最大	最小
	赊账交易	简单	最少	不平衡	最小	最大
跟单托收	付款交单	稍繁	稍多	不平衡	较小	较大
	承兑交单	较繁	稍多	不平衡	极小	极大
跟单信用证		最繁	最多	较平衡	稍大	较大

二、影响结算方式选择的因素

在选择结算方式时，安全因素是首先需要考虑的重要问题，其次是占用资金时间的长短，当然也要注意具体操作时的手续繁简、银行费用的多少等。此外，下列因素对选择使用何种结算方式具有一定的影响，有时甚至起决定性作用。

(一)客户的信用

根据客户的信用情况，选择适当的支付方式，这是选用支付方式成败的关键和基础。在国际贸易中，合同能否顺利圆满地得到履行，在很大程度上取决于客户的信用。因此，要在贸易中安全收汇、安全用汇就必须事先做好对客户的资信调查，以便根据客户的具体情况，选用适当的结算方式。

(二)贸易术语

国际货物买卖合同中采用的不同的贸易术语，标明各项合同的交货方式和使用的运输方式是不同的，而不同的交货方式和运输方式所适用的结算方式不会完全相同。因此，在选择国际贸易算方式时，要注意合同所采用的贸易术语。

(三)运输单据

如果货物通过海上运输，出口商装运货物后得到的运输单据是海运提单，而海运提单属于物权凭证，提单交付给进口商之前，出口商尚能控制货物，故可以选用信用证和托收方式结算货款。如果货物通过航空、铁路、邮政等方式运输时，出口商装运货物后得到的运输单据是航空运单、铁路运单或邮包收据，这些不是物权凭证，因此在这种情况下，一般不适宜做托收。即使采用信用证方式，大多也规定必须以开证行作为运输单据的收货人，以便银行控制货物。

三、各种结算方式的结合使用

在国际贸易中，一笔交易通常只选择一种支付方式。但是由于不同支付方式各有利弊，买卖双方所承担的风险和资金占用时间各不相同，因此，为了取长补短，做到既能加快资金周转，又能确保收付外汇的安全，以利达成交易，扩大贸易，在一笔交易中选择两种或两种以上的支付方式结合起来使用是比较有效的做法。常见的有以下几种：

(一)信用证与汇付相结合

信用证与汇付相结合是指部分货款采用信用证支付，余额采用汇付方式结算，这种结合形式常用于允许交货数量有一定机动幅度的某些初级产品的交易。

例 8—10 买卖矿砂、煤炭、粮食等散装货物时，买卖合同规定 90%的货款以信用方式支付，其余 10%在该货物运抵目的港、经检验核实货物数量后，按实到数确定余额以汇付方式支付。对于一些特定商品或特定交易，需进口商预付定金，一般规定预付定金部分以汇付方式支付，其余货款以信用证方式结算。

(二)信用证与托收相结合

这种结合运用是指不可撤销信用证与跟单托收两种方式的结合，其具体做法是一笔交易的货款部分以信用证付款，其余部分以托收方式结算。在实际运用中，托收必须是付款交单方式，出口人要签发两张汇票。一张用于信用证项下部分的货款凭光票支付；另一张须随附全部规定的单据，按跟单托收处理。

例 8—11 “70%发票金额凭即期光票信用证支付，其余 30%即期付款交单托收支付。100%发票金额的全套货运单据随附于托收项下，于申请人付清发票全部金额后交单。若进口人不付清全部金额，货运单据由开证行掌握，凭出口人指示处理。”

(三)跟单托收与预付押金相结合

采用跟单托收并由进口人预付部分货款或一定比例的押金作为保证。出口人收到预付款或押金后发运货物，并从货款中扣除已收款项，将余额部分委托银行托收，托收采取付款交单方式。如托收被拒付，出口人可将货物运回，而从已收款项中扣除来往运费、利息及合理的损失费用。

例 8—12　“装运货物以电汇向卖方提交预付款 30%为前提，其余部分采用托收凭即期付款交单。”

（四）汇付、托收、信用证等多种结算方式结合使用

在成套设备、大型机械产品和交通工具等大型商品的进出口交易中，由于成交金额巨大、产品生产周期较长，有时可以按工程进度和交货进度分若干期付清货款，这时就可以将汇付、托收、信用证等结算方式结合起来使用。

【本章小结】

国际贸易货款结算是进出口业务的重要内容和不可缺少的重要环节。国际贸易货款结算的根本任务是清偿国际债权债务关系以及跨国转移资金，为国际贸易发展服务。

现代国际结算中使用的信用工具主要是票据。票据主要包括汇票、本票和支票三种类型。国际贸易货款结算中使用的信用工具主要是汇票。根据我国《票据法》规定，汇票应包括“汇票”字样、无条件付款命令、确定的金额、付款人名称、收款人名称、出票日期、出票人签章等内容。

汇款是一种古老的结算方式，在现代国际结算中，汇款方式依然得到了广泛的使用。根据汇出行通知汇入行付款的方式不同，汇款可以分为电汇、信汇和票汇三种。大额、紧急货款的收付主要采用电汇。国际贸易项下的从属费用大多通过信汇方式收付。一般货款的收付可以选择票汇。从总体上讲，汇款结算是一种有利于进口商而不利于出口商的结算方式，资金和风险一般都由卖方承担，因此，出口商要做好风险防范。

跟单托收也是一种传统的国际结算方式，在简单结算方式越来越受到重视的今天，跟单托收的使用也越加频繁。跟单托收也是一种相对有利于进口商而不利于出口商的结算方式。为确保收汇的安全，出口商也要采取适当的风险防范措施。

信用证结算是一种以银行信用为基础的结算方式，是银行对出口商做出的有条件的付款承诺。信用证结算的优点是出口商收款风险较小和融资方便，缺点是进口商提货风险大、资金占用时间长以及结算速度慢、费用高。在进口商资信欠佳或出口商对进口商不了解或进口国存在严格的外汇管制的背景下，采用信用证结算很合适。

【课后练习】

一、思考题

1. 汇票必须记载的事项有哪些？
2. 不同票据的使用情况有何不同？
3. 汇款的基本程序是怎样的？
4. 电汇、信汇、票汇各自具有怎样的特点？它们的使用情况有何不同？
5. 跟单托收的基本程序是怎样的？
6. 跟单托收贸易融资的常见方式有哪几种？
7. 信用证的开立方式有哪几种？信用证主要包含哪些内容？
8. 信用证结算的基本程序是怎样的？
9. 信用证结算主要当事人的权利与义务关系是怎样的？

10. 信用证贸易融资的常见方式有哪几种?

二、案例讨论题

1. A公司的全球结算中心设在香港,其上海分公司负责在中国的采购业务,菲律宾分公司是制造企业。现在上海分公司向苏州的B公司采购电子配件,货物由B公司直接装运给菲律宾分公司。

请问如果采用汇票结算,理论上有哪几种可行方案?

2. 我国A公司向日本B公司出口10吨大米,信用证规定:不许分批装运,船期为2015年7月20日。装运前A公司收到B公司改证通知,要求数量增加5吨。A公司认为原证10吨货物已经备妥,增加的5吨货物可以再次装运,于是将原证10吨货物发运。A公司7月10日向议付行(非信用证通知行)交单议付。议付行审单未发现问题顺利寄单。A公司5天后又发运了第二批5吨货物。不久议付行收到开证行拒付电文:我行已于7月13日和18日分别收到第××号信用证项下你方第××号和第××号单据,经查存在不符点:信用证规定不许分批装运,原证10吨,7月5日改证增加5吨,共15吨货物。而我方分别收到你方10吨和5吨货物的单据两套,故不符合我方要求,单据暂存我行,请电告处理意见。

请问上述案例可以带给我们哪些启示?

3. 我某公司向外国某商进口一批钢材,货物分两批装运,支付方式为不可撤销信用证,每批分别为由中国银行开立的一份信用证。第一批货物装运后,卖方在有效期内向银行交单议付,议付行审单后,即向该商议付货款,随后中国银行对议付行作了偿付。我方在收到第一批货物后,发现货物品质不符合同,因而要求开证行对第二份信用证项下的单据拒绝付款,但遭到开证行拒绝。

你认为开证行这样做是否有道理?请说明理由。

4. 我国某公司向日本客户以即期付款交单的支付方式推销商品,而日商提出,如果我方同意采用见票后90天付款交单的支付方式,并以日商指定的A银行为代收行,则日商就愿意接受我方提出的其他交易条件,与我方达成交易。

试分析日商提出这种要求的原因以及可能给我方带来的风险。

第九章　进出口合同的履行

【学习目标】

1. 知识目标：通过对本章的学习，了解进出口合同履行环节的重要性，熟悉进、出口合同履行的基本程序，了解各程序的基本内容，熟悉各种单据的填制。

2. 能力目标：能够根据公司具体的业务，按合同规定规范地履行合同，做好进口方或出口方的各项工作，尽量避免纠纷的出现。能够根据合同内容完成索赔。

【重点难点】

1. 重点：掌握进出口合同履行的具体步骤。

2. 难点：各种单据的填制。

【导入案例】

A公司委托B公司进口机器一台，合同规定索赔期限为货到目的港后30天。货到目的港卸船后，B公司立即将货物转给A公司，因A公司厂房尚未建好，机器无法安装试车。半年后厂房完工，机器安装完毕进行试车，A公司发现机器不能正常运转。经过商检机构检验证明，该机器是旧货，于是A公司要求B公司对外索赔，但外商拒绝赔偿，A公司遭受了巨大经济损失。我们应从中吸取什么教训？

【分析】　在国际贸易中，买卖双方经交易磋商后达成协议，并通过签订进出口合同明确买卖双方的权利和义务。根据《联合国国际货物销售合同公约》规定，合同卖方的基本义务是，按合同规定交付货物，移交与货物有关的各项单据，转移货物的所有权；买方的基本义务是，按合同规定支付货款和收取货物。合同签订后，买卖双方都应受其约束，都要本着“重合同，守信用”的原则，切实履行合同规定的各项义务，如合同一方没有或没有完全履行他在合同中所承担的义务，致使对方的权利受到损害时，受损害的一方可以采取适当的措施取得补偿。但索赔是有期限的，只有在合同规定的索赔期限内才能顺利得到赔付。所以，买卖双方一定要严格遵照合同的相关要求履行进出口合同。

第一节　进口商对合同的履行

进出口合同在履行的过程中，进出口商承担着不同的责任和义务，环节多，并要和不同的机构与部门打交道，手续复杂。因此，进出口商应认真对待，严格按照合同规定履行合同，才能圆满完成交易。

在我国企业的进口业务中，合同大多是按 FOB 价格条件成交的。如采用信用证付款，则进口商需要履行义务的主要环节具体见图 9－1。现就核心环节进行详细介绍。

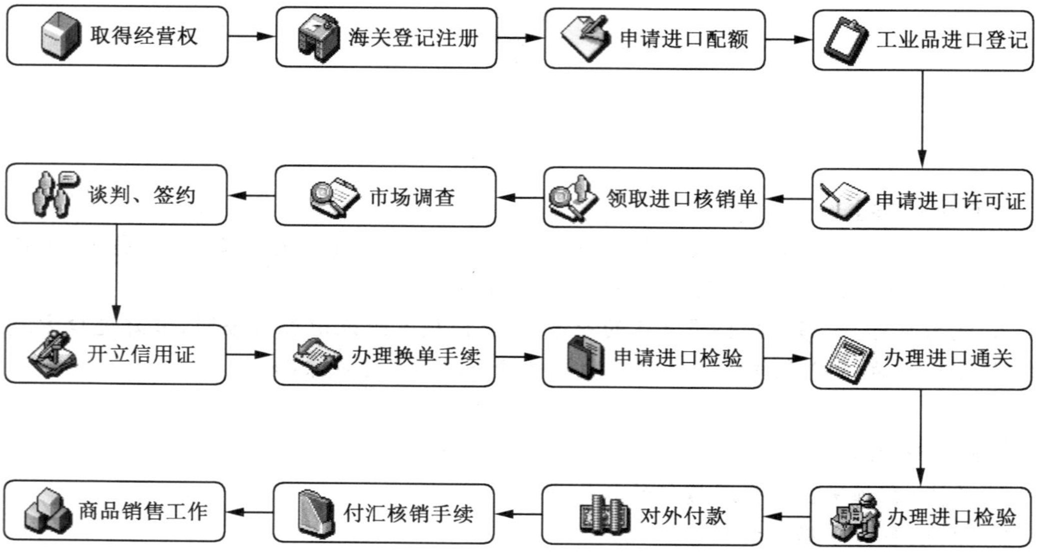

图 9－1　进口业务流程图

一、开立与修改信用证

合同签订后，进口商应按合同规定的时间和种类，到开证行填写信用证申请书（Application for Irrevocable Documentary Credit），提交银行需要的相关资料，办理开证手续。这些资料主要包括进口商的营业执照、税务登记证、合同复印件、开户申请、开证申请以及各种公章等。同时，进口商向银行缴纳开证全部费用。开证行审核进口商所交材料真实有效后接受开证申请。

开证后，开证行通知出口商所在地银行，即通知行。出口商接到通知行通知，应审核信用证是否与合同条款相符，如不相符，应责令进口商立即修改信用证。最常见的修改内容有延展装运期和信用证有效期、变更装运港口和加列特殊条款等。按照 UCP600 的相关规定，信用证经过修改后，银行即受该修改后的信用证的约束。出口商可自行决定接受修改内容或拒绝修改，但其应发出是否同意修改的通知。当出口商告知其接受修改之前，原证对开证行继续有效，但如果出口商未发出接受或拒绝的通知，而其提交的单据与原证的条款相符，则视为出口商拒绝其修改。如果出口商提供的单据与修改后的信用证条款相符，则视为出口商接受了其修改，从这时起，信用证就被视为已经修改。总之，出口商是否同意修改信用证可以用其在结汇时提交的单据来表示。

进口商应合理掌握开立信用证的时间，一般合同会规定在装运期(shipment date)前××日开立信用证，如 issue the irrevocable sight L/C with the Bank of China 30 days before the shipment date。如果合同没有规定装运期，则应等待卖方的装运通知后开立信用证。

【实务操作】 请根据教师提供的外贸合同填写信用证的开证申请书，并准备各种需要向银行提交的单据。

二、安排接货

如果按 FOB 条件达成合同，进口商应负责安排船只到合同指定港口接运货物。进口商按照合同规定的时间，或者在接到出口商的装运通知后，与货运代理公司取得联系，办理租船订舱手续。办理完手续后，应及时通知出口商船名及船期，以便对方及时备货，准备装船。为了防止船货脱节，影响交货，进口商应随时敦促卖方及时装运货物。对于重要物资的进口，可以委托出口商所在地相关机构予以监督。

三、投保货运险

在 FOB 和 CFR 术语下，进口商负责办理保险手续。在实践中，我国企业进口一般采用预约投保方式。预约保险，是保险双方约定总的保险范围并签订预约保险合同的长期保险。预约保险合同内载明承保货物范围、保险责任范围、每批货物的最高保险金额、保险费率和保险费结算办法等。对于长期、大量投保的被保险人可采用这种保险，手续简单，也可防止漏保。

因此，每批进口货物，在收到国外装船通知后，即直接将装船通知寄到保险公司或填制国际运输预约保险启运通知书，将船号、提单号、开船日期、商品名称、数量、装运港、目的港等项内容通知保险公司，即作为已办妥保险手续，保险公司则对该批货物负自动承保责任，一旦发生承保范围内的损失，由保险公司负责赔偿。

四、审单付款

交货后，出口商通过银行将所有单据交给开证行或议付行。此时，进口商会同银行认真仔细核对各项单证与合同规定是否相符，单证内容是否一致等。审单无误后，银行对外付款。进口商根据银行要求付款赎单。之后，进出口公司凭银行出具的“付款通知书”向用货部门进行结算。

如审核单据时发现不妥时，应及时处理。进口商可以停止付款或货到检验合格后付款，也可以凭卖方或议付行出具的担保付款；也可要求出口商及时更改不符单据或提出索赔。

【知识拓展——UCP600 第十四条：单据审核标准】

b 款：按指定行事的指定银行、保兑行(如有的话)及开证行各有从交单次日起至多五个银行工作日用以确定交单是否相符。这一期限不因在交单日当天或之后信用证截止日或最迟交单日届至而受到缩减或影响。

d 款：单据中的数据，在与信用证、单据本身以及国际标准银行实务参照解读时，无须与该单据本身中的数据、其他要求的单据或信用证中的数据等同一致，但不得矛盾。

e 款：除商业发票外，其他单据中的货物、服务或履约行为的描述，如果有的话，可使用与信用证中的描述不矛盾的概括性用语。

五、报关、报检和纳税

(一)报关

根据我国《海关法》的规定,进口货物的收货人应当自运输工具申报进境之日起14日内,在货物的进境地海关进行申报。超过规定期限未向海关申报的,由海关从第15天起按日征收滞报金。

进口货物报关时,进口商应填写"进口货物报关单",随附以下单证:进口许可证、提单、发票、保险单、装箱单、商检单等。

(二)报验报检

进口商品分法定检验商品和非法定检验商品,法定检验进口商品是列入《国家出入境检验检疫部门实施法定检验种类表》及其他法律、法规规定必须经过商检机构或者国家商检局、商检机构指定的检验机构检验的进口商品。除此以外的进口商品为非法定检验商品。这两类商品在办理报验手续上有所不同,前者在看到货后,收货人或其代理人必须向口岸或到达站商检机构办理进口商品登记手续,然后按商检机构规定的地点和期限向到货地商检机构办理进口商品报验。非法定检验进口商品到货后,由收、用货部门直接办理进口通关手续。提货后,可按合同的约定自行检验,若发现问题需凭商检证书索赔的,应向所在地商检机构办理进口商品报验。

商检机构经审核、登记后,在报关单上加盖"已接受登记"印章。海关凭盖有商检机构"已接受登记"印章的报关单验放货物。

报验人应在合同中列明的索赔有效期限不少于1/3的时间,向货物所在地商检机构报验。

(三)纳税

海关根据进口商所提交的文件对货物进行实际查验。海关确认货物与单证相符,没有问题后,按照《中华人民共和国海关进出口税则》的规定,计算进口货物应缴纳的税收。

进口商按规定办理完以上手续,缴纳税收,海关对货物予以放行。进口商提取货物。

六、索赔

对外贸易索赔从法律上讲,是指国际贸易双方以及各方在执行有关合同过程中发生的损害赔偿。从国际贸易实务讲,索赔一般是指货物从卖方到买方的过程中,由于人为、天灾或其他原因而使买方收到的货物不符合合同规定,而由买方依其责任归属向违约方卖方或有关方面提出赔偿要求。

进口货物到货后,如果由海关或检验部门检验发现货物品质、数量、规格、包装等与合同规定不符,进口商应在合同规定的索赔期限内,向有关方面提起索赔。

(一)向出口商索赔

如遇到以下情况,一般是由出口商疏忽或故意行为造成,出口商应对其负责:

(1)疏忽或故意少装,致使交付的货物数量或重量短少。

(2)无法按照合同约定交货,卖方实际交货的质量低于合同约定。以次充好,交付劣质品或不合格品,造成交付的货物质量大大低于合同约定。

(3)包装不良造成的货物短失或损坏。

(4)延迟交货,造成收货人经济损失。如因合同签订后市场价格上涨或资金困难等因素,故意违约,不按期装运货物。

(5)错发货物,给收货人造成丧失市场机会、造成经济损失,增加仓储运输费用或其他损害。

(二)向承运人索赔

如发现以下情况,属承运人责任,应向承运公司索赔:

(1)短卸。在卸船交货时,由于船方工作失误造成其数量或重量少于提单所列。

(2)误卸。误将应卸乙港之货卸在甲港。

(3)短失。指发货人确实已经将货物按照发票、装箱单所列交付给运输部门,但由于运输途中货物被盗等造成短失。

(4)破损。运输环节人为因素造成的货物破损,如因包装不良而发生的渗漏、破碎、损毁,或因野蛮装卸而致货物破损,或意外原因如大风浪冲击而使货物受损。

(三)向保险公司索赔

如由于自然灾害、意外事故或运输装卸过程中事故等致使货物受损,并属于承保范围以内的,应向保险公司索赔。凡属于承运人的过失造成的货物残损、遗失,而承运人不予赔偿或赔偿金额不足抵补损失的,只要属于保险公司承保范围以内的,也应向保险公司提出索赔。

进口商在对外索赔时,应注意以下几点:首先,提供索赔证据。进口商应制定索赔清单,随附商检部门的检验证书、发票、装箱单、提单副本,根据不同的索赔对象,另附不同的证明文件。向卖方索赔时,应在索赔证件中提出确切的根据或理由;向轮船公司索赔时,须另附由船长及港口理货员签证的理货报告及船长签证短卸或残损证明;向保险公司索赔时,须另附保险公司与买方的联合检验报告。其次,计算索赔金额,除包括受损商品的价值外,还包括其他有关费用,一般有商品检验费、装卸费、银行手续费、仓租费、利息等。最后注意索赔期限,在合理的索赔期内提出索赔,过期后,责任方有权不予受理。

【案例】 我国华东某公司以 CIF 术语于 2012 年 5 月从澳大利亚进口巧克力食品2 000箱,以即期不可撤销信用证为支付方式,目的港为上海。货物从澳大利亚某港口装运后,出口商凭已装船清洁提单和投保一切险及战争险的保险单,向银行议付货款。货到上海港后,经我方公司复验后发现下列情况:(1)该批货物共有 8 个批号,抽查 16 箱,发现其中 2 个批号涉及 300 箱内含沙门氏细菌超过进口国的标准。(2)收货时实收1 992箱,短少 8 箱。(3)有 21 箱货物外表情况良好,但箱内货物共短少 85 公斤。试分析,进口商就以上损失情况应分别向谁索赔? 并说明理由。

【分析】 (1)2 个批号涉及 300 箱内含沙门氏细菌超过标准的部分应向出口商索赔,因为它属于交货质量不符合合同规定。(2)收货人短少 8 箱的部分可以向承运人索赔,因为承运人签发的清洁提单,说明货物短缺是运输途中发生的,承运人理应承担责任;因为投保了一切险,也可以选择向保险公司索赔。(3)有 21 箱货物外表情况良好,但箱内货物共短少 85 公斤部分根据具体情况,应向出口方索赔。因为货物外表状况良好,箱内数量不足,说明出口方交货时就短量。

第二节　出口商对合同的履行

不同的合同对运输、交货、支付等条件的规定不同,履行程序也各有差异。我国企业在出口时,通常使用 CFR 或 CIF 贸易术语,并使用信用证方式收取货款,因此,我们以此为例来介绍出口商对合同的履行。其基本程序包括货(备货和报验)、证(催、审、改证)、运(办理货运)、款(制单结汇)四项。

一、备货和报验

(一)备货

备货是进出口公司根据合同和信用证规定,向生产加工及仓储部门下达联系单(有些公司称其为加工通知单或信用证分析单等),要求有关部门按联系单的要求,对应交的货物进行清点、加工整理、刷制运输标志以及办理申报检验和领证等项工作。在备货时,出口商应注意以下问题:

1. 筹集与储存货物

合同生效后,出口商应按合同要求筹集并储存好相应货物。如果出口商即为该商品的生产和加工企业,则直接向生产或加工部门下达生产任务,安排生产。如出口商是贸易企业,则应尽快联系好货源,订立国内采购合同,确保货物按质按量如期生产。货物生产完之后,装运以前,要落实好货物的储存事项,特别是对于特殊商品,如易腐蚀、易泄露等危险性商品,要准备适合的仓储场所,提供适宜的存储条件,直至装运。出口商在备货期间,要保证货物的质量、规格符合合同规定。

2. 备货时间

出口商应根据合同与信用证的要求在规定的时间内准备货物,还要配合船期及距离港口的距离来定,不能太早也不能太晚。太早要增加仓储费用,增加成本,太晚会有可能延误船期,不能如期交货造成违约。

3. 备货数量

备货数量要多于合同规定的数量,以防储存和运输中的损耗;实际交货数量应符合合同数量条款或信用证规定。凡按重量计量的货物而在买卖合同或信用证中均未规定按何种方法计量者,按惯例应以净重计量。

4. 货物包装

货物的包装有助于保护商品、便于运输。因此,出口商应重视商品的包装材质和方式。出口货物要经过多次转运和装卸才能到达买方手中,为了最大限度地保证商品的完好无损,除按合同规定进行包装外,出口商要尽量使用安全有效的包装,如使用托盘、集装箱等。出口商还要仔细印刷包装标志,表明商品的必要信息,以便承运人和装卸工处理货物。出口商应注意进口国关于包装的法律法规,防止因包装不符而退货。

(二)报验

合同或进出口国的法律法规要求必须经检验检疫方可出入境的货物,在出口商备好货后,应及时办理报检手续。只有取得商检局合格的检验证书,海关才准放行。凡经检验不合格的货物,一律不得出口。

(1)属于法定检验范围的出口商品,发货人应当于接到合同或信用证后备货出口前,在商检机构规定的地点和期限内向商检机构报验。属于法定检验范围以外的出口商品,如果对外经济贸易合同约定由商检机构检验的,也应按上述要求办理。

(2)属于在产地检验后需要在口岸换证出口的商品,发货人应在商检机构所规定的期限内向口岸商检机构报请查验换证。

(3)盛装危险货物出口的包装容器以及属于法定检验范围内的出口商品包装容器,包装生产企业应在将包装容器交付有关商品生产企业使用之前向商检机构申报性能检验;在装货出口前,出口经营单位应向商检机构申报使用鉴定。

(4)对装运出口易腐烂变质的食品、冷冻品的船舱、集装箱等运载工具,承运人、装箱单位或代理人必须在装运前向商检机构申请清洁、卫生、冷藏、密固等适载检验。

(5)经商检机构检验合格的出口商品或其运载工具,逾期报运出口的,发货人或承运人必须向商检机构报验。

出口商品在报验时,一般应提供外贸合同(或售货确认书及函电)、信用证原本的复印件或副本,必要时提供原本。合同如果有补充协议的要提供补充的协议书;合同、信用证有更改,要提供合同、信用证的修改书或更改的函电。对订有长期贸易合同而采取记账方式结算的,各外贸进出口公司每年一次将合同副本送交商检机构。申请检验时,只在申请单上填明合同号即可,不必每批附交合同副本。凡属危险或法定检验范围内的商品,在申请品质、规格、数量、重量、安全、卫生检验时,必须提交商检机构签发的出口商品包装性能检验合格单证,商检机构凭此受理上述各种报验手续。

货物备好之后,出口商应向买方发出通知,以便买方开立信用证。

二、落实信用证

对于出口商而言,收到进口商从银行开来的信用证是卖方安全收汇的保证,也是出口商备货交货的前提。出口商应通过催证、审证、改证等环节掌握、管理和使用信用证。

(一)催证

催证是指出口商通知或催促国外进口商按照合同内容,迅速通过银行将信用证开来,以便出口商及时装运货物。催证的方式包括通过信件、传真或其他通信工具。在正常情况下,买方信用证最少应在货物装运期前 15 天开到卖方手中。对于资信情况不是很了解的新客户原则上坚持在装运期前 30 天或 45 天甚至更长的期限,并且配合生产加工期限和客户的要求灵活掌握信用证的开证日期。在实际贸易业务中,买方可能会因为市场行情变化或资金发生短缺等情况,拖延开立信用证。在这种情况下,卖方应催促买方尽快开立信用证,也可以委托其他机构或银行代为催证。如经催促,对方仍不开证,则应向对方提出保留索赔权的声明。如买方无任何法律依据而拒绝开证,则属于违约行为,卖方有权提出索赔。

(二)审证

审证即审核信用证,是指对国外进口方通过银行开来的信用证内容进行全面审核,以确定是接受还是修改。理论上讲,国外来证应与买卖合同相符。但在很多实际业务中,买方开来的信用证并非与合同完全相符。分析原因,无外乎有两种:工作疏忽或故意。无论哪种原因造成不符,都会给卖方履行合同、安全收汇造成隐患。对此,出口商必须提高警惕,注意做好对国外来证的审核。

信用证的审核由出口商和银行共同负责,但各有侧重。银行和出口商应根据合同及相关法律法规的规定,认真审核信用证。其中,银行侧重审核信用证的真伪、开证行的政治背景及资信能力、付款能力、信用证是否为可撤销信用证以及信用证中是否涉及违反法律法规的情况。银行审核信用证后,对于真实有效的信用证,打上“印鉴相符”的字样,交给出口商继续审核。出口商不仅要对银行审查的内容进行复核,又要侧重审核信用证的各项条款是否与合同规定一致。主要审核内容如下:

1. 对信用证金额与货币的审核

即审核信用证金额是否与合同金额一致，大、小写金额是否一致。如合同订有溢短装条款，信用证金额是否包括溢装部分金额；信用证使用的货币是否与合同规定的计价和支付货币一致。

2. 对有关货物条款的审核

主要是对商品的品质、规格、数量、包装等依次进行审核，如发现信用证内容与合同规定不一致，不应轻易接受，原则上要求改证。

3. 对信用证的装运期、有效期和到期地点的审核

信用证的装运期必须与合同的规定相同；信用证的有效期一般规定在装运期限后7～15天，以方便卖方制单。关于信用证的到期地点，通常要求规定在中国境内，对于在国外到期的信用证，我们一般不接受，应要求修改。

4. 对开证申请人、受益人的审核

开证申请人的名称和地址应仔细审核，以防错发错运。受益人的名称和地址也须正确无误，以免影响收汇。

5. 对单据的审核

主要对来证中要求提供的单据种类、份数及填制方法等进行审核，如发现有不正常规定或我方难以办到的应要求对方修改。

6. 对其他运输条款、保险、商检等条款的审核

即仔细审核信用证对分批装运、转船、保险险别、投保加成以及商检条款的规定是否与合同一致，如有不符，应要求对方修改。

7. 对特殊条款的审核

审证时，如发现超越合同规定的附加或特殊条款，一般不应轻易接受，如对我方无太大影响，也可酌情接受一部分。

信用证是一项独立的约定，一般来说，受益人按照信用证规定要求去执行，就应取得相应的单据，议付结汇。但是，有的信用证在开出之时就被设置了条款陷阱，就是常说的“软条款”。信用证软条款是比较常见的信用证风险，它限制了出口方对信用证操作的主动权，出口人在履约操作过程中，很难获得或者根本就不能获得符合信用证规定的单据，威胁到信用证收汇的安全。

软条款的表现形式多种多样，如：执行信用证的主动权被进口方掌握，装船需要进口方的指示；结汇单据依赖进口方提供；收取货款需要进口方同意；信用证条款与要求不配套，单据条款与操作条款不衔接，相关规定自相矛盾。如果接受信用证软条款，出口企业必然承担相应的收汇风险，当然，也不是说所有的信用证软条款都必定要求修改，出口企业可根据市场、客户资信、产品、运输及软条款的具体要求等实际情况，区别对待不同条件下的软条款。对确实需要修改的信用证软条款，应与客户协商，要求修改信用证，在收到相关信用证修改前，出口方应谨慎行事。

【知识拓展——信用证融资】

出口商可通过信用证向银行打包放款，即出口商在提供货运单据之前，以供货合同和国外银行开来的以自己为受益人的信用证向当地银行抵押，从而取得用于该信用证项下出口商品的进货、备料、生产和装运所需周转资金的一种融资方式。

（三）改证

对信用证进行了全面细致的审核以后，如果发现问题，应区别问题的性质，分别同银行、运输、保险、商检等有关部门研究，做出恰当妥善的处理。凡是属于不符合我国对外贸易方针政策，影响合同执行和安全收汇的情况，我们必须要求国外客户通过开证行进行修改，并坚持在收到银行修改信用证通知书后才能对外发货，以免发生货物装出后而修改通知书未到的情况，造成发货人工作上的被动和经济上的损失。

在办理改证的工作中，出口商应将需要修改的各项内容通过电子邮件等形式，一次向国外客户提出，尽量避免由于我方考虑不周而多次提出修改要求，造成不好的影响。对于不可撤销信用证中任何条款的修改，都必须取得当事人的同意后才能生效。在收到出口商的修改函电后，进口商向开证行申请改证。开证行受理改证后，将信用证修改通知书寄给通知行。出口商接到通知行的改证通知书后，认真核对各项修改，出口商只能选择全部接受或全部拒绝，不能部分接受。部分接受修改被视为拒绝。对履行合同和安全收汇无重大影响的，可不改，减少周折，以示合作。

有关信用证修改必须通过原信用证通知行才有效；通过客人直接寄送的修改申请书或修改书复印件不是有效的修改。明确修改费用由谁承担，一般按照责任归属来确定修改费用由谁承担。

【案例】 2010年4月份广交会上某公司A与科威特某一老客户B签订合同，客人欲购买A公司的玻璃餐具(名：GLASS WARES)，A公司报价FOB WENZHOU，温州出运到科威特，海运费到付。合同金额达USD25 064.24，共1×40′高柜，支付条件为全额信用证，客人回国后开信用证到A公司，要求6月份出运货物。A公司按照合同与信用证的规定在6月份按期出了货，并向银行交单议付，但在审核过程中发现2个不符点：(1)发票上：GLASS WARES错写成GLASSWARES，即没有空格；(2)提单上：提货人一栏，TO THE ORDER OF BURGAN BANK，KUWAIT错写成了TO THE ORDER OF BURGAN BANK，即漏写KUWAIT。A公司认为这两个是极小的不符点，根本不影响提货。A公司本着这一点，又认为客户是老客户，就不符点担保出单了。但A公司很快就接到由议付行转来的拒付通知，银行就以上述两个不符点作为拒付理由拒绝付款。A公司立即与客户取得联系，原因是客户认为到付的运费(USD2 275.00)太贵(原来A公司报给客户的是5月份的海运费，到付价大约是USD1 950.00，后6月份海运费价格上涨，但客户并不知晓)，拒绝到付运费，因此货物滞留在码头，A公司也无法收到货款。后来A公司人员进行各方面的协调后，与船公司联系要求降低海运费，船公司将运费降到USD2 100.00，客户才勉强接受，到银行付款赎单，A公司被扣了不符点费用。整个解决纠纷过程使得A公司推迟收汇大约20天。

【分析】 (1)"不符点"没有大小之分，在本案中，A公司事先知道单据存在"不符点"的情况下还是出单，存在潜在的风险。A公司认为十分微小的"不符点"却恰恰成了银行拒付的正当理由。因此，在已知"不符点"的情况下，最好要求其修改。(2)FOB的运费的上涨，与A公司并无关系，因此客户主要是借"不符点"进行讨价还价。

三、安排装运、投保和报关

信用证经审核与修改无误后，卖方应及时办理货运、保险和报关等项业务。

（一）安排装运

随着技术的进步以及国际运输行业的发展，现代运输方式越来越便捷和高效。目前，货主越来越少地直接与船公司打交道，而是交给专业的国际货运代理公司来办理。根据中华人民共和国国际货运代理业管理相关规定，国际货运代理业指接受进出口货物收货人、发货人的委托，以委托人的名义或者以自己的名义，为委托人办理国际货物运输及相关业务并收取服务报酬的行业。随着国际贸易、运输方式的发展，国际货运代理已渗透到国际贸易的每一领域，为国际贸易中不可缺少的重要组成部分。

该环节主要包括以下几步：

1. 出口商应选择合适、稳妥的国际货运代理机构

运输环节对于合同的履行十分关键，货物是否能保质保量地运送到进口商手中，货运代理的作用不容忽视。安全、有效的货运代理机构能为出口商提供专业化、有针对性的运输中介服务，保障货物的安全，并如期到达。目前，国际上比较有影响力的货运代理公司主要有 DHL、EMS、UPS、FedEx 等。

2. 出口商与货运代理机构协商决定货物的运输方式，货运代理机构报运输价格

主要运输方式有租船和订舱两种。租船运输又称不定期船运输(tramp shipping)，是区别于定期船运输(班轮运输)的另一种海上运输方式。通过出租人(shipowner)和承租人(charterer)之间签订运输合同或者船舶租用合同进行货物运输的基本营运方式。订舱是货物托运人(shipper)或其代理人根据其具体需要，选定适当的船舶向承运人(即班轮公司或它的营业机构)以口头或订舱函电进行预约洽订舱位装货、申请运输，承运人对这种申请给予承诺的行为。一般来讲，如果是大宗货物，如煤、石油、谷物和矿石等，根据情况选择租用一整条船进行运输。如果货物量不大，可以选择订舱。运输方式不断更新，出口商可结合货物特征选择拼箱运输、多式联运等其他运输方式。

3. 制作并提交各种运输单据

出口商(货主)缮制“出口货物订舱委托书”、商业发票和装箱单，一并交给货运代理委托其向船公司订舱；货运代理收到出口商的委托书后，结合船舶的航线挂靠港、船期和舱位等条件综合考虑，认为合适即可接受托运后缮制“集装箱货物海运托运单”(俗称十联单)向船公司订舱；船运公司或其代理人收到托运单后，经审核确定接受承运，即将托运单的配舱回单退回，并发给托运人装货单(shipping order，S/O)。装货单(俗称下货纸)是接受托运人提出装运申请的船公司或外轮代表公司签发给托运人，凭以命令船长将承运货物装船的单据。货物经海关查验放行装船后，即由船长或大副签收“收货单”(Mate’s Receipt，M/T)。收货单是船公司签发给托运人的表明货物已装妥的临时收据。托运人凭收货单向外轮代理公司交付运费并换取正式提单(Bill of Lading，B/L)。

(二)投保和报关

1. 投保

出口货物保险是被保险人为了货物在出口运输过程中能安全地到达目的地，不受自然灾害和意外事故的损失，向保险人交纳一定的保险费，双方订立保险契约，一旦货物遭受各种灾害和意外事故，进口商可以从保险人得到货物损失的经济补偿。按 CIF 价格成交的出口合同，卖方在货物装船前，需及时向中国人民保险公司办理投保手续，填制投保单。投保时，一般按发票金额的 110%投保一切险，也可以与被保险人约定不同的加成率，但一般不超过 30%。即保险金额＝CIF 货价×(1＋加成率)。出口商根据要求缴纳保险费，获得保费发票。

2. 报关

出口货物报关是指发货人(或其代理)向海关申报出口货物的详细情况，海关据以审查，合

格后放行，准予出口。根据《海关法》的规定，凡是中国出口的商品，都应按其规定向海关申报，海关对出口商品依法进行监管。出口商应在货物运抵海关监管区后，装货的 24 小时之前，备齐海关所需单证向海关申报。出口报关主要包括以下几个程序：

(1)申报。出口商准备各种报关单证，主要包括出口许可证、发票、装箱单等，填制出口货物报关单，一式两份，向海关申请办理报关手续。

(2)查验与征税。出口货物查验是指海关在接受申报并审核报关单证的基础上对出口货物进行实际核对检查。查验的目的是核对实际出口货物与报关单证所报内容是否相符，有无错报、漏报、瞒报、伪报等情况，审查货物的出口是否合法，确定货物的物理性质、化学性质以及原产地信息等。海关查验货物，一般在海关监管区内的进出口口岸码头、车站、机场、邮局或海关的其他监管场所进行查验。对进出口大宗散货、危险品、鲜活商品、落驳运输的货物，经进出口收发货人的申请，海关也可在作业现场予以查验放行。在特殊情况下，经进出口收发货人或其代理人申请，海关审核同意，也可派员到规定的时间和场所以外的工厂、仓库或施工工地查验货物。

海关查验货物时，出口商方面的相关人员必须到场，并按海关的要求负责办理货物的搬移、拆装箱和重封货物的包装等工作。海关认为必要时，可以径行开验、复验或提取货样，货物管理人员应当到场作为见证人。申请人应提供往返交通工具和住宿，并支付有关费用，同时按海关规定交纳规费。同时，出口商相关人员要保证海关工作人员查验货物时，不损害货物，如有损害，按规定赔偿。

(3)放行。海关受理进出口货物的报关并审核报关单据、查验实际货物无误后，依法办理货物的征收税费手续或减免税手续。出口商缴纳税费后，海关即在有关装货单及报关单上签章放行。

四、制单结汇

货物经海关放行装船之后，出口商应立即按照合同、信用证的规定制单，即正确缮制、抄写各种单据，要在信用证规定的变更有效期内，持单向当地有关银行(如中国银行)办理结汇手续，即通过银行收取货款。

(一)制单

进出口业务涉及单据众多，制作单据是一个重要的环节，是出口商顺利收取货款的关键环节。出口单证通常是指：汇票、发票(如商业发票、海关发票、厂商发票、领事发票等)、提单、保险单、装箱单、重量单、检验证书、产地证明、普惠制产地证等。在缮制单据时，要注意做到各种单据的种类、内容和份数必须与信用证的要求完全相符，严格做到“单证一致”“单单一致”“单货一致”；并做到“正确、完整、及时、简明、整洁、处理要当”。

1. 发票(Invoices)

进出口业务中的发票种类较多，除了通常所说的商业发票以外，还有海关发票、领事发票、厂商发票等。

(1)商业发票(Commercial Invoice)。商业发票又称“发货单”，它作为卖方开立的载有发货人和收货人名称、装运工具、合同号码、起讫地点以及品名、数量、单价、金额等内容的清单，是双方交接货物、结算货款的主要单证，也是进出口报关完税必不可少的单证之一。商业发票虽然没有统一的格式，但主要内容基本相同，除了上面提到的内容外，发票编号、开票日期、卖方公章、签开人、付款条件等也是不可少的。

(2)海关发票(Customs Invoice)。海关发票是国家海关制定的、要求外国出口人填写,以用作海关统计的发票,是估价完税、征收差别关税以及核查该类商品在卖方国内的市价而决定是否征收反倾销税的依据。要求卖方填报海关发票的国家目前有美国、澳大利亚、加拿大、新西兰、加纳以及东、西非的一些国家。

【知识连接——海关发票填制的注意事项】

各国使用的海关发票,都有其特定的格式,不得混用。凡海关发票与商业发票上共有的项目和内容,必须一致不得互相矛盾。对"出口国国内市场价格"一栏,应按有关规定审慎处理,因为,其价格的高低是进口国海关作为是否征收反倾销税的重要依据。如售价中包括运费或包括运费和保险费,应分别列明 FOB 价运费、保险费各多少,FOB 价加运费应与 CFR 货值相等,FOB 价加运费和保险费应与 CIF 货值相等。海关发票的签字人和证明人不能为同一个人,他们均以个人身份签字,而且必须手签才有效。

(3)领事发票(Consular Invoice)。有些国家或地区如拉丁美洲、菲律宾等规定,凡输往该国的货物,国外卖方必须向该国海关提供经该国领事签证的发票,有的是固定格式型的,有的是在商业发票上有领事签证就行。所以,领事发票又叫"领事签证书"。

(4)厂商发票(Manufacture's Invoice)。厂商发票是出口货物的制造厂商所出具的发票,以本国货币来计算价格,用以证明出口国国内市场的出厂价格的发票。其目的也是供进口国的海关估价、核税,以及确定是否征收反倾销税的依据。厂商发票与海关发票相类似,如国外来证向我要求厂商发票时,可按照海关发票有关国内价格的填制办法处理之。

2. 汇票(Bill of Exchange,Draft)

汇票是国际结算中使用最广泛的一种信用工具。

填制汇票时,应注意以下事项:

(1)正确理解和把握汇票的付款期限。如 L/C 中要求汇票为 at sight/on demand/on presentation 或对种类没有具体规定时,一定制作并提交即期汇票,如要求远期汇票,则必须清楚有关期限、期限起算及到期日如何确定。

计算远期汇票的起始时间的方法有:定日付款、出票后定期付款、见票后定期付款、提单日/交单日/其他特定日后付款等。对远期汇票中表明"30 days after sight of draft"和"30 days after date of draft"的规定应加以区别:前者指付款人见票承兑后 30 天付款,后者指汇票出票日后起算 30 天付款;对"at 60 days after date of B/L"和"at 60 days from date of B/L"规定的区别也应明确:按后者操作,受益人可提前一天结汇。

UCP600 对使用"from"和"after"确定汇票到期日的做法未做规定;ICC 认为"'from'包含所述期限的第一天,而'after'则从次日起算";ISBP 规定两者均不包括所述日期,除非 L/C 有相反规定;实践中又有不少其他观点。避免对此产生不同意见的最简单办法就是早出单、早交单。

汇票到期日的计算准则。"算尾不算头"(从见票日第二天起算);月份为日历月,不考虑每月的具体天数(如见票为 Jan 31st,见票后 1 个月、3 个月付款的到期日分别为 Feb 28/29、Apr30)。ISBP 规定,到期日如是付款地银行工作日,款项应于到期日在汇票或单据的付款地立即予以支付。如到期日不是银行工作日,则应在到期日后的第一个银行工作日付款,除非信用证另有规定。

(2)货款支付采用部分托收、部分信用证时,应制作两张汇票,各按相应规定填写,两者之和等于发票金额。L/C 下的汇票,如 L/C 没有规定,则应与发票额相同,如规定为发票额的一定百分比，则按规定填写。托收条件下的汇票须在出票依据栏内或其他位置加注“For Collection”字样。

(3)汇票金额不得超过信用证金额，来证金额如有“About”字样，则可允许有10%的增减幅度。

(4)来证对汇票受款人未作明确规定时可以在汇票的受款人栏填写“Pay to the order of Bank of China”(由中国银行指定)，也可以填写本公司外汇基本账户开户行。

(5)不使用汇票的情形。实际业务中并非所有交易都需要使用汇票支付货款，不需要汇票的情形有：即期和延期付款信用证交易(可以不出汇票)；电汇(T/T)、信汇(M/T)和赊账交易(O/A)(不需要汇票)；合同/信用证不要求的时候(进口商/开证行为避免使用汇票而支付印花税不要求出汇票)。

(6)假远期L/C的汇票制作与真远期基本一样，但通常注明：“Negotiable on sight basis”字样。

(7)汇票的转让。汇票可以通过背书或仅通过交付进行流通转让，背书有多种，空白背书最常见。

(8)汇票错误的更正。原则上讲，汇票的票面应整洁、清楚，不得加注与汇票无关的内容，不得有丝毫差错，金额不得涂改，但实际制作汇票时可能会在币别、期限和付款人上出错，ISBP规定由受益人自己出具的尚未认证、签证或采取类似措施的汇票如有更正，必须在表面看来经出票人证实(即在更正处加盖更正章)，有些国家和地区不接受附有更正的汇票，即使有出票人的证实。

3. 海运提单(Ocean Bill of Lading)

海运提单的主要内容与填制注意事项：

(1)托运人(Shipper/Consignor)。托运人是指委托运输的人，在贸易中是合同的卖方。一般在填写海运提单Shipper栏目时，如信用证无特殊的规定，都填写卖方的名称。许多制单人是直接把公司的公章盖在这一栏中。

(2)收货人(Consignee)。与托运单“收货人”栏目的填写完全一致。根据信用证在记名收货人、凭指示和记名指示中选择一个。

例9—1 信用证或合同对提单要求如下：

①“Full set of B/L consigned to ABC Co.”——记名收货人

②“Full set of B/L made out to order”——to order凭指示，即“空白抬头”

③“B/L issued to order of Applicant”——记名指示

④“Full set of B/L made out to our order”——记名指示(our指开证行XYZ银行)

⑤“Full set of B/L made out to order of shipper”——to order of shipper与to order没有区别

(3)被通知人(Notify Party, Notify, Addressed to)。该栏目填写货物到达目的港(地)船公司需要通知的人。如信用证没有规定被通知人，可留空或以任何方式填写。但在记名提单上则没有必要填写通知人，此时可以填写“SAME AS CONSIGNEE”；如信用证规定两个或两个以上被通知人，如实填写即可。

(4)前段运输(Pre-carriage by)。如果货物需转运，在这一栏目中填写第一程船的名称；如果货物不需转运，空白这一栏目。但驳船用“Lighter”字样填入此栏目。

(5)收货地点(Place of Receipt)。如果货物需转运，填写收货的港口名称或地点；如果货物不需转运，空白这一栏目。

(6)海运船只、航次(Ocean Vessel Voy. No)。如果货物需转运，填写第二程船的船名；如果货物不需转运，填写第一程船的船名。

(7)装运港(Port of Loading)。填写装运港名称。如果货物需转运，填写装运港/中转港名称。如货物在广州装运，需在香港转船，则在此栏目填写"GUANGZHOU/HONGKONG"。

(8)卸货港(Port of Discharge)。填写卸货港(指目的港)名称。如货物须转运，装运港后面没有注明中转港，则可在目的港之后加注"WITH TRANSSHIPMENT AT HONGKONG"简写为 W/T HONGKONG，如"SINGAPORE W/T HONGKONG"(目的港新加坡，在香港转船)。如货运目的港装运内陆某地，或利用邻国港口过境，须在目的港后加注"IN TRANSIT TO 某地"或"IN TRANSIT 某地"，如 KUWAIT IN TRANSIT SAUDI ARABIA(目的港科威特转运沙特阿拉伯)。

(9)交货地点(Place of Delivery)。填写最终目的地名称。如果货物的目的地就是目的港的话，空白该栏。

(10)集装箱号(Container No.)。填写集装箱箱号。海运集装箱号码由四个字母箱主代码(第四位为海运集装箱代号 U)＋顺序号六位数＋核对数一位组成，如"KHLU620686－7"。

(11)封箱号和唛头(Seal No. Marks & Nos)。填写唛头和封箱号。封箱号一般由五位数组成，如"SEAL 08134"。

(12)商品描述及数量。商品描述使用文字：①在没有特别说明时全部使用英文；②来证要求使用中文填写时，应遵守来证规定，用中文填写。

数量是指本海运提单项下的商品总包装件数。

(13)毛重(Gross Weight)。填写承运货物的总毛重，该数据是船公司计算运费的根据之一。

(14)尺码(Measurement)。填写承运货物的总尺码，该数据是船公司计算运费的根据之一。

(15)特殊条款。提单特殊条款主要根据合同或信用证的要求，填写一些一般情况下不必填写的内容。提单中出现特殊条款的内容主要有：

①指定船名；

②强调运费的支付；

③出现"预计"的条款；

④不显示发票金额、单价、价格等的条款，或强调显示信用证号码、合同号码等的条款；

⑤限制使用班轮公会的条款或指定承运人的条款。

(16)运费缴付方式。

①运费已付——FREIGHT PAID

②运费预付——FREIGHT PREPAID

③运费到付——FREIGHT PAYABLE AT DESTINATION

④运费待付——FREIGHT COLLECT

(17)签发地点和时间(Place and Date of Issue)。海运提单签发时间表示货物实际装运的时间或已经接受船方、船代理的有关方面监管的时间。

(18)正本的签发份数[No. of Original B(s)/L]。信用证规定要求出口方提供"全套海运提单"(Full set or Complete set B/L)，实务中一般提供三份或两份海运提单正本。

(19)有效的签章(Stamp & Signature)。海运提单必须经装载船只的船长签字才能生效,在没有规定非船长签字不可的情况下,船方代理可以代办。

按照上述规定,提单签字应根据签字人的不同情况批注不同内容,例如:A. 承运人签字;B. 代理人签字:①代表承运人签署提单;②代表船长签署提单(船长姓名为 XYZ);C. 船长签字。

4. 保险单(Insurance Policy)

保险单填制时应注意以下事项:

(1)被保险人一般为信用证的受益人。在 CIF 术语下,卖方是为了买方的利益保险的,保险单的背书转让十分重要,应视信用证的要求进行背书。

(2)唛头(Mark & Nos.)应与发票、提单上的唛头一致。如信用证无要求,可简单填"As per Invoice No."。

(3)包装及数量(Quantity)应与商业发票一致。以包装件数计价的,可只填件数;以净重计价的,可填件数及净重;以毛作净的,可填件数及毛重;散装货物,可填"In Bulk",然后再填重量。

(4)保险货物项目(Description of Goods)若名称繁多,可用统称,但应与提单、产地证书等单据一致,并不得与信用证相抵触。

(5)保险金额(Amount Insured)除非信用证另有规定,保险单据必须使用与信用证相同的货币。

(6)总保险金额(Total Amount Insured)即保险金额的大写,其数额和币别应与小写的保险金额保持一致。

(7)保费和费率(Premium,Rate)一般填"As arranged"。但如果信用证要求具体列出保费和费率,应明确填上。

(8)装载运输工具(Per conveyance S. S.)。如为海运,且为直达船,则在栏内直接填上船名、航次;如为中途转船,则应在填上第一程船名后,再加填第二程船名;如为其他运输方式,则填"By Railway"或"By Train,Wagon No."(陆运)等。

(9)开航时间(Slg. on or abt)按运输单据的日期填制,海运且运输单据为提单时可填"As per B/L"。

(10)运输起讫地(From... to...)按运输单据填制。如中途转船,须填上"With Transhipment"。

(11)承保险别(Conditions)按照信用证的规定办理,通常包括险别及所依据的保险条款。

(12)赔款偿付地点(Claim payable at)按信用证的规定填制。如信用证未规定,则填目的港名称。有的信用证要求注明偿付货币名称,应照办,如:"At London in USD"。

(13)保险勘察办理人(Insurance Survey Agent)由保险公司选定,地址必须详细。

(14)签发地点和日期(Place and Date of Issue)。签发地点应为受益人所在地,一般在保险单上已印制好。签发日期应早于或等于运输单据的签发日期。除非信用证另有规定,银行对载明签发日期迟于运输单据注明的装船或发运或接受监管日期的保险单据将不予接受。

(15)签署(Authorized Signature)。保险单从表面上看,必须经保险公司(Insurance Co.)或承保人(Underwriters)或由他们的代理人签署才有效。除非信用证特别授权,银行将不接受由保险经纪人(Broker)签发的暂保单(Cover Notes)。

除此之外,还有装箱单、检验检疫证书和原产地证书等重要证单,出口商需视情况及时膳制,保证顺利收汇。其中,发票与装箱单为基础单据,是制作其他单据的基础。在制单过程中,出口商应保证“单单一致”“单证一致”。

【实务操作】 上海宏亚进出口公司与迪拜客户达成一笔出口交易，约定以信用证方式结算，请说说该笔交易要缮制哪些单据？缮制单据是否有次序要求？

（二）结汇

出口货物装出之后，进出口公司即应按照信用证的规定，正确缮制箱单、发票、提单、出口产地证明、出口结汇等单据，在信用证规定的交单有效期内，递交银行办理议付结汇手续。结汇，是外汇结算（exchange settlement/foreign exchange settlement）的简称，就是出口商在上交单据之后得到出口货款，再将出口所得的外汇根据外汇牌价，通过银行，兑换成人民币，或者存在企业的外汇账户中。

在我国的出口业务中，使用议付信用证比较多，对于这种信用证的出口结汇办法主要有三种：

1. 收妥结汇

收妥结汇或收妥付款是指议付行收到外贸公司的出口单据后，经审核无误，将单据移交国外付款行索取货款。待收到付款行将货款拨入议付行账户的贷汇通知书（Credit Note）时，即按当日外汇牌价折成人民币拨付给外贸公司。银行并不垫付资金，这即为收妥付款。这种方式不利于促进外贸企业扩大出口。但是这种方式对议付行来说相对安全所以经常运用。

2. 定期结汇

定期结汇是指我国银行根据向国外银行索偿所需时间，预先确定一个固定的结汇期限（例如银行审单认可后 7 天或 14 天不等），到期不管是否收妥票款，主动将应收款项结算成人民币记入外贸企业账户。

3. 出口押汇

出口押汇又称买单结汇，是指议付行在审单无误的情况下，按信用证条款买入受益人（出口方）的汇票和单据，从票面金额中扣除从议付日到估计收到票款之日的利息，将余款按议付日外汇牌价折成人民币拨付外贸公司。议付行向受益人垫付资金买入跟单汇票后，即成为汇票持有人，可凭票向付款行索取货款。银行叙作出口押汇是为了对外贸企业提供资金融通，有利于外贸公司的资金周转。但是目前银行对信用证的安全程度也不能完全保证，所以这种结汇方式目前已经不多用。

【本章小结】

本章主要介绍了进出口合同履行的步骤及各种主要单据的内容与填制。出口商履行合同主要包括备货、催证、审证、改证、租船订舱、报验、报关、投保、装船和制单结汇等环节。进口商履行合同主要包括开证、安排接货、办理保险、审单付款、报验、报关、索赔等环节。

【课后练习】

一、思考题

1. 出口商备货时应注意哪些问题？
2. 出口商应如何催证、审证和改证？
3. 如何制单结汇？
4. 进口商履行合同的基本步骤有哪些？
5. 填制海运提单时，有哪些注意事项？

二、实务操作题

请描述进口和出口贸易业务的具体流程，并填制各种单据。

三、案例分析题

1. 中国南方某公司与丹麦 AS 公司在 2012 年 9 月按 CIF 条件签订了一份出口圣诞灯具的商品合同，支付方式为不可撤销即期信用证。AS 公司于 7 月通过丹麦日德兰银行开来信用证，经审核与合同相符，其中保险金额为发票金额的 110%。就在我方正在备货期间，丹麦商人通过通知行传递给我方一份信用证修改书，内容为将保险金额改为发票金额的 120%。我方没有理睬，仍按原证规定投保、发货，并于货物装运后在信用证交单期和有效期内，向议付行议付货款。议付行审单无误，于是放款给受益人，后将全套单据寄丹麦开证行。开证行审单后，以保险单与信用证修改书不符为由拒付。

试问：开证行拒付是否有道理？为什么？

2. 我国华东某公司以 CIF 术语于 2012 年 5 月从澳大利亚进口巧克力食品2 000箱，以即期不可撤销信用证为支付方式，目的港为上海。货物从澳大利亚某港口装运后，出口商凭已装船清洁提单和投保一切险及战争险的保险单，向银行议付货款。货到上海港后，经我方公司复验后发现下列情况：

(1)该批货物共有 8 个批号，抽查 16 箱，发现其中 2 个批号涉及 300 箱内含沙门氏细菌超过进口国的标准；(2)收货人实收 1992 箱，短少 8 箱；(3)有 21 箱货物外表情况良好，但箱内货物共短少 85 公斤。

试分析，进口商就以上损失情况应分别向谁索赔？并说明理由。

3. 我国北方某化工进出口公司和美国尼克公司以 CFR 青岛条件订立了进口化肥5 000吨的合同，依合同规定我方公司开出以美国尼克公司为受益人的不可撤销的跟单信用证，总金额为 280 万美元。双方约定如发生争议则提交中国国际经济贸易仲裁委员会上海分会仲裁。2012 年 5 月货物装船后，美国尼克公司持包括提单在内的全套单据在银行议付了货款。货到青岛后，我方公司发现化肥有严重质量问题，立即请当地商检机构进行了检验，证实该批化肥是没有太大实用价值的饲料。于是，我方公司持商检证明要求银行追回已付款项，否则将拒绝向银行支付货款。

试问：(1)银行是否应追回已付货款？为什么？(2)我方公司是否有权拒绝向银行付款？为什么？(3)中国国际经济贸易仲裁委员会是否有权受理此案？依据是什么？(4)我方公司应采取什么救济措施？

第十章 国际贸易方式

【学习目标】

1. 知识目标：了解各种贸易方式的基本概念和基本特征，了解各种贸易方式的基本做法。

2. 能力目标：能够根据国际贸易方式的基本知识，结合具体公司的经营产品和模式等，初步具备选择适合国际贸易方式的能力。

【重点难点】

1. 重点：经销、代理和寄售的含义、种类、特点和协议，加工贸易和对等贸易的含义、种类和需要注意的问题。

2. 难点：招投标和拍卖的含义、方式、程序和特点。

【导入案例】

某公司在拍卖行经竞买获得一批精美瓷器，在商品拍卖时，拍卖条件中规定，"买方对货物的过目或不过目，卖方对商品的品质概不负责。"该公司在将这批瓷器通过公司所属商行销售时，发现有部分瓷器出现网纹，严重影响这部分商品的销售。该公司因此向拍卖行提出索赔，但遭到拍卖行的拒绝。问：拍卖行的拒绝是否有道理？为什么？

【分析】 拍卖行的拒绝有道理。因为拍卖是根据一定的章程和规则来进行的，既然拍卖条件中有规定说"买方对货物的过目或不过目，卖方对商品的品质概不负责"，那么，买方就没有权利再进行索赔了。

拍卖是国际贸易方式之一，除此之外，国际贸易方式还有哪些？本章将向您讲述有关这方面的知识内容。

第一节　经销、代理和寄售

一、经销

(一)经销的含义和种类

经销是指出口商(即供货商)与进口商(即经销商)订立经销协议,通过进口商(即经销商)在规定的期限和地域内销售指定商品的一种贸易方式。

经销方式有两种:一是独家经销,也称包销,指经销商在协议规定的期限和地域内,对指定的商品享有独家专营权的经销方式。二是一般经销,也称定销,指经销商不享有独家专营权,供货商可在同一时间、同一地区内,确定几个商家经销同类商品。

(二)经销的特点

(1)供货商和经销商之间是买卖关系,二者按照经销协议的规定进行指定商品的交易。

(2)供货商和经销商之间签署经销协议,但具体的每一笔进出口业务还应签订买卖合同。

(3)经销商自负盈亏,自主经营,经营风险由经销商自己承担,经销商与任何第三方的利益纠纷与供货商无关。

(4)经销商在包销的情况下拥有独家经营权,任何其他人不得在此区域内和期间内销售包销商品。

(三)经销协议

(1)经销货物的种类。经销商与供货商在协议中应明确说明经销商品的种类,以及同一种类商品的不同规格和型号等。

(2)经销地区。经销地区是经销商经销商品的地理范围,应综合考虑经销商的经营能力和规模确定,经销地区确定后,供货商应该按照经销的种类承担义务。

(3)经销期限。经销期限可长可短,一般规定为整年,协议中也可规定期满后的续约或终止的办法。

(4)经销数量和金额。在经销协议中规定的经销数量和金额是对经销商和供货商的双重约束,一般规定最低的数量或者金额,还会规定超额的奖励和不能履约的惩罚条款。

(5)作价方法。在具体履约过程中,协议应规定商品的作价方式,经销商和供货商可以对商品一次作价,也可以考虑市场的变化和商品的自身特点分批作价。

二、代理

(一)代理的含义和种类

国际贸易中的代理是指代理商按照委托人(即出口商)的授权,代表委托人与第三人订立合同或实施其他法律行为,由委托人直接负责由此而产生的权利与义务的贸易方式。

国际贸易中的代理按委托人授权的大小分为总代理、独家代理和一般代理。总代理是委托人在指定地区的全权代表,不仅享有指定地区的独家代理权,还有权代表委托人从事一般商务活动和某些非商务性事务。独家代理是在指定地区和期限内单独代表委托人从事代理协议中规定的有关业务的代理人,凡是在该区域的规定期限内完成的交易,无论是由代理商还是委托人促成并签约的,都算作独家代理商的业务。一般代理,又称佣金代理,是指不享有独家经营权的代理，即在同一地区和期限内可以有几个代理人同时代表委托人从事有关业务。

（二）代理的特点

（1）国际贸易中的代理关系是委托关系，不同于经销方式中的买卖关系。

（2）代理人只能在委托人的授权范围内代表委托人从事商业活动。

（3）代理人一般运用委托人的资金从事商业活动，并不以自己的名义与第三者签约。

（4）代理人只负责促成交易完成，收取佣金，不承担合同履行的责任，不管交易的盈亏。

（三）代理协议

销售代理协议是明确规定委托人和代理人之间权利与义务的法律文件。销售代理协议主要包括如下内容：

（1）代理的商品、地区和期限。双方应在代理协议中明确对代理人代理的商品的种类、名称、规格，代理的地区和时间等做出具体规定。出口商要根据自身经营意图、代理商的规模、经营能力及资信等状况对代理商品的范围做出决定。

（2）出口商的权利和义务。主要有关于接受和拒绝订货的权利；关于维护代理人权益的义务；关于向代理人提供广告资料，包括样品、样本、目录等推销产品所需资料的义务；关于向委托人对当地客户的违约行为进行诉讼所付费用予以补偿的义务；关于保证向代理人支付佣金的义务等。

（3）代理商的权利和义务。这是代理协议的核心部分，一般应包括：明确代理人的权利范围，以及是否享有专营权；规定代理人在一定时期内应推销商品的最低销售额；代理人应在代理权行使的范围内，保护委托人的合法权益；代理人应承担市场调研和广告宣传的义务。

（4）佣金的支付。佣金是代理人为出口商提供服务所获得的报酬。代理协议中应规定佣金获得的具体条件，佣金率及佣金计算基础、佣金的支付时间和方法。在独家代理协议中，通常规定如出口商直接与代理商区域内的客户签订买卖合同，代理商仍然可以获得佣金。

（5）知识产权的保护。国际销售代理协议涉及的对象是各类产品，因此就不可避免地与知识产权打交道，其中最主要的知识产权就是产品的商标。出口商为了保护自己的产品在国外销售过程中不受侵犯，在代理协议中需要明确规定对与产品有关的知识产权进行必要的保护。同时，委托人和代理人约定，代理人如果发现其所在国发生了侵权行为后，可以及时通知委托人。双方还可进一步约定，代理人可以经委托人授权后，代表委托人采取诉讼等进一步措施保护委托人的知识产权。

三、寄售

（一）寄售的含义

寄售是一种委托代售的贸易方式。它是指寄售人先将货物运往国外寄售地，委托当地代销人按照寄售协议规定的条件，替寄售人进行销售，在货物出售后，由代销人向寄售人结算货款的一种贸易方式。

寄售是国际贸易中为开拓商品销路，扩大出口而采用的一种贸易方法。在寄售方式中，寄售人和代销人之间是委托与受托的关系，寄售协议属于行纪合同的性质。行纪合同是指行纪人接受委托人的委托，以自己的名义为委托人从事贸易活动，委托人支付相应的报酬。

寄售贸易方式中，代销人只能用自己的名义处理委托人委托的业务，而且代销人与第三方从事的法律行为不能直接对委托人发生效力；代理贸易方式中，代理人是以委托人的名义从事业务活动；经销贸易方式中，出口商和经销商签署的是一种售定协议，经销商以自己的名义进行业务活动，与出口商无关。

（二）寄售的特点

（1）寄售是凭实物进行买卖的现货交易。寄售是由寄售人先将待售的商品运至国外，凭实物进行现货买卖，不同于售定类型的贸易方式那样在货物发运前已有买方，凭成交合同和付款保证出运货物。

（2）商品售出前所有权属寄售人。

（3）寄售人与代销人之间属于委托代售关系，而非买卖关系。

（4）货物售出以前，所有的风险和费用均由寄售人承担，代销人只收取佣金。

（三）寄售协议

寄售协议是寄售人和代销人之间的权利、义务以及寄售业务中有关问题签订的法律文件，主要包括以下内容：

（1）协议双方之关系条款。具体阐明代销人是以代理人的身份办理寄售业务。

（2）关于寄售商品的价格条款。该条款主要规定寄售商品的作价办法，通常有三种：规定最低售价、随行就市及销售前征得寄售人意见。

（3）佣金条款。寄售协议中有关支付佣金的问题与代理协议规定相似。佣金结算的基础一般是发票净售价，可由代销人在货物售出后从所得货款中直接扣除，也可由寄售人收取全部货款后再另行支付。

（4）协议双方当事人的义务条款。①代销人的义务主要包括：提供储存寄售商品的仓库，雇用工作人员，取得进口商品的许可证；努力保证货物在仓库存放期间，品质和数量完好无损；代垫寄售商品在经营、仓储期内所产生的有关费用；代垫费用，对寄售商品办理保险；宣传广告、展示商品或提供售后服务；及时向委托人进行市场报导。②委托人的义务主要包括：按质、按量、按期提供寄售商品；偿付代销人在寄售过程中所代垫的费用。

第二节　招投标与拍卖

一、招投标

（一）招标和投标的含义

招标是指招标人（购货人）发出招标通知，说明拟采购的商品名称、规格、数量，或是拟兴建工程的条件与要求，邀请投标人（供货人）在规定的时间、地点按照一定的程序进行投标供货，并与条件最优越的投标人达成交易的行为。投标是指投标人（供货人或工程承包商）应招标人的邀请，按照招标的要求和条件，在规定的时间内向招标人递价，争取中标，达成交易的行为。

招标和投标是一种贸易方式的两个方面，它们是一对相互对应的概念。前者是招标人根据一定条件，从众多符合条件的自然人、法人或机构中择优选择中标人的过程，而后者则是投标人按照招标公告要求充分展示自身实力以争取中标的过程。没有招标，就没有供应商或承包商的投标。没有投标，招标人的招标就得不到响应，也就没有开标、评标、定标和合同的签订及履行等。

招投标的贸易方式在国际上的应用范围越来越广，许多发展中国家对经济发展中需要兴建的工程项目和物资采购均规定以招投标的方式进行。招投标是市场经济条件下的高级和规范的交易方式，是实现市场公平竞争的重要手段，发达国家一直推行招投标方式，并在长期的招投标实践中形成了一套完整严密的招标采购法律和监督管理制度。此外，国际金融组织和国际政府贷款项目也通常规定，凡是利用其提供的资金进行采购或兴建某项工程时，必须采用公开招标的方式。

（二）招标的方式

1. 国际竞争性招标

国际竞争性招标是指招标人邀请几个甚至几十个投标人参加投标，通过多数投标人竞争，选择其中对招标人最有利的投标人达成交易，它属于竞卖的方式。竞争性招标有下列两种做法：

(1)公开招标。公开招标是一种无限竞争性招标。采用这种做法时，招标人要在国内外主要报刊上刊登招标广告，凡对该项招标内容有兴趣的人有均等机会购买招标资料进行投标。

(2)选择性招标。选择性招标又称邀请招标，它是有限竞争性招标。采用这种做法时，招标人不在报刊上刊登广告，而是根据自己具体的业务关系和情报资料由招标人对客商进行邀请，进行资格预审后，再由他们进行投标。

公开招标和邀请招标的主要区别是：

①邀请招标程序上比公开招标简化，无需发布招标公告及办理招标公告的相关手续，只需对一定范围的投标人发出邀请书即可。

②邀请招标在竞争程度上不如公开招标强。邀请招标参加的投标人一般是3～10家单位，不能少于3家，也不宜多于10家。由于参加人数较少，易于控制，因此竞争范围比公开招标小。

③邀请招标在时间和费用上比公开招标节省。邀请招标可以省去发布公告、评标及媒介交易等费用。公开招标从收集招标计划到评标结果公示及签订完合同最快需一个半月时间，周期较长。

2. 谈判招标

谈判招标又称议标，它是非公开的，是一种非竞争性的招标。这种招标由招标人物色几家客商直接进行合同谈判，谈判成功，交易达成。它不属于严格意义上的招标方式。

3. 两段招标

两段招标是指无限竞争招标和有限竞争招标的综合方式，采用此类方式时，则是先公开招标，再用选择性招标分两段进行。

（三）招标和投标的一般程序

以物资设备的公开招标为例，一般程序大致可分为招标准备阶段、招标阶段和定标成交阶段。

1. 招标准备阶段的主要工作

(1)收集整理招标物资计划。按规定的表格填制物资品种、规格型号、技术要求、需求数量、交货日期、交货地点、收料单位、交货状态、交货条件等信息。

(2)申请办理招标审批手续。招标人向上级建设行政单位提出申请，申请招标请示文件应包括招标依据、招标计划、招标方式、发布媒介、评标办法等内容，还要说明是自行招标还是委托代理招标，待批复后才可以开展招标工作。

(3)编制招标有关文件。招标准备阶段应编制好招标过程中可能涉及的文件，保证招标活动正常进行。涉及的文件包括招标公告、招标文件、合同协议书以及评标的方法等。

2．招标阶段的主要工作

（1）发布招标公告。联系好交易媒介并按要求办理好相关手续后，发布招标公告，让潜在投标人获得招标信息，以便决定是否参加投标。

（2）发售招标文件。根据公告规定时间和地点发售编制好的招标文件，做好投标人名称和购买标件的登记工作。

（3）施工现场考察。投标人根据招标文件提供的信息，自费进行考察。设置此程序的目的是为了让投标人了解现场的自然条件、运输距离、周围环境等，以便在投标书中编制运费价格和组织保障物资措施。

（4）招标文件答疑。在规定的时间，招标人对投标人提出的质疑进行解答，并把解答内容发送给每一个投标人，保证招标的公开、公平和公正，但不必说明问题的来源。答疑函作为招标文件的组成部分，如招标文件规定和答疑函有不一致的地方，以答疑函为准。

3．定标成交阶段的主要工作

（1）开标。在投标须知规定的时间和地点收取投标书，投标人按时递交标书，并出席开标会议。招标人邀请监察人员和上级建设单位相关人员对开标进行监督。唱标前由投标人代表检查投标文件的密封情况，确认无误后，工作人员当众拆分，宣读投标人名称、投标报价和其他主要内容，并做记录存档备查。开标后，任何人都不允许更改投标书的内容和报价。

（2）评标。从专家库抽取相应的技术、经济等方面专家组成评标委员会，对所有投标书按规定的评标办法进行评审，通过资格审查、初步评审和详细评审后最终确定中标人。

①资格审查主要是对投标人的资质是否满足招标文件要求条件的审查。主要对注册资金、营业执照、税务证书、生产能力、供货业绩及其他要求的证书等进行审查。通过资格审查的投标人，才可以进入初步评审，未通过资格审查的被淘汰。

②初步评审主要是投标人对招标响应性和有效性的审查。未在招标文件规定的地方签字盖章，没有招标文件规定提供的授权书等文件，未按招标文件要求完整地填写内容，对招标人提出不能接受的条件，不符合招标文件实质性要求的都将在初步评审时被淘汰。通过初步评审的投标人才可进入详细评审阶段。

③详细评审主要对商务和技术部分进行审查。通过资格审查和初步评审的投标人，对其商务和技术的合理性进行审查，投标人报价校核后从低到高排序。对投标书中含义不明确的内容，在不改变投标书实质性内容的情况下，要求投标人进行澄清说明，并作为投标书的组成部分。在对投标书完成审查的基础上，评标委员会根据评标办法推选中标候选人。

④评标报告。评标委员会对各投标人评审后向招标人提出结论性报告，作为定标的主要依据。评标报告应包括评审情况说明，对合格投标人的评价，推荐合格的中标候选人等内容。

（3）定标。招标人根据评标委员会提出的评标报告和推荐的中标候选人确定中标人。按规定签字确认后，通过媒介发布招标结果公告，公示不能少于三天，投标人无提出异议的情况下，对中标人发出中标通知书，同时将中标结果通知未中标的投标人并退还投标保证金或保函。要求中标人在规定的时间和地点签订供货合同，招标结束。

（四）招标和投标的特点

（1）公开和公平的竞争性。招标机构要通过招标公告广泛通告有兴趣、有能力投标的供货商或承包商，并向投标人说明交易规则和条件，以及招标的最后结果。在招标公告发出后，任何有能力履行合同的卖方都可以参加投标。招标机构在最后取舍投标人时，要完全按照预定的招标规则进行。招标所具有的组织性和公开性本身，也是招标投标公平和合理的有效保证。

(2)一次性递盘成交。招标方式下，投标人是按照招标人规定的时间、地点和条件进行的报盘。这种报盘是对投标人有约束力的法律行为，投标人只能应邀作一次性投标，没有讨价还价的权利，标书在投递之后，一般不得撤回或修改。一旦投标人违约，招标人可要求得到补偿。

(3)属于竞卖方式。招标人只有一家，而投标人却有若干家。投标人之间的竞争使招标人在价格及其他条件上有较多的比较和选择，从而在一定程度上保证了采购商品的最佳质量。投标人各自为了争取中标，相互之间展开激烈的竞争，这样，招标人处于比较主动的地位，投标人则处于比较被动的地位。

二、拍卖

(一)拍卖的含义

拍卖是经营拍卖业务的拍卖行接受货主的委托，在规定的时间和场所，按照章程和规则，以公开叫价的方法，把货物卖给出价最高的买主的一种贸易方式。

(二)拍卖的出价方式

(1)增价拍卖。也称英国式拍卖或淘汰式拍卖。拍卖时，由拍卖人宣布预定的最低价格，然后由竞买者相继叫价，直到拍卖人认为没有人再出更高的价格时，则用击槌动作表示竞买结束，将这批商品卖给最后出价最高的人。

(2)减价拍卖。又称荷兰式拍卖。这种方法先由拍卖人喊出最高价格，然后逐渐减低叫价，直到竞买者认为已经低到可以接受的价格，表示买进为止。

(3)密封递价拍卖。又称招标式拍卖。采用这种方法时，先由拍卖人公布每批商品的具体情况和拍卖条件等，然后由各买方在规定时间内将自己的出价密封递交拍卖人，以供拍卖人进行审查比较，决定将该货物卖给哪一个竞买者。

(三)拍卖的一般程序

拍卖业务的一般程序可分为三个阶段：

1. 准备阶段

货主把货物运到拍卖地点→委托拍卖行进行挑选和分批→拍卖行编印目录并招揽买主。参加拍卖的买主可以在规定的时间内到仓库查看货物，了解商品品质，拟定自己的出价标准，做好拍卖前的准备工作。拍卖行一般还提供各种书面资料，进行宣传以扩大影响。

2. 正式拍卖

正式拍卖是在规定的时间和地点，按照拍卖目录规定的次序逐笔喊价成交。拍卖过程中，买主在正式拍卖的每一次叫价，都相当于一项发盘，当另一竞买者报出更高价格时，该发盘即行失效。拍卖主持人以击槌的方式代表卖主表示接受后，交易即告达成。

3. 成交与交货

拍卖成交后，买主即在成交确认书上签字，拍卖行分别向委托人和买主收取一定比例的佣金，佣金一般不超过成交价的5%。买主通常以现汇支付货款，并在规定的期限内按仓库交货条件到指定仓库提货。由于拍卖前买主可事先看货，所以，事后的索赔现象较少。但如果货物确有瑕疵，或拍卖人、委托人不能保证其真伪的，必须事先声明，否则，拍卖人要负担保责任。

(四)拍卖的特点

拍卖和招标都具有竞争和公平的特征，两种交易方式都是在固定的时间、地点，按照固定的程序和条件进行的，但拍卖与招标还是有一些区别的，主要表现为以下几点：

(1)拍卖的方式可以使卖方的效益最大化，而招标的方式可以使买方的效益最大化。

(2)拍卖是将物品或财产权利卖给出价最高的人，而招标是购买满足招标文件要求的投标人中要价最低的人的货物或服务。

(3)拍卖时竞买人一般可以多次出价，而招标时投标人却只能报一次价。

(4)拍卖时的竞拍者出价是公开的，而招标时的投标人出价都是保密的，只有在开标时才公开。

(5)从合同订立角度看，拍卖人的叫价或竞买人的应价虽属于要约，但在落槌前可以撤销该报价，而投标人的报价一般均视为有约束力的要约，不能随便撤销或更改。

(6)拍卖是以价格为最大约束的，不考虑其他因素，而招标除了价格的因素外，还要满足文件的其他条件，否则也可能落标。

第三节 加工贸易和对等贸易

一、加工贸易

(一)加工贸易的含义

加工贸易是指外商提供全部或部分原材料(主料)、辅料、零部件、元器件、配套件和包装物料，必要的机器设备及生产技术，委托我方企业按国外厂商的要求进行加工、装配或制造产品，成品由国外厂商负责销售，我方收取加工费用的贸易方式。

(二)加工贸易的种类

我国海关统计中的对外加工贸易包括来料加工和进料加工两种方式。

1. 来料加工

(1)来料加工的含义。外商提供全部或部分原材料、零部件、元器件、配套件，我方企业按外商的要求加工出成品。

(2)来料加工的业务特征。

①加工装配业务虽有料件进口和成品出口，但实质上是一笔交易，故必须同时签订进出口协议。交易对我方来说，目的在于赚取加工费。同时通过加工装配实践，借以提高生产技术、产品质量和管理水平。

②加工装配业务因系代外商完成产品的产制，故我方无需具备购买料件的外汇资金，也不负责料件的采购。

③对料件及加工后的成品并无所有权。因此，如果管理不善使料件损毁，或在加工装配时超出规定损耗，都将承担经济责任。

④我方不需负责成品在境外的销售，只收取约定的加工费，与外商经营盈亏无关。

2. 进料加工

(1)进料加工的含义。国内有进出口经营权的单位用外汇购买进口的原料、材料、辅料、元器件、零部件、配套件和包装物料(以下简述料件)，加工或装配成成品或半成品后再外销出口的贸易形式。这种做法在我国又称为“以进养出”。

(2)进料加工的业务特征。

①进料加工的料件多为本国不能生产或生产能力有限的品种，动用外汇购买进口的目的是为加工或装配成适合外销的成品再行出口，并以此创汇。

②进料加工业务从料件采购、生产到产品销售均由我方经营，盈亏自负。

③进料加工业务的料件是购买进口的，因而经营者拥有所有权。但实际处置仍受到进出口国家管制制度及海关通关制度的限制，原则上在未经批准并办理进口手续的情况下必须加工成品返销出口。

(3)来料加工与进料加工的区别。

①从经济效益和风险方面来看，来料加工是国外厂商提供原材料，由我方按其要求进行加工，成品全部交还对方，加工方不参与原辅料采购及成品销售等环节，只收取工缴费，因而风险低，效益小；进料加工业务中，供需双方直接见面，无论是原辅料采购，还是最终成品销售，加工方均有相当大的主动权，便于加工方谋求更大的经济利益，当然风险也有所增加。

②从所有权方面来看，来料加工的原材料进口与成品出口是连在一起的一笔业务，原材料的供应人往往是成品的接受人，没有发生所有权的转移；而进料加工的进口原材料与出口成品无联系，是单进单出的两笔进出口业务，均发生了所有权的转移。

③从双方关系方面来看，来料加工的双方，一般是委托加工关系，部分来料加工虽然包括我方提供部分原材料，在一定程度上存在买卖关系，但一般我方为了保证产品及时出口，都同对方签订承购全部产品的协议；进料加工的出口，我方与对方完全是买卖关系。

3. 境外加工贸易

(1)境外加工贸易的含义。境外加工贸易是指我国企业以现有技术、设备投资，在境外以加工装配的形式，带动和扩大国内设备、技术、零配件、原材料出口的国际经贸合作方式。开展境外加工贸易作为外经贸工作的一项新兴事业，已成为当前实现国民经济调整和培育出口的一个新增长点。

(2)境外加工的业务特征。境外加工贸易与我国企业走出去策略息息相关，在某些特定领域内具有一定优势的企业逐步开始了境外加工贸易的步伐。

①与境内的加工贸易比较，境外加工贸易是我国企业充分发挥自身比较优势，自己走出去利用国际市场和资源的经济活动，其产生和发展的根本原因在于我国生产力水平的提高和国际商场的需求。

②与一般贸易比较，境外加工贸易的社会效益更大。它不仅真正实现了扩大商品出口的目的，而且还带动了技术、劳务以及服务的出口。

③通过境外加工贸易可以绕过过国外贸易壁垒，增强我国产品的竞争力，扩大销售。

④境外加工贸易有利于我国企业的国际化经营，通过境外加工贸易适应国际市场的竞争，进而发展我国自己的跨国公司。

(三)开展加工贸易应注意的问题

(1)注意国外商标的合法性。为了避免因第三者控告侵权造成被动，可以在加工装配协议中规定："乙方(委托方)提供的商标保证具有合法性，如果有第三者控告加工装配产品的商标侵权，概由乙方与第三者交涉，与甲方(我方)无关，同时应承担由此给甲方造成的损失。"

(2)来料加工要按有关法律办事。加工装配业务法律性较强，有关来料来件一定要按我国政策规定办理，并按有关法律办事。

(3)防止外商拒绝返销现象的出现。对国外厂商只来料、来件，不购买成品，或借故产品质量不合格等拒绝返销现象，可以采取由国外厂商出具银行保证函，或者采取"先收后付"的方法，来加以防范。

(4)加工装配收入，要在银行单独开立账户，单独结汇。单独结算加工装配收入，有利于考核企业经营活动成果。有关开立账户、支付方式、结汇办法和信贷管理等方面问题，应按国家有关规定办理。

(5)加工装配的成品一定要保证全部返销国外，除国家政策允许，否则不能在国内销售。

(6)选择加工装配项目要适当，不能与我国正常向返销国家出口货物品种相冲突，更不能以加工装配的产品顶替正常销售的配额。

【案例】 据海关统计，2015 年，我国货物贸易进出口总值 24.59 万亿元人民币，其中出口 14.14 万亿元，进口 10.45 万亿元，贸易顺差 3.69 万亿元。2015 年我国一般贸易进出口值为 13.29 万亿元，占进出口总值的 54%，加工贸易比重为 46%。虽然加工贸易比重已经持续下降，但一段时间内，仍然对国际贸易起到重要作用。请列出加工贸易基本流程及所需单证。

【分析】 加工贸易基本流程如图 10－1 所示。

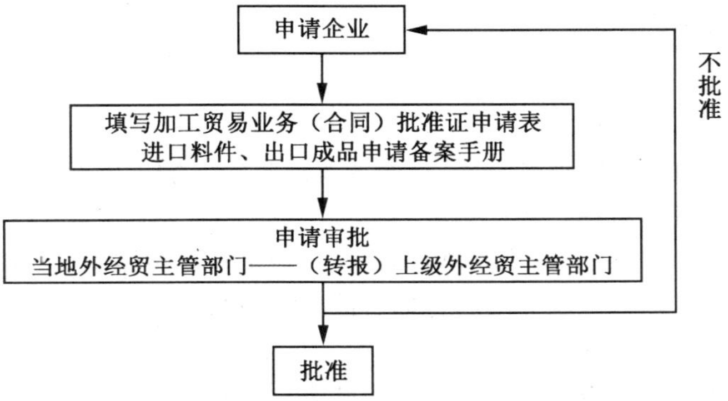

图 10－1　加工贸易基本流程

合同备案基本程序：

经贸部门审批→向海关服务中心购买空白《登记手册》→合同预录入→海关审核后开具《开设保证金台账联系单》→向商业银行申请设立台账→海关核注银行签发的《台账登记通知单》→海关进行计算机异地传输→收到传输成功回执后核发《登记手册》。

合同备案所需单证：

(1)经营单位申请报告。

(2)外经贸主管部门《批准证》，属于进料加工的需要加盖税务部门印章。

(3)对外签订的进出口合同。

(4)经营单位基本账户开立证明。

(5)加工企业所在地经贸部门出具的《加工生产能力证明》。

(6)委托加工应提供经营单位与加工企业签订的符合《中华人民共和国合同法》的委托加工合同(协议)。

(7)开展异地加工贸易，须提供经营单位所在地海关出具的关封，内含《异地加工申请表》一式二份。

(8)首次开展加工贸易须提供经营单位和加工企业的《营业执照》《税务登记证》复印件及《海关登记通知书》。

(9)经营单位的介绍信或委托书。

(10)加工工艺说明。

(11)如需异地口岸进出口报关，须填写《异地报关申请表》。

(12)海关需要的其他资料。

办理5 000美元以下 78 种客供辅料备案手续所需单证：

(1)申请报告。

(2)进口发票、装箱单(一式二份)。

(3)出口合同(一式二份)。

(4)经营单位介绍信或委托书。

合同核销基本流程：

合同执行完毕后一个月内企业向海关申请核销→预录入→海关审核→签发《台账核销联系单》→商业银行销账→海关核销结案→打印结案通知书。

合同核销所需单证：

(1)经营单位申请核销报告。

(2)进出口报关单。

(3)《登记手册》。

(4)海关需要的其他单证，如核算表、划料图等反映实际加工情况的资料。

合同变更和展期基本流程：

经贸部门审批→向海关服务中心变更预录入→海关审核→签发《台账变更联系单》→商业银行台账回执→异地传输→传输成功后打印合同变更审批表。

合同变更和展期所需单证：

(1)填写《合同变更申请表》或《合同延期申请表》，加盖经营单位公章。

(2)变更、延期的合同。

(3)外经贸主管部门的批准文件。

(4)《登记手册》。

(5)申请报告及海关需要的其他单证。

保税仓库货物管理基本流程：

填写《保税仓库货物入(出)库审批表》→海关审批→签发《保税仓库货物入(出)库单》→货主凭单办理报关手续。

入库货物应提供单证：

(1)企业申请报告。

(2)存入货物的合同。

(3)发票、装箱单。

(4)保税仓库货物审批表。

出库货物应提供单证：

(1)登记手册。

(2)企业申请报告。

(3)进口报关单。

(4)保税仓库货物提取审批表。

加工贸易办理注意事项：

是否超越经营范围签订加工贸易合同。

企业是否已开业投产，资金到位率是否达到要求。

企业生产规模如何，是否有能力承接加工贸易合同规定的产量。

加工贸易企业履行情况和进（来）料加工合同的进出口价格情况，防止出现“高进低报，高出少报”。

二、对等贸易

（一）对等贸易的含义

对等贸易，又称为对销贸易、相对贸易或反向贸易，是指在互惠的前提下，由两个或两个以上的贸易方达成协议，规定一方的进口产品可以部分或者全部以相对的出口产品来支付，其目的是以进带出，开辟各自的出口市场。对等贸易的标的物包括有形商品和劳务、专有技术、工业产权等无形商品。

对等贸易体现了互惠的特点。对等贸易不同于单边进出口，实质上是进口和出口相结合的方式，一方商品或劳务的出口必须以进口为条件，体现了互惠的特点，即相互提供出口机会。对等贸易不使用现汇支付。在对等贸易方式下，一方从国外进口货物，不是用现汇支付，而是用相对的出口产品来支付。这样做有利于保持国际收支的平衡，对于外汇储备较紧张的国家具有重要意义。

（二）对等贸易的分类

1. 易货贸易

(1)易货贸易的含义。易货贸易是指买卖双方把等值的出口货物和进口货物进行等价交换，无需现汇结算的一种贸易方式。政府间的易货贸易需要签订贸易协定和支付协定，故又称为协定贸易。

(2)易货贸易的分类。①直接易货。即狭义的易货贸易，其做法是贸易双方进行一次性的等价物物交换，既不进行现金结算，也不记账转账，没有第三者参加，履约期较短。②综合易货。即广义的易货贸易，又称为“一揽子”易货，涉及多种商品、多个进口方和出口方；既可以逐笔平衡，又可以分别结算，综合平衡；既可以出口、进口同时进行，也可以有先有后，分开进行。综合易货内容更丰富，形式更复杂。

目前，综合易货大致有两种做法：第一，记账易货贸易。任何一方的进口或出口货物，双方都将货值记账，相互抵冲，不需使用现汇支付，一般规定在一定时期内平衡（如有逆差，再用现汇或商品支付）。这种方式下，进口和出口可以同时进行，也可以有先有后。第二，对开信用证方式。交易双方先签订易货合同，进口和出口同时成交，金额大致相等，双方都采用信用证方式付款，并在信用证中规定，一方开出的信用证要在收到对方开出的信用证时方能生效。也可以采用保留押金信用证，即第一张信用证先生效，但结汇后银行把款扣下，作为开立回头证的押金。需要说明的是，这种做法仍是以货换货，而非现货交易。

2. 补偿贸易

(1)补偿贸易的含义。补偿贸易是在信贷的基础上，一方进口机器设备或技术，不用现汇支付，而以产品或劳务分期偿还价款的贸易做法。

(2)补偿贸易的分类：

①直接产品补偿。即一方进口国外的设备和技术后，用这些设备和技术生产出的产品来分期偿还价款。设备技术的进口方一般愿意采用这种方式。

②间接产品补偿。即设备进口方不是用上述直接产品，而是用其他产品偿付。这种做法有点类似互购，但它仍是在同一个补偿贸易合同中，而互购却是分别签订两个单独的合同。

③劳务补偿。这是将补偿贸易与来料加工相结合的做法，即由一方提供设备的同时，提供原材料，委托对方加工装配，另一方用加工费收入分期偿还价款。

④多边补偿。又称为转手补偿，指由第三国替代进口的一方承担或提供补偿产品的义务。

⑤综合补偿。一是指将上述做法有机结合起来使用，即进行综合补偿。另一种做法是部分用直接产品或者其他产品和服务补偿，部分用现汇支付的方式进行补偿。

3. 互购贸易

互购又称“平行贸易”或“回购”，它是指交易双方互相购买对方的产品。互购贸易涉及使用两个既独立而又相互联系的合同。交易双方先签订一个合同，约定由进口国（往往是发展中国家）用现汇购买对方的货物（如机器、设备等），并由出口国（通常是发达国家）在此合同中承诺，在一定时期内买回一定货物。之后，双方还需签订一个合同，具体约定原出口国用所得货款的一部分或全部从原进口国购买商定的货物。互购贸易通常是由出口方向进口方提供机械设备或技术，进口方则用这些技术或设备生产出来的产品偿付机械设备或技术贷款的一种贸易方式。

互购贸易的特点：第一，互购贸易通常使用两个既独立又相互联系的合同。第二，互购贸易不是单纯的以货换货，而是两笔相互关联的现汇支付交易。第三，互购贸易不要求等值交换，且参与互购贸易的商品不要求有相互联系，也不要求进出口同步进行。

4. 转手贸易

(1)转手贸易的含义。转手贸易又称三角贸易或转账贸易，是在记账贸易的条件下，人们采用转手贸易作为取得硬通货（现金等形式的外汇）的一种手段。这种方式要涉及两个以上当事人，内容复杂。贸易中，任何一方如有顺差，只要不超过一定限度，只能由对方增加出口予以抵补，顺差方不能要求对方支付现汇而只能调整交货速度或继续从对方国家进口以取得平衡，这样所谓的顺差就变成了“购买权”。如果顺差一直保持，顺差方继续贸易的积极性会降低，交易显得比较僵化，而转手贸易就是专为从事这种贸易的交易方取得可自由兑换的硬通货而产生的。

(2)转手贸易的分类。

①简单的转手贸易。最简单的转手贸易是根据记账贸易办法买下的货物运到国际市场转售，从中取得硬通货。

②复杂的转手贸易。复杂的做法是在记账贸易项下握有顺差的一方将该项顺差（实际上是在对应的逆差国家购买货物的权利）转让给第三方，以换取他所需要的商品或设备，然后由该第三方利用该项顺差在相应的逆差国购买货物，运往其他市场销售，收回硬通货。

5. 抵消贸易

(1)抵消贸易的含义。抵消贸易是指一方在进口诸如国防、航空或宇航、计算机、信息交流等设备时，以先期向另一方或出口方提供的某种商品和/或劳务、资金等抵消一定比例进口价款的做法。抵消贸易自 20 世纪 80 年代以来开始盛行，在发达国家之间，以及发达国家与发展中国家的军火交易或大型设备交易中常被采用。与其他对等贸易方式相比，抵消贸易涉及的金额更大，期限更长，常与投资行为结合在一起。

(2)抵消贸易的分类。

①直接抵消。直接抵消是指先出口方提供大型机械设备、运输工具等商品，并承诺从进口方购进相关产品或零部件，有时还会对进口方生产零部件的企业进行投资和技术转让。

②间接抵消。间接抵消是指出口方承诺向进口方回购与其出口商品无关的产品。

(三)开展对等贸易应注意的问题

1. 注重对等权利

对等贸易首先体现在对等的权利上,即双方的责权利都是对等的。一般在对等贸易中容易出现先出口方占据有利地位,后出口方在寻求对等权利过程中受到一定的制约。我国在开展对等贸易时,可适当选择同时进行的对等贸易方式,避免相应权利的缩水。

2. 重视对等贸易

对等贸易已经成为世界贸易中的重要一部分,有数据显示,"从美国财政部的数据上看,易货贸易已占到贸易额的27%~30%。世界500强企业80%已建立了易货部,现在在纽约股票交易所上市的65%的公司都在使用易货方式减少剩余库存,提高销售额,并使生产设施足额开工"。可见,对等贸易不是可有可无的贸易方式之一,而是世界各国重要的贸易方式之一。

3. 慎重选择贸易对象

对等贸易是在互惠的原则下进行,使得交易对象的选择和交易的达成及履约可能会出现很大的困难。在选择贸易对象时应做好全面的准备和分析,避免贸易中出现各类问题。

第四节 国际电子商务

一、电子商务的含义

世界贸易组织电子商务专题报告中定义,电子商务就是通过电信网络进行的生产、营销、销售和流通活动,它不仅指基于 Internet 上的交易,而且指所有利用电子信息技术来解决问题、降低成本、增加价值和创造商机的商务活动,包括通过网络实现从原材料查询、采购、产品展示、订购到出品、储运以及电子支付等一系列贸易活动。

简言之,电子商务就是商务活动的电子化。狭义的电子商务(Electronic Commerce)是指人们利用电子手段进行的以商品交换为中心的各种商务活动,是指公司、厂家、商业企业、工业企业与消费者个人双方或多方通过计算机网络,主要是指互联网进行的商务活动。广义的电子商务(Electronic Business)是指各行各业(包括政府机构、企业和事业单位)中各种业务的电子化,又可以称为电子业务,包括电子商务、电子政务、电子军务、电子医务、电子教务、电子公务、电子事务等,即通常所说的 E 概念电子商务。

二、电子商务的种类

(一)按照支付发生情况分类

按照是否有支付情况发生,电子商务可以分为电子事务处理和电子贸易处理。前者的应用如网上报税、网上办公等,后者应用如网上购物、网上交费等。

(二)按照商务活动内容分类

按照商务活动的内容分类,电子商务主要包括两类商业活动:一是间接电子商务——有形货物的电子订货,它仍然需要通过物流系统,将货物运送到消费者手中。一般来说,电子商务的物流配送会通过第三方物流企业来完成,如邮政服务和商业快递送货等。二是直接电子商务——无形货物和服务,如计算机软件、数码产品、娱乐内容的网上订购、付款和交付。一般来说间接电子商务受到物流配送系统的约束,直接电子商务则无需顾虑地理界线,直接进行交易。

(三)按照使用网络类型分类

根据使用网络类型的不同,电子商务目前主要有三种形式:第一种形式是 EDI(Electronic Data Interchange,电子数据交换)商务;第二种形式是互联网(Internet)商务;第三种形式是 Intranet(内联网)商务和 Extranet(外联网)商务。

1. EDI 商务

EDI 主要应用于企业与企业、企业与批发商、批发商与零售商之间的商务。相对于传统的订货和付款方式,EDI 大大节约了时间和费用。由于 EDI 必须租用 EDI 网络上的专线,即通过购买增值网(VAN,Value Added Network)服务才能实现,费用较高也由于需要有专业的 EDI 操作人员,并且需要贸易伙伴使用 EDI,因此中小企业很少能够使用 EDI。这种状况使 EDI 虽然已经存在了 20 多年,但至今仍未广泛普及。近年来,随着 Internet 网络的迅速普及,基于互联网的、使用可扩展标识语言 XMl 的 EDI,即 Web-EDI,或称 Open-EDI 正在逐步取代传统的 EDI。

2. 互联网商务

互联网商务是国际现代商业的最新形式。它以信息技术为基础,通过互联网络,在网上实现营销、购物服务。它突破了传统商业生产、批发、零售及进、销、存、调的流转程序与营销模式,真正实现了少投入、低成本、零库存,从而实现了社会资源的高效运转。消费者可以不受时间、空间、厂商的限制,广泛浏览,充分比较,模拟使用,力求以最低的价格获得最为满意的商品和服务,特别是 Internet 全球联网的属性,在全球范围内实行电子商务成为可能。

3. Intranet 商务和 Extranet 商务

Intranet 是在 Internet 基础上发展起来的企业内部网,或称内联网。Intranet 与 Internet 采用相同的技术,在与 Internet 的连接时,设有互联网企业防火墙,这样有效地防止未经授权的外来人员进入企业内部网。Intranet 将大、中型企业总部和分布在各地的分支机构及企业内部有关部门的各种信息通过网络予以连通,使企业各级管理人员能够通过网络读取自己所需的信息,利用在线业务的申请和注册代替纸张贸易和内部流通的形式,从而有效地降低了交易成本,提高了经营效益。在 Intranet 商务的基础上,两个或多个 Intranet 用户可以根据需要,通过 Extranet(外联网)联结,使业务的上下游结合通畅,提高交易效率。

(四)按照交易对象分类

1. 企业对消费者的电子商务(简称为 B to C、B2C)

此种类型的商务类似于零售业。企业或商业机构借助于互联网开展在线销售,为广大客户提供很好的搜索与浏览功能,使消费者很容易了解到所需商品的品质及价格;在网上直接订销,支付手段通常采用电子信用卡、智能卡、电子现金及电子支票等。目前,在互联网上遍布这类的商业中心,提供从鲜花、快餐、书籍、软件到电脑、家电、汽车等各种消费商品以及多种服务。

2. 企业对企业的电子商务(简称为 B to B、B2B)

这是电子商务的主流,大宗的交易多属于这一类型。今后将有更多的企业或商业机构加入,发展的前景更为客观。这类电子商务还可以分为特定企业间的电子商务和非特定企业间电子商务。所谓特定企业间电子商务是指以往一直有交易关系的或者今后肯定继续进行交易的特定企业为了共同的经济利益,彼此在市场开拓、库存管理、订供货、收付款等方面仍会进行更紧密的默契式的合作,保持相当程度的信任,使得这类电子商务更臻完善。其实,企业间的电子商务已有多年历史，规模和效果都很大，特别是通过专用网络或增值网络运行的电子数据交换(EDI)。这类电子商务除当事人双方之外，更需要涉及相关的银行、认证、税务、保险、物流配送、通信等行业部门；对于国际间的 B to B，还要涉及海关、商检、担保、外运、外汇等行业部门。总之，必须有各参与方的有机配合和实时响应。可以说，这些行业部门也都是参与对象。

3. 企业对政府的电子商务(简称为 B to G、B2G)

它覆盖企业与政府之间的各项事务。政府通过网上服务，为企业创造良好的电子商务空间。诸如网上报批、网上报税、电子缴税、网上报关、EDI 报关、电子通关等；企业对政府发布的采购清单，以电子化方式回应；企业对政府的工程招标，进行投标及竞标；政府可经过网络实施行政事务的管理，诸如政府管理条例和各类信息的发布；涉及经贸的电子化管理；价格管理信息系统的查询；工商登记信息、统计信息、社会保障信息的获取；咨询服务、政策指导；政策法规和议案制订中的意见收集；网上产权交易，各种经济法规政策的推行；等等。

4. 政府对消费者的电子商务(简称为 G to C、G2C)

在现实社会中，政府势必要将个人的繁杂的事务处理转到网上进行。这也正是电子商务中政府作为参与方所要从事的管理活动。这包括政府对个人身份的核实；对居民福利基金、生活保障费的发放；收集民意和处理公民的信访及举报；政府主持的拍卖；居民的自我估税、报税及政府的电子纳税；公民行使对政府机构和官员的监督；全部政策法规的查询。当今世界上，许多政府都将这一类型的电子商务看作树立良好形象，提供优良服务的基本办法。

5. 消费者对消费者的电子商务(简称为 C to C、C2C)

这是互联网上产生的一种新模式，即个人对个人的商务交易方式。也有人称之为 P to P、P2P。其中兴起一种拍卖或竞买的网站，开展网络竞价交易，个人可以到网站注册入户，参加竞买。目前在网上拍卖的物品，主要有个人收藏珍品、计算机硬件、家用电器、影视、车辆配件、电子设备以及毕业班的书籍等。著名的竞买网站有 eBay 等。有的网站还支持企业对个人、企业对企业的竞价交易，以处理各种积压、闲置的商品。这些交易一般应列入 B to C 或 B to B。

三、电子商务对国际贸易方式的影响

(一)电子商务改变了国际贸易市场格局，促进国际贸易飞跃发展

开展电子商务，买卖双方都可以通过网络进行交易，实现了资本、商品、技术等生产要素在全球范围内的自由流通和优化配置，打破了地域空间带来的贸易活动障碍，减少了国际贸易中存在的市场壁垒，推动了“无国界”全球化大市场的形成，促进了国际贸易市场格局的变化。另一方面，电子商务突破时空限制，真正实现信息跨国传递和资源共享，推进国际贸易实现快速增长和发展。

(二)电子商务界定了国际贸易运作规则，催生国际贸易巨大变革

一是改变了国际贸易交易方式。传统国际贸易需要在固定场所面对面协商达成交易，而电子商务以信息网络为载体，不需见面就可达成交易。二是改变了国际贸易营销模式。传统营销先有产品再有顾客，买卖双方通过电话沟通达成交换协议，而电子商务通过电子或互联网手段来开展电子营销。三是改变了国际贸易管理方式。传统贸易是单向物流，而电子商务则形成以物流为依托、商流为主体、资金流为形式、信息流为核心的全新贸易管理模式。四是改变了国际贸易监管方式。电子商务推动国际贸易向“无纸化”和“网络化”方向发展，促使政府创新国际贸易监管方式，实行电子化监管，提高监管效率。

(三)电子商务降低了国际贸易运营成本,提高国际贸易交易效率

电子商务使贸易伙伴通过网络进行交流,实现无纸化办公,降低人工费用、办公费用等管理成本;材料采购通过网络将各部门采购需求整合汇集,由总部统一批量订购,最大限度降低采购成本;销售需要大量投入资金和人力资源,而电子商务给企业带来新的销售模式和管理方法,降低了销售成本和产品营销费用;产品售后服务可以通过网络自动完成,在网上解决顾客常见问题,降低售后服务成本。另一方面,电子商务简化了业务流程,提高了国际贸易交易效率。

四、我国应用电子商务发展国际贸易应注意的问题

(一)营造良好环境,构建电子商务发展法律保障体系,确立国际贸易环境基础

首先,制定促进电子商务发展的政策,加强政府支持、鼓励和引导。政府要制定电子商务发展规划,统筹电子商务各个环节的相互衔接,增强政策的广泛性和透明度,形成电子商务发展的有利制度环境。其次,优化电子商务发展的税收环境。促进电子商务发展,需要对电子商务采取优惠税收政策,减少电子商务税收成本,扶持电子商务产业发展。最后,建立健全电子商务法律法规,完善电子商务发展的法制环境。完善金融结算、知识产权、网络管理、信息安全等方面的法律法规,构建确保国际贸易健康发展的法律法规体系。

(二)加强电子商务基础设施建设,构建网络信息安全管理保障体系,确立国际贸易运行基础

推行我国国际贸易业务运作的电子商务化,一方面,要加快信息基础设施建设,奠定国际贸易软硬件基础。要加快信息化建设,推进计算机与网络普及率,促进电子商务应用率;建立国际贸易信息网,推进我国外经贸行业与全球网络的联合;强化物流技术和配送体系建设,扩大物流配送覆盖率;推进电子支付体系建设,开展安全可靠的在线支付服务。另一方面,提高网络安全水平,加强网络信息安全管理。当计算机被病毒侵害、黑客入侵,造成数据丢失、硬盘烧毁,会给国际贸易造成严重经济损失。政府要加强网络安全监管,净化公共网络环境,促进网络安全自律,创建安全、稳定、完备的电子商务运营监管平台。

(三)加强国际合作与交流,构建电子商务复合型人才培养体系,确立国际贸易人才基础

在电子商务活动中,会遇到关税税收、知识产权、法律差异、语言障碍等一系列问题需要解决,这就要求:一方面,积极参与国际交流与合作,吸收借鉴国外先进经验。我们要转变经营理念,改变贸易管理模式,建立电子商务合作交流机制,不断发展和壮大我国国际贸易产业。另一方面,加快培养电子商务复合型人才。高校要完善电子商务人才培养体系,改革传统教学模式,政府要制定符合我国国情的电子商务人力资源开发计划,开展各式各样的教育培训,培养更多的电子商务应用型人才,解决我国电子商务人才紧缺问题。

第五节　其他贸易方式

一、商品期货贸易

(一)期货贸易的含义和特点

1. 期货交易的含义

期货交易是一种在特定类型的固定市场,即期货市场或称商品交易所,按照严格的程序和

规则，通过公开喊价的方式，买进或卖出某种商品期货合同的交易。期货合同是由交易所拟定的标准化的受法律约束并规定在将来某一特定时间和地点收付货款、交付某一指定商品的合同。每份期货合同的商品数量、品质规格、包装要求、交割地点等都是统一的，唯一的变量是时间和地点。

期货合同交易是期货交易所的主要业务，期货交易的商品主要是大宗的金属及农产品，商品交易所的价格对国际市场价格产生重要的影响。交易合同的履行，并不一定交割实物，在多数情况下，只收付价格差额的货币。

2. 期货交易的特点

(1)以标准期货合同作为交易标的。期货交易与现货交易有明显区别：现货交易双方必须交付实际货物，转移货物所有权；而期货交易买卖的是标准期货合同，必须在商品交易所内进行，不涉及货物的实际交割，只需在期货合同到期前平仓。平仓，也称对冲，是指在期货合同到期前，交易者做一笔方向相反、交割月份和数量相同的期货交易，从而解除其实物交割的义务。标准合同是由各商品交易所制定的。商品的品质、规格、数量以及其他交易条件都是统一拟定。买卖双方只需洽定价格、交货期和合同数目。

(2)特殊的清算制度。商品交易所内买卖的期货合同由清算所进行统一交割、对冲和结算。清算所既是所有期货合同的买方，也是所有期货合同的卖方。交易双方分别与清算所建立法律关系。

(3)严格的保证金制度。清算所要求每个会员必须开立一个保证金账户，在开始建立期货交易时，按交易金额的一定百分比交纳初始保证金。以后每天交易结束后，清算所都按当日结算价格核算盈亏，如果亏损超过规定的百分比，清算所即要求追加保证金。该会员须在次日交易开盘前交纳追加保证金，否则清算所有权停止该会员的交易。

(二)期货贸易的方式

1. 套期保值(Hedging)

套期保值是期货市场交易者将期货交易与现货交易结合起来进行的一种市场行为。由于同一种商品的实际货物市场价格和期货市场价格的变化趋势基本上是一致的，涨时俱涨，跌时俱跌，套期保值者可在购入现货的同时，在期货市场上出售期货，或在出售现货的同时买入期货，这样必然出现一亏一盈的情况，盈亏相抵，可以转移现货价格变动的风险。

(1)卖期保值(Selling Hedge)，是指套期保值者根据现货交易情况，先在期货市场上卖出期货合同，然后再买进以平仓的做法。通常生产商在购进产品待售时，或加工商在采购原料时，为防止日后价格下跌带来损失，会采用卖期保值的做法。

(2)买期保值(Buying Hedge)，与卖期保值相反，买期保值是指套期保值者根据现货交易情况，先在期货市场上买入期货合同，然后再卖出期货合同进行平仓。这种做法是为了避免现货市场价格上涨带来的损失。

2. 投机(Speculation)

从事期货贸易的除了套期保值者外，更多的是投机者(Speculator)。投机者在期货市场上通过“买空卖空”或“卖空买空”，希望以较小的资金来博取利润。与套期保值者相反，投机者愿意承担价格变动的风险，一旦预测期货价格将上涨，投机者就会买进期货合同(“买空”或“多头”)；一旦预测期货价格将下跌，就会卖出期货合同(“卖空”或“空头”)，待价格与自己预料的方向变化一致时，再抓住机会进行对冲。

二、国际技术贸易

(一)国际技术贸易的含义和特点

1. 国际技术贸易的含义

技术作为独立的生产要素在国际间流动和转移,也就是国际技术转让或转移(International Technology Transfer)有两种形式,一种是无偿的、非商业性的技术转移,主要是与学术交流、技术信息传递和技术人员交往相关。通过国际间无偿转让形式取得的技术一般是不完整的,往往不能达到经济目的。因此,现代技术转移绝大部分采用的是另一种形式,即有偿的、商业性的技术转让。

国际技术贸易即指有偿的、商业性的国际技术转移,是指在不同国家的经济组织、企业或个人之间,按一般商业条件,将技术的使用权授予、出售或购买的行为。一般情况是,一国的技术供给方向另一国的技术需求方提供所需的技术,承担某些义务,并从需求方取得一定的报酬。

2. 国际技术贸易的特点

国际技术贸易是以技术作为交易内容,技术贸易的标的物为专利、商标和专有技术。在国际间发生的交换行为,必然遵循商品交换一般规律,但是,由于技术这类商品有自己的特点,在某些方面不同于物质商品,因此,技术贸易也不同于一般的商品贸易,形成了相对独立的世界技术市场。技术贸易与一般商品贸易有以下区别:

(1)标的物不同。一般商品贸易的标的物是各种具体的物质产品。技术贸易的标的物是知识产品,是人们在科学实验和生产过程中创造的各种科技成果。

(2)形态不同。一般商品贸易是有形贸易,是看得见摸得着的物质产品,而技术贸易则是无形贸易,无法称量也难以检验其质量,不能以大小轻重来衡量。因为技术革新、创造发明可能是一个数学公式、一项原理、一项设计,可以写在纸上,也可以记录在录音带上,但是,文字和录音只是技术的载体,可以表示技术的内容,并不是技术本身。

(3)所有权转移不同。商品所有权是指对商品的占有、使用、收益处分的权利。一般商品的所有权随贸易过程发生转移,原所有者不能再使用、再出卖,而技术贸易过程一般不转移所有权,只转移使用权,绝大多数情况下是技术转让后,技术所有权仍属技术所有人,因而一项技术不需要经过再生产就可以多次转让。这与技术商品的特点有关,因为技术商品的所有权与使用权可以完全分开,技术转让只是扩散技术知识,转让的只是使用权、制造权、销售权,并非所有权。

(4)贸易关系不同。一般商品贸易只是简单的买卖关系,钱货两清,贸易关系终结。技术贸易是一种长期合作关系:一项技术从一方转移到另一方,往往须经过提供资料、吸收技术、消化投产,最后才完成技术贸易行为。因此,技术交付不是双方关系的终结,而是双方关系的开始,技术贸易双方通常是“同行”,所以能合作,但也会存在潜在利益冲突和竞争关系。

(5)贸易条件不同。一般商品贸易条件比较简单。而技术贸易的条件非常复杂,包括转移什么技术,专利使用范围,承担什么义务和责任等。由于技术市场本质上是卖方市场,一般来说,技术引进方总是处于较被动的地位,特别是当今各国都重视科学技术进步对经济发展的作用,采用新技术速度快,需求量大,使世界技术贸易的卖方市场特征更加明显,技术供给方常常利用提供新技术附带一些限制性条款。

(6)作价和价格构成不同。一般物质商品的价值量是由生产该商品的社会必要劳动时间决定的，而技术商品的价值量是由该技术发明所需的个别劳动时间直接构成。因为新技术具有先进性、新颖性，是社会唯一的，不可能形成社会平均必要劳动时间，同时新技术又具有垄断性、独占性的特点，这就决定了技术商品作价原则的特殊性，技术商品价格构成也复杂得多。

此外，国际技术贸易还具有先进性、垄断性、保护性等特点。

（二）国际技术贸易的方式

国际技术贸易的标的物是知识产权，一般只涉及使用权的转让，技术所有权并不随着使用权的转让而转移。目前，最常见的国际技术贸易方式有许可证贸易、技术服务、国际合作生产、国际工程承包等。

1. 许可证贸易

许可证贸易是国际技术贸易中最常见、使用最广的交易方式。许可证贸易是技术许可方与技术接受方签订许可证合同或协议，许可方允许被许可人取得许可人所拥有的专利、商标或专有技术的使用权并得到相应的技术，被许可方则需支付技术使用费及其他报酬并承担保守技术秘密等义务。按授权的范围可以分为独占许可、普通许可、排他性许可、从属许可和互换许可。

（1）独占许可。它是指在一定地域内被许可方对许可方提供的工业产权、专有技术享有独占使用权。

（2）普通许可。它是指在签订技术转让许可证协议后，许可方自己仍有权使用这项工业产权或专有技术，也有权再与其他人签订同样主题的许可证协议，把同样的技术给其他人使用。在普通许可证合同中，被许可方往往要求订立一项最优惠条款，规定在该地域内如果许可方就同样的技术与其他人签订许可证协议时，被许可方应享有最优惠待遇。

（3）排他性许可。签订许可证协议后，在规定的地域内，许可方仍保留使用该项技术的权利，但许可方不得将此项技术许可给其他人使用。

（4）从属许可。是指技术被许可方将其得到的权利再转让给第三方的交易方式。出让从属许可的企业大部分是跨国公司的子公司或其驻外机构，这些跨国公司由于某些原因不能直接出让许可给第三者，就将技术出让给其子公司或海外机构，然后再由这些子公司与第三者签订从属许可技术贸易合同。

（5）互换许可。又称交叉许可证贸易，是指技术许可方和被许可方双方将各自拥有的专利权、商标权和专有技术使用权提供给对方使用，其实质是双方以价值基本相等的技术，在互利互惠的基础上，交换技术的使用权。互换许可一般是在特定条件下采用的，如合作生产、合作设计、共同研究开发等项目中通常会用到这种方式。互换贸易的交易双方更多的是合作关系，而不是单纯的买卖关系。

2. 技术服务

技术服务也称技术协助，是国际上广泛采用的一种技术贸易方式，由服务方以自己的技术知识为另一方提供有偿服务，以解决生产中的某个技术问题，如提供工厂的设计、布局、设备清单和说明、产品或生产工艺的资料及销售指南等。

技术服务的内容包括咨询服务和工程服务两个部分。咨询服务的主要项目有市场估计、产品诊断、产品设计、投资分析、原料供应、建议厂址、选择技术等。工程服务主要是工厂项目设计、设备器材的供应以及提供工程建设和生产指导。

3. 国际合作生产

国际合作生产是指两国企业根据签订的合作生产合同，合作完成制造某些产品。这种方式多用于机器制造业，特别是在制造某些复杂的机器时，引进方为了逐步掌握所引进的技术，且能尽快地生产出产品，需要和许可方在一个时期内建立合作生产关系，按照许可方提供的统一技术标准和设计进行生产，引进方在合作过程中达到掌握先进技术的目的。这种合作生产的方式常常和许可证贸易结合进行。有时合作双方可以共同研究、共同设计、共同确定零部件的规格型号，双方互相提供技术，取长补短。利用国际合作生产来引进国外的先进技术，已成为各国的普遍做法。

4. 国际工程承包

国际工程承包也是国际技术贸易的一种方式。国际工程承包是通过国际间的招标、投标、议标、评标、定标等程序，由具有法人地位的承包人与发包人按一定的条件签订承包合同，承包人提供技术、管理、材料、组织工程项目的实施，并按时、按质、按量完成工程项目的建设，经验收合格后交付发包人的一项系统工程。工程承包项目多是大型建设项目，一般都伴随着技术转让。在施工过程中，承包商将使用最新的工艺和技术，并采购一些国家的先进设备，有些项目还涉及操作人员的技术培训、生产运行中的技术指导以及专利和专有技术的转让。目前，国际上流行的交钥匙工程和 BOT 建设方式中技术转让的内容十分广泛，许多国家都希望通过国际工程承包来改善本国基础设施条件和推动本国企业技术改造。

三、国际服务贸易

（一）国际服务贸易的含义和特点

1. 国际服务贸易的含义

由于服务贸易内容相当广泛，且各国服务业及服务贸易竞争能力不同，因此不同的组织在进行国际服务贸易研究时，往往从不同的角度作出定义，包括的范围也不尽相同。简单地说，国际服务贸易（International Service Trade）是指跨国界的服务交换活动。

2. 国际服务贸易的特点

（1）服务贸易基本上都是无形的，具有不可触摸性、不易储存性和不易运输性，因而导致服务出口或服务提供的方式多样化。

（2）在国际服务贸易交易中，标的物的使用权和所有权并不像国际货物贸易交易那样同时发生转移，两者有时发生分离，转让的仅仅是使用权；而且在交易中是劳动活动与货币的交换，不是物与货币的交换。

（3）服务的生产与消费往往是同时发生的，通常无法将服务进行再转让和套利活动，所以服务的生产和出口过程从一定程度上讲也就是服务的进口和消费过程。

（4）有些项目下出口的服务，进口国消费者不能在本国国内消费而只能到服务出口国去消费（如境外消费）。

（5）服务贸易更多地依赖于生产要素的国际移动和服务机构的跨国设置，国际间的服务交换无论采取什么形式，它都与资本、劳动力、信息和知识等生产要素的跨国界移动密切相关。

（6）服务贸易的统计数据在各国国际收支表中显示，而在各国海关进出口统计上没有显示。

（7）对服务贸易的监控与限制不能通过海关监督和征收海关关税的方式进行，而只能通过国家立法和制定行政法规来达到目的，如对一国服务市场或服务业开放程度的控制，不能通过关税壁垒措施进行，而只能借助非关税壁垒，因此服务贸易所涉及法规的形式和强度远远超过商品贸易。

（二）国际服务贸易的方式

《服务贸易总协定》对服务贸易所下的定义代表多数专家的意见，该协定从贸易方式的角度，确定国际服务贸易具体是指涉及下列范围的交易活动：跨境提供、境外消费、商业存在、自然人流动。这些交易活动的具体解释是：

1. 跨境提供（cross-border supply）

从一成员方境内向另一成员方境内提供服务。“跨境”是指“服务”过境，通过电讯、邮电、计算机联网等实现，至于人员和物资在现代科技环境下则一般无需过境。例如，国际金融中的电子清算与支付、国际电信服务、信息咨询服务、卫星影视服务等。

2. 境外消费（consumption abroad）

在一成员方境内向另一成员方的服务消费者提供服务。例如，本国病人到外国就医、外国人到本国旅游、本国学生到外国留学等。

3. 商业存在（commercial presence）

一成员方的服务提供者通过在另一成员方境内的商业实体提供服务，它是4种服务提供方式中最主要的方式，也是服务贸易活动中最主要的形式。它主要涉及市场准入和直接投资，即允许一成员方的服务提供商在另一成员方境内投资设立机构并提供服务，包括投资设立合资、合作和独资企业，该机构的服务人员既可以从提供商母国带来，也可以从东道国雇用。例如，外国公司到中国来开酒店、建零售商店和开办律师事务所等。

4. 自然人流动（movement of natural persons）

一成员方的服务提供者通过自然人的实体在另一成员方境内的商业现场提供服务。进口方允许个人入境来本国提供服务。例如，外国教授、工程师或医生来本国从事个体服务。

【本章小结】

经销是指出口商（即供货商）与进口商（即经销商）订立经销协议，通过进口商（即经销商）在规定的期限和地域内销售指定商品的一种贸易方式。国际贸易中的代理是指代理商按照委托人（即出口商）的授权，代表委托人与第三人订立合同或实施其他法律行为，由委托人直接负责由此而产生的权利与义务的贸易方式。寄售是一种委托代售的贸易方式。它是指寄售人先将货物运往国外寄售地，委托当地代销人按照寄售协议规定的条件，替寄售人进行销售，在货物出售后，由代销人向寄售人结算货款的一种贸易方式。

招标是指招标人（购货人）发出招标通知，说明拟采购的商品名称、规格、数量，或是拟兴建工程的条件与要求，邀请投标人（供货人）在规定的时间、地点按照一定的程序进行投标供货，并与条件最优越的投标人达成交易的行为。投标是指投标人（供货人或工程承包商）应招标人的邀请，按照招标的要求和条件，在规定的时间内向招标人递价，争取中标，达成交易的行为。拍卖是经营拍卖业务的拍卖行接受货主的委托，在规定的时间和场所，按照章程和规则，以公开叫价的方法，把货物卖给出价最高的买主的一种贸易方式。

加工贸易是指外商提供全部或部分原材料（主料）、辅料、零部件、元器件、配套件和包装物料，必要的机器设备及生产技术，委托我方企业按国外厂商的要求进行加工、装配或制造产品，成品由国外厂商负责销售，我方收取加工费用的贸易方式。对外加工贸易包括来料加工、进料加工和境外加工贸易三种方式。对等贸易，又称为对销贸易、相对贸易或反向贸易，是指在互惠的前提下，由两个或两个以上的贸易方达成协议，规定一方的进口产品可以部分或者全部以相对的出口产品来支付，其目的是以进带出，开辟各自的出口市场。对等贸易的标的物包括有形商品和劳务、专有技术、工业产权等无形商品。对等贸易包括易货贸易、补偿贸易、互购贸易、转手贸易和抵销贸易。

电子商务就是通过电信网络进行的生产、营销、销售和流通活动，它不仅指基于 Internet 上的交易，而且指所有利用电子信息技术来解决问题、降低成本、增加价值和创造商机的商务活动，包括通过网络实现从原材料查询、采购、产品展示、订购到出品、储运以及电子支付等一系列的贸易活动。简言之，电子商务就是商务活动的电子化。

期货交易是一种在特定类型的固定市场，即期货市场或称商品交易所，按照严格的程序和规则，通过公开喊价的方式，买进或卖出某种商品期货合同的交易。期货合同是由交易所拟定的标准化的受法律约束并规定在将来某一特定时间和地点收付货款、交付某一指定商品的合同。每份期货合同的商品数量、品质规格、包装要求、交割地点等都是统一的，唯一的变量是时间和地点。国际技术贸易即指有偿的、商业性的国际技术转移，是指在不同国家的经济组织、企业或个人之间，按一般商业条件，将技术的使用权授予、出售或购买的行为。一般情况是，一国的技术供给方向另一国的技术需求方提供所需的技术，承担某些义务，并从需求方取得一定的报酬。由于服务贸易内容相当广泛，且各国服务业及服务贸易竞争能力不同，因此不同的组织在进行国际服务贸易研究时，往往从不同的角度作出定义，包括的范围也不尽相同。简单地说，国际服务贸易是指跨国界的服务交换活动。

【课后练习】

一、辨析题

1. 经销、代理和寄售贸易方式中，进口商和出口商之间的权利义务并没有什么区别。
2. 英国式拍卖和荷兰式拍卖都要求拍卖价格越高越好。
3. B2C、B2B 和 C2C 都是企业和个人之间的电子商务贸易表述。

二、案例分析题

1. 我国某省实业有限公司拟向南亚某国出口一批轻工产品。由于该批货物在其仓库搁置很久，属于积压物资，因此双方当事人通过多次协商，决定以寄售方式在国外销售。货物经由我公司运到目的地后，由于同类商品在当地市场竞争激烈，虽经代销商多方努力，货物销售情况非常不理想，最后只得再装运运回国内。试分析该案的经验教训。

2. 福州 A 公司是一家专业生产运动鞋的企业。为拓展国际业务，扩大销售渠道，2017 年 3 月，A 公司与温州某轻工进出口 B 公司签订委托代理合同，委托 B 公司代其联系国外客户。美国 M 公司与 B 公司有长期的贸易往来，于是，B 公司向 M 公司介绍了 A 公司的生产销售业务情况。2017 年 6 月，M 公司派员在 B 公司人员的陪同下考察了 A 公司业务流程以及生产线等情况。同年 8 月，M 公司通过 B 公司同意将一笔加工 7 万双运动鞋的订单下给 A 公司。但由于 A 公司不具有自营进出口经营权，因此，在签订的进出口合同中，买方为 M 公司，卖方为 B 公司。A 公司与 B 公司另行签订了代理协议。其后 M 公司将运动鞋的式样图纸通过特快专递直接寄给 A 公司。2018 年 3 月，由于 A 公司不能按期交货，双方发生纠纷，M 公司作为本案的申请人，按进出口合同中规定的仲裁条款，拟向中国国际贸易仲裁委员上海分会提出仲裁申请。但是在谁是被申请人的问题上，发生了争议。试分析，(1)本案的被申请人是 A 公司，还是 B 公司？为什么？(2)该案将如何处理？

3. 招标机构接受委托，以国际公开招标形式采购一批机电产品。招标文件要求投标人制作规格和价格两份投标文件，开标时，先开规格标，对符合条件者，再定期开价格标，确定中标者。共有 15 家企业投标。到了开标期先开规格标，经慎重筛选，初步选定 9 家，通知他们对规格标进行澄清，并要求将投标有效期延长 2 个月。在这 9 家中，有 5 家送来澄清函并同意延长有效期。另 4 家提出若延长有效期，将提高报价 10%或更多，否则将撤销投标。招标机构拒绝了后4家的要求。到了价格标的开标日期，对仅有的5家开标后，却发现5家报价均过高，超过招标机构预订标底30%以上。无奈，招标机构只得依法宣布此次招标作废，重新招标。试分析此次招标失败的原因以及应吸取的教训。

【课外导航】

POCIB(Practice for Operational Competence in International Business)国际贸易从业技能综合实训是中国国际贸易学会继外销员考试、跟单员考试等考试项目之后，联合国际贸易杂志社和世格软件共同推出的互联网培训证书课程。POCIB项目重点针对国际贸易及相关专业的高校学生以及国际贸易行业新进人员，以提高学习者的外贸综合业务技能为目标，以仿真的在线国际贸易游戏为核心方式，为我国外经贸人才培养引入了创新、高效、务实和科学的教学方法和培训手段。

吉林化工学院经济管理学院从2011年起连续参加了POCIB第一届至第七届的比赛，多次获得二等奖和三等奖的好成绩。经管学院POCIB比赛参赛学生覆盖率在50%以上，韩丽珠教授、张立巍副教授、张磊副教授都曾担任过指导教师。张立巍副教授和2011级学生杨夏瑾同学分别在第二届、第三届POCIB大赛征文中获奖。张立巍副教授在博文中写道：POCIB是一座桥梁，一头连着专业知识，一头连着社会实践；POCIB是一个平台，学生们在这里展示才华，教师在这里沟通交流；POCIB是一扇窗户，透过这扇窗户，学生们知道了国贸工作的流程和内容，隐隐约约看到了自己的未来；POCIB是一种思路，为实践教学培养模式的完善提供参考；POCIB是一种精神，她融合了勤奋、创新、拼搏、进取、团结和不放弃，而这些正是外贸专业人才所应该具备的品质。

POCIB官方网址：http://www.pocib.com/

实践篇

实践一　客户开发与交易磋商

一、背景知识

外贸企业的盈利与长远发展需要公司有大量、稳定的客户资源。在进行对外贸易业务时，客户开发对于企业来说十分关键，是外贸业务员从事外贸工作要迈出的第一步，也可能是最艰难的一步。寻找客户的途径有很多种，外贸业务员应结合公司和自身条件选择最适合的几种进行有效的客户开发，掌握真实的客户信息，增加客户下单的概率。在外贸业务实践中，应对贸易伙伴进行资信调查，确保贸易伙伴的信用与财务状况的真实、准确性。

当寻找到潜在客户后，外贸业务员主要通过邮件方式与客户取得联系，进行贸易磋商。交易磋商是指买卖双方就商品的交易条件取得一致意见的过程，交易磋商的内容是签订合同的重要依据。交易磋商分为口头磋商和书面磋商。口头磋商主要指客户来访和国际展会等情况下的磋商。书面磋商指通过邮件、信件或传真等形式进行的磋商。撰写外贸函电是重要的磋商手段，是外贸业务员需要具备的最基本的技能。撰写外贸函电时，外贸业务员应准确、全面地介绍公司和产品的特点和优势，真诚地表达与对方建立业务关系的意愿。当外贸业务员接到电子邮件时，要正确处理，及时回复。

二、实践目的

1. 掌握国际客户开发的主要途径(例如 google、facebook 和外贸邦等)，能够通过不同途径获取国外客户信息，并与客户取得联系，锻炼在国际市场上开发客户的能力；

2. 了解对客户进行资信调查的各种途径及资信调查的内容；

3. 熟练掌握与客户进行有效交易磋商的方法，了解无效询盘与有效询盘的区别，能够熟练地使用英文处理各类型交易磋商的信件。

三、实训准备

假如你是上海永鑫贸易有限公司(Shanghai Yongxin Trading Co. ，Ltd.)的一名外贸业务员 Tina，公司主要经营各种农副产品的外贸业务。目前，公司打算进口速冻青椒丁(IQF Green Pepper Dices)500MTS，公司将进口速冻青椒丁的客户开发和业务磋商交给你负责，请根据以上信息完成以下实训内容。

四、实训任务与要求

1. 通过中国国际贸易促进委员会(贸促会)网站查询国外企业信息。

2. 通过中国出口信用保险公司(中信保)进行企业资信调查。

3. 利用通过以上途径找到的企业信息,撰写询盘信或发盘信,与潜在客户公司建立业务关系,进行产品的磋商谈判。

五、实践步骤

1. 首先,登录中国国际贸易促进委员会网站,网址为 http://www. ccpit. org。

接下来,找到贸促服务模块中的贸易商机,找到与本公司业务相关的商业信息。

然后,点击相关信息查询企业具体联系方式。

韩国公司出口面膜

公司	Mineralhouse Co., Ltd.
负责人	Hur, Mi Young
电话	82-31-731-0102
传真	82-31-731-0061
地址	3417, Taepyeong 2-dong, Sujeong-gu, Seongnam-si, Gyeonggi-do, Korea
出口产品	面膜
网址	www.minehouse.co.kr

最后,登录该公司网站并找到企业邮箱,邮箱为:help@minehouse. co. kr。

2. 首先，登录中信保网站，网址为 http://www. sinosure. com. cn/。

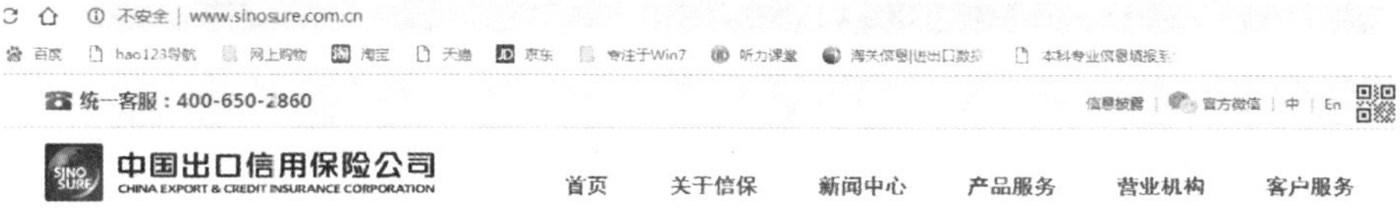

然后，找到资信评估服务，进入中国信保资信页面。

最后，根据需求购买相关服务，如订购海外企业的资信报告。

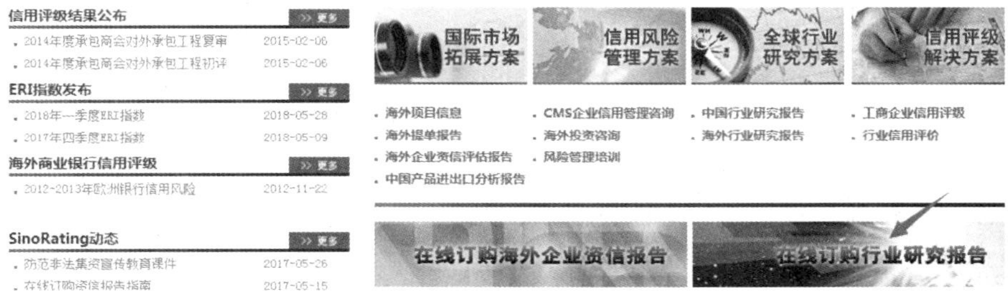

3. 询盘信示例。

Dear Sir or Madam:

We obtained your name and address from CCPIT in November 2018 and we know that you are a big producer of the mask. We were impressed by the series of the skin care products that were displayed on your website. Now, we are writing to you to establish business relations with you.

Our company was founded in 1952 and has high reputation by the clients. We have already became one of the biggest import & export company in China now. We are a large chain of retailers and looking for a manufacturer who could supply us with a wide range of skin care products for the teenage market. As we usually place very large orders, we would expect a quantity discount in addition to a 20% trade discount off net list prices.

Please send us your current catalogue and price-list.

We hope to hear from you soon.

yours faithfully

Tina

实践二　进出口成本核算与报价

一、背景知识

通过第三章"国际贸易术语"和第五章"国际贸易商品价格"的学习之后，我们对不同贸易术语的价格构成以及商品进出口的成本核算都有了较深入的了解和认识。企业在进行进出口贸易之前需要进行商品报价和成本核算。

(一)出口成本核算与预估报价

在进出口贸易中，商品的价格是买卖双方磋商的焦点，有时也是成交的决定性因素。正确掌握进出口商品价格的构成，合理采用各种作价方法，选用有利的计价货币和贸易条件，准确核算成本、利润，具有十分重要的意义。

出口商的总成本根据贸易术语不同，包含的项目也不同。

EXW 术语时，总成本＝A＋ B1(产地证书费)＋B6(银行费用)

FOB/FCA/FAS 术语时，总成本＝A＋B

CFR/CPT 术语时，总成本＝A＋B＋F

CIF/CIP/DAT 术语时，总成本＝A＋B＋F＋I

DAP/DDP 术语时，总成本＝A＋B＋F＋I＋D

而在计算各种费用时，需要用到报价，所以，一般先对报价进行预估。对外报价有两种计算方法。

第一种：先设定预期盈亏率(例如 10％)，然后根据公式计算对外报价(本方法中部分费用的计算也需用到报价，因此以下公式在求解时需要解方程式，计算较为复杂)：

X 对外报价＝A 采购成本＋B 国内费用＋F 运费＋I 保险费＋D 国外费用＋P 预期盈亏额(根据贸易术语不同，其中部分费用可能不包含)

第二种：先预估一个报价，据此算出所有费用及预期盈亏；如有不妥可反复修改预估报价(此方法计算较为简单，所有成本费用可正向计算得出，无须解方程)。

计算示例：建议先算出下面的"A 采购成本"，然后预估报价金额(可随时修改)。例如：

贸易术语选择"EXW"，建议报价：采购成本×110％～120％

贸易术语选择"FOB/FCA/FAS"，建议报价：采购成本×115％～125％

贸易术语选择"CFR/CPT",建议报价:采购成本×120%～130%

贸易术语选择"CIF/CIP/DAT/DAP",建议报价:采购成本×125%～135%

贸易术语选择"DDP",建议报价:采购成本×150%～160%

以上百分比只是建议,也可以自行调高或调低,结合考虑买家的可接受范围。

如果预期盈亏额不理想,应及时重新调整报价金额。

预期盈亏额=对外报价－总成本

(二)进口成本核算

(1)进口关税指进口报关时海关征收的关税。DDP术语时进口关税由出口商负责。

计算公式:进口关税=完税价格×进口关税率

当贸易术语为CIF/CIP/DAT/DAP时:完税价格=成交价

当贸易术语为CFR/CPT时:完税价格=成交价+保险费

当贸易术语为EXW/FOB/FCA/FAS时:完税价格=成交价+海运费/空运费+保险费

计算示例:

进口手工香皂(AK－001),成交价为JPY 38 632 282,采用CFR术语,保险费为JPY 377 615.81,查得商品的进口优惠关税率为10%,则:

进口关税=(38 632 282+377615.81)×10%=3 900 989.78(日元)

(2)进口增值税指进口报关时海关征收的增值税。DDP术语时进口增值税由出口商负责。

计算公式:进口增值税=(关税完税价格+进口关税税额+进口消费税税额)×进口增值税率(关税完税价格计算方法同上)

如果商品有进口消费税,需先计算进口消费税。

(3)信用证费用。如果结算方式中包含信用证(L/C),需计算信用证费用。

采用即期L/C或延期L/C(360/720天)结算时:银行费用=开证手续费+开证电报费+付款手续费+付款电报费

采用远期承兑L/C(30/60/90/180天)结算时:银行费用=开证手续费+开证电报费+付款手续费+付款电报费+承兑手续费+承兑电报费

二、实践目的

1. 掌握进出口产品交易成本及费用的构成,能独立核算进出口产品的成本与利润;
2. 掌握各种不同贸易术语的报价规则。

三、实训准备

上海永鑫贸易有限公司(Shanghai Yongxin Trading Co. ,Ltd.)是中国旗袍(Cheongsam)的出口商,欧力进出口有限公司(Only Import and Export Co. ,Ltd.)发来询盘,表示对其出口的旗袍感兴趣,要求报CIF价。

四、实训任务与要求

1. 根据以下信息填制出口预算表并对外报价:

旗袍的国内工厂采购价格为CNY66.00,美元与人民币当前汇率为:USD100=CNY699.1,最低交易数量为5000PCS,且每包装单位(CARTON)=10销售单位(PCS),净重

3.00KGS/箱(CARTON),毛重3.30KGS/箱(CARTON),体积0.012CBM/箱(CARTON)。进出口增值税率17%,出口退税率17%,进口关税16%。欧力进出口有限公司要求提交品质证书(费用CNY10)和开具一般原产地证(费用为CNY40),出口货物检验费率0.08%,出口报关费CNY100,进口报关费USD16.05,进出口货代杂费0.25%。保险加成110%,附加战争险和罢工险,总保费率为8.8%。采用100%即期信用证结算,通知费CNY200,开证手续费1.5‰,审单手续费1.25‰,开证电报费USD32.1,付款手续费1.25‰,付款电报费USD32.1,信用证邮费CNY30。美国市场旗袍售价USD17。请根据以上信息填制出口预算表12—1,并对外报价。

表12—1 **出口预算表**

	费用明细	预算值
A采购成本	1. 购货价格	
	2. 退税收入	
	合计(A=1—2)	
B国内费用	1. 出口报关费	
	2. 出口货代杂费	
	3. 银行费用	
	合计(B=1+2+3)	
F运费	包装数量	
	总毛重(KGS)	
	总体积(CBM)	
	海运费/空运费	
I保险费	投保加成(%)	110%
	保险金额	
	总保费率(%)	
	保险费	
D国外费用	DAP/DDP国外费用	
P预期盈亏额	预期盈亏率(%)	
	预期盈亏额	

2. 根据永鑫公司的报价、商品信息及费用信息填制欧力进出口有限公司的进口预算表12—2。

表12—2 **进口预算表**

	费用明细	预算值
X成交价	成交价	
B国外费用	EXW国外费用	
F运费	包装数量	
	总毛重(KGS)	
	总体积(CBM)	
	海运费/空运费	

续表

	费用明细	预算值
I 保险费	投保加成(%)	
	保险金额	
	总保费率(%)	
	保险费	
D 进口税费	1. 进口关税	
	2. 进口增值税	
	3. 进口消费税	
	合计:(D=1+2+3)	
E 银行费用	1. 汇款费用	
	2. 托收费用	
	3. 信用证费用	
	4. 其他费用	
	合计(E=1+2+3+4)	
G 其他国内费用	1. 进口检验检疫费	
	2. 进口报关费	
	3. 进口货代杂费	
	合计(G=1+2+3)	
S 销货收入	销货收入	
P 预期盈亏额	预期盈亏额	

五、参考解决方案

表 12—3 **出口预算表**

贸易术语	CIF	
对外报价	349550	
	费用明细	预算值
A. 采购成本	1. 购货价格	单价×交易数量=66×5 000=330 000
	2. 退税收入	购货价格/(1+增值税率)×出口退税率=330 000/(1+17%)×17%=47 948.72
	合计(A=1−2)	282 051.28
B. 国内费用	1. 产地证书费	40.00
	2. 出口检验检疫费	对外报价×检验检疫费率=0.08%×349 550=279.64
	3. 检验证书费	10.00
	4. 出口报关费	100.00
	5. 出口货代杂费	对外报价×出口货代杂费率=0.25%×349 550=873.88
	6. 银行费用	信用证通知费+议付/审单手续费+信用证邮费=200+1.25‰×349 550+30=666.94
	7. 其他费用	
	合计	1 970.46

续表

贸易术语	CIF	
F. 运费	包装数量	500
	总毛重(KGS)	包装数量×每包装单位毛重=500×3.3=1 650
	总体积(CBM)	包装数量×每包装单位体积=500×0.012=6
	海运费/空运费	5 788.55
I. 保险费	投保加成(%)	110%
	保险金额	对外报价×投保加成=110%×349 550=384 505
	总保费率(‰)	8.8‰
	保险费	保险金额×总保费率=384 505×8.8‰=3 383.64
D. 国外费用	DAP/DDP 国外费用	
P. 预期盈亏额	预期盈亏率(%)	预期盈亏额/总成本=19.22%
	预期盈亏额	对外报价－总成本=56 356.07

注:对外报价计算过程如下:采购成本×125%=282 051.28×125%=352 564.1

旗袍的美元单价则为 352 564.1/5 000/6.991=70.512 82=10.09≈10(美元)

因此对外报价=10×5 000=50 000(美元)=50 000×6.991=349 550(元人民币)

表 12—4　　进口预算表

	费用明细	预算值
X. 成交价	成交价	50 000
B. 国外费用	EXW 国外费用	
F. 运费	包装数量	
	总毛重(KGS)	
	总体积(CBM)	
	海运费/空运费	
I. 保险费	投保加成(%)	
	保险金额	
	总保费率(%)	
	保险费	
D. 进口税费	1. 进口关税	完税价格×进口关税率=50 000×16%=8 000
	2. 进口增值税	(关税完税价格+进口关税税额+进口消费税税额)×进口增值税率=(50 000+8 000)×17%=9 860
	3. 进口消费税	
	合计:(D=1+2+3)	17 860
E. 银行费用	1. 汇款费用	
	2. 托收费用	
	3. 信用证费用	开证手续费+开证电报费+付款手续费+付款电报费=1.5‰×50 000+32.1+1.25‰×50 000+32.1=201.7
	4. 其他费用	
	合计(E=1+2+3+4)	201.7
G. 其他国内费用	1. 进口检验检疫费	
	2. 进口报关费	16.5
	3. 进口货代杂费	成交价×进口货代杂费率=0.25%×50 000=125
	合计(G=1+2+3)	141.05

续表

	费用明细	预算值
S. 销货收入	销货收入	市场销货价格×商品销售数量＝17×5 000＝85 000
P. 预期盈亏额	预期盈亏额	销货收入－总成本－成交价＝85 000－18 202.75－50 000＝16 797.25

实践三　国际货物买卖合同的起草

一、背景知识

交易双方磋商后，就交易条件达成一致，双方合同关系即告成立，进入起草合同阶段。根据国际惯例，买卖双方在交易磋商成功后，一般要订立合同，以进一步明确双方的权利和义务。国际货物买卖合同一般金额较大、内容繁多、有效期长，因此推荐使用书面合同形式。合同既可以由进口商，也可以由出口商进行起草，起草后发对方确认后修改。

二、实践目的

1. 理解国际货物买卖合同条款的构成；
2. 掌握国际货物买卖合同品名、数量、包装等条款的具体内容；
3. 能够根据磋商后确定的交易条件起草合同。

三、实训准备

上海永鑫贸易有限公司(Shanghai Yongxin Trading Co. ,Ltd.)和欧力进出口有限公司(Only Import and Export Co. ,Ltd.)经过磋商，确定了旗袍买卖的各项交易条件，成交价为USD10，贸易术语使用CIF，目的港为NewYork，订购数量为5000件。保险选择110%加成投保一切险，另附加战争险和罢工险。采用100%即期信用证付款。

四、实训内容及要求

请根据所给出的磋商条件，填写一份进出口旗袍的国际货物买卖合同。

五、参考解决方案

SALE CONFIRMATION

NO:CT10029

DATE:2018—11—20

卖方:Shanghai Yongxin Trading Co. ,Ltd.

Seller: 8# Ji Long Road,WaiGaoqiao Free Trade Zone,Shanghai,China

买方:Only Import and Export Co. ,Ltd.

Buyer:No. 55 Madison,Arkansas,America

经买卖双方同意成交下列商品,订立条款如下:

This contract is made by and agreed between the BUYER and SELLER,in accordance with the terms and conditions stipulated below.

<table>
<tr><td>商品编号
Product No.</td><td colspan="2">名称及规格
Description of goods</td><td>数量
Quantity</td><td>单价
Unit Price</td><td>金额
Amount</td></tr>
<tr><td>CH-028</td><td colspan="2">Cheongsam
Fabric: Brocade, Color: Red, Design: Embroidery</td><td>5 000 PCS</td><td>USD 10. 00</td><td>USD 50000. 00</td></tr>
<tr><td>Say Total
(金额大写):</td><td colspan="5">SAY USD FIFTY THOUSAND ONLY</td></tr>
<tr><td>Port of Shipment
(装运港):</td><td>Port of Destination
(目的港):</td><td colspan="2">Transshipment
(转运):</td><td colspan="2">Partial shipments
(分批装运):</td></tr>
<tr><td>Shanghai,
China</td><td>New York,
America</td><td colspan="2">☐Allowed (允许)
☑ Not allowed (不允许)</td><td colspan="2">☐Allowed (允许)
☑ Not allowed (不允许)</td></tr>
<tr><td>Marks and Numbers
(唛头):</td><td colspan="5">N/M</td></tr>
<tr><td>Shipment
(装运条款):</td><td colspan="5">Ready Shipment By sea</td></tr>
<tr><td>Insurance
(保险):</td><td colspan="5">To be covered by the Seller FOR <u>110%</u> of the invoice value covering <u>ALL Risks additional WAR Risks,Strikes Risk.</u></td></tr>
<tr><td>Terms of payment
(付款条件):</td><td colspan="5">100 % by L/C at sight.</td></tr>
<tr><td>Documents required
(单据):</td><td colspan="5">☑ Full set of original clean on Board Ocean Bills of Lading.
整套正本清洁提单。
☑ Signed commercial invoice in __3__ copies. 商业发票一式 3 份。
☑ Certificate of Quality in __3__ copies issued by Inspection agency
由________签发的品质证明书一式 3 份。
☑ Insurance policy in __3__ copies. 保险单一式 3 份</td></tr>
</table>

实践四　国际货物运输的办理及运费计算

一、背景知识

国际货物买卖合同签订后，根据相关贸易术语，买卖双方要对货物的运输做出安排。随着国际物流的发展，进出口双方往往将货物的承运或有关运输工作交给国际物流企业或货运代理公司代理，而进出口双方一般主要负责货物的托运申请和运输监管。国际货物运输是国际物流系统的核心。为了顺利地完成进出口货物运输任务，从事国际贸易货物运输工作的相关人员必须掌握与此相关的国际运输基本知识，合理地选用各种运输方式，按照国际货物买卖合同中的各项装运条款，正确编制和运用各种运输单据。

国际货物运输的方式主要包括海运、空运、铁路运输、公路运输等，每种方式各有其优缺点。国际货运中不管是直接选择国际货运公司还是选择国际货运代理组织国际物流，为了保证国际货运时效、成本及安全，必须正确选择国际货物的运输方式。国际货运中对运输方式的选择主要从以下几个方面考虑：

1. 国际货运运输成本

这是国际物流对运输方式选择上首要考虑的因素，其原因是如果运距太长，运费负担会较重。据统计，在外贸报价中，物流成本可占出口货价的30%～70%，对于煤炭、矿石等低价值货物，这一比例或许更高。

2. 国际货运运行速度

国际物流速度也很重要，这主要有两个原因：一个原因是运距长，需时日较多，资金占用时间长，加快速度有利于解放占用的资金；另一个原因是速度慢会错过好的商机而使经济效益下降。在各种物流形式中，航空货运有不容争议的高速度。在洲际运输中，用大陆桥运输取代海运，会获得提高物流速度的显著效果。

3. 国际货运中货物的特点及性质

货物特点及性质有时对物流方式选择起决定作用，经常是由于国际物流方式的限制，有些货物无法进入国际物流中而失去了市场时机。一般来说，各种包装杂货可以选择各种物流方式，而诸如水泥、石油、沥青、危险品等，选择范围则较窄，如在国际物流中，选择汽车或飞机运输水泥显然是不恰当的。

4. 国际货运货物数量

因为国际物流距离往往超出了汽车等运输工具的经济里程，大数量货物也不可能选择航空运输，所以在运输方式选择上会受到限制。

5. 国际货运物流基础设施条件

由于国家之间发展的不平衡，一个国家中可以选择的物流方式，到另一个国家可能因为缺乏采用这种方式的必要基础设施而不能采用。在选择时，如不考虑这个问题，是无法形成有效的物流系统的。

国际货运中，希望通过以上介绍，能根据自己货物的实际情况选择合适的货运方式。做到节省国际货运成本，提高国际货运时效，保证国际货运安全。

二、实践的目的

1. 掌握国际贸易买卖合同履行过程中货、证、船、款等内容。

2. 掌握国际贸易货物运输的主要程序，熟悉海洋运输和航空运输方式的具体操作及海运提单和航空运单的作用。

3. 熟练计算各种运输方式下的运费成本。

三、实训准备

假如你是深圳市亚万贸易有限公司(Shenzhen Yawan Trading Co. Ltd.)的业务员 Jack，公司主要经营各种日用品的外贸业务。目前，公司打算出口一批保鲜盒(Preserving Boxes)到美国，材质：钢化玻璃，形状：正方形，毛重：9.20KGS / 箱(CARTON)，体积：0.0200CBM / 箱(CARTON)，净重：8.50KGS / 箱(CARTON)，每包装单位＝5 销售单位。请根据以上信息完成以下实训内容。

四、实训内容及要求

1. 根据保鲜盒的特点选择合适的运输方式。

2. 在办理出口货运时，应如何联系货代？假设，出口保鲜盒总价值为 300 万美元，货代费率是 0.25%，请计算货代费用。

3. 如果出口 300 箱(CARTON)保鲜盒，保鲜盒的单价是 5 美元，从上海港到纽约港的海运费情况如表 14－1 所示，选择合适的集装箱尺寸并计算这批货物的海运费。

表 14－1　　集装箱尺码及费用标准

箱型	普通集装箱			冷冻集装箱		
尺寸	20′	40′	40′高	20′	40′	40′高
代码	GP	GP	HC	RF	RF	RH
自重(KGS)	2 275	3 760	3 950	2 900	4 330	4 560
最大体积(CBM)	33	67	76	27	58	66
最大重量(KGS)	25 000	29 000	29 000	21 000	26 000	26 000
详细费用(USD)	LCL M(MTQ)	LCL W(TNE)	20′	40′	40′高	
普柜	138.00	170.00	2 840.00	3 550.00	3 600.00	
冻柜	144.00	179.00	2 900.00	3 680.00	3 680.00	

五、实践步骤及参考解决方案

1. 参考解决方案：

(1)保鲜盒的材质为钢化玻璃，重量较大，若使用航空运输方式，则需要负担的运输较重，因此此方式不适用。

(2)玻璃属于易碎品，颠簸的话很容易使其破碎抑或出现各种意想不到的裂痕。虽然钢化玻璃的抗压强度很强，但是它的抗压力度有一定的范围，如果超出了其承受的一定范围也会出现裂纹。铁路运输方式也不适用。

(3)公路运输方式最为适合，成本较低，而且相对安全。但运输时需要注意方式，可以采用木箱包装。根据玻璃大小定做合适的木箱，把玻璃严实地放到木箱内，箱内四周用橡胶垫与玻璃隔离，也可以选用塑料泡沫把钢化玻璃稳稳地固定在木箱里面。这样保证了玻璃之间不会出现划伤等之类的现象，也保证了它的使用质量。然后玻璃装好后用胶布进行封箱。最安全可靠的运输方式是采用专车发货。专车发货，散片玻璃一般都配有专门的工具——玻璃 A 型架。运输时让玻璃立在 A 型架上，架子周围全用橡胶垫包严，以免铁架和玻璃接触。玻璃码放好后，用绳子捆牢。这样有效减少运输途中的破损。当前为了保证钢化玻璃可以平安地到达目的地，请尽量选择比较平坦的道路行驶，这样也防止了玻璃的颠碎。

(4)单纯地考虑商品的特点的话可以选公路运输。但本案例的买卖双方因没有陆地接壤，所以只能以海运取代公路运输！通常来说，海运时间长、费用低，如果是体积或重量较大，价值较低的货物，比较适合采用海运。

2. 参考解决方案：

(1)货主需要提供单证：

出口委托书；

出口货物明细单；

装箱单(PACKINGLIST)；

发票(INVOICE)；

出口许可证；

出口收汇核销单、退税单；

报关手册；

与货代公司做好交接工作，检查货物是否完整。

(2)300×0.25%＝0.75(万美元)

3. 参考解决方案：

要计算海运费，首先需确定集装箱数量，具体可查询“货柜规格”。

(1)运费分类

运费单位可按整箱装和拼箱装划分。

①整箱装：以集装箱为运费的单位。系统中包含 20′、40′和 40′高柜 3 种，按照货柜属性又可分为普柜和冻柜。

②拼箱装：由船方以能收取较高运价为准，运价表上常注记 M/W 或 R/T，表示船公司将就货品的重量吨或体积吨二者中择其运费较高者计算。

拼箱装时计算运费的单位又分为：

A. 重量吨(Weight Ton)：按货物总毛重，以 1 公吨(1 TNE＝1 000KGM)为一个运费吨；

B. 体积吨(Measurement Ton):按货物总体积,以1立方米(1 Cubic Meter;简称1MTQ或1CBM或1CUM)为一个运费吨。

(2)计算方法

①整箱装:运费=单位每箱运费×整箱数

②拼箱装:分按体积与重量计算两种方式

A. 按体积计算,X1=单位基本运费(MTQ)×总体积

B. 按重量计算,X2=单位基本运费(TNE)×总毛重

取X1、X2中较大的一个。

案例题解析:

①查阅货物分级表。

等级为10级,其计收标准为W/M。

②计算货物的体积和重量。

每箱的体积为:0.0200CBM。

每箱的重量为:9.20KGS=0.0092(吨)。

由于0.02立方米的计费吨大于0.0092吨的运费吨,因此计收标准为体积。

总体积:0.02×300=6(立方米)

③总运费为:

6×138=828(美元)

实践五 国际货物保险的办理及保费计算

一、背景知识

国际货物运输保险，是以对外贸易货物运输过程中的各种货物作为保险标的的保险。外贸货物的运送有海运、陆运、空运以及通过邮政送递等多种途径。国际货物运输保险的种类以其保险标的的运输工具种类相应分为四类：海洋运输货物保险、陆上运输货物保险、航空运输货物保险、邮包保险。

有时一批货物的运输全过程使用两种或两种以上的运输工具，这时，往往以货运全过程中主要的运输工具来确定投保何种国际贸易运输保险种类。

二、实践目的

1. 了解国际贸易交易中的各种风险，理解购买国际货物保险的重要性；
2. 掌握国际货物运输保险条款的内容，能够根据交易的特点选取正确的保险种类；
3. 掌握国际贸易保险费用的计算方法。

三、实训准备

深圳市亚万贸易有限公司(Shenzhen Yawan Trading Co. Ltd.)主要经营各种日用品的外贸业务。目前，公司打算出口保鲜盒(Preserving Boxes)和茶具，产品信息如下：

1. 产品一：保鲜盒。材质：钢化玻璃，形状：正方形，规格：5 个/纸盒，毛重：9.20KGS / 箱(CARTON)，体积：0.0200CBM / 箱(CARTON)，净重：8.50KGS / 箱(CARTON)。出口市场：美国。

2. 产品二：7 头茶具(Chinese 7-Piece Tea Set)，材质：优质骨瓷，规格：小茶杯 6.7×6.7×3.7cm×6 个，茶壶 18×10×10cm×1 个。毛重：8.00KGS / 箱(CARTON)，净重：5.00KGS / 箱(CARTON)，体积：0.0450CBM / 箱(CARTON)，每包装单位＝5 销售单位。出口市场：伊拉克。请根据以上信息完成以下实训内容。

四、实训任务及要求

1. 在实际国际贸易中，应如何办理国际货物保险业务？

2. 根据所学的保险知识判断深圳市亚万贸易有限公司的两种产品应办理哪种国际货物保险？起草这两种货物的保险条款。

3. 根据表15—1提供的保费率信息，计算两种商品应缴纳的保险费用。

表15—1 **保险费率**

保险险别	保险费率(‰)	
进出口海洋运输	中国保险条款	
	一切险	8.00
	水渍险	6.00
	平安险	5.00
	伦敦协会货物险条款	
	协会货物(A)险条款	8.00
	协会货物(B)险条款	6.00
	协会货物(C)险条款	5.00
	特殊附加险	
	战争险	0.80
	罢工险	0.80
进出口航空运输	航空运输货物保险条款	
	航空运输一切险	3.50
	航空运输险	2.00
	特殊附加险	
	战争险	0.80
	罢工险	0.80

五、实践步骤及参考解决方案

1. 参考解决方案：

在国际货物买卖过程中，由哪一方负责办理投保国际贸易运输保险，应根据买卖双方商订的价格条件来确定。例如按F.O.B.条件和C.F.R.条件成交，保险即应由买方办理国际运输保险；如按C.I.F.条件成交，保险就应由卖方办理国际运输保险。办理国际贸易运输保险的一般程序是：

(1)确定投保国际运输保险的金额

按照国际惯例，投保金额应按发票上的C.I.F.的预期利润计算。但是，各国市场情况不尽相同，对进出口贸易的管理办法也各有异。向中国人民保险公司办理进出口货物运输保险，有两种办法：一种是逐笔投保；另一种是按签订预约保险总合同办理。

(2)填写国际运输保险投保单

投保单是投保人向保险人提出投保的书面申请，其主要内容包括被保险人的姓名、被保险货物的品名、标记、数量及包装、保险金额、运输工具名称、开航日期及起讫地点、投保险别、投保日期及签章等。

(3)支付保险费,取得保险单

保险费按投保险别的保险费率计算。保险费率是根据不同的险别、不同的商品、不同的运输方式、不同的目的地,并参照国际上的费率水平而制订的。它分为“一般货物费率”和“指明货物加费费率”两种。前者是一般商品的费率,后者系指特别列明的货物(如某些易碎、易损商品)在一般费率的基础上另行加收的费率。

交付保险费后,投保人即可取得保险单(insurance policy)。保险单实际上已构成保险人与被保险人之间的保险契约,是保险人与被保险人的承保证明。在发生保险范围内的损失或灭失时,投保人可凭保险单要求赔偿。

(4)提出索赔手续

当被保险的货物发生属于保险责任范围内的损失时,投保人可以向保险人提出赔偿要求。按《2010 年通则》E 组、F 组、C 组包含的 8 种价格条件成交的合同,一般应由买方办理索赔。按《2010 年通则》D 组包含的 5 种价格条件成交的合同,则视情况由买方或卖方办理索赔。

被保险货物运抵目的地后,收货人如发现整件短少或有明显残损,应立即向承运人或有关方面索取货损或货差证明,并联系保险公司指定的检验理赔代理人申请检验,提出检验报告,确定损失程度;同时向承运人或有关责任方提出索赔。属于保险责任的,可填写索赔清单,连同提单副本、装箱单、保险单正本、磅码单、修理配置费凭证、第三者责任方的签证或商务记录以及向第三者责任方索赔的来往函件等向保险公司索赔。索赔应当在保险有效期内提出并办理,否则保险公司可以不予办理。

2. 参考解决方案:

保鲜盒投保水渍险+碰损险。

七头茶具投保水渍险+碰损险+战争险。

(1)保鲜盒出口至美国,货价 300 万美元,运费 828 美元,加一成投保水渍险和碰损险。水渍险的费率为 0.6%。

(2)七头茶具出口至伊拉克,货价 300 万美元,运费 726 美元,加一成投保水渍险、碰损险和战争险。水渍险与碰损险的费率合计为 0.6%,战争险 0.08%。

3. 参考解决方案:

保险费=保险金额×保险费率

保险费=CIF 价×(1+投保加成率)×保险费率

(1)保险费=300×(1+10%)×0.6%=1.98(万美元)

(2)保险费=300×(1+10%)×(0.6%+0.08%)=2.244(万美元)

实践六　国际贸易货款结算方式的选择与应用

一、背景知识

国际贸易货款结算方式主要包括汇款、跟单托收和信用证。汇款是一种古老的结算方式，在现代国际结算中，汇款方式依然得到了广泛的使用。根据汇出行通知汇入行付款的方式不同，汇款可以分为电汇、信汇和票汇三种。大额、紧急货款的收付主要采用电汇。国际贸易项下的从属费用大多通过信汇方式收付。一般货款的收付可以选择票汇。从总体上讲，汇款结算是一种有利于进口商而不利于出口商的结算方式，资金和风险一般都由卖方承担，因此，出口商要做好风险防范。

跟单托收也是一种传统的国际结算方式，在简单结算方式越来越受到重视的今天，跟单托收的使用也越加频繁。跟单托收也是一种相对有利于进口商而不利于出口商的结算方式。为确保收汇的安全，出口商也要采取适当的风险防范措施。

信用证结算是一种以银行信用为基础的结算方式，是银行对出口商做出的有条件的付款承诺。信用证结算的优点是出口商收款风险较小和融资方便，缺点是进口商提货风险大、资金占用时间长以及结算速度慢、费用高。在进口商资信欠佳或出口商对进口商不了解或进口国存在严格的外汇管制的背景下，采用信用证结算很合适。

在国际贸易实践中，一笔交易货款的结算，可以只使用一种结算方式（通常如此），也可根据不同需要将两种或两种以上的结算方式结合使用，从而既有利于促成交易，又有利于安全、及时收汇。

二、实践目的

1. 了解汇款、跟单托收、信用证等不同结算方式各自的特点和优缺点，并能够根据实际进出口贸易情况合理选择国际贸易货款结算方式。

2. 熟悉国际贸易货款结算中相关单据和票据的制作和使用情况。

3. 掌握汇款、跟单托收、信用证等不同结算方式的结算过程。

三、实践准备

青岛博悦国际贸易有限公司从南非以海运方式进口一批硅，出口方为 Crystal Co. ,Ltd. 。双方通过 iTrade 电子商务网站获得联系方式，建立起了业务关系。

相关资料如下：

表 16－1 进口商（青岛博悦国际贸易有限公司）基本信息

公司全称	青岛博悦国际贸易有限公司 Qingdao Bravo International Co., Ltd.	**国家**	中国 China
公司简称	博悦公司 Bravo Co., Ltd.	**企业法人**	周其刚 Qigang Zhou
地址	中国山东青岛市辽宁路256号中新大厦5008室 Room 5008, New building, LiaoNing Road, 256, Qingdao, Shandong province, China		
单位代码	204100113	**报检登记号**	3003108114
海关代码	1087168114	**税务登记号**	530100208718114
电话	86-0755-25489302	**传真**	86-0755-25489303
邮编	266000		
开户银行	交通银行 Bank of Communications	**账号** **本币**	201207000000001357 CNY(人民币)

表 16－2 出口商（ Crystal Co. ,Ltd. ）基本信息

公司全称	克里斯托有限责任公司 Crystal Co., Ltd.	**国家**	南非 South Africa
公司简称	克里斯托公司 Crystal Co., Ltd.	**企业法人**	汤姆 Tom
地址	南非约翰内斯堡春天大街20号 No.20 Spring street Johannesburg, South Africa		
单位代码	200002388	**报检登记号**	4200002388
海关代码	3300062388	**税务登记号**	650012200002388
电话	0027-41-6956556	**传真**	0027-41-6956556
邮编	3300		
开户银行	莱利银行 Nedbank Ltd	**账号** **本币**	205200000000001052 ZAR(兰特)

表 16－3　　　　　　　　进出口商品(硅)基本信息

基本信息				
商品编号	CN-001	货物类型	一般货物	
商品名称	硅			
	Silicon			
销售单位	袋(BAG)			
规格型号	大小：10-100mm，化学成分：硅（≥99.5%）、Fe（≤0.2%）,Al（≤0.2%）、Ca（≤0.02%			
	Size: 10-100 mm, Chemical Composition: Si (99.5% min), Fe (0.2% max), Al (0.2% max),			
包装信息				
包装种类	袋(BAG)	包装单位	袋(BAG)	每包装单位= 1 销售单位
毛重	503.00KGS / 袋(BAG)		净重	500.00KGS / 袋(BAG)
体积	0.1260CBM / 袋(BAG)			
运输说明				

监管信息					
CIQ代码	08012302	检验检疫类别		检验检疫类目	非金属矿产品
HS编码	2804690000	海关监管条件		法定单位一	千克(KG)
比例因子一	500	法定单位二		比例因子二	

表 16－4　　　　　　　　进口行(招商银行青岛分行)基本信息

银行代码	CMBCCNBS265
银行全称	招商银行青岛分行
	Qingdao Branch of China Merchants Bank
银行简称	招行青岛分行
	Qingdao Branch of CMB
地址	中国青岛市上马街道8号
	No. 8 Shangma Street Qingdao, China
国家	中国
	China
电话	86-0532-84793892
传真	86-0532-84794003
邮编	266004

表 16－5　　出口行(Amalgamated Bank of South Africa)基本信息

银行代码	ABSZAR6P93A
银行全称	南非联合银行
	Amalgamated Bank of South Africa
银行简称	南非联合银行
	Amalgamated Banks
地址	南非比勒陀利亚伊菲大道229号
	299 YiFei Road, Pretoria, South Africa
国家	南非
	South Africa
电话	27-12-422-4000
传真	27-12-422-4001
邮编	0083

四、实践任务及要求

1. 选择适用结算方式，确定付款条件。

2. 根据选用国际贸易货款结算方式，分别以进口商、出口商、进口行、出口行等角色完成该笔国际贸易货款结算业务。

五、实践步骤及参考方案

步骤 1

实践名称：结算方式的选择和付款条件的确定

实践背景：博悦公司与南非 Crystal Co.,Ltd. 经过多次交易磋商，最终确定了如下交易条件：

1. 商品信息：硅(编号：CN－001)，数量：49 袋，单价：USD 420/袋，CIF Shanghai，China；
2. 装运要求：从南非开普敦通过海运至中国上海；
3. 保险要求：按发票金额加一成投保 ICC(A)，附加战争险；
4. 单据要求：卖方需提供普惠制产地证；
5. 合同签订日期：2015－07－01。

实践要求：选择适用结算方式，确定付款条件。

【参考方案】

该笔国际贸易货款结算业务适合选用即期信用证结算方式。

Terms of payment(付款条件)：100% by L/C at sight.

步骤 2

实践名称：进口商申请开证

实践背景：结算方式与付款条件确定后，买卖双方签订进出口贸易合同。合同签订后，进口商即准备相关单据向进口行申请开证，以便出口商收到信用证后能尽早安排备货出运。

实践要求：以进口商角色，根据合同、形式发票等单据，制作开证申请书，并向进口行申请开证。

相关单据：

单据 1. 合同

SALES CONFIRMATION

卖方: Crystal Co., Ltd.
Seller: No.20 Spring street Johannesburg, South Africa
买方: Qingdao Bravo International Co., Ltd.
Buyer: Room 5008, New building, LiaoNing Road, 256, Qingdao, Shandong provinc

NO.: CT0000105
DATE: 2015-07-01

经买卖双方同意成交下列商品，订立条款如下：
This contract is made by and agreed between the BUYER and SELLER, in accordance with the terms and conditions stipulated below.

商品编号 Product No.	名称及规格 Description of goods	数量 Quantity	单价 Unit Price	金额 Amount
			CIF Shanghai,China	
CN-001	Silicon Size: 10-100 mm, Chemical Composition: Si (99.5% min), Fe (0.2% max), Al (0.2% max), Ca (0.02% max), P (0.004% max)	49 BAGS	USD 420.00	USD 20580.00
	总值TOTAL:	49 BAGS		USD 20580.00

Say Total(金额大写): SAY USD TWENTY THOUSAND FIVE HUNDRED AND EIGHTY ONLY

Transshipment (转运):

☐Allowed (允许) ☑Not allowed (不允许)

Partial shipments (分批装运):

☐Allowed (允许) ☑Not allowed (不允许)

Port of Shipment (装运港):

Capetown,South Africa

Port of Destination (目的港):

Shanghai,China

Shipment (装运条款):

Ready shipment By sea

Marks and Numbers (唛头):

N/M

Insurance (保险):

☐To be covered by the Buyer.

由买方负责。

☑To be covered by the Seller FOR 110% of the invoice value covering ALL Risks additional WAR Risks, Strikes Risk.

由__按发票金额__投保__。

Terms of payment (付款条件):

100 % by L/C at sight.

__% 以__预付，其余__% 以__支付。

Documents required (单据):

The sellers shall present the following documents required.

卖方应提交下列单据。

☑Full set of original clean on Board Ocean Bills of Lading.

整套正本清洁提单。

☐Airway bill/cargo receipt/copy of railway bills.

空运提单或承运收据或铁路联运单。

☑Signed commercial invoice in 3 copies.

商业发票一式__份。

☑Packing list/weight memo in 3 copies.

装箱单或重量单一式__份。

☐Certificate of Quantity/Weight in ______ copies issued by ______.

由__签发的数量/重量证明书一式__份。

☐Certificate of Quality in ______ copies issued by ______

由__签发的品质证明书一式__份。

☐Health Certificate in ______ copies issued by ______

由__签发的健康证明书一式__份。

☐Certificate of phytosanitary in ______ copies issued by ______.

由__签发的植物检疫证明书一式__份。

☐Veterinary (Health) Certificate in ______ copies issued by ______.

由__签发的兽医（卫生）证书一式__份。

☐Sanitary Certificate in ______ copies issued by ______.

由__签发的卫生证书一式__份。

☐Fumigation/Disinfection Certificate in ______ copies issued by ______.

由__签发的熏蒸/消毒证书一式__份。

☐Certificate for CCC in ______ copies.

CCC认证证书一式__份。

☑Insurance policy in 2 copies.

保险单一式__份。

☐Certificate of Origin in ______ copies issued by ______.

由__签发的一般原产地证一式__份。

☑Certificate of Origin Form A in 1 copies issued by CIQ.

由__签发的普惠制产地证一式__份。

☐Certificate of Origin Form E in ______ copies issued by ______.

由__签发的《中国-东盟自由贸易区》优惠原产地证明书一式__份。

☐Certificate of Origin Form B in ______ copies issued by ______.

由__签发的《亚太贸易协定》优惠原产地证明书一式__份。

Shipping advice (装运通知):

The sellers shall immediately, upon the completion of the loading of the goods, advise the buyers of the Contract No, names of commodity, loaded quantity, invoice values, gross weight, names of vessel and shipment date by TLX/FAX.

一旦装运完毕，卖方应即电告买方合同号、商品号、已装载数量、发票总金额、毛重、运输工具名称及启运日期等。

Inspection and Claims (检验与索赔):

1. The buyers shall have the qualities, specifications, quantities of the goods carefully inspected by the Inspection Authority, which shall issue Inspection Certificate before shipment.

卖方在发货前由检验机构对货物的品质、规格和数量进行检验，并出具检验证明书。

2. The buyers have right to have the goods inspected by the local commodity inspection authority after the arrival of the goods at the port of destination if the goods are found damaged/short/their specifications and quantities not in compliance with that specified in the contract, the buyers shall lodge claims against the sellers based on the Inspection Certificate issued by the Commodity Inspection Authority within ______ days after the goods arrival at the destination.

货物到达目的口岸后，买方可委托当地的商品检验机构对货物进行复检。如果发现货物有损坏、残缺或规格、数量与合同规定不符，买方须于货到目的口岸的__天内凭检验机构出具的检验证明书向卖方索赔。

3. The claims, if any regarding to the quality of the goods, shall be lodged within ______ days after arrival of the goods at the destination, if any regarding to the quantities of the goods, shall be lodged within ______ days after arrival of the goods at the destination. The sellers shall not take any responsibility if any claims concerning the shipping goods is up to the responsibility of Insurance Company/Transportation Company/Post Office.

如买方提出索赔，凡属品质异议须于货到目的口岸之起__天内提出；凡属数量异议须于货到目的口岸之日起__天内提出。对所货物所提任何异议应由保险公司、运输公司或邮递机构负责的，卖方不负任何责任。

Force Majeure (人力不可抗拒):

The sellers shall not hold any responsibility for partial or total non-performance of this contract due to Force Majeure. But the sellers advise the buyers on time of such occurrence.
如因人力不可抗拒的原因造成本合同全部或部分不能履约，卖方概不负责但卖方应将上述发生的情况及时通知买方。

Disputes settlement (争议之解决方式):

All disputes in connection with this contract of the execution thereof shall be amicably settled through negotiation. In case no amicable settlement can be reached between the two parties, the case under dispute shall be submitted to arbitration, which shall be held in the country where the defendant resides, or in third country agreed by both parties. The decision of the arbitration shall be accepted as final and binding upon both parties. The Arbitration Fees shall be borne by the losing party.
凡因执行本合约或有关本合约所发生的一切争执，双方应协商解决。如果协商不能得到解决，应提交仲裁。仲裁地点在被告方所在国内，或者在双方同意的第三国。仲裁裁决是终局的，对双方都有约束力，仲裁费用由败诉方承担。

Law application (法律适用):

It will be governed by the law of the People's Republic of China under the circumstances that the contract is signed or the goods while the disputes arising are in the People's Republic of China or the defendant is Chinese legal person, otherwise it is governed by Untied Nations Convention on Contract for the International Sale of Goods.
本合同之签订地，或发生争议时货物所在地在中华人民共和国境内或被诉人为中国法人的，适用中华人民共和国法律，除此规定外，适用《联合国国际货物销售公约》。
The terms in the contract based on INCOTERMS 2010 of the International Chamber of Commerce. 本合同使用的价格术语系根据国际商会《INCOTERMS 2010》。

Versions (文字):

This contract is made out in both Chinese and English of which version is equally effective. Conflicts between these two languages arising therefrom, if any, shall be subject to Chinese version.
本合同中、英两种文字具有同等法律效力，在文字解释上，若有异议，以中文解释为准。
This contract is in 3_____ copies, effective since being singed/sealed by both parties.
本合同共__份，自双方代表签字（盖章）之日起生效。

The Buyer	The Seller
Qingdao Bravo International Co., Ltd.	Crystal Co., Ltd.
Qigang Zhou	Tom

单据 2. 形式发票

<table>
<tr><td colspan="2">ISSUER
Crystal Co., Ltd.
No.20 Spring street Johannesburg, South Africa</td><td colspan="3" rowspan="2">形式发票
PROFORMA INVOICE</td></tr>
<tr><td colspan="2">TO
Qingdao Bravo International Co., Ltd.
Room 5008, New building, LiaoNing Road, 256, Qingdao, Shandong province, China</td></tr>
<tr><td colspan="2" rowspan="2">TRANSPORT DETAILS
From Capetown,South Africa to Shanghai,China, Ready shipment By sea</td><td>NO.
IV0000084</td><td colspan="2">DATE
2015-07-01</td></tr>
<tr><td>S/C NO.
CT0000105</td><td colspan="2">S/C DATE
2015-07-01</td></tr>
<tr><td colspan="5">TERMS OF PAYMENT
100 % by L/C at sight</td></tr>
<tr><td>Product No.</td><td>Description of goods</td><td>Quantity</td><td>Unit Price</td><td>Amount</td></tr>
<tr><td></td><td></td><td></td><td>CIF</td><td>Shanghai,China</td></tr>
<tr><td>CN-001</td><td>Silicon
Size: 10-100 mm, Chemical Composition: Si (99.5% min), Fe (0.2% max), Al (0.2% max), Ca (0.02% max), P (0.004% max)</td><td>49 BAGS</td><td>USD 420.00</td><td>USD 20580.00</td></tr>
<tr><td colspan="2">Total:</td><td>[49][BAGS]</td><td></td><td>[USD][20580.00]</td></tr>
<tr><td colspan="5">SAY TOTAL: SAY USD TWENTY THOUSAND FIVE HUNDRED AND EIGHTY ONLY

MARKS AND NUMBERS:
N/M

Crystal Co., Ltd.
Tom</td></tr>
</table>

【参考方案】

1. 填制开证申请书

进口商根据合同、形式发票等单据，填制开证申请书。

单据 3. 开证申请书

IRREVOCABLE DOCUMENTARY CREDIT APPLICATION

TO: Qingdao Branch of China Merchants Bank　　DATE: 20150702

☐ Issue by airmail　☐ With brief advice by teletransmission
☐ Issue by express delivery
☒ Issue by teletransmission (which shall be the operative instrument)

Credit NO.

Date and place of expiry 20150831 in the beneficiary's country

Applicant
Qingdao.Bravo International Co., Ltd.
Room 5008, New building, LiaoNing Road, 256, Qingdao, Shandong province, China

Beneficiary (Full name and address)
Crystal Co., Ltd.
No.20 Spring street Johannesburg, South Africa

Advising Bank
Amalgamated Bank of South Africa
299 YiFei Road, Pretoria, South Africa

Amount
USD 20580.00
SAY USD TWENTY THOUSAND FIVE HUNDRED AND EIGHTY

Partial shipments ☐ allowed ☒ not allowed
Transhipment ☐ allowed ☒ not allowed

Loading on board/dispatch/taking in charge at/from
Capetown,South Africa
not later than 20150731
For transportation to: Shanghai,China

Price terms
CIF

Credit available with
ANY BANK
By
☒ sight payment　☐ acceptance
☐ deferred payment at
against the documents detailed herein
☒ and beneficiary's draft(s) for 100 % of invoice value
at ---- sight
drawn on ISSUE BANK

Documents required: (marked with √)

1.(×) Signed commercial invoice in 3 copies indicating L/C No. and Contract No. CT0000105
2.(×) Full set of clean on board Bills of Lading made out to order and blank endorsed, marked "freight [ ]to collect / [×] prepaid[ ] showing freight amount" notifying Applicant
( ) Airway bills/cargo receipt/copy of railway bills issued by ,showing "freight [ ] to collect/[ ]prepaid[ ] indicating freight amount" and consigned to .
3.(×) Insurance Policy/Certificate in 2 copies for 110 % of the invoice value showing claims payable in China in currency of the draft, blank endorsed, covering ALL Risks additional W.
4.(×) Packing List/Weight Memo in 3 copies indicating quantity, gross and weights of each package.
5.( ) Certificate of Quantity/Weight in copies issued by
6.( ) Certificate of Quality in copies issued by
7.( ) Certificate of Origin in copies issued by

Other documents, if any
1.( ) Health Certificate in copies issued by
2.( ) Certificate of phytosanitary in copies issued by
3.(×) Certificate of Origin Form A in 1 copies issued by CIQ
4.( ) Certificate of Origin Form E in copies issued by
5.( ) Certificate of Origin Form B in copies issued by

Description of goods:
CN-001 Silicon
Size: 10-100 mm, Chemical Composition: Si (99.5% min), Fe (0.2% max), Al (0.2% max), Ca (0.02% max), P (0.004% max)
QUANTITY: 49BAGS
PRICE: USD420.00
CIF Shanghai,China

Additional instructions:
1.(×) All banking charges outside the opening bank are for beneficiary's account.
2.(×) Documents must be presented within 21 days after date of issuance of the transport documents but within the validity of this credit.
3.( ) Third party as shipper is not acceptable, Short Form/Blank B/L is not acceptable.
4.( ) Both quantity and credit amount % more or less are allowed.
5.( ) All documents must be sent to issuing bank by courier/speed post in one lot.
( ) Other terms, if any

2. 申请开证

进口商提交合同、形式发票、开证申请书，向进口行申请开证。

步骤 3

实践名称：进口行开立信用证

实践背景：进口商向进口行提交了开证申请，进口行收到相关资料后，即开始审单录入工作，为进口商开立信用证。

实践要求：以进口行角色，完成开证审核、开证登记、保证金登记、开立信用证等操作。

【参考方案】

1. 开证审核

进口行收到合同、形式发票、开证申请书后，据此填写开证审核表（如果单据有错误，应找出并填写在审核表中；如果没有错误可不填）。

单据 4. 开证审核

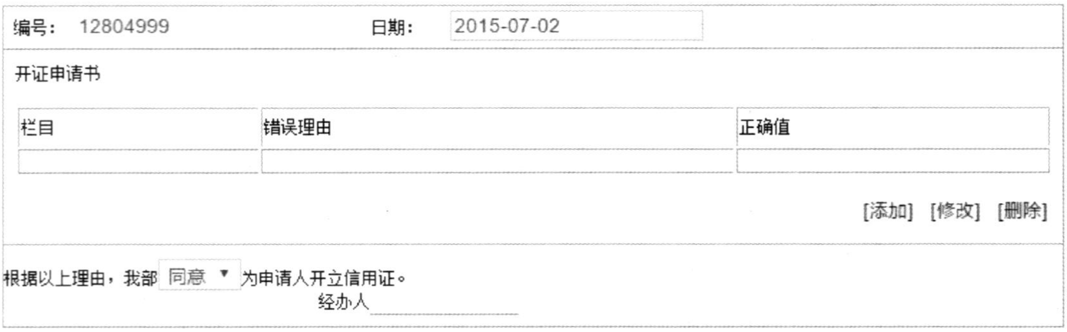

编号：12804999　　日期：2015-07-02

开证申请书

栏目	错误理由	正确值

[添加] [修改] [删除]

根据以上理由，我部 同意 为申请人开立信用证。

经办人

2. 开证登记

进口行开证审核后，根据收到的相关单据内容进行开证登记录入。

单据 5. 开证登记

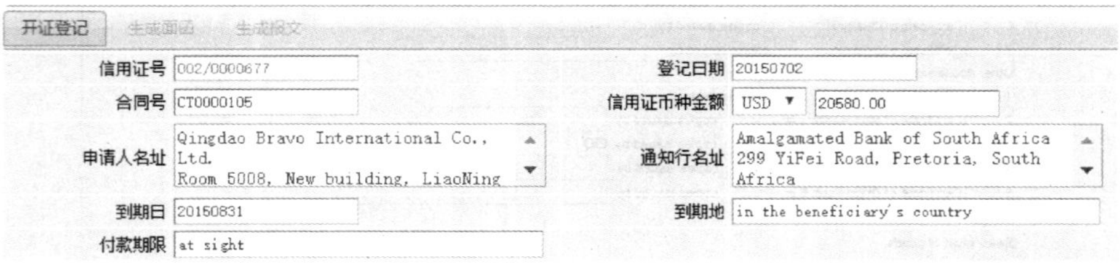

开证登记　生成面函　生成报文

信用证号	002/0000677	登记日期	20150702
合同号	CT0000105	信用证币种金额	USD 20580.00
申请人名址	Qingdao Bravo International Co., Ltd. Room 5008, New building, LiaoNing	通知行名址	Amalgamated Bank of South Africa 299 YiFei Road, Pretoria, South Africa
到期日	20150831	到期地	in the beneficiary's country
付款期限	at sight		

3. 保证金登记

进口行开证登记后，根据收到的相关单据内容进行保证金登记录入。

单据 6. 保证金登记

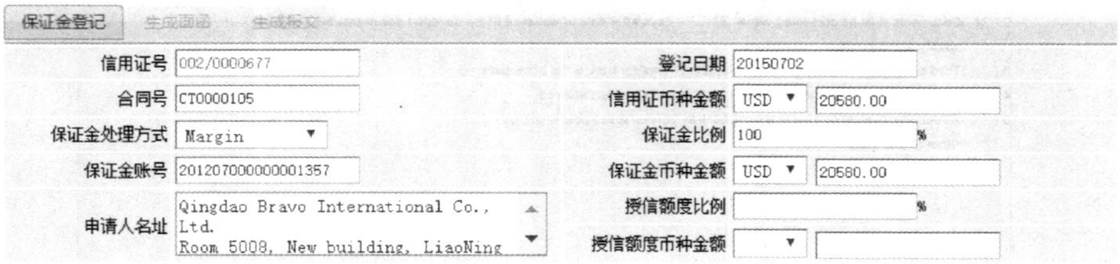

保证金登记　生成面函　生成报文

信用证号	002/0000677	登记日期	20150702
合同号	CT0000105	信用证币种金额	USD 20580.00
保证金处理方式	Margin	保证金比例	100 %
保证金账号	201207000000001357	保证金币种金额	USD 20580.00
申请人名址	Qingdao Bravo International Co., Ltd. Room 5008, New building, LiaoNing	授信额度比例	%
		授信额度币种金额	

4. 开立信用证

（1）进口行保证金登记后，根据收到的相关单据内容进行开立信用证录入。

单据 7. 开立信用证

开立信用证　生成面函　生成报文

信用证号	002/3000677	开证日期	20150702
合同号	CT0000105	合同总金额	USD ▼ 20580.00
信用证币种金额	USD ▼ 20580.00	发送方式	全电SWIFT ▼
收报行名址	Amalgamated Bank of South Africa 299 YiFei Road, Pretoria, South Africa	申请人名址	Qingdao Bravo International Co., Ltd. Room 5008, New building, LiaoNing
信用证形式	IRREVOCABLE ▼	到期日	20150831
价格条款	CIF	到期地	in the beneficiary's country
受益人名址	Crystal Co., Ltd. No.20 Spring street Johannesburg, South Africa	通知行名址	Amalgamated Bank of South Africa 299 YiFei Road, Pretoria, South Africa
指定有关银行名址	ANY BANK	受票行名址	ISSUE BANK
兑付方式	PAYMENT ▼	保兑指示	WITHOUT ▼
汇票期限类型及天数	AT SIGHT ▼	汇票与发票金额比例	100 %
延期期限	▼	分批装运	NOT ALLOWED ▼
转运条款	NOT ALLOWED ▼	装船发运地	Capetown, South Africa
最迟装运日期	20150731	发送最终目的地	Shanghai, China

45A Description of goods: CN-001 Silicon Size: 10-100 mm, Chemical Composition: Si (99.5% min), Fe (0.2% max), Al (0.2% max), Ca (0.02% max), P (0.004% max)

46A Documents required:

(×)Signed commercial invoice in 3 copies indicating L/C No. and Contract No. CT0000105 .

(×)Full set of clean on board Bills of Lading made out to order and blank endorsed, marked "freight [ ]to collect / [×] prepaid[ ] showing freight amount" notifying Applicant .

( )Airway bills/cargo receipt/copy of railway bills issued by ,showing "freight [ ] to collect/[ ]prepaid[ ]indicating freight amount" and consigned to .

(×)Insurance Policy/Certificate in 2 copies for 110 % of the invoice value showing claims payable in China in currency of the draft, blank endorsed, covering ALL Risks

(×)Packing List/Weight Memo in 3 copies indicating quantity, gross and weights of each package.

( )Certificate of Quantity/Weight in copies issued by

( )Certificate of Quality in copies issued by

( )Certificate of Origin in copies issued by

( )Health Certificate in copies issued by

( )Certificate of phytosanitary in copies issued by

(×)Certificate of Origin Form A in 1 copies issued by CIQ

( )Certificate of Origin Form E in copies issued by

( )Certificate of Origin Form B in copies issued by

47A Additional instructions:

(×)All banking charges outside the opening bank are for beneficiary's account.

(×)Documents must be presented within 21 days after date of issuance of the transport documents but within the validity of this credit.

( )Third party as shipper is not acceptable, Short Form/Blank B/L is not acceptable.

( )Both quantity and credit amount % more or less are allowed.

( )All documents must be sent to issuing bank by courier/speed post in one lot.

( )Other terms, if any

交单期限：Documents must be presented within 21 days after date of issuance of the transport documents but within the validity of this credit.

选择手续费承担方 Charges：All banking charges outside the opening bank are for beneficiary's account ▼

费用负担方	APPLICANT ▼	开证手续费	USD ▼ 30.87
开证电报费	CNY ▼ 200.00		

(2)进口行开立信用证录入后，生成信用证 MT700，系统会将其自动发送到出口行。

步骤 4

实践名称：通知行通知信用证

实践背景：进口行向出口行发出信用证 MT700 报文。出口行收到后即进行来证通知操作，将信用证通知出口商。

实践要求：以出口行角色，完成来证登记、来证通知等操作。

相关单据：

单据 8. 信用证 MT700

---------- MESSAGE HEADER ----------

Sender : CMBCCNBS265
Message Type : 700 LETTER OF CREDIT
Receiver : ABSZAR6P93A

---------- MESSAGE TEXT ----------

:27: SEQUENCE OF TOTAL
1/1

:40A: FORM OF DOCUMENTARY CREDIT
IRREVOCABLE

:20: DOCUMENTARY CREDIT NUMBER
002/0000059

:31C: DATE OF ISSUE
20150702

:40E: APPLICABLE RULES
UCP LATEST VERSION

:31D: DATE AND PLACE OF EXPIRY
20150831 in the beneficiary's country

:50: APPLICANT
Qingdao Bravo International Co., Ltd.
Room 5008, New building, LiaoNing Road, 256, Qingdao, Shandong province, China

:59: BENEFICIARY
Crystal Co., Ltd.
No.20 Spring street Johannesburg, South Africa

:32B: CURRENCY CODE, AMOUNT
USD 20580,00

:41D: AVAILABLE WITH BY
ANY BANK BY PAYMENT

:42C: DRAFTS AT
AT SIGHT

:42A: DRAWEE
ISSUE BANK

:43P: PARTIAL SHIPMENTS
NOT ALLOWED

:43T: TRANSHIPMENT
NOT ALLOWED

:44E: PORT OF LOADING/AIRPORT OF DEPARTURE
Capetown,South Africa

:44F: PORT OF DISCHARGE/AIRPORT OF DESTINATION
Shanghai,China

:44C: LATEST DATE OF SHIPMENT
20150731

:45A: DESCRIPTION OF GOODS AND/OR SERVICES
CN-001 Silicon
Size: 10-100 mm, Chemical Composition: Si (99.5% min), Fe (0.2% max), Al (0.2% max), Ca (0.02% max), P (0.004% max)
QUANTITY: 49BAGS
PRICE: USD420.00
CIF Shanghai,China

:46A: DOCUMENTS REQUIRED
Signed commercial invoice in 3 copies indicating L/C No. and Contract No. CT0000105
Full set of clean on board Bills of Lading made out to order and blank endorsed, marked "freightprepaid " notifying Applicant
Insurance Policy/Certificate in 2 copies for 110% of the invoice value showing claims payable in China in currency of the draft, blank endorsed, covering ALL Risks additional WAR Risks, Strikes .
Packing List/Weight Memo in 3 copies indicating quantity, gross and weights of each package.
Other documents, if any
Certificate of Origin Form A in 1 copies issued by CIQ.

:47A: ADDITIONAL CONDITIONS
All banking charges outside the opening bank are for beneficiar's account.
Documents must be presented within 21 days after date of issuance of the transport documents but within the validity of this credit.

:71B: CHARGES
All banking charges outside the opening bank are for beneficiary's account

:49: CONFIRMATION INSTRUCTIONS
WITHOUT

:57D: ADVISE THROUGH BANK
Amalgamated Bank of South Africa
299 YiFei Road, Pretoria, South Africa

【参考方案】

1. 来证登记

出口行收到信用证 MT700 后，据此进行来证登记录入。

单据 9. 来证登记

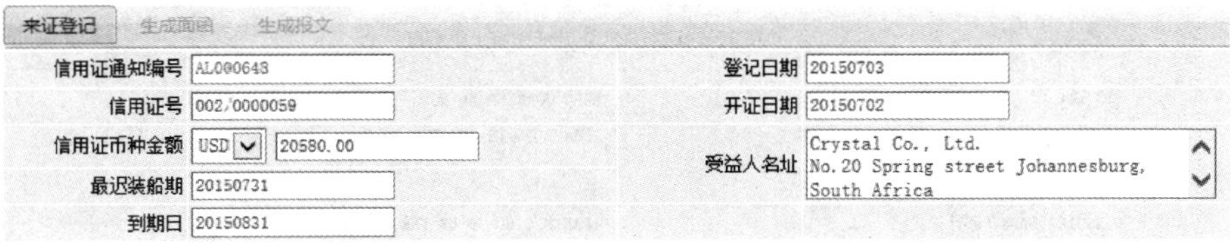

来证登记　生成面函　生成报文

信用证通知编号	AL000643	登记日期	20150703
信用证号	002/0000059	开证日期	20150702
信用证币种金额	USD 20580.00	受益人名址	Crystal Co., Ltd. No.20 Spring street Johannesburg, South Africa
最迟装船期	20150731		
到期日	20150831		

2. 来证通知

(1)出口行来证登记录入后，根据收到的相关单据内容进行来证通知录入。

单据 10. 来证通知

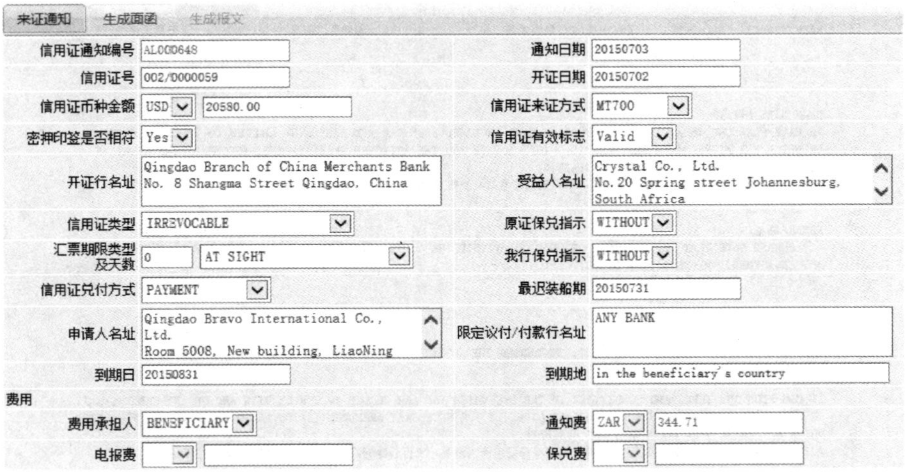

来证通知　生成面函　生成报文

信用证通知编号	AL000648	通知日期	20150703
信用证号	002/0000059	开证日期	20150702
信用证币种金额	USD 20580.00	信用证来证方式	MT700
密押印签是否相符	Yes	信用证有效标志	Valid
开证行名址	Qingdao Branch of China Merchants Bank No. 8 Shangma Street Qingdao, China	受益人名址	Crystal Co., Ltd. No.20 Spring street Johannesburg, South Africa
信用证类型	IRREVOCABLE	原证保兑指示	WITHOUT
汇票期限类型及天数	0 AT SIGHT	我行保兑指示	WITHOUT
信用证兑付方式	PAYMENT	最迟装船期	20150731
申请人名址	Qingdao Bravo International Co., Ltd. Room 5008, New building, LiaoNing	限定议付/付款行名址	ANY BANK
到期日	20150831	到期地	in the beneficiary's country
费用			
费用承担人	BENEFICIARY	通知费	ZAR 344.71
电报费		保兑费	

(2)出口行来证通知录入后，生成信用证通知书，系统会将其自动发送至出口商。

步骤 5

实践名称：出口商审核信用证

实践背景：出口商收到出口行发送的信用证及通知书后，即认真审查信用证条款是否与买卖合同条款的内容柜符，以免影响安全收汇。

实践要求：以出口商角色，完成审核信用证操作。

相关单据：

单据 11. 信用证通知书

南非联合银行

Amalgamated Bank of South Africa

299 YiFei Road, Pretoria, South Africa

FAX: 27-12-422-4001

信用证通知书

NOTIFICATION OF DOCUMENTARY CREDIT

日期: 20150703

TO 致: Crystal Co., Ltd. No.20 Spring street Johannesburg, South Africa		WHEN CORRESPOND NG PLEASE QUOTE OUT REF NO.	ABSZAR6P93A
ISSUING BANK开证行 Qingdao Branch of China Merchants Bank No. 8 Shangma Street Qingdao, China		TRANSMITTED TO US THROUGH 转递行 REF NO.	
L/C NO. 信用证号 002/0000059	DATED 开证日期 20150702	AMOUNT 金额 USD 20580.00	EXPIRY PLACE 有效地 in the beneficiary's country
EXPIRY DATE 有效期 20150831	TENOR 期限 0AT SIGHT	CHARGE 未付费用 ZAR 344.71	CHARGE BY 费用承担人 BENEFICIARY
RECEIVED VIA 来证方式 MT700	AVAILABLE 是否生效 Valid	TEST/SIGN 印押是否相符 Yes	CONFIRM 我行是否保兑 WITHOUT

DEAR SIRS 敬启者:
WE HAVE PLEASURE IN ADVISING YOU THAT WE HAVE RECEIVED FROM THE A/M BANK A(N) **LETTER OF CREDIT**, CONTENTS OF WHICH ARE AS PER ATTACHED SHEET(S). THIS ADVICE AND THE ATTACHED SHEET(S) MUST ACCOMPANY THE RELATIVE DOCUMENTS WHEN PRESENTED FOR NEGOTIATION.
兹通知贵公司，我行收自上述银行信用证一份，现随附通知。贵司交单时，请将本通知书及信用证一并提示。

REMARK备注:
PLEASE NOTE THAT THIS ADVICE DOES NOT CONSTITUTE OUR CONFIRMATION OF THE ABOVE L/C NOR DOES IT CONVEY ANY ENGAGEMENT OR OBLIGATION ON OUT PART.

THIS L/C CONSISTS OF SHEET(S), INCLUDING THE COVERING LETTER AND ATTACHMENT(S).
本信用证连同面函及附件共 纸。

IF YOU FIND ANY TERMS AND CONDITIONS IN THE L/C WHICH YOU ARE UNABLE TO COMPLY WITH AND OR ANY ERROR(S), IT IS SUGGESTED THAT YOU CONTACT APPLICANT DIRECTLY FOR NECESSARY AMENDMENT(S) SO AS TO AVOID AND DIFFICULTIES WHICH MAY ARISE WHEN DOCUMENTS ARE PRESENED.
如本信用证中有无法办到的条款及/或错误，请迳与开证申请人联系，进行必要的修改，以排除交单时可能发生的问题。

THIS L/C IS ADVISED SUBJECT TO ICC UCP PUBLICATION NO.600.
本信用证之通知系遵循国际商会跟单信用证统一惯例第600号出版物办理。

此证如有任何问题及疑虑，请与结算业务部审证科联络，电话: 27-12-422-4000

YOURS FAITHFULL

FOR Amalgamated Bank of South Africa

单据 8. 信用证 MT700(存在错误)

--------------------------- MESSAGE HEADER ---------------------------

Sender　　　: CMBCCNBS265
Message Type : 700 LETTER OF CREDIT
Receiver　　: ABSZAR6P93A

--------------------------- MESSAGE TEXT ---------------------------

:27:　SEQUENCE OF TOTAL
1/1

:40A:　FORM OF DOCUMENTARY CREDIT
IRREVOCABLE

:20:　DOCUMENTARY CREDIT NUMBER
002/0000059

:31C:　DATE OF ISSUE
20150702

:40E:　APPLICABLE RULES
UCP LATEST VERSION

:31D:　DATE AND PLACE OF EXPIRY
20150831　　in the beneficiary's country

:50:　APPLICANT
Qingdao Bravo International Co., Ltd.
Room 5008, New building, LiaoNing Road, 256, Qingdao, Shandong province, China

:59:　BENEFICIARY
Crystal Co., Ltd.
No.20 Spring street Johannesburg, South Africa

:32B:　CURRENCY CODE, AMOUNT
USD　205800,00

:41D:　AVAILABLE WITH BY
ANY BANK BY PAYMENT

:42C:　DRAFTS AT
AT SIGHT

:42A:　DRAWEE
ISSUE BANK

:43P:　PARTIAL SHIPMENTS
NOT ALLOWED

:43T:　TRANSHIPMENT
NOT ALLOWED

:44E:　PORT OF LOADING/AIRPORT OF DEPARTURE
Capetown,South Africa

:44F:　PORT OF DISCHARGE/AIRPORT OF DESTINATION
Shanghai,China

:44C:　LATEST DATE OF SHIPMENT
20150731

:45A:　DESCRIPTION OF GOODS AND/OR SERVICES
CN-001 Silicon
Size: 10-100 mm, Chemical Composition: Si (99.5% min), Fe (0.2% max), Al (0.2% max), Ca (0.02% max), P (0.004% max)
QUANTITY: 49BAGS
PRICE: USD420.00
CIF Shanghai,China

:46A:　DOCUMENTS REQUIRED
Signed commercial invoice in 3 copies indicating L/C No. and Contract No. CT0000105
Full set of clean on board Bills of Lading made out to order and blank endorsed, marked "freightprepaid " notifying Applicant
Insurance Policy/Certificate in 2 copies for 110% of the invoice value showing claims payable in China in currency of the draft, blank endorsed, covering ALL Risks additional WAR Risks, Strikes .
Packing List/Weight Memo in 3 copies indicating quantity, gross and weights of each package.
Other documents, if any
Certificate of Origin Form A in 1 copies issued by CIQ.

:47A:　ADDITIONAL CONDITIONS
All banking charges outside the opening bank are for beneficiar's account.
Documents must be presented within 21 days after date of issuance of the transport documents but within the validity of this credit.

:71B:　CHARGES
All banking charges outside the opening bank are for beneficiary's account

:49:　CONFIRMATION INSTRUCTIONS
WITHOUT

:57D:　ADVISE THROUGH BANK
Amalgamated Bank of South Africa
299 YiFei Road, Pretoria, South Africa

【参考方案】

1. 填写信用证审核表

出口商收到出口行发送的信用证及通知书后，根据买卖合同条款的内容对信用证进行审核，填写信用证审核表(如果信用证没错，审核表可不填)。

单据 12. 信用证审核表(存在错误)

编号: 12805219　　日期: 2015-07-03

信用证(MT700)

选择	栏目	错误理由	正确值
○	信用证币种及金额	金额错写为USD 205800.00	USD 20580.00

[添加] [修改] [删除]

保存 检查 提交

2. 及时要求进口商申请改证

如果出口商发现信用证有错误,应及时要求进口商申请改证。如果没错则不需要。

步骤 6

实践名称:进口商申请改证

实践背景:出口商收到信用证后,经过认真审核,发现信用证金额与合同不符,随即向进口商提出改证要求。

实践要求:以进口商角色,根据出口商的改证要求,填制信用证修改申请书,向进口行申请改证。

【参考方案】

1. 填制信用证修改申请书

进口商根据出口商的改证要求,填制信用证修改申请书。

单据 13. 信用证修改申请书

信用证修改申请书

IRREVOCABLE DOCUMENTARY CREDIT AMENDMENT APPLICATION

To: Qingdao Branch of China Merchants Bank　　Date: 2015-07-04

Credit No.（信用证号码）002/0000059	Amount:（原证金额）[USD][205800.00]
No. of Amendment:（修改次数）1	
Beneficiary:（受益人） Crystal Co., Ltd. No.20 Spring street Johannesburg, South Africa	
New Date of Expiry:（新效期） 2015-08-31	New Latest shipment Date:（新装期） 2015-07-31
Increase of DC Amount:（信用证增额）[ ][ ]	
Decrease of DC Amount:（信用证减额）[USD][185220.00]	
New DC Amount After Amendment:（修改后信用证金额）[USD][20580.00]	
Teams Of Amendment:（修改条款）	
其余条款不变OTHER TERMS AND CONDITIONS REMAIN UNCHANGED	

经办人：

申请人签章：

2. 申请改证

进口商提交信用证、信用证修改申请书，向银行申请改证。

步骤 7

实践名称：进口行修改信用证

实践背景：进口商向进口行提交了信用证修改申请，进口行收到相关资料后，即开始修改信用证操作。

实践要求：以进口行角色，完成修改信用证操作。

【参考方案】

1. 开立修改书

进口行收到信用证修改申请相关资料后，即据此进行开立修改书录入。

单据 14. 开立修改书

开立修改书　生成面函　生成报文

信用证号	002/0000059	开证日期	20150702
信用证币种金额	USD 205800.00	发送方式	全电SWIFT
信用证增额	0.00	信用证减额	185220.00
本次修改次数	1	修改日期	20150705
申请人名址	Qingdao Bravo International Co., Ltd. Room 5008, New building, LiaoNing	通知行名址	Amalgamated Bank of South Africa 299 YiFei Road, Pretoria, South Africa
受益人名址	Crystal Co., Ltd. No.20 Spring street Johannesburg, South Africa	新到期日	
		最后装运日	
修改详述			

Charges

费用负担方	APPLICANT	修改增额手续费	0.00
其他修改手续费	CNY 200.00	修改电报费	CNY 100.00

2. 生成信用证修改书 MT707

开立修改书录入后，生成信用证修改书 MT707，系统会将其自动发送到出口行。

步骤 8

实践名称：出口行通知修改书

实践背景：进口行开立信用证修改书后，向出口行发出信用证修改书 MT707 报文。出口行收到后即进行修改通知操作，将修改书通知出口商。

实践要求：以出口行角色，完成修改登记、修改通知等操作。

相关单据：

单据 15. 信用证修改书 MT707

---------- MESSAGE HEADER ----------

Sender : CMBCCNBS265

Message Type : 707 AMENDMENT TO A DUCUMENTARY CREDIT

Receiver : ABSZAR6P93A

---------- MESSAGE TEXT ----------

:20: SENDER'S REFERENCE

002/0000059

:21: RECEIVER'S REFERENCE

ABSZAR6P93A

:31C: DATE OF ISSUE

20150702

:30: DATE OF AMENDMENT

20150705

:26E: NUMBER OF AMENDMENT

1

:59: BENEFICIARY

Crystal Co., Ltd.
No.20 Spring street Johannesburg, South Africa

:33B: DECREASE OF DOCUMENTARY CREDIT AMOUNT

USD 185220,00

:34B: NEW DOCUMENTARY CREDIT AMOUNT AFTER AMENDMENT

USD 20580,00

【参考方案】

1. 修改登记

出口行收到信用证修改书 MT707 后,据此进行修改登记录入。

单据 16. 修改登记

修改登记　生成面函　生成报文

修改通知编号	002/0000060-B01	登记日期	20150705
信用证号	002/0000059	开证日期	20150702
信用证币种金额	USD 205800.00	受益人名址	Crystal Co., Ltd. No. 20 Spring street Johannesburg, South Africa
最迟装船期			
新到期日			

2. 修改通知

(1)出口行修改登记后,进行修改通知录入。

单据 17. 修改通知

修改通知　生成面函　生成报文

修改通知编号	002/0000060-B01	修改通知日期	20150705
改证次数	1	改证日期	20150705
信用证号	0C2/0000059	开证日期	20150702
信用证币种金额	USD 205800.00	汇票期限类型及天数	AT SIGHT
密押印签是否相符	Yes	信用证有效标志	Valid
开证行名址	Qingdao Branch of China Merchants Bank No. 8 Shangma Street Qingdao, China	受益人名址	Crystal Co., Ltd. No. 20 Spring street Johannesburg, South Africa
信用证增额	0.00	信用证减额	185220.00
修改方式	Swift	信用证类型	IRREVOCABLE
修改密押印签	No	修改有效标志	Valid
新最迟装船期		原证保兑指示	WITHOUT
新到期日		我行保兑指示	WITHOUT
新到期地	in the beneficiary's country	我行修改保兑指示	
费用			
费用承担人	BENEFICIARY	通知费	ZAR 172.35
电报费		保兑费	

(2)出口行修改通知录入后,生成信用证修改通知书,系统会将其自动发送到出口商。

步骤 9

实践名称:出口商交单

实践背景:出口商收到信用证修改通知书后,经审核无误,即向工厂下达订单,开始备货出运,同时缮制相关货运单据,向出口行交单。

实践要求:以出口商角色,填制商业发票、汇票和交单委托书等单据,并向出口行交单。

相关单据:

单据 18. 修改通知书

南非联合银行

Amalgamated Bank of South Africa

299 YiFei Road, Pretoria, South Africa

FAX: 27-12-422-4001

修改通知书

NOTIFICATION OF AMENDMENT

日期: 20150706

TO 致: Crystal Co., Ltd. No.20 Spring street Johannesburg, South Africa		WHEN CORRESPOND NG PLEASE QUOTE OUT REF NO.	ABSZAR6P93A
ISSUING BANK 开证行 Qingdao Branch of China Merchants Bank No. 8 Shangma Street Qingdao, China		TRANSMITTED TO US THROUGH 转递行 REF NO.	
L/C NO. 信用证号 002/0000059	DATED 开证日期 20150702	AMOUNT 金额 USD 205800.00	EXPIRY PLACE 有效地 in the beneficiary's
EXPIRY DATE 有效期	TENOR 期限 AT SIGHT	CHARGE 未付费用 ZAR 172.35	CHARGE BY 费用承担人 BENEFICIARY
RECEIVED VIA 修改方式 Swift	AVAILABLE 修改是否生效 Valid	TEST/SIGN 印押是否相符 No	CONFIRM我行是否保兑修改
AMEND NO 修改次数 1	AMEND DATE 修改日期 20150705	INCREASE AMT 增额 USD 0.00	DECREASE AMT 减额 USD 185220.00

DEAR SIRS 敬启者:
WE HAVE PLEASURE IN ADVISING YOU THAT WE HAVE RECEIVED FROM THE A/M BANK A(N) AMENDMENT TO THE CAPTIONED L/C, CONTENTS OF WHICH ARE AS PER ATTACHED SHEET(S).
兹通知贵公司，我行收自上述银行收到修改一份，内容见附件。
THIS AMENDMENT SHOULD BE ATTACHED TO THE CAPTIONED L/C ADVISED BY US, OTNER WISE, THE BENEFICIARY WILL BE RESPONSIBLE FOR ANY CONSEQUENCES ARISING THERFORM.
本修改须附于有关信用证，否则，贵公司须对因此而产生的后果承担责任。

REMARK备注:

THIS AMENDMENT CONSISTS OF SHEET(S), INCLUDING THE COVERING LETTER AND ATTACHMENT(S).
本修改连同面函及附件共纸。
KINDLY TAKE NOTE THAT THE PARTIAL ACCEPTANCE OF THE AMENDMENT IS NOT ALLOWED.
本修改不能部分接受。
THIS AMENDMENT IS ADVISED SUBJECT TO LCC UCP PUBLICATION NO. 600.
本修改之通知系遵循国际商会跟单信用证统一惯例第600号出版物办理。

此证如有任何问题及疑虑，请与结算业务部审证科联络，电话: 27-12-422-4000

YOURS FAITHFULL
FOR *Amalgamated Bank of Sc*

【参考方案】

1. 填制相关单据

出口商填制商业发票、汇票和交单委托书等单据。

单据 19. 商业发票

ISSUER	商业发票 **COMMERCIAL INVOICE**	
Crystal Co., Ltd. No.20 Spring street Johannesburg, South Africa		
TO Qingdao Bravo International Co., Ltd. Room 5008, New building, LiaoNing Road, 256, Qingdao, Shandong province, China		
TRANSPORT DETAILS From Capetown,South Africa to Shanghai,China, Ready shipment By sea	NO. IV0000084	DATE 2015-07-01
	S/C NO. CT0000105	L/C NO. 002/0000059

TERMS OF PAYMENT

100 % by L/C at sight

Product No.	Description of goods	Quantity	Unit Price	Amount
			CIF	Shanghai,China
○ CN-001	Silicon Size: 10-100 mm, Chemical Composition: Si (99.5% min), Fe (0.2% max), Al (0.2% max), Ca (0.02% max), P (0.004% max)	49 BAGS	USD 420.00	USD 20580.00

[Add] [Edit] [Delete]

Total: [49][BAGS] [USD][20580.00]

SAY TOTAL: SAY USD TWENTY THOUSAND FIVE HUNDRED AND EIGHTY ONLY

MARKS AND NUMBERS:

N/M

Crystal Co., Ltd.

Tom

单据 20. 汇票

BILL OF EXCHANGE

No. S0000061 Dated 2015-07-23

Exchange for USD 20580.00

At ---- Sight of this FIRST of Exchange

(Second of exchange being unpaid)

Pay to the Order of Amalgamated Bank of South Africa

the sum of SAY USD TWENTY THOUSAND FIVE HUNDRED AND EIGHTY ONLY

Drawn under L/C No. 002/0000059 Dated 20150702

To Qingdao Branch of China Merchants Bank
No. 8 Shangma Street Qingdao, China

Crystal Co., Ltd.

(Authorized Signature)

单据 21. 交单委托书

交单委托书

致：南非联合银行

本公司向贵行递交下列出口单据（见后附单据清单），信用证业务请贵行依照信用证中规定的《跟单信用证统一惯例》办理，跟单托收业务请按照现行《托收统一规则》办理。

公司中文名称：	克里斯托有限责任公司	公司英文名称	Crystal Co., Ltd.
公司联系人：	汤姆	电话：	0027-41-6956556
发票号码：	IV0000084	发票币种金额：	USD 20580.00
索汇币种金额：	USD 20580.00	核销单编号：	

** 请贵行收妥款项后，划入我司下列账号（如出单时未确定，请在账号处填写未确定）：

账号：2052000000000001052 币种 USD 开户银行：莱利银行

** 贵行费用请直接从我司下列账号中收取：

账号：2052000000000001052 币种 USD 开户银行：莱利银行

国际收支交易编码 121010 交易附言（出口商品中文名称）硅

单据邮递费用：币种 金额 （银行填写，二次寄单需将费用加总）

收费时机：出单时收☐ 收汇时收☐ （银行填写）

信用证

信用证号码：002/0000059

我行通知号：AL000062

开证行（Issuing Bank）：
Qingdao Branch of China Merchants Bank
No. 8 Shangma Street Qingdao, China

寄单指示：
- ☒请贵行按信用证要求寄单索汇，收妥结汇
- ☐若单据存在不符点。请通知我司改单
- ☒若单据存在不符点，我司担保出单，并承担由此产生的不能收汇风险
- ☐其它指示

跟单托收

代收行指示：
- ☐代收行（Collecting Bank）（全称、地址）
- ☐请贵行代为选择代收行，风险由我司承担

付款人（Drawee）全称

交单方式：
- ☐付款交单 (D/P)
- ☐承兑交单 (D/A) 期限：
- ☐其它交单方式：

寄单指示
- ☐贵行托收行费用由 ☐我司承担 ☐付款人承担
- ☐代收行费用由 ☐我司承担 ☐付款人承担
- ☐若付款人拒绝付款/承兑，不必做成拒绝证书。
- ☐其它指示

单据清单

单据名称	份数	单据名称	份数
DRAFT	1	HEALTH CERTIFICATE	
COMMERCIAL INVOICE	3	CERTIFICATE OF PHYTOSANITARY	
PROFORMA INVOICE		CERTIFICATE OF ORIGIN	
BILL OF LADING	3	GSP FORM A	1
AIR WAYBILL		FORM E	
RAIL WAYBILL		FORM B	
CARGO RECEIPT		BENE'S CERTIFICATE	
INSURANCE POLICY/CERTIFICATE	2	ACCEPTANCE CERTIFICATE	
PACKING LIST	3	NON-WOOD PACKING CERTIFICATE	
CERTIFICATE OF QUALITY		FUMIGATION/DISINFECTION CERTIFICATE	
CERTIFICATE OF QUANTITY/WEIGHT		CERTIFICATE FOR CCC	
VETERINARY (HEALTH) CERTIFICATE		OTHER(需在下面注明单据具体名称)	
SANITARY CERTIFICATE			

交单人签字：汤姆

公司印鉴：

交单日期：2015 年 7 月 23 日

银行签收人： 签收日期：

2. 信用证交单

出口商向出口行提交相关单据。包括：

单据 8. 信用证 MT700(存在错误)

---------- MESSAGE HEADER ----------

Sender : CMBCCNBS265
Message Type : 700 LETTER OF CREDIT
Receiver : ABSZAR6P93A

---------- MESSAGE TEXT ----------

:27: SEQUENCE OF TOTAL
1/1

:40A: FORM OF DOCUMENTARY CREDIT
IRREVOCABLE

:20: DOCUMENTARY CREDIT NUMBER
002/0000059

:31C: DATE OF ISSUE
20150702

:40E: APPLICABLE RULES
UCP LATEST VERSION

:31D: DATE AND PLACE OF EXPIRY
20150831 in the beneficiary's country

:50: APPLICANT
Qingdao Bravo International Co., Ltd.
Room 5008, New building, LiaoNing Road, 256, Qingdao, Shandong province, China

:59: BENEFICIARY
Crystal Co., Ltd.
No.20 Spring street Johannesburg, South Africa

:32B: CURRENCY CODE, AMOUNT
USD 205800,00

:41D: AVAILABLE WITH BY
ANY BANK BY PAYMENT

:42C: DRAFTS AT
AT SIGHT

:42A: DRAWEE
ISSUE BANK

:43P: PARTIAL SHIPMENTS
NOT ALLOWED

:43T: TRANSHIPMENT
NOT ALLOWED

:44E: PORT OF LOADING/AIRPORT OF DEPARTURE
Capetown,South Africa

:44F: PORT OF DISCHARGE/AIRPORT OF DESTINATION
Shanghai,China

:44C: LATEST DATE OF SHIPMENT
20150731

:45A: DESCRIPTION OF GOODS AND/OR SERVICES
CN-001 Silicon
Size: 10-100 mm, Chemical Composition: Si (99.5% min), Fe (0.2% max), Al (0.2% max), Ca (0.02% max), P (0.004% max)
QUANTITY: 49BAGS
PRICE: USD420.00
CIF Shanghai,China

:46A: DOCUMENTS REQUIRED
Signed commercial invoice in 3 copies indicating L/C No. and Contract No. CT0000105
Full set of clean on board Bills of Lading made out to order and blank endorsed, marked "freightprepaid " notifying Applicant
Insurance Policy/Certificate in 2 copies for 110% of the invoice value showing claims payable in China in currency of the draft, blank endorsed, covering ALL Risks additional WAR Risks, Strikes .
Packing List/Weight Memo in 3 copies indicating quantity, gross and weights of each package.
Other documents, if any
Certificate of Origin Form A in 1 copies issued by CIQ.

:47A: ADDITIONAL CONDITIONS
All banking charges outside the opening bank are for beneficiar's account.
Documents must be presented within 21 days after date of issuance of the transport documents but within the validity of this credit.

:71B: CHARGES
All banking charges outside the opening bank are for beneficiary's account

:49: CONFIRMATION INSTRUCTIONS
WITHOUT

:57D: ADVISE THROUGH BANK
Amalgamated Bank of South Africa
299 YiFei Road, Pretoria, South Africa

单据 15. 信用证修改书 MT707

---------- MESSAGE HEADER ----------

Sender : CMBCCNBS265
Message Type : 707 AMENDMENT TO A DUCUMENTARY CREDIT
Receiver : ABSZAR6P93A

---------- MESSAGE TEXT ----------

:20: SENDER'S REFERENCE
002/0000059
:21: RECEIVER'S REFERENCE
ABSZAR6P93A
:31C: DATE OF ISSUE
20150702
:30: DATE OF AMENDMENT
20150705
:26E: NUMBER OF AMENDMENT
1
:59: BENEFICIARY
Crystal Co., Ltd.
No.20 Spring street Johannesburg, South Africa
:33B: DECREASE OF DOCUMENTARY CREDIT AMOUNT
USD 185220,00
:34B: NEW DOCUMENTARY CREDIT AMOUNT AFTER AMENDMENT
USD 20580,00

单据 19. 商业发票

ISSUER
Crystal Co., Ltd.
No.20 Spring street Johannesburg, South Africa

TO
Qingdao Bravo International Co., Ltd.
Room 5008, New bulding, LiaoNing Road, 256, Qingdao, Shandong province, China

商业发票
COMMERCIAL INVOICE

TRANSPORT DETAILS	NO.	DATE
From Capetown,South Africa to Shanghai,China, Ready shipment By sea	IV0000084	2015-07-01
	S/C NO.	L/C NO.
	CT0000105	002/0000059

TERMS OF PAYMENT
100 % by L/C at sight

Product No.	Description of goods	Quantity	Unit Price	Amount
			CIF	Shanghai,China
CN-001	Silicon Size: 10-100 mm, Chemical Composition: Si (99.5% min), Fe (0.2% max), Al (0.2% max), Ca (0.02% max), P (0.004% max)	49 BAGS	USD 420.00	USD 20580.00

[Add][Edit][Delete]

Total: [49][BAGS] [USD][20580.00]

SAY TOTAL: SAY USD TWENTY THOUSAND FIVE HUNDRED AND EIGHTY ONLY

MARKS AND NUMBERS:
N/M

Crystal Co., Ltd.
Tom

单据 22. 装箱单

ISSUER	装箱单 PACKING LIST
Crystal Co., Ltd. No.20 Spring street Johannesburg, South Africa	
TO	
Qingdao Bravo International Co., Ltd. Room 5008, New building, LiaoNing Road, 256, Qingdao, Shandong province, China	
	PACKING LIST NO. PL0000128
	INVOICE NO. IV0000084
	DATE 2015-07-01

Product No.	Description of goods	Package	G.W	N.W	Meas.
○ CN-001	Silicon Size: 10-100 mm, Chemical Composition: Si (99.5% min), Fe (0.2% max), Al (0.2% max), Ca (0.02% max), P (0.004% max)	49 BAGS	24647.00 KGS	24500.00 KGS	6.1740 CBM

[Add] [Edit] [Delete]

Total:	[49]	[24647.00]	[24500.00]	[6.1740]
	[BAGS]	[KGS]	[KGS]	[CBM]

SAY TOTAL: FORTY NINE BAGS

MARKS AND NUMBERS:

N/M

Crystal Co., Ltd.

Tom

单据 23. 普惠制产地证

ORIGINAL

1. Good consigned from (Exporter's business name,address,country) Crystal Co., Ltd. No.20 Spring street Johannesburg, South Africa South Africa	Reference No. GP/000/0026 **GENERALIZED SYSTEM OF PREFERENCES CERTIFICATE OF ORIGIN** (Combined declaration and certificate) **FORM A**
2. Goods consigned to(Consignee's name,address,country) Qingdao Bravo International Co., Ltd. Room 5008, New building, LiaoNing Road, 256, Qingdao, Shandong province, China China	
3. Means of transport and route(as far as Known) FROM Capetown TO Shanghai By sea	4. For official use

Item number	6. Marks and numbers of packages	7. Number and kind of packages;description of goods	8. Origin criterion(see Notes overleaf)	9. Gross weight or other quantity	10. Number and date of invoices
○1	N/M	forty nine(49)bag of Silicon Size: 10-100 mm, Chemical Composition: Si (99.5% min), Fe (0.2% max), Al (0.2% max), Ca (0.02% max), P (0.004% max)	"P"	49 BAGS	IV0000084 July 1.2015

[Add][Edit][Delete]

11. Certification It is hereby certified,on the basis of control carried out,that the declaration by the exporter is correct Place and date, signature and stamp of certifying authority	12. Declaration by the exporter The undersigned herby declares that the above details and statements are correct,that all the goods were produced in South Africa (country) and that they comply with the origin requirements specified for those goods in the Generalized System of Preferences for goods exported to China (importing country) 2015-07-07 Crystal Co., Ltd. Place and date, signature and stamp of certifying authority

单据 24. 货物运输保险单

货物运输保险单

CARGO TRANSPORTATION INSURANCE POLICY

发票号(INVOICE NO.) IV0000084

合同号(CONTRACT NO.) CT0000105　　保单号次

信用证号(L/C NO.) 002/0000059　　POLICY NO. PI0000056

被保险人

Insured　Qingdao Bravo International Co., Ltd.

本公司根据被保险人的要求，由被保险人向本公司缴付约定的保险费，按照本保险单承保险别和背面所载条款与下列特款承保下述货物运输保险，特立本保险单。

THE COMPANY IN ACCORDANCE WITH THE REQUIREMENTS OF THE INSURED BY THE INSURED TO THE COMPANY AGREED TO PAY THE PREMIUMS, IN ACCORDANCE WITH THE INSURANCE COVERAGE AND ON THE BACK OF THE FOLLOWING TERMS AND CONDITIONS CONTAINED IN THE SPECIAL SECTION COVER THE CARRIAGE OF GOODS BY INSURANCE, OF THE INSURANCE TRINIDAD SINGLE.

标记 MARKS&NOS	包装及数量 QUANTITY	保险货物项目 DESCRIPTION OF GOODS	保险金额 AMOUNT INSURED
N/M	49 BAGS	Silicon	USD 22638.00

总保险金额

TOTAL AMOUNT INSURED:　SAY USD TWENTY TWO THOUSAND SIX HUNDRED AND THIRTY EIGHT ONLY

保费　PERMIUM: USD 199.21

启运日期　DATE OF COMMENCEMENT: As Per B/L

装载运输工具　PER CONVEYANCE: BLUE PEAK

自　FROM: Capetown,South Africa

经　VIA:

至　TO: Shanghai,China

承保险别

CONDITIONS:

ALL Risks additional WAR Risks, Strikes Risk.

所保货物,如发生保险单项下可能引起索赔的损失或损坏,应立即通知本公司下述代理人查勘。如有索赔,应向本公司提交保单正本(本保险单共有3份正本)及有关文件。如一份正本已用于索赔，其余正本自动失效。

IN THE EVENT OF LOSS OR DAMAGE WITCH MAY RESULT IN A CLAIM UNDER THIS POLICY, IMMEDIATE NOTICE MUST BE GIVEN TO THE COMPANY'S AGENT AS MENTIONED HEREUNDER. CLAIMS,IF ANY,ONE OF THE ORIGINAL POLICY WHICH HAS BEEN ISSUED IN 3 ORIGINAL(S) TOGETHER WITH THE RELEVENT DOCUMENTS SHALL BE SURRENDERED TO THE COMPANY . IF ONE OF THE ORIGINAL POLICY HAS BEEN ACCOMPLISHED. THE OTHERS TO BE VOID.

赔款偿付地点

CLAIM PAYABLE AT　Shanghai,China

出单日期

ISSUING DATE　2015-07-23　　Authorized Signature

单据 25. 海运提单

1. Shipper Insert Name, Address and Phone
Crystal Co., Ltd.
No.20 Spring street Johannesburg, South Africa
Tel:0027-41-6956556

B/L No.
COBL0000083

正利航运有限公司

Cheng Li Shipping Company, Ltd.
TEL:001 213 210 7721
FAX:001 213 210 7721

ORIGINAL

Port-to-Port or Combined Transport

BILL OF LADING

2. Consignee Insert Name, Address and Phone
TO ORDER

3. Notify Party Insert Name, Address and Phone
(It is agreed that no responsibility shall attach to the Carrier or his agents for failure to notify)
Qingdao Bravo International Co., Ltd.
Room 5008, New building, LiaoNing Road, 256, Qingdao, Shandong province, China
Tel:86-0755-25489302

RECEIVED in external apparent good order and condition except as other-Wise noted. The toTAL number of packages or unites stuffed in the container,The description of the goods and the weights shown in this Bill of Lading are Furnished by the Merchants, and which the carrier has no reasonable means Of checking and is not a part of this Bill of Lading contract. The carrier has Issued the number of Bills of Lading stated below, all of this tenor and date, One of the original Bills of Lading must be surrendered and endorsed or sig-Ned against the delivery of the shipment and whereupon any other original Bills of Lading shall be void. The Merchants agree to be bound by the terms And conditions of this Bill of Lading as if each had personally signed this Bill of Lading.
SEE clause 4 on the back of this Bill of Lading (Terms continued on the back Hereof, please read carefully).
*Applicable Only When Document Used as a Combined Transport Bill of Lading.

4. Combined Transport* Pre - carriage by	5. Combined Transport* Place of Receipt
6. Ocean Vessel Voy. No. BLUE PEAK 1248E	7. Port of Loading Capetown,South Africa
8. Port of Discharge Shanghai,China	9. Combined Transport* Place of Delivery

Marks & Nos. Container / Seal No.	No. of Containers or Packages	Description of Goods (If Dangerous Goods, See Clause 20)	Gross Weight Kgs	Measurement
N/M	1 X 20'GP	Silicon 49BAGS; FREIGHT PREPAID	24647.00 KGS	6.1740 CBM

Description of Contents for Shipper's Use Only (Not part of This B/L Contract)

10. ToTAL Number of containers and/or packages (in words) Subject to Clause 7 Limitation: FORTY NINE BAGS

11. Freight & Charges	Revenue Tons	Rate	Per	Prepaid	Collect
Declared Value Charge					

Ex. Rate:	Prepaid at	Payable at	Place and date of issue
			South Africa 2015-07-06
	Total Prepaid	No. of Original B(s)/L	Signed for the Carrier,
		3/3	Cheng Li Shipping Company, Ltd.

LADEN ON BOARD THE VESSEL

DATE 2015-07-06 BY

单据 20. 汇票

BILL OF EXCHANGE

No. S0000061　　　　　　　　Dated 2015-07-23

Exchange for USD 20580.00

At ---- Sight of this FIRST of Exchange

(Second of exchange being unpaid)

Pay to the Order of Amalgamated Bank of South Africa

the sum of SAY USD TWENTY THOUSAND FIVE HUNDRED AND EIGHTY ONLY

Drawn under L/C No. 002/0000059　　　Dated 20150702

To Qingdao Branch of China Merchants Bank
No. 8 Shangma Street Qingdao, China

Crystal Co., Ltd.

(Authorized Signature)

单据 21. 交单委托书

交单委托书

致：南非联合银行

本公司向贵行递交下列出口单据（见后附单据清单），信用证业务请贵行依照信用证中规定的《跟单信用证统一惯例》办理，跟单托收业务请按照现行《托收统一规则》办理。

公司中文名称：	克里斯托有限责任公司	公司英文名称:	Crystal Co., Ltd.
公司联系人：	汤姆	电话：	0027-41-6956556
发票号码：	IV0000084	发票币种金额：	USD 20580.00
索汇币种金额：	USD 20580.00	核销单编号：	

** 请贵行收妥款项后，划入我司下列账号（如出单时未确定，请在账号处填写未确定）：

账号：2052000000000001052　币种: USD　开户银行：莱利银行

** 贵行费用请直接从我司下列账号中收取：

账号：2052000000000001052　币种: USD　开户银行：莱利银行

国际收支交易编码 121010　交易附言（出口商品中文名称)鞋

单据邮递费用：币种　　金额　　（银行填写，二次寄单需将费用加总）

收费时机：出单时收☐　　收汇时收☐（银行填写）

信用证

信用证号码：002/0000059

我行通知号：AL000062

开证行（Issuing Bank）：
Qingdao Branch of China Merchants Bank
No. 8 Shangma Street Qingdao, China

寄单指示：

☒请贵行按信用证要求寄单索汇，收妥结汇

☐若单据存在不符点，请通知我司改单

☒若单据存在不符点，我司担保出单，并承担由此产生的不能收汇风险

☐其它指示

跟单托收

代收行指示：

☐代收行（Collecting Bank）（全称、地址）

☐请贵行代为选择代收行，风险由我司承担

付款人（Drawee）全称:

交单方式：

☐付款交单 (D/P)

☐承兑交单 (D/A)　期限：

☐其它交单方式：

寄单指示

☐贵行托收行费用由　☐我司承担　☐付款人承担

☐代收行费用由　☐我司承担　☐付款人承担

☐若付款人拒绝付款/承兑，不必做成拒绝证书。

☐其它指示

单据清单

单据名称	份数	单据名称	份数
DRAFT	1	HEALTH CERTIFICATE	
COMMERCIAL INVOICE	3	CERTIFICATE OF PHYTOSANITARY	
PROFORMA INVOICE		CERTIFICATE OF ORIGIN	
BILL OF LADING	3	GSP FORM A	1
AIR WAYBILL		FORM E	
RAIL WAYBILL		FORM B	
CARGO RECEIPT		BENE'S CERTIFICATE	
INSURANCE POLICY/CERTIFICATE	2	ACCEPTANCE CERTIFICATE	
PACKING LIST	3	NON-WOOD PACKING CERTIFICATE	
CERTIFICATE OF QUALITY		FUMIGATION/DISINFECTION CERTIFICATE	
CERTIFICATE OF QUANTITY/WEIGHT		CERTIFICATE FOR CCC	
VETERINARY (HEALTH) CERTIFICATE		OTHER(需在下面注明单据具体名称)	
SANITARY CERTIFICATE			

交单人签字：汤姆

公司印鉴：

交单日期：2015 年 7 月 23 日

银行签收人：　　　签收日期：

步骤 10

实践名称：出口行寄单索汇

实践背景：出口商备齐单据向银出口行交单，出口行收到相应单据审核后，即进行录入操作，向进口行寄单索汇。

实践要求：以出口行角色，完成出口审单、寄单登记、寄单索汇等操作。

【参考方案】

1. 出口审单

出口行收到相应单据后，据此填写审核表（如果单据有错误，应找出并填写在审核表中；如果没有错误可不填）。

单据 26. 出口审单

编号： 12806981　　日期： 2015-07-23

海运提单

栏目	错误理由	正确值

[添加] [修改] [删除]

商业发票

栏目	错误理由	正确值

[添加] [修改] [删除]

装箱单

栏目	错误理由	正确值

[添加] [修改] [删除]

货物运输保险单

栏目	错误理由	正确值

[添加] [修改] [删除]

汇票

栏目	错误理由	正确值

[添加] [修改] [删除]

普惠制原产地证明书(Form A)

栏目	错误理由	正确值

[添加] [修改] [删除]

交单委托书

栏目	错误理由	正确值

[添加] [修改] [删除]

根据以上理由，我部 同意 ▼ 申请人交单。

经办人______

2. 寄单登记

出口行出口审单无误后，根据收到的相关单据内容进行寄单登记录入。

单据 27. 寄单登记

寄单登记　生成面函　生成报文

寄单业务编号	SD000620	客户交单日期	20150723
信用证号	002/0000059	发票号	IV0000084
发票币种金额	USD 20580.00	受益人名址	Crystal Co., Ltd. No.20 Spring street Johannesburg, South Africa
索汇币种金额	USD 20580.00		

3. 寄单索汇

(1)出口行寄单登记后，根据收到的相关单据内容进行寄单索汇录入。

单据 28. 寄单索汇

寄单索汇　生成面函　生成报文

寄单业务编号	SD030620	寄单日期	20150723
信用证号	002/0000059	开证日期	20150702
信用证币种金额	USD 205800.00	发票号	IV0000084
索汇币种金额	USD 20580.00	发票币种金额	USD 20580.00
汇票号	S0000061	汇票币种金额	USD 20580.00
汇票期限类型及天数	0　AT SIGHT	信用证兑付方式	PAYMENT
开证行名址	Qingdao Branch of China Merchants Bank No 8 Shangma Street Qingdao,	受益人名址	Crystal Co., Ltd. No.20 Spring street Johannesburg, South Africa
打包贷款参考号			

单据	汇票	发票	箱单重量单	一般原产地证	普惠制产地证	亚太产地证	东盟产地证	保险单	提单	航空运单	铁路运单	检验证书	受益人证明
	×	×	×		×			×	×				

其它单据			
费用			
付费方	BENEFICIARY	通知费	ZAR 344.71
修改通知费	ZAR 172.35	议付费	USD 257.25
保兑费	USD 0.00	邮费	ZAR 51.71

(2)出口行寄单索汇录入后，生成寄单议付通知书面函，系统会将其自动发送到进口行。

步骤 11

实践名称：进口行收单付款

实践背景：出口行完成寄单索汇，向进口行发出寄单议付通知书。进口行收到后，即准备处理收单付款业务。

实践要求：以进口行角色，完成到单审单、到单登记、到单通知、付款结卷等操作。

相关单据：

单据 29. 寄单议付通知书

Bill of payment

when corresponding, Please always quote	BP NO. BP0000016	To: Qingdao Branch of China Merchants Bank

We hereby certify that we hava negotiated the documents under the following L/C in accordance with the terms and conditions thereof:

Draft/Inv. No.	Tenor	Amount	Our Charges	Total
S0000061/IV000008	0 AT SIGHT	USD 20580.00	USD 306.00	USD 20580.00

L/C issued by:
Qingdao Branch of China Merchants Bank

The relative documents are disposed as follows:

Document	Comm./Cust. Invoice	Packing Wt. Spec.List	Origin Cert.	Inspection Cert.	Insurance Cert.	Bills Of Lading	Draft	Airway bill
FIRST MAIL	×	×	×		×	×	×	
SECOND MAIL								

In reimbursement,we have claimed to Qingdao Branch of China Merchants Bank	We are holding a negotiating bank's/shipper's guarantee, which we join and extend to you, covering the following discrepancies.(If descriped hereunder). Please advise us when we may release the guarantee.

☒ Please remit the proceeds to us by SWIFT under advice to us.
☐ Please remit the proceeds to our account with our New York agency by SWIFT advice to us.
☐ In rembursement, we have debited your account with us.
☐ Please credit our general office account with you under SWIFT advice to us.

GENERAL INSTRUCTION 1.Please send us payment/credit advice by swift. 2.In case of non-acceptance/non-payment ,please hold the bills protested and attend to the warehousing and fire insurance under SWIFT advice to us giving reasons. 3.We hereby certify that the documents presented within the expiry date of the credit and/or the last day of the period of presentation time after date of issuance of the transport document(s).	Amalgamated Bank of South Africa Authorized Signature

【参考方案】

1. 到单审单

进口行收到寄单议付通知书面函及相关单据后，据此填写审核表(如果单据有错误，应找出并填写在审核表中；如果没有错误可不填)。

单据 30. 到单审单

编号： 12813488　　　　日期： 2015-07-23

海运提单

栏目	错误理由	正确值

[添加] [修改] [删除]

商业发票

栏目	错误理由	正确值

[添加] [修改] [删除]

装箱单

栏目	错误理由	正确值

[添加] [修改] [删除]

货物运输保险单

栏目	错误理由	正确值

[添加] [修改] [删除]

汇票

栏目	错误理由	正确值

[添加] [修改] [删除]

普惠制原产地证明书(Form A)

栏目	错误理由	正确值

[添加] [修改] [删除]

寄单议付通知书

栏目	错误理由	正确值

[添加] [修改] [删除]

根据以上理由，我部 同意 ▼ 接受该单据。

经办人

2. 到单登记

进口行到单审单无误后，根据收到的相关单据内容进行到单登记录入。

单据 31. 到单登记

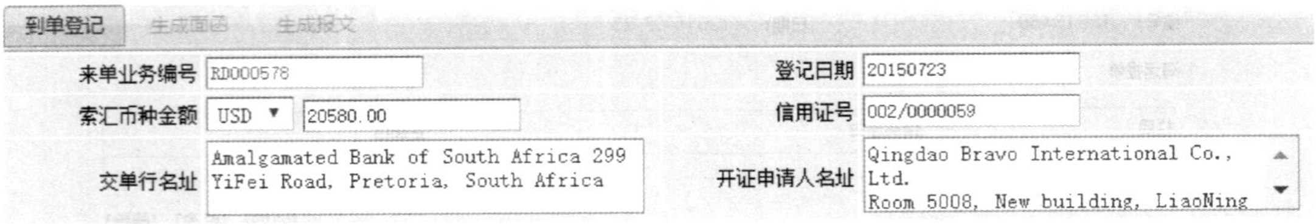
到单登记 生成面函 生成报文

来单业务编号	RD000578	登记日期	20150723
索汇币种金额	USD 20580.00	信用证号	002/0000059
交单行名址	Amalgamated Bank of South Africa 299 YiFei Road, Pretoria, South Africa	开证申请人名址	Qingdao Bravo International Co., Ltd. Room 5008, New building, LiaoNing

3. 到单通知

(1)进口行到单登记后,根据收到的相关单据内容进行到单通知录入。

单据 32. 到单通知

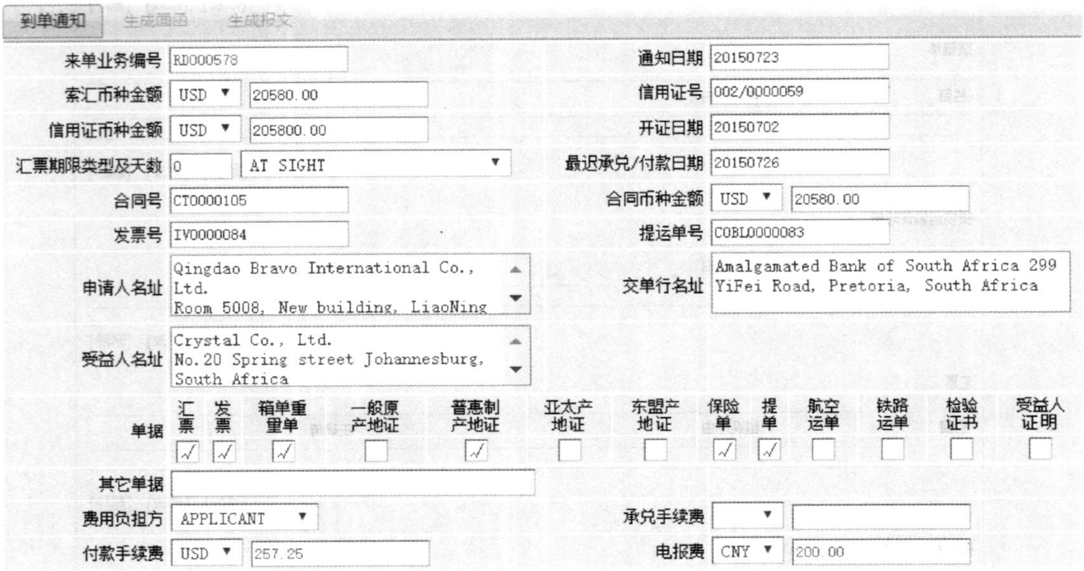
到单通知 生成面函 生成报文

来单业务编号	RD000578	通知日期	20150723
索汇币种金额	USD 20580.00	信用证号	002/0000059
信用证币种金额	USD 205800.00	开证日期	20150702
汇票期限类型及天数	0 AT SIGHT	最迟承兑/付款日期	20150726
合同号	CT0000105	合同币种金额	USD 20580.00
发票号	IV0000084	提运单号	COBL0000083
申请人名址	Qingdao Bravo International Co., Ltd. Room 5008, New building, LiaoNing	交单行名址	Amalgamated Bank of South Africa 299 YiFei Road, Pretoria, South Africa
受益人名址	Crystal Co., Ltd. No.20 Spring street Johannesburg, South Africa		

单据	汇票	发票	箱单重量单	一般原产地证	普惠制产地证	亚太产地证	东盟产地证	保险单	提单	航空运单	铁路运单	检验证书	受益人证明
	√	√	√		√			√	√				

其它单据			
费用负担方	APPLICANT	承兑手续费	
付款手续费	USD 257.25	电报费	CNY 200.00

(2)进口行到单通知录入后,生成对外付款/承兑通知书,系统自动发送至进口商。

4. 付款结卷

(1)进口商付款赎单后,进口行进行付款结卷录入。

单据 33. 付款结卷

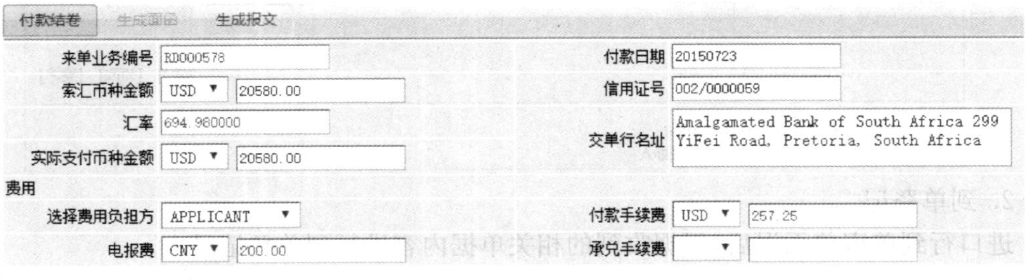
付款结卷 生成面函 生成报文

来单业务编号	RD000578	付款日期	20150723
索汇币种金额	USD 20580.00	信用证号	002/0000059
汇率	694.980000	交单行名址	Amalgamated Bank of South Africa 299 YiFei Road, Pretoria, South Africa
实际支付币种金额	USD 20580.00		
费用			
选择费用负担方	APPLICANT	付款手续费	USD 257.25
电报费	CNY 200.00	承兑手续费	

(2)进口行付款结卷录入后,生成偿付或付款通知 MT756 报文,系统会将其自动发送到出口行。

步骤 12

题目名称:进口商付款赎单

题目背景：进口行收到出口行寄送的单据，向进口商发出到单通知。进口商收到后，即准备付款赎单。

题目要求：以进口商角色，填制承兑/付款通知书，向进口行申请信用证赎单。

相关单据：

单据 34. 对外付款/承兑通知书

对外付款/承兑通知书

银行业务编号 PA0000033　　日期 2015-07-23

结算方式	☒信用证 ☐保函 ☐托收 ☐其他	信用证/保函编号	002/0000059
来单币种及金额	USD 20580.00	开证日期	20150702
索汇币种及金额	USD 20580.00	期限	到期日 2015-07-30 00
来单行名称	Amalgamated Bank of South Africa	来单行编号	ABSZAR6P93A
收款人名称	Crystal Co., Ltd.		
收款行名称及地址	Amalgamated Bank of South Africa 299 YiFei Road, Pretoria, South Africa		
付款人名称	青岛博悦国际贸易有限公司		
☒对公 组织机构代码	204100113	☐对私	个人身份证号码
扣费币种及金额	USD 289.17		☐中国居民个人 ☐中国非居民个人
合同号	CT0000105	发票号	IV0000084
提运单号	COBL0000083	合同金额	USD 20580.00

单据	汇票	发票	海运提单	航空运单	货物收据	保险单	装箱单	重量单	产地证	检验证书	装船通知	
	×	×	×			×	×		×			

银行附言

上述单据已到，现提示贵公司：

☒ 请于 2015 年 7 月 26 日之前来我行办理即期付款/承兑并到期付款/拒付。

☒ 如拒付，请于上述日期前提交拒付理由书详述拒付理由，我行将根据国际惯例和贵公司在《开证申请人承诺书》中的承诺审核处理。（适用于信用证结算方式）

☒ 如在上述日期之前，贵公司既不来我行办理即期付款/承兑并到期付款，也不提交拒付请求，我行将根据国际惯例和贵公司在《开证申请人承诺书》中的承诺办理即期付款/承兑并到期付款/拒付。（适用于信用证结算方式）

☐ 如拒付，请于上述日期前提交拒付理由书详述拒付理由，我行将根据国际惯例审核处理。（适用于非信用证结算方式）

☐ 如在上述日期之前，贵公司既不来我行办理即期付款/承兑并到期付款，也不提交拒付请求，我行将根据国际惯例办理即期付款/承兑并到期付款/拒付。（适用于非信用证结算方式）

申报号码		实际付款币种及金额	
付款编号		如为购汇支出，则购汇汇率	
收款人常驻国家（地区）名称及代码		是否为保税货物项下付款	☐是 ☐否
是否为预付货款	☐是 ☐否	外汇局批件/备案表号	
付款币种及金额		金额大写	
其中 购汇金额		账号	
其中 现汇金额		账号	
其中 其他金额		账号	
交易编码	相应币种及金额	交易附言	

☐同意付款 ☐同意承兑并到期付款 ☐申请拒付 联系人及电话 申报日期	付款人印鉴（银行预留印鉴）	银行业务章 经办　复核　负责人

【参考方案】

1. 填制相关单据

进口商收到进口行签发的对外付款/承兑通知书后，进行填写（该单据上半部分内容由进口行填制，进口商只需填写其中下半部分）。

单据 34. 对外付款/承兑通知书

对外付款/承兑通知书

银行业务编号 PA0000033　　　　日期 2015-07-23

结算方式	☒信用证 ☐保函 ☐托收 ☐其他	信用证/保函编号	002/0000059
来单币种及金额	USD 20580.00	开证日期	20150702
索汇币种及金额	USD 20580.00	期限 / 到期日	2015-07-30 00
来单行名称	Amalgamated Bank of South Africa	来单行编号	ABSZAR6P93A
收款人名称	Crystal Co., Ltd.		
收款行名称及地址	Amalgamated Bank of South Africa 299 YiFei Road, Pretoria, South Africa		
付款人名称	青岛博悦国际贸易有限公司		
☒对公 组织机构代码	204100113	☐对私	个人身份证号码
扣费币种及金额	USD 289.17		☐中国居民个人 ☐中国非居民个人
合同号	CT0000105	发票号	IV0000084
提运单号	COBL0000083	合同金额	USD 20580.00

单据	汇票	发票	海运提单	航空运单	货物收据	保险单	装箱单	重量单	产地证	检验证书	装船通知
	×	×	×			×	×		×		

银行附言

上述单据已到，现提示贵公司：

☒ 请于 2015 年 7 月 26 日之前来我行办理即期付款/承兑并到期付款/拒付。

☒ 如拒付，请于上述日期前提交拒付理由书详述拒付理由，我行将根据国际惯例和贵公司在《开证申请人承诺书》中的承诺审核处理。（适用于信用证结算方式）

☒ 如在上述日期之前，贵公司既不来我行办理即期付款/承兑并到期付款，也不提交拒付请求，我行将根据国际惯例和贵公司在《开证申请人承诺书》中的承诺办理即期付款/承兑并到期付款/拒付。（适用于信用证结算方式）

☐ 如拒付，请于上述日期前提交拒付理由书详述拒付理由，我行将根据国际惯例审核处理。（适用于非信用证结算方式）

☐ 如在上述日期之前，贵公司既不来我行办理即期付款/承兑并到期付款，也不提交拒付请求，我行将根据国际惯例办理即期付款/承兑并到期付款/拒付。（适用于非信用证结算方式）

申报号码		实际付款币种及金额	
付款编号		如为购汇支出，则购汇汇率	
收款人常驻国家（地区）名称及代码	南非 244	是否为保税货物项下付款	☐是 ☐否
是否为预付货款	☐是 ☒否	外汇局批件/备案表号	
付款币种及金额	USD 20869.17	金额大写	贰万零捌佰陆拾玖美元壹拾柒美分
其中 购汇金额	USD 20869.17	账号	201207000000001357
其中 现汇金额		账号	
其中 其他金额		账号	
交易编码	121010	相应币种及金额	USD 20869.17
交易附言			

☒同意付款 ☐同意承兑并到期付款 ☐申请拒付 联系人及电话 周其刚 86-0755-25489302 申报日期 2015-07-23	付款人印鉴（银行预留印鉴）	银行业务章 经办　复核　负责人

2. 信用证赎单

进口商填写对外付款/承兑通知书后，连同形式发票一起提交进口行申请信用证赎单。

步骤 13

实践名称：出口行收汇解付

实践背景：进口行处理完付款后，向出口行发出偿付或付款通知 MT756 报文。出口行收到后，即进行收汇解付操作，通知出口商货款入账。

实践要求：以出口行角色，完成信用证方式下的收汇解付操作。

相关单据：

单据 35. 偿付或付款通知 MT756

------------------------------ MESSAGE HEADER ------------------------------

Sender : CMBCCNBS265
Message Type : 756 ADVICE OF REIMBURSEMENT OR PAYMENT
Receiver : AESZAR6P93A

------------------------------ MESSAGE TEXT ------------------------------

:20: SENDER'S REFERENCE
002/0000059

:21: PRESENTING BANK'S REFERENCE
ABSZAR6P93A

:32B: TOTAL AMOUNT CLAIMED
USD 20580,00
:33A: AMOUNT REIMBURSED OR PAID
USD 20580,00
:53A: SENDER'S CORRESPONDENT
NO SENDER'S CORRESPONDENT
:54A: RECEIVER'S CORRESPONDENT
NO RECEIVER'S CORRESPONDENT

【参考方案】

1. 收汇解付录入

出口行收到偿付或付款通知 MT756 后，据此进行收汇解付录入。

单据 36. 收汇解付

收汇解付　生成国函　生成报文

来单业务编号	SD000032	通知日期	20150723
信用证号	002/0000059	发票号	IV0000084
索汇币种金额	USD 20580.00	发票币种金额	USD 20580.00
开证行名址	Qingdao Branch of China Merchants Bank No. 8 Shangma Street Qingdao,	受益人名址	Crystal Co., Ltd. No. 20 Spring street Johannesburg, South Africa
收汇币种金额	USD 20580.00	总费用	USD 306.00
打包贷款信息			
打包贷款参考号		打包贷款币种金额	
还贷账号		还贷币种金额	
出口押汇信息			
押汇账号		押汇币别	
押汇利率	%	押汇天数	
原押汇金额		还押汇金额	
押汇迟付天数		押汇迟付利息	
入账信息			
入账客户账号	20520000000000001052	入账客户名称	Crystal Co., Ltd. No. 20 Spring street Johannesburg, South Africa
入账币别金额	USD 20274.00		

2. 发送入账通知书

出口行收汇解付录入后，系统自动生成入账通知书并发送至出口商。

单据 37. 入账通知书

入账通知书
Credit Notification

		Amalgamated Bank of South Africa	
致 (TO)	Crystal Co., Ltd.		
发票号 (Invoice Number)	IV0000084	信用证号 (Credit Number)	002/0000059
付款人 (Drawee Name)	Qingdao Branch of China Merchants Bank		
入账账号 (A/C No.)	205200000000001052		
入账币别 (Currency)	USD	入账金额 (Amount)	20274.00

上述款项已划回收入你方账户内
(Money Has Been Transferred To Your Account.)

收款人开户银行签章
(Bank Signature)
2015 年 8 月 7 日